同行精彩十年
同心共创未来

# 大湾区
# 前沿法律问题争鸣

北京德和衡（深圳）律师事务所　编著

CONTROVERSY ON
FRONTIER LEGAL ISSUES OF
THE GREAT BAY AREA

法律出版社 | LAW PRESS
北京

图书在版编目(CIP)数据

大湾区前沿法律问题争鸣 / 北京德和衡(深圳)律师事务所编著. -- 北京 : 法律出版社, 2023
ISBN 978-7-5197-7520-9

Ⅰ. ①大… Ⅱ. ①北… Ⅲ. ①地方法规-广东、香港、澳门-文集 Ⅳ. ①D927.650.04-53

中国国家版本馆 CIP 数据核字(2023)第 019622 号

大湾区前沿法律问题争鸣
DAWANQU QIANYAN FALÜ WENTI ZHENGMING

北京德和衡(深圳)律师事务所 编著

责任编辑 赵明霞 魏艳丽
装帧设计 汪奇峰

出版发行 法律出版社
编辑统筹 法商出版分社
责任校对 裴 黎
责任印制 胡晓雅
经 销 新华书店

开本 710 毫米×1000 毫米 1/16
印张 29.25 字数 541 千
版本 2023 年 1 月第 1 版
印次 2023 年 1 月第 1 次印刷
印刷 固安华明印业有限公司

地址:北京市丰台区莲花池西里 7 号(100073)
网址:www.lawpress.com.cn
投稿邮箱:info@lawpress.com.cn
举报盗版邮箱:jbwq@lawpress.com.cn
销售电话:010-83938349
客服电话:010-83938350
咨询电话:010-63939796


书号:ISBN 978-7-5197-7520-9
定价:118.00 元
凡购买本社图书,如有印装错误,我社负责退换。电话:010-83938349

# 编 委 会

# 序　一

深圳,是一个拥抱时代、顺应全球同时走出自我的城市。从一个寂寂无名的贫穷小渔村,跨跃到亚洲经济总量第五,深圳仅用了40年,快速地走过了一些国际化大都市上百年所需的历程。当然,这演绎仍在继续并生发出更新的图景。

2017年7月,《深化粤港澳合作推进大湾区建设框架协议》签署,粤港澳大湾区建设正式启动。5年来,从中央到地方,一系列支持大湾区建设的政策举措相继出台,粤港澳三地加速融合发展,综合实力显著增强。与纽约、旧金山、东京世界三大湾区相比,中国粤港澳大湾区基于"一个国家、两种制度、三个关税区、三种法律制度、三种货币",则是要通过区域经济一体化,实现资源利用和配置、生产质量与效率的最佳与最大,从而使整个区域的经济实现以科技创新为主导的综合发展,包括世界三大湾区的各类产业元素,因此,粤港澳大湾区是融合发展难度最大的,其复杂程度在全球绝无仅有。

2022年11月25日在深圳举办的"粤港澳大湾区法治化营商环境研讨会"上,全国人大常委会香港基本法委员会委员、中国法学会宪法学研究会名誉会长、中国人民大学"一国两制"研究所所长韩大元指出:"营造良好营商环境的核心在于实现较高程度的市场化,法治化营商环境的真正落实需要让法治真正成为社会共识,粤港澳大湾区的营商环境得天独厚,尤其深圳可以走在法治化营商环境改革的前列,想他人所不及,变不可能为可能。"

大湾区法治化营商环境建设和推动"一带一路"、粤港澳大湾区经济建设等,离不开律师这个群体为大湾区平稳高速发展提供法律保障。这其中,以德和衡深圳所为代表的大湾区精英律师们,建所十年来,始终秉承"专业、专心、专才、专注"的服务理念,凭借其扎实的专业能力、优越的办公环境、人性化管理、高素质人才培养,历经十年时间快速发展,成长为年营业收入过亿元的规模律所,这种成绩来之不易。

德和衡深圳所成立十周年之际,在法律出版社出版这本凝聚律所律师共同智慧和专业心得的《大湾区前沿法律问题争鸣》学术论文集,无疑是对十年历程的最好总结。

本论文集体现了德和衡深圳所律师在大湾区民主法治建设中法律人如何提供专业法律服务、如何维护社会公平正义职责和使命的实践和思考，如何深刻把握大湾区经济发展新常态、新动态，具有独特的研究性和研究思考。论文集总分为十个专题，问题前沿，视角独特，理论性和实践性并重，研究与案例结合，前瞻性与探索性同行。如房企爆雷法律应对，境外投资风险防范，对赌与公司控制权，新型金融研究，涉公司类犯罪研究，私募基金退出研究，公司高管合规研究，应收账款清收指引，法律行为辨析，律师与法务、法官。这些内容都是当今社会发展遇到的最新和最棘手相关法律问题，特别是通过本所多位律师在长期的工作经验和办案实践中逐渐积累并通过查证而采用的案例，结合律师工作者自身的特质，在吸收相关法学学术研究成果的基础上，结合相关的案例对问题进行论证分析，具有突出的实务性。

过去五年，中国律师行业发生了巨大的变化，未来十年是中国律师发展的黄金十年，但更是行业变革与竞争加剧的十年。希望北京德和衡（深圳）律师事务所继续融入中国经济发展中，进一步做大做强，为大湾区律师行业打造一支思想政治素质好、业务工作能力强、职业道德水准高、忠实于法律、德才兼备的高素质律师队伍。

作为这个时代的法律人，我有幸见证中国的法治进步，并能与中国的律师共谋发展，共同探讨和解决社会经济发展中的法律问题，共同推动中国法律职业共同体，在中国法治建设的道路上并行不辍！

深圳市委门前广场上有个雕塑，一头粗犷雄伟的拓荒牛正在奋力腾跃，它勾头蹬腿，筋肉暴起、重心向前浑身使力，将身后一个巨大的树根拔出地面。拓荒牛，不仅是深圳的一大标志，代表了第一代建设深圳特区的建设者们的拼搏进取精神！据我所知，德和衡深圳办也以创新发展拓荒牛、为民服务孺子牛、艰苦奋斗老黄牛的“三牛”精神引领律所发展，冀望在温贵和主任的带领下，以“三牛”精神为下一个十年创造出更牛的业绩！

是为序。

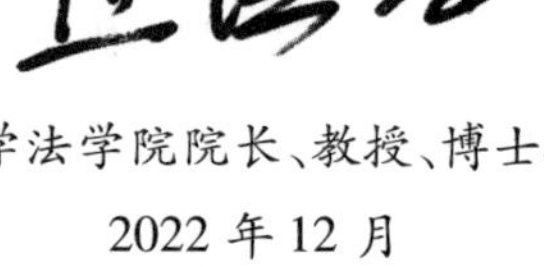

中国政法大学法学院院长、教授、博士研究生导师

2022 年 12 月

# 序　二

深圳拥有众多律师事务所分所，这足见深圳对法律服务业的开放与包容。北京德和衡（深圳）律师事务所属于较早进入深圳的分所，而且属于业务发展较好的分所。在其成立近十年中，先后设立粤港澳三地联营律师事务所，积极设立湾区法律适用研究院，持续举办多届律师学术年会，在湾区律所学术交流方面硕果累累，始终秉持着“专业、专心、专才、专注”的服务理念，德和衡已成为深圳律师行业最具特色与影响力的律师事务所之一。

《大湾区前沿法律问题争鸣》学术论文集作为德和衡深圳办公室十周年献礼力作，规格高、体例优、内容实，理论研究与实务经验兼具，既展现了德和衡律所优良的学术传统，又呈现德和衡律师高水平的专业修养。

综观全集，【房企爆雷法律应对】直击当前房地产领域的难点问题，为债权人维权、地产项目投资并购与建设工程合同纠纷提出了诸多切实有益的解决方案；【境外投资风险防范】【新型金融研究】【私募基金退出研究】聚焦投资金融领域的重点问题，既分析了常见投融资法律风险识别与防范，又细列了中国主要城市 QFLP 基金设立最新指引，更探析新金融领域碳中和债券发行法律监管及标准，为读者呈现了全领域金融风险防范图谱；【对赌与公司控制权】【涉公司类犯罪研究】【公司高管合规研究】从公司控制权、刑事合规与企业家合规多维度为企业保驾护航；【应收账款清收指引】对执行前沿问题进行探讨，帮助客户打破执行僵局；【法律行为辨析】在细微之处辨析法学理论；【律师与法务、法官】以专业共识助力法律职业共同体建设，使全集闪烁着学术之光。

在律师执业中，理论研究与实务探索如鸟之双翼、车之两轮，相辅相成、共同促进。本届深圳市律师协会提出“回归专业、服务大局”的发展理念，强力推进专业化建设，形成了设置更精准、范围更聚焦、专业更适用、服务更优质的专业委设置体系。

本集的出版既是北京德和衡（深圳）律师事务所十年来学术与实务成果的集中展示，又是本届深圳市律师协会“回归专业、服务大局”的发展理念良好实践，更为广大深圳律师和律师事务所的专业化建设提供了许多新思考、新经验、新路径，希望多在行业分享经验、推广做法。同时，祝北京德和衡（深圳）律师事务所在未来征程中坚持长期主义，继续发挥学术精神，取得更辉煌的成绩，以更好地服务“双建设”。

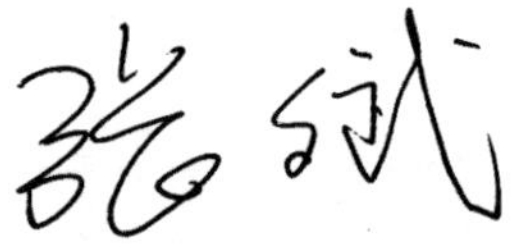

深圳市律师协会会长

2022 年 11 月 23 日

# 序　三

时值德和衡深圳分所创立十周年前夕，其精心策划编撰的《大湾区前沿法律问题争鸣》付梓出版，甚为欣喜与感慨！深圳分所创立之初，我即被推为首任主任，与深圳分所由此结缘，时光荏苒，往事历历，如今十年光阴已度，不禁思绪万千。

首先感恩深圳砥砺前行的同人们，紧跟时代潮流，是为中流砥柱。改革创新成就了深圳源源不断的生命动力，根植于粤港澳大湾区沃土的深圳分所成功蝶变跃升、尽享芳华满程。作为德和衡的南方区域总部，深圳分所主导设立香港分所、前海粤港澳联营所，以及遍布于大湾区或周边各地的广州、佛山、福州、海口、长沙、南昌等分所一起，以"一体两翼""环星拱卫"之势网格化布局，迅速融入湾区大市场，共同承托起德和衡大湾区发展战略的重任。

犹记得2013年深圳分所设立之时，创始合伙人温贵和等以"拓荒牛"的精神，于"斗室之间"奋楫前行、栉风沐雨。2018年，全国各地合伙人响应总所号召"孔雀东南飞"，驰援深拓深圳市场，同年深圳分所喜迁平安金融大厦；2021年，深圳分所再次高迁深圳第一高楼平安金融中心100楼，终破亿元收费大关，同期又获国家司法部"全国优秀律师事务所"提名。一拨又一拨的德和衡人在逐梦的道路上，以"闯的精神、创的劲头、干的作风"在新赛道上勇毅前行，竞拼"加速度"，经过十年的高速发展，德和衡深圳分所现已拥有超过150余位的律师员工，取得了长足发展。回顾十年风雨兼程，德和衡人在中国特色社会主义示范区的绚丽画卷上，勤勤为功，持之以恒，演绎出一个又一个的属于深圳分所的"春天故事"。

深圳分所十年变迁史，既是深圳实现重大变革取得伟大成就的时代缩影，也是德和衡人集全所之力不断走向规模化和品牌化，完成全国化转型和国际化战略布局的历史底稿。在多样化的律所发展模式中，德和衡无疑提供了其独特的范式。十年间，德和衡抓住机遇，从战略、文化、管理、专业四个方面出发，实现一体化、品质化、数字化，以至学术化的蝶变，最终取得了骄人的成绩。开疆扩土，传递高品质的法律服务；大道至简，追求高效透明的管理模式；在内外兼修的学术化发展之路中，德和衡人保有厚德、尚和、平衡之传统风骨，又展现出善于拼搏的进取精神，如今的德和衡已然走在了中国律师界的前列，在国际舞台上亦有德和衡律师们的好声音唱响。

十载砥砺前行，十载春华秋实，刻印着改革开放基因的深圳分所曾经将以其独特的魅力、动力、活力、创新力，作为实现未来十年乃至百年大湾区战略的坚实基础。未来的德和衡深圳分所将作为德和衡“创新链条”中的关键一环，再次发扬“开路先锋”的无畏担当，以再次创业来定义自己，不忘初心，先试先行，立足大视野，胸怀大格局，于变局中开新局，创造新的辉煌。德和衡将举全所之力继续发力大湾区战略，不遗余力助推深圳分所继续高质量发展跃上新台阶。

文集是历史的底稿，亦是大时代的印迹。《大湾区前沿法律问题争鸣》凝结了体现数十位律师精耕多年的研究成果与实践总结，与德和衡一直倡导的“专业立所、学术强所”理念高度契合。对读者而言，可以从这份文集中获得大量可用信息并了解法律前沿研究情况；对于作者来讲，这不仅是一个发布自己研究成果的文集，也是一个直接听取批评、发现问题、收获反馈、更新改进自己专业能力与业务水平的绝好机会，恳请读者多指正，并不吝提供美好建议。

回顾历史，不忘初心，让我们期待站在新旧之交的深圳分所，牢记律师使命，立足法治宏愿，心怀远方，踔厉前行，以开放、进取、创新的精神步伐坚实笃定走在国家依法治国的方阵里，继续向大湾区贡献专业智慧和解决方案，以为中外客户提供最优质最高品质的服务为使命和方向。

北京德和衡律师事务所党委书记、主任

2022 年 12 月

# 目　　录

## 专题一　房企爆雷法律应对


房企爆雷后债权人维权的法律建议与探讨 …………………… 杨光明　曾　强 / 3

刍议爆雷地产项目投资并购中的疑难法律问题 …………… 潘　峰　高　田 / 10

关于建设工程合同纠纷中“主体争议”问题的厘清与探究

……………………………………………………………… 张　蕾　刘余辉 / 20

浅析建设工程合同纠纷中的结算争议问题 ………………… 张　蕾　张　乐 / 31

建设工程工期纠纷之疑难问题研究 ……………… 张　蕾　刘余辉　林征宇 / 43


## 专题二　境外投资风险防范


QFLP 基金设立最新实务要点

——以北京、上海、深圳、珠海、海南为例 …………………… 赵倩南　张　璐 / 57

海外反腐败与对中国企业的合规启示

——仅以东南亚国家越南为例谈起 ………………………… 赵倩南　张　璐 / 66

商事调解多元化解纠纷实务探讨

——以前海合作区人民法院调解创新模式为例 ……………………… 孔　霞 / 77

外国船舶在我国领海从事海洋调查法律专题研究 ……………………… 李　源 / 81

《涉外审判会议纪要》仲裁司法审查新规解读:仲裁协议效力篇 …… 谢小松 / 92

深港经贸规则“软联通”面临的若干问题浅析 …………………………… 杜英杰 / 102

## 专题三 对赌与公司控制权

《九民纪要》非对赌协议纠纷“定心丸”,实践运用仍“任重道远”
——《九民纪要》实施后对赌协议纠纷新问题探究
…………………………………………… 孙 晶 苏琳琳 陆 佳 / 109
《九民纪要》背景下“对赌协议”履行困境和完善建议……… 孙福林 曹惠良 / 119
刍议公司控制权视角下的公司机关权力配置 ………………………… 何 巍 / 129
有限责任公司股东出资瑕疵问题解决刍议 …………………………… 甘永辉 / 138
我国股东代表诉讼制度沿革与完善建议 …………………… 李富社 梅树玮 / 145

## 专题四 新型金融研究

碳中和债券发行法律监管及标准探析 ……………………………… 辛小天 / 155
供应链企业贷款诈骗罪与骗取贷款罪:非法占有目的之认定
…………………………………………………… 胡 海 李 娴 / 168
供应链金融中虚假印章的法律问题研究 …………………… 张春艳 俞晓夏 / 174
浅析数据可携权的影响及完善 …………………………………… 陈俐陶 / 180
金融助贷业务的法律关系及争议解决
——从追偿权到基于债权转让(代位权)的诉讼思路创新 …………… 杨光明 / 187

## 专题五 涉公司类犯罪研究

浅议贪污罪、职务侵占罪与盗窃罪、诈骗罪的竞合问题 ……………… 沈 忠 / 197
“关于郭某不构成骗取贷款罪”的辩护意见 ………………………… 苏明飞 / 203
侵犯商业秘密罪中司法鉴定的采信
——非公知性、同一性和重大损失鉴定 ……………………………… 黄 斌 / 215
论虚开增值税专用发票犯罪的有效辩护 …………………… 胡 海 吴泽宇 / 221

## 专题六 私募基金退出研究

坚持“风险共享、利益共担”原则下，私募基金“名股实债”探究
…………………………………………… 孙 晶 苏琳琳 陆 佳 / 231
私募基金应如何应对投资人的退出？
…………………………………… 孙 晶 苏琳琳 康桂芳 陆 佳 / 241
私募股权投资基金的项目退出
——以“对赌协议”的实践运用分析为视角 ………………… 赖挺进 黄钊洋 / 250
信托业务受托人是否应当承担损害赔偿责任？
——基于司法实务的思考与观察 ………………………………… 杨光明 / 267
企业常见投融资法律风险识别与防范 …………………… 吴乐芸 张志国 / 276

## 专题七 公司高管合规研究

企业竞业限制管理的合规要点 ……………………………… 甘永辉 冯 莎 / 289
国企中的“间接委派型”国家工作人员身份认定探析 ……… 胡 海 吴泽宇 / 297
上市公司股权代持协议效力及法律后果 ……………………………… 许惠茹 / 306
建筑设计企业 IPO 面临的主要法律问题概览 ……………… 甘永辉 代琪蕾 / 313
中国 A 股公开市场股份回购浅论
——在中性监管中实践潜行 ………………………………………… 郭恩颖 / 324

## 专题八 应收账款清收指引

隐名股东能否对抗名义股东债权人的强制执行申请 ……… 温贵和 周 敏 / 337
浅析破产程序中追究相关主体不配合清算导致无法清算的赔偿责任
…………………………………………………………………… 周 敏 陈健威 / 344
银行小额不良贷款清收的常见风险因素及应对策略 ……… 潘 峰 高 田 / 352

浅谈《保障中小企业款项支付条例》对施工企业应收账款的保障作用
…………………………………………………… 潘 峰 杨 帆 / 362
案例分析:香港居民在婚姻存续期间个人购置的内地不动产之财产归属
…………………………………………………… 唐志峰 向 荣 / 371

## 专题九 法律行为辨析

"第三人代为履行"与"债务承担"为何总是区分不清? …… 潘 峰 高 田 / 377
浅议合同保全之债权人撤销权 …………………………… 张 翠 金智海 / 385
名实不符法律行为研究 ………………………………………………… 曾 强 / 394
有限合伙人出资是否可以加速到期
——从《九民纪要》探析有限合伙人出资加速到期问题
…………………………………………… 温贵和 吴捷帆 代琪蕾 / 404
成功撤销仲裁裁决的常见情形 ………………………… 杨光明 聂 凯 / 412
刍议公众公司股东资格确认规则
——以(2020)最高法民终1178号案件为例 ……………………… 吴彦臻 / 421

## 专题十 律师与法务、法官

法治新时代背景下刑民(行)一体化的商事法律服务 …………………… 吕 宏 / 429
社会律师如何高效赋能公司法务 ……………………… 温贵和 廖斌驰 / 434
"胜诉"可称法治,"免诉"方显示范 ………………………………… 庄 超 / 445
律师与法官思维方式的十大差异及启示 …………………………… 刘刚华 / 451

后记 …………………………………………………………………… 457

# 专题一　房企爆雷法律应对

# 房企爆雷后债权人维权的法律建议与探讨

杨光明[*]　曾　强[**]

2019年5月开始，受“降杠杆、减负债”等地产融资监管与楼市调控政策的综合影响，房地产融资渠道全面收紧，由此也导致房地产开发企业的流动资金压力不断加大。自2020年以来不仅有中小型房地产开发企业深陷债务危机，而且有多家千亿以上级别的地产巨头接二连三地“爆雷”。虽然这一波“爆雷”大戏让普通吃瓜群众看得过瘾，但是对于爆雷房企的债权人来说，日子却不那么好过。为此，本文立足于房企合作开发、融资以及项目建设这三个相对重要的环节，针对这三个环节中爆雷房企的债权人（或者说合同相对人）维权的法律途径和大方向进行思考并提出一些建议，供有维权需求的债权人参考并和我们进一步探讨。

## 一、房企合作开发模式下的债权人维权

实践中，出于降低拿地和开发成本或者其他多种因素的考虑，房企会采取与第三方合作拿地并共同开发或者与已有土地使用权的第三方（包括村集体）合作开发的模式。合作开发模式又可以包括“共同设立项目公司参与招拍挂拿地并共同开发”“向已有土地的合作方公司/合作方项目公司增资入股或收购项目公司部分股权”“村企合作开发”等。在爆雷房企与合作方共同拿地、合作开发的模式下，债权人与房企之间往往签订有合资合作开发协议以及为服务于该协议而签订的其他附随协议。当房企爆雷、深陷债务危机的情形发生后，这种合作拿地开发模式下的法

---

* 德和衡高级合伙人、深圳分所执行主任，擅长公司股权与金融纠纷、集体土地合作开发纠纷、信用证与保函、保全与执行、民商事再审等多个领域。

** 德和衡高级联席合伙人，专注土地开发、公司股权、重大疑难商事争议解决以及保全与执行等业务领域。

律风险及应对策略主要体现在以下几个方面。

1. 合作方债权人可以善用“不安抗辩权”避免损失扩大，并在此基础上主张爆雷房企预期违约进而解除合同以及时止损。

如果在合资合作开发协议履行的早期阶段，例如协议刚签订、合资项目公司尚未设立，或者是虽然已经设立项目公司但尚未开始启动拿地或者开发立项及报建等程序，抑或村企合作开发模式下，爆雷房企刚刚投入前期定金。此时，要结合合同约定的各方义务的内容、履行顺序、履行期限等，综合判断爆雷房企是否构成违约、合作方是否有权主张违约责任。

值得注意的是，即使按照合同约定，合作方债权人在房企爆雷之时尚有履行顺序在先的合同义务未履行，但由于房企爆雷带来的结果必然是“经营状况严重恶化”“丧失或者可能丧失履行债务能力”等，因此，合作方债权人同样也可以根据《民法典》规定的“不安抗辩权”中止履行合同。这样一来就可以避免继续投入资金进而防止因为房企爆雷事件而使投入资金打水漂，防止损失进一步扩大。

此外，合作方债权人在行使“不安抗辩权”的基础上，还可以通过解除合同的方式，终止与爆雷房企的合作，尽最大可能收回投资款、减少损失。具体的实施步骤为：(1)以合作房企存在“经营状况严重恶化”“丧失或者可能丧失履行债务能力”等情形先主张不安履行抗辩权，中止合资合作开发协议的履行；(2)向爆雷房企发出书面通知，告知对方不安履行抗辩的相关情况，并且还可以在书面通知中给出一定的合理期限要求爆雷房企提供履约担保或者恢复履行能力；(3)当发出的书面通知中载明的合理期限届满后，爆雷房企既不提供履约担保，也没有恢复履行能力，甚至经营状况进一步恶化，此时就可以视为爆雷房企构成预期违约，作为合作方的债权人就可以以此为由主张合同法定解除。

2. 合作方债权人可在必要时通过收购爆雷房企在项目公司的持股以自行开发，或通过确认担保无效诉讼等方式，避免项目公司被爆雷房企的其他债务风险波及，维护自身投资利益。

如果合资合作开发协议已经有比较深入的履行，例如双方已经通过项目公司成功拿地但仍处于待开发状态或者已经启动开发但仍属于未完工的在建工程，此时，债权人和爆雷房企双方前期已投入巨大成本，双方的利益也已经深度绑定。因此，对于债权人而言，项目能否继续开发所带来的风险应当比爆雷房企的违约风险更值得优先考虑。此时，债权人应当着重防范以下几类风险：

(1)爆雷房企因为债务危机而被其他债权人起诉，进而导致爆雷房企在项目公司的持股被司法冻结。

虽然股权的司法冻结不影响项目公司的正常运营，但是对于作为合作开发方的债权人来说，很显然会造成进退两难的境地——如果自己继续投资、推进开发，那么双方的项目分成比例显然也要随之调整，但很显然无法绕开司法冻结的合作方债权人；如果选择退出，但项目已经深入推进，退出后的损失赔偿、已投资款的收回等，都将变成爆雷房企的新的金钱债务，能否收回投资、弥补损失存在不确定性，还不如持有项目及对应的土地权益来得实在。

因此，在这种进退两难的境地之下，对于双方合资合作拿地并共同开发的合作方债权人来说，相对更为优选的策略当属收购爆雷房企在项目公司中的持股，由自己全资控股项目公司后再推进开发。但该种应对策略对合作方债权人的资金实力要求较高，不仅要向爆雷房企支付股权受让款（以爆雷房企愿意退出项目公司为前提，且股权对价必然还会包括爆雷房企的前期投入），后续的开发资金、开发资质等问题，也是合作方债权人需要考虑并解决的问题。当然，合作方债权人引入新的房企接盘爆雷房企的持股也是可行方式之一，这种方式对于只提供土地的合作方债权人来说，无疑是最优并且可行的方案。

（2）因项目公司为爆雷房企其他债务提供担保所导致的，项目公司名下的土地使用权、在建工程被其他债权人查封、拍卖的风险。

在合作方债权人与爆雷房企通过项目公司合作开发的模式下，如果爆雷房企具有持股比例优势，实践中也不乏爆雷房企用项目公司为其自身债务或者其他关联企业债务提供担保的情形。在爆雷房企爆发债务危机后，项目公司作为担保债务人，其名下的土地使用权、在建工程项目等核心资产也必然会被爆雷房企的其他债权人申请查封并拍卖。对此，合作方债权人作为项目公司的小股东，可采取的有效可行的应对措施主要为：以股东代表诉讼的方式起诉请求确认项目公司担保无效，具体来说：如果项目公司为爆雷房企债务提供担保的决议未经合作方债权人表决，且爆雷房企对其他债权人起诉项目公司承担担保责任的诉讼无作为，则合作方债权人可以通过股东代表诉讼的方式，另行提起确认担保无效的诉讼以保障项目公司和自己的利益。该应对措施的主要法律依据是最高人民法院《关于适用〈中华人民共和国民法典〉有关担保制度的解释》以及《全国法院民商事审判工作会议纪要》对公司为关联股东担保作出的相关规定。

此外，在合作方债权人以股东代表诉讼提起确认担保无效诉讼之后，还需要及时申请中止审理爆雷房企的其他债权人起诉项目公司承担担保责任的诉讼，而根据《民事诉讼法》及其司法解释的相关规定，中止申请也大概率会被准许。这样一来，就可以暂缓其他债权人对项目公司的诉讼进程，在法院判决确认担保无效并且确认项目公司无过错之后,还可以免除项目公司的担保责任,维护合作方债权人的利益。

## 二、房企融资环节中的债权人维权

房地产行业属于典型的资金密集型行业,房地产开发企业从前期拿地到后期的开发建设的全流程都需要大量的流动资金支持,而仅靠房企自身的流动资金显然远远不够,这也形成了大部分房企“高杠杆、高负债”运营的行业现状。但是在国家对房地产行业实施“三道红线”等降杠杆、减负债的监管政策以来,房地产企业的流动资金吃紧,其对资金方的违约也随之而来并成为“压死骆驼的最后一根稻草”。实践中,房企融资方式相对比较多样化,既有发行公司债券、特定资产收益权和供应链金融的资产证券化,也有银行的开发贷款、信托贷款,还有通过资管计划、通道业务对房企的项目子公司进行股权投资并定期回购等方式进行融资。以下针对房企主要的几种融资方式中的债权人维权思路展开探讨。

1. 对于直接向爆雷房企提供开发贷款、信托贷款的融资债权人而言,快速处置土地使用权、在建工程等抵押物并快速回款是优先考虑的应对策略。

由于银行开发贷款、信托贷款的审批条件严格,且一般都有土地使用权抵押、在建工程抵押以及集团股东担保等高价值担保措施。因此,在房企爆雷后,银行开发贷款、信托贷款类的融资债权人最优的应对策略就是“快速处置、快速回款”,以避免在抵押物处置后的价值无法覆盖全部债权的情况下,爆雷房企的债务危机又进一步扩大乃至破产之后的债权整体受偿率降低。

2. 对于通过多层嵌套的通道业务向爆雷房企提供融资的债权人(实际投资人)而言,在通道机构维权动力不足的情况下,债权人通过隐名代理显名化以及有限合伙人代位诉讼穿透追索爆雷房企是可供选择的途径。

由于受到监管政策对金融机构资金流向房地产行业的限制性规定,在《关于规范金融机构资产管理业务的指导意见》出台前,不少房地产企业和金融机构通过多层嵌套的通道业务,迂回实现了金融机构对房地产企业的变相融资。实践中较为常见的通道业务融资主要是金融机构设立资管计划募集资金,再以资管计划认购有限合伙型私募基金的基金份额并成为有限合伙人,私募基金管理人作为普通合伙人,其后再通过有限合伙型私募基金投资于爆雷房企旗下的项目子公司股权。与此同时,爆雷房企承诺一定期限届满或者实现特定条件后溢价回购相应股权。

在这种融资模式中,由于通道机构只是承担管理人角色,因此,其对于实际投资人(资管计划的认购人,且不排除认购人中再有一层资管计划的可能)的投资款最终能否收回以及回款比例、回款速度等的关注程度，并不如实际投资人那样积极。此时，实际投资人最大的需求和最行之有效的维权途径，其实就是穿透多层嵌套交易，直接向爆雷房企追索债务。具体的法律基础和实施路径为：

(1)在只有一层嵌套交易结构的情况下，以直接投资爆雷房企项目子公司股权的私募基金管理人——有限合伙企业的执行事务合伙人怠于行使权利为由，认购私募基金的资管计划管理人可以代表资管计划提起合伙人派生诉讼，直接向爆雷房企追索股权回购的债务。

(2)如果在前述交易结构中还有一层嵌套交易，即认购私募基金的资管计划本身也是通道，在该资管计划之上还有一层其他的资管计划，其才是实际投资人。实践中，两层资管计划的管理人会在相应的资管计划合同中约定"资产委托人选择自行行使委托财产投资所产生的权利的，资产管理人即资产托管人应提供必要的协助"或者类似的条款，即两层资管计划之间构成委托代理(隐名代理)法律关系。根据《民法典》第925条、第926条有关"隐名代理显名化"的规定，在受托人(通道机构)事后向第三人(私募基金管理人)披露委托人(实际投资人)，或者第三人在签订合同时就知道委托人的，委托人(实际投资人)可以越过通道机构直接向第三人(私募基金管理人)主张基金份额认购协议中的相关权利义务，当然也包括以实际上的有限合伙人身份代位提起合伙人派生诉讼、向爆雷房企直接追索债权的权利。

3.在以股权投资的形式向爆雷房企提供融资的模式下，可结合协议约定判断是否存在股权让与担保的情形，进而主张对该股权或股权的拍卖、变卖所得的优先受偿权。

无论投资人是以何种渠道向爆雷房企提供融资，投资只是形式，实现还本付息的债权才是本质。在以股权投资的形式向爆雷房企提供融资的模式下，如果在双方签订的投资协议中有"如爆雷房企未在约定期限内以约定的价格溢价回购股权，则股权归投资人所有"以及类似不履行债务就以物抵债的条款，则根据最高人民法院《关于适用〈中华人民共和国民法典〉有关担保制度的解释》第68条之规定，这类约定将被认定为"让与担保"进而被认定为无效条款。虽然股权让与担保条款被认定为无效，但在股权已经变更登记的情况下，作为债权人的投资人仍然可以请求法院参照有关担保物权的规定对股权折价或者拍卖、变卖所得价款优先受偿并获得法院支持。也就是说，股权让与担保的约定实质上相当于为爆雷房企的股权回购债务加上了一个具有优先受偿权的股权质押担保，为投资人实现债权提供了多一层保障。

4.债权融资模式下，债券投资人可以爆雷房企预期违约为由或根据合同约定，主张尚未完全到期的债券加速到期,及时维权止损。

实践中,债券的偿还期限一般较长,在债券尚未完全到期前,发行债券的房企只需按约定定期支付利息,到期后再还本。但是,房企爆雷往往也是最早从债券违约开始,较为常见的就是债券本金偿付期限尚未届满,但连续多期利息未能足额偿付。对于这种情形,有些债券认购协议中会提前约定整个债券加速到期条款,因此,根据“有约定、从约定”的意思自治原则,按照合同约定主张债券加速到期应无疑义。对于少部分合同未约定加速到期条款的债券融资来说,实务中也可以爆雷房企预期违约为由主张加速到期。但适用法定加速到期时要注意满足以下两个条件:(1)债券发行人已经存在实际违约行为,即多期利息未足额偿付;(2)债券发行人对未到期债务无法确保能如期支付,也不能提供进一步的增信措施。

## 三、房企开发建设环节中的债权人维权

在本文的语境下,房企开发建设环节中的债权人主要是指地产开发的建设工程施工项目的承包人以及其他材料供应商。实践中,地产开发的建设工程施工项目的承包人垫款施工的并不在少数,而材料供应商的货款则有很大一部分是长账期或者用商业承兑汇票支付。在房企爆雷之后,两类债权人的维权应对策略稍有不同。

1. 对于材料供应商而言,房企以远期商业承兑汇票付款并不当然等于履行付款义务,即使商业承兑汇票未到付款期限,也可以爆雷房企预期违约为由主张支付货款。

实践中,如果材料供应商与房企签订的《采购合同》付款期限已届满,但房企以远期商业承兑汇票付款,变相延长付款期限,在最高人民法院的裁判观点中一般并不认为签发汇票等于实际支付货款,而且,债权人接受承兑汇票也不等于同意债务人延期付款,承兑汇票除是支付工具外,其本质是一种信用工具。基于此,在远期承兑汇票未到承兑期和付款期限,但是《采购合同》约定的付款期限已经届满,且爆雷房企已经存在预期违约情形的——经营状况严重恶化(债务危机、违约潮爆发等)且未在合理期限内提供履约保证的情况下,作为债权人的材料供应商也可以向爆雷房企直接主张支付货款,在货款支付完成后再将远期承兑汇票交还给爆雷房企。

2. 对于建设工程项目的承包人而言,即使建设工程尚未竣工,也可依据不安抗辩权及预期违约主张解除施工合同,并及时主张建设工程价款优先受偿权。

在房企爆雷后,建设工程项目的承包人应当及时与作为发包人的爆雷房企进行书面沟通,如能提供充分证据证明爆雷房企存在“经营状况恶化”“丧失或者可能

丧失履行债务能力”的情形，例如，有关爆雷房企连续债券违约的公告、爆雷房企短期内作为被告的案件数量激增、承包的在建工程被其他债权人查封等，则承包人可以行使不安抗辩权暂停施工，同时也有权要求爆雷房企提供履约保证或担保。如爆雷房企未在合理期限内提供保证或担保，也未恢复履行能力，则承包人可以预期违约为由主张解除施工合同，同时主张爆雷房企支付已完成部分的建设工程造价款，并就该部分造价款主张建设工程价款优先受偿权。

此外，对于施工合同约定分节点结算工程款，但爆雷房企逾期付款情形已经实际发生的，则承包人应当注意建设工程价款优先受偿权的 18 个月最长行使期限，及时在法定期限内向法院起诉或者向仲裁机构提起仲裁（以合同约定的管辖条款为准）。

## 四、结语

在未来几年内，可以预见的是国家对房地产行业的调控以及房企“降杠杆、减负债”的监管政策仍然不会动摇，千亿元以上级别的地产巨头的爆雷可能也不会是个例。沿着房地产开发企业的整个业务上下游，串起来的是不同领域的行业生态的共生企业，也许大型房地产企业爆雷后最后的归宿大多是债务重组、资产变卖后还债，但在这一场期限漫长的“战役”中，希望本文探讨的内容和提出的建议能对这些与房地产开发企业具有共生关系的债权人维权提供些许助益和思考。当然，因为本文试图涵盖各方面情形，所以可能挂一漏万或部分观点失之偏颇，笔者也愿与维权企业就不同的个案深入探讨。

# 刍议爆雷地产项目投资并购中的疑难法律问题

潘　峰[*]　高　田[**]

在“三道红线”“去杠杆”等政策影响下，加之国内外新冠疫情形势严峻，曾经风光无限的房地产行业在近年来难以维持其高资金周转率，频频爆雷，其中不乏恒大、泰禾等行业龙头。

本文拟通过对包括票据债权与原因债权的主张顺序争议、房屋预售监管资金账户的保全与执行、共益债投资、以房抵工程款协议的司法认定等爆雷地产项目投资并购中的疑难法律问题的相关司法判解予以整合、梳理，并结合团队自身办案经验，对争议问题的预防及应对提出一些有益见解。

## 一、票据债权与原因债权的主张顺序争议

2020年恒大商票兑付危机可谓是将“票圈儿”置于风口浪尖，对商票市场造成沉重打击。这场危机爆发后，一个颇受争议的问题再次受到关注——在恒大商票被拒绝兑付后，持票人能否不以票据关系为基础，而依据基础法律关系要求合同相对人在票据之外再支付合同价款？笔者拟以两则案例为引，对票据债权与原因债权的主张顺序争议予以分析。

观点一：票据未能承兑情况下，债权人可依据原因关系向合同相对人主张权利。

在江苏南通三建集团股份有限公司（以下简称南通三建）、淮安市金达建筑构

---

* 德和衡高级合伙人，擅长金融纠纷、房地产与建筑工程、投资并购、公司治理、信托与基金等。

** 德和衡执业律师，擅长土地征收、拆迁安置、棚户区改造、城中村改造、城市更新、旧城改造、土地租赁合同纠纷等。

件有限公司（以下简称金达公司）买卖合同纠纷[①]中，出票人及承兑人均为恒大集团公司，金达公司（供货人、持票人）在商业汇票无法兑付的情况下，直接就原因关系向基础买卖合同的相对人南通三建（订货人）主张债权。一审法院认为，南通三建虽通过票据背书转让方式向金达公司支付货款，但汇票最终未能兑付，应视为南通三建未履行付款义务。《票据法》虽赋予持票人在票据付款请求权无法实现后可行使追索权，但债权人亦可基于基础法律关系要求债务人履行义务。二审法院进一步认为，案涉汇票未能兑付，即被上诉人作为出卖方没有获得有效合同对价，双方买卖合同权利义务关系并未消灭。我国法律并未规定债权人在票据请求权无法实现时只能依据《票据法》行使追索权或《票据法》上规定的其他权利，而不能依据基础法律关系主张债权。最终，二审法院维持一审判决，支持了债权人在票据未能承兑情况下，得以依据原因关系向合同相对人主张权利。

观点二：票据未能承兑情况下，债权人仅可依据票据关系向合同相对人主张权利。

在山西同世达煤化工集团隆顺焦铁有限公司、芦某子等与临汾振信益物流有限公司买卖合同纠纷[②]中，一审法院认为债权人有权在票据被拒绝兑付的情况下依据基础合同关系主张债权，而二审法院则认为，《票据法》中的付款请求权是指向票据上载明的付款人请求付款的权利，并非向已完成基础交易关系的合同相对方请求付款。本案中，债务人在将案涉电子商业汇票背书转让给债权人后，已丧失对该电子商业汇票的相关权利，债权人在电子商业汇票遭到付款人拒付后，其应当依法行使票据追索权，而非以合同买卖关系为由向债务人公司要求重新付款100万元。

究其本源，两种观点的分歧点其实在于对商票付款的法律后果的理解上。第一则案例中，两审法院均认为，在商票被拒绝兑付的情况下，债权人并未实际收到款项，持票人有权选择原因关系主张债权。第二则案例中，二审法院认为，债权人在取得对应价值的商票后，债务人的付款义务已经履行完毕，原债权债务关系即告消灭，双方仅存在票据法律关系。在商票被拒付后，债权人只能按照《票据法》的规定行使票据权利，不能主张原因债权。

笔者认为，票据债权与原因债权并非简单的择一或者排他关系，对于该事项的判断应遵循以下逻辑进行。

---

① 参见一审江苏省淮安市清江浦区人民法院（2021）苏0812民初9521号民事判决、二审江苏省淮安市中级人民法院（2022）苏08民终418号民事判决。

② 参见一审山西省临汾市尧都区人民法院（2017）晋1002民初3473号民事判决、二审山西省临汾市中级人民法院（2018）晋10民终366号民事判决。

第一,约定优先。原因债权和票据债权如何行使,应当先审查当事人之间是否有明确的意思表示,根据当事人的意思表示确定权利行使顺序。如果双方明确约定交付票据后原因债权即告消灭,当事人就不得在收取票据后再选择行使原因债权。

第二,无约定或约定不明时,应当先行使票据债权。由于双方实际交易结算是买方交付票据、卖方作为货款接收,表明双方交易本意是由债权人先凭票据取款,故应先行使票据债权。至于票据债权行使的具体形式,并不以提起诉讼或仲裁为必要限度,只要持票人持有被拒绝承兑或付款的证明后,即应认定其已经行使票据债权。

第三,票据付款请求权遭到拒绝后,债权人具有选择权。债权人在票据被拒绝兑付后,可选择继续依据票据逻辑行使票据债权,也可请求合同相对人按照原债权债务关系继续履行付款义务。理由如下:其一,法无明文禁止即可行。我国法律并未规定债权人在票据请求权无法实现时只能依据《票据法》行使追索权或《票据法》上规定的其他权利,而不能依据基础法律关系主张债权。其二,转让票据行为本身不能认为债务人已经履行付款义务。付款义务的履行完毕应当意味着债权人已经获得合同对价,债权债务关系才可归于消灭。在票据未被兑付时,持票人作为出卖方未能获得有效合同对价,双方基础合同的权利义务并未消灭,持票人自然还享有原因债权。最高人民法院在(2021)最高法民申4612号民事裁定书中即认为,"且案涉票据被拒付后,《购销合同》项下璃澳公司的债权并未获得清偿,案涉《保理合同》项下转让的应收账款债权亦未被消灭……故不能认定际华公司履行了付款义务"。其三,以票据转让方式履行合同项下付款义务的,可以理解为是以一个新的债务来履行原有的债务,在当事人并未作出消灭原有债务的意思表示时,基于债权保护的原则,应认定为新债务与旧债务并存,债权人有权选择要求履行旧债务。

此外,若被拒绝兑付的持票人系承包人,还需考虑优先受偿权行使期限的起算节点问题。承包人依据原因关系主张债权的显著优势之一即为其可以主张建设工程价款优先受偿权,但对于优先权的起算时间,实践中存有不同意见。在苏州金螳螂建筑装饰股份有限公司、苏州朗捷通智能科技有限公司装饰装修合同纠纷[①]中,一审法院认为按照《付款协议》确定的开具商票的日期作为优先权的起算时间;二审法院则认为,应当按照《票据法》中"付款日期为汇票到期日"的规定,以最后一笔汇票到期日作为优先权起算时间。对此,我们认为以商票到期之日起算优先权主

① 参见一审广东省珠海市中级人民法院(2019)粤04民初3号民事判决、二审广东省高级人民法院(2019)粤民终2776号民事判决。

张期间更具合理性，这是由于在商票到期日之前，承包人还对正常兑付商票抱有正常期待，只有在商票到期后，其仍未收到款项后才可能也应当考虑权利救济问题，此时计算优先受偿权主张期间更为合理。

综上，我们认为关于商票债权与基础债权主张的路径问题，应按照“约定优先、票据债权次之、票据被拒绝兑付时允许持票人择一选择”的次序进行判断。对于施工企业而言，在无约定且票据被拒绝兑付后，以原因债权即施工合同法律关系起诉主张工程款债权具有可以争取确认优先受偿权的优势，施工方应提前充分研判管辖法院的司法判解，确保债权的最大化实现。

## 二、房屋预售监管资金账户的保全与执行问题

商品房预售资金是指开发商将正在建设中的商品房出售给购房者，购房者按照商品房买卖合同约定支付给开发商的购房款。它使开发商在预售前投入一定量的自有资金后，就可以使用收取的预售资金进行项目开发建设，极大缓解了开发商的融资压力，为项目后期的稳健开发保驾护航。考虑商品房预售资金牵涉房企、购房者、施工单位等多方主体利益以及其对在建工程开发所发挥的重要价值，《城市房地产管理法》（2019 年修正，以下简称《房地产管理法》）第 45 条第 3 款规定，“商品房预售所得款项，必须用于有关的工程建设”。然而，这就与“人民法院可以查封、扣押、冻结被执行人占有的动产、登记在被执行人名下的不动产、特定动产及其他财产权”的通用规则①存在出入，使实操中涉及开发商名下商品房预售资金账户的冻结及执行工作常常难以推进。

笔者近期就代理过这样一起案件——在委托人对房企债务人申请强制执行后，法院经查控系统查询，发现开发商名下的一个银行账户并采取了冻结措施。随后，二十余名购房者先后向执行法院提起异议，以该账户的冻结影响其所购房屋竣工交付为由，要求法院解封该账户的冻结。那么，问题来了，房地产开发商为被执行人时，其名下的商品房预售资金账户能否冻结以及如何执行？

2022 年 1 月，最高人民法院《关于充分发挥司法职能作用 助力中小微企业发展的指导意见》中明确，对涉及商品房预售资金监管账户内款项的保全及查封应当采取审慎态度，并基本框定了该类账户款项冻结和划扣的各项前提。最高人民法院、住房和城乡建设部、中国人民银行也发布了《关于规范人民法院保全执行措施确保商品房预售资金用于项目建设的通知》（法〔2022〕12 号，以下简称《商品房通

---

① 参见最高人民法院《关于人民法院民事执行中查封、扣押、冻结财产的规定》（2020 年修正）第 2 条第 1 款规定。

知》),对商品房预售资金账户的冻结及执行工作提供了进一步指引。

根据《商品房通知》第 1 条规定,人民法院对预售资金监管账户采取保全、执行措施时要强化善意文明执行理念,坚持比例原则,切实避免因人民法院保全、执行预售资金监管账户内的款项导致施工单位工程进度款无法拨付到位,商品房项目建设停止,影响项目竣工交付,损害广大购房人合法权益。除当事人申请执行因建设该商品房项目而产生的工程建设进度款、材料款、设备款等债权案件外,在商品房项目完成房屋所有权首次登记前,对于预售资金监管账户中监管额度内的款项,人民法院不得采取扣划措施。

从该条规定中,我们可以提炼出三层意思:第一,肯定了商品房预售资金账户是可以冻结的。第二,保全、执行措施的采取要贯彻“审慎 + 善意”原则,而“审慎”与“善意”以相关措施不得影响项目竣工交付为重要衡量标准。第三,对于非特种债务扣划有前提。所谓特种债务,即因建设工程本身产生的债务,例如因建设该商品房项目而产生的工程建设进度款、材料款、设备款等。对于特种债务以外的债务,扣划则需满足房屋所有权完成首次登记的前提。

据此,我们认为,在非特种债务的诉讼案件里,债权人在拟对预售资金账户采取保全或执行措施前或者面对特种债权人的查封异议时,需要充分考虑比例原则、工程建设现状、监管账户资金冻结与工程建设进度的因果关系、账户监管情况、监管额度、特种债权人身份审查等要素。

此外,需要说明的是,在实践中,特种债务的扣划除政府相关部门审核同意外,还需执行法院的审查批准才能够正式扣划。根据《商品房通知》第 2 条,现仅需遵循“经项目所在地住房和城乡建设主管部门审核同意”的前置程序,前置程序完成后,商业银行即应及时支付,法院仅为银行在付款后的报告对象。我们认为,本质上,这一规定相当于单方面赋予住房和城乡建设部门判定争议债务是否为特种债务、能否较之普通债权在预售资金监管的范围内取得优先地位的实质审查权,存在一定的行政僭越司法之嫌,且《商品房通知》实施后,各级住房和城乡建设部门内部具体应当按照什么样的标准与流程来审核能否应当扣划监管账户内款项,还有赖于出台进一步实施细则来规范和指引。

## 三、共益债投资问题

根据《企业破产法》第 42 条规定,共益债务是法院受理破产申请之后产生的债务,且是为了全体债权人的共同利益而产生的负债。最高人民法院《关于适用〈中华人民共和国企业破产法〉若干问题的规定(三)》(2020 年修正,以下简称《破产法司法解释(三)》)第 2 条进一步明确,经过了认定程序后的借款可以取得共益债务的优先受偿位置,且确认共益债权的顺位是在担保物权之后,优于普通债权。

据此,共益债投资即是指重整程序中管理人或者债务人为了维持企业继续经营向投资人借款,并以生产经营所得款项通过共益债务或者其他优先清偿的方式偿还投资人本息的一种新型投资方式。该种投资方式常见于房地产企业的破产重整过程中的项目续建融资。债务人获得现金流后,重新恢复生产建设,实现收益;投资者则可以从企业的恢复经营收益中收回借款本金及获得利息收益。当债务人企业完成项目建设、经营后,其整体资产价值得到提升,能最大限度地维护全体债权人的利益。那么,如何保障共益债投资的资金安全以及共益债投资人的权益呢?

### (一)关于共益债投资的介入

如前所述,管理人或者债务人在企业破产受理后,为了全体债权人的利益而向第三方的借款,经过程序许可后可以列为共益债务。共益债投资系企业破产受理后方可介入。在债务人破产受理后,共益债投资人须对债务人及其各个项目进行全方位调查论证才宜决定是否对破产企业进行投资。一方面,投资人在选择项目时须对进入重整程序的房企债务人进行筛选,应对其重整的价值及可行性进行论证,包括但不限于对工程质量、工程报批手续、周边房屋的参考价格、未来市场定位以及销售前景等方面进行评估,这些细节往往无法体现在破产管理人的报告中,需要专业机构对相关问题展开详细调查。另一方面,做好充分的法律尽调工作也极其重要。在重整投资人招募公告发布后,共益债投资人可以根据招募公告的要求,完善相关手续,依法向管理人调取有关债务人的相关资料,包括但不限于债务人债务、资产以及项目等方面的具体情况。

### (二)关于共益债投资的保障

第一,司法保障——请求人民法院确认共益债投资且优先受偿。根据现行法律及司法解释的规定,重整期间借款依法应当经过债权人会议表决通过,并且管理人还应当将借款情况向债权人委员会(如有)报告,而法院确认并非共益债设立的前置条件。但一般而言,尽管《破产法司法解释(三)》第 2 条规定了债务人为了全体债权人的利益,所借款项可以作为共益债务,但共益债投资人为了保护自身的投资利益,降低共益债投资的风险,还是应当尽量争取获得人民法院的确认,将该借款认定为共益债务并优先清偿。实务中,在提交债权人会议表决前,管理人可以先向法院提交重整投资实施方案(其中明确投资人、投资方式、优先清偿等内容),并征求法院的指导意见，再由法院以适当方式予以答复，以确保后续资金的优先偿还性。

第二，权利保障——设定担保。共益债务优先于普通债权进行受偿，但劣后于有财产担保的债权进行受偿。因此，共益债投资人应核实清楚债务人企业中享有财产担保的债权金额后再决定是否进行投资，并测算项目的预期利益能否在清偿有财产担保的债权后覆盖共益债投资的本金及收益等。当债权回收存在较大的不确定性时，投资人可以要求债务人提供相应担保。但考虑实务中进入破产程序的债务人几乎不存在无权利负担的优质资产，投资人可以视情况要求债务人的关联方或者第三方提供担保。

第三，资金保障。共益债投资人为了保障投资款项及收益的安全且及时受偿，投资人在投资全部退出前，一方面可以通过设立共管账户、共同保管相关印章及密码器等方式监控资金的使用，保障资金专款专用，防止资金被挪作他用；另一方面也可以根据债权人会议表决通过的销售方案，对项目的销售情况进行跟踪、监督，同时要求管理人及时披露或者通报销售及回款的情况，必要时可提前请求清偿投资款项及相关收益。

此外，也可考虑在重整投资的各种文件中明确借款性质且为共益债务优先受偿，可在包括但不限于在《重整投资方案》《重整投资协议》《重整计划草案》等重整投资的各种文件中对投资款项的借款性质与优先清偿地位进行明确。

## 四、以房抵工程款协议的司法认定争议

以房抵工程款，系以物抵债在建设工程领域的具体情形，是指工程发包方将房屋以一定价格抵偿需支付的工程款。在建设工程施工合同履行过程中，当发包人因资金紧张出现工程款支付困境时，其往往倾向于选择“以房抵款”作为工程款支付的方式。然而，司法实践中对于以房抵债协议的认定还是颇受争议。

### （一）论以房抵债协议的成立——诺成性合同与实践性合同的争辩

关于以房抵债协议究竟是诺成性合同还是实践性合同的问题，最高人民法院的司法判解其实并不统一。例如，在最高人民法院（2016）最高法民终字第484号二审判决书中，最高人民法院认为，以物抵债系债务清偿的方式之一，只要双方当事人的意思表示真实，合同内容不违反法律、行政法规的强制性规定，合同即为有效。在最高人民法院（2018）最高法民终774号二审判决书中，最高人民法院却表示，“以房抵欠付的工程款的合同通常系实践性合同”，即该协议需以债权人现实受

领抵押物，获取的抵押物所有权、使用权为生效要件。随后，最高人民法院民二庭在《〈全国法院民商事审判工作会议纪要〉理解与适用》一书中指出，“代物清偿理论缺乏法律依据，且实践性代物清偿协议会削弱意思自治的效力，不利于建立诚信社会”①。

可以看出，“以房抵款”协议的性质在审判实践中的观点尚未达成统一，但是从司法意见来看还是具有从实践性合同向诺成性合同转变的倾向。我们认为，基于尊重当事人意思自治和促进商事交易的原则，除当事人有明确约定外，以房抵工程款协议并不应以债权人现实受领抵押物，获取的抵押物所有权、使用权为生效要件，只要双方当事人意思表示真实，不违反法律法规强制性规定，即为有效。

### （二）宜从以房抵债协议成立时间判断其效力问题

关于以房抵债协议的效力，需根据协议签署的具体时间节点而分类讨论。

1. 债务履行期限届满后签署的以房抵债协议

根据最高人民法院《全国法院民商事审判工作会议纪要》（法〔2019〕254 号，以下简称《九民纪要》）第 44 条第 1 款规定，建设单位与施工单位在债务履行期限届满后达成以房抵工程款协议，房屋尚未交付施工单位，施工单位请求建设单位交付的，排除以房抵工程款协议存在恶意损害第三人合法权益、虚假诉讼、其他无效事由后，以房抵工程款协议能够得到法院支持。

最高人民法院在（2016）最高法民终字第 484 号民事判决书中即持该观点，认为对以物抵债协议的效力、履行等问题的认定，应以尊重当事人的意思自治为基本原则。一般而言，除当事人有明确约定外，当事人于债务清偿期届满后签订的以物抵债协议，并不以债权人现实地受领抵债物，或取得抵债物所有权、使用权等财产权利为成立或生效要件。只要双方当事人的意思表示真实，合同内容不违反法律、行政法规的强制性规定，合同即为有效。

2. 债务履行期限届满前签署的以房抵债协议

《九民纪要》第 45 条规定：“当事人在债务履行期届满前达成以物抵债协议，抵债物尚未交付债权人，债权人请求债务人交付的，因此种情况不同于本纪要第 71 条规定的让与担保，人民法院应当向其释明，其应当根据原债权债务关系提起诉讼。经释明后当事人仍拒绝变更诉讼请求的，应当驳回其诉讼请求，但不影响其根据原

---

① 最高人民法院民事审判第二庭编著：《〈全国法院民商事审判工作会议纪要〉理解与适用》，人民法院出版社 2019 年版，第 302 页。

债权债务关系另行提起诉讼。”也就是说，债务履行期限届满前达成的以物抵债协议将作为履行原债权债务关系的担保对待①，承包人无法请求直接交付抵债物，也不能在工程款结算前要求折价、拍卖、变卖抵债的房产。

《民法典》第401条规定：“抵押权人在债务履行期限届满前，与抵押人约定债务人不履行到期债务时抵押财产归债权人所有的，只能依法就抵押财产优先受偿。”可以看出，规定对流押条款的态度趋缓——在流押条款约定履行期限届满，债务人不清偿债务的，抵押财产不能直接归抵押权人所有，即流押条款中关于设立抵押权的意思表示有效，仅仅是流押的抵押权实现方式无效。

可以看出，《九民纪要》与《民法典》对于债务履行期限届满前签署的以房抵债协议规定其实一脉相承，即无论法院将工程款结算前签订的以房抵工程款协议认定为以物抵债协议还是流押条款，最后均认定，以房抵工程款协议仅仅作为双方当事人意图以在建工程作为将来工程款债权担保的合意，未经登记，既不能对抗第三人，也不产生担保物权的效力。

由此，以房抵工程款协议增加了发包方清偿工程款的履行方式，但并不能根本上改变债权的性质。在未经公示的情况下，法律只认可履行期届满前的以物抵债协议在债务清偿期限届满后的担保权能。这意味着，在担保权能未经公示的情况下，将很难对抗开发商一房二卖的恶意违约，当存在多个债权且发包人的财产不足以清偿所有债权时，以物抵债协议只能作为普通金钱债权，与其他普通债权人平等受偿②。同时，也要注意到，以房抵工程款协议签订时作为担保物的房屋大多未完工，最终担保物的价值能否实际覆盖债权以及债权实现的难度、周期都存在很大的不确定性。

### （三）论以房抵债协议的性质：“债的更改”与“新债清偿”的争辩

实践中，经常出现发包人未按照以房抵债协议履行的情况，承包人无法确定是只能追究以房抵债协议的违约责任还是应当回归到基础的工程款债权关系上去。本质上，这涉及以房抵债协议应当定性为“债的更改”还是“新债清偿”的问题。

“债的更改”指成立新债务同时消灭旧债务；“新债清偿”为成立新债务，与旧债并存。若新债届期不履行，致使以物抵债协议目的不能实现，债权人有权请求债务

---

① 最高人民法院民事审判第二庭编著：《〈全国法院民商事审判工作会议纪要〉理解与适用》，人民法院出版社2019年版，第308页。

② 王春军：《浅析“以房抵工程款”》，载微信公众号“律界建工”2022年3月16日，https://mp.weixin.qq.com/s/UJGmXUzmyv_IyW5LODUtcA。

人履行旧债务，且该请求权的行使并不以以物代债协议效力瑕疵或被解除为前提。那么，以房抵债协议应当定性为“债的更改”还是“新债清偿”呢？

（2020）最高法民申2381号再审裁定书中，最高人民法院指出，诉争7－2－2号房屋未办理过户登记，双方就该房屋达成的以房抵债协议并未得到实际履行。住业公司基于原有的建设工程施工合同关系向瑞泰华公司主张诉争房屋所涉11,634,740元欠付工程款于法有据，瑞泰华公司主张该部分款项应计入已付工程款的理由不能成立，法院不予支持。因此，最高人民法院倾向于认为以房抵债协议构成“新债清偿”。最高人民法院民一庭在《民事审判实务问答》一书中亦延续上述案例观点——一方面，从常理看，债权到期后，债权人能够接受额外增加一种新的清偿方式，但是以一个不确定的新的债权替代原到期债权，具有较大风险，债权人通常不会同意。另一方面，债务更新彻底消灭旧债，附属于旧债的担保也随之消灭，对债权人非常不利。因此，基于保护债权的理念，债的更改一般需要有当事人明确消灭旧债的合意，否则应定性为新债清偿①。

这种情况下会产生一个问题，假使房价上涨，部分发包人即以新债旧债并存为由，要求清偿旧债，拒绝协助承包人办理房屋过户登记手续。为避免该风险，我们建议，实践中在以物抵债协议中应明确“除因不可归责于双方原因导致本协议不能履行外，原有工程款结算债权债务关系消灭，任何一方不得再要求以金钱方式实现债权、清偿债务”。

## 五、结语

票据债权与原因债权的主张顺序、房屋预售监管资金账户的保全与执行、共益债投资及以房抵工程款协议的司法认定均属于爆雷地产项目投资并购中的疑难问题，在实务中均存在一定争议。本文在对前述问题的相关司法判解进行初步研判的基础上，提出了笔者对这些争议的分析路径的一些思考，供诸位读者批评指正。需要说明的是，关于前述问题的分析与认定司法实践中尚未有定论，因此有必要持续性关注最新的权威司法裁判动态和意见，以期对投资方的商业决策提供更权威的法律支持。

---

① 最高人民法院民事审判第一庭编：《民事审判实务问答》，法律出版社2021年版，第13－14页。

# 关于建设工程合同纠纷中“主体争议”问题的厘清与探究

张　蕾[*]　刘余辉[**]

施工合同法律关系是线，而合同主体就是连接这些法律关系的点。

建设工程主体关系高度复杂，可能会涉及：(1)发包人；(2)承包人；(3)专业分包方；(4)劳务分包方(现在名称：专业承包作业人)；(5)实际施工人；(6)委托代建方；(7)合作开发方；(8)内部承包人；(9)甲方指定分包方；(10)转包方；(11)违法分包方；(12)挂靠方。上述各主体均为施工合同主体在特定情境下的称谓，研究“合同主体争议”，对于确定诉讼主体(原告、被告、第三人)以及由哪一方来承担责任，如何承担责任尤为重要。从行为性质角度来看，施工合同还可能涉及在面对：(1)合同概括转让；(2)企业合并分立；(3)债务加入等情况下，如何确定合同主体的情况。从主体本身是否适格角度，还需要讨论面对：(1)分支机构或项目经理对外签约；(2)表见代理；(3)代位权诉讼；(4)连带责任主体(如联合体)；(5)实际施工人追加发包人作为被告在欠付工程款范围内承担连带责任等问题时，如何确定合同主体和争议主体问题。另外，除施工合同角度外，建设工程施工过程中常遇设备租赁合同、材料购销合同等合同争议，不予论述。本文从发包人、承包人两个角度总结了与合同主体相关的争议问题。

---

[*] 德和衡高级合伙人，擅长房地产与建设工程、城市更新、PPP与基金业务等领域。

[**] 德和衡执业律师，擅长房地产与建筑工程纠纷、城市更新与土地整备业务、资本市场和基金业务等领域。

## 一、发包人的主体责任

### （一）一般情况下的发包人主体责任

《民法典》第 788 条第 1 款规定："建设工程合同是承包人进行工程建设，发包人支付价款的合同。"由此可见，发包人的主要义务是按约定的方式和期限支付工程价款。

除此之外，发包人的主要义务包括：做好施工前的准备工作；按照合同的约定和诚实信用原则应在施工过程中给承包人提供必要的协助；配合施工的进行，及时组织工程竣工验收；及时接受竣工工程。发包人未按合同约定的期限支付价款的，应当负逾期付款的违约责任，而且承包人依法对所建工程享有法定的建设工程价款优先受偿权。《民法典》第 807 条规定："发包人未按照约定支付价款的，承包人可以催告发包人在合理期限内支付价款。发包人逾期不支付的，除根据建设工程的性质不宜折价、拍卖外，承包人可以与发包人协议将该工程折价，也可以请求人民法院将该工程依法拍卖。建设工程的价款就该工程折价或者拍卖的价款优先受偿。"

### （二）特殊情况下的发包人主体责任

1. 关于发包人"合同权利义务"对外转让

我国法律禁止总包方转包和违法分包（含支解分包），但我国法律并未禁止发包人在签订合同后将项目所有权转移给第三人，第三人可与原选定的总包方协商继续履行施工合同。例如在房地产开发过程中，开发商将正在建设的项目工程对外进行资产（在建工程）转让，则发包人主体就发生了变化。这种情况下，如果任何一方不同意继续履行合同，则合同因情势变化而解除。

需要注意的是，我国法律法规对于发包人主体资格上没有特殊要求，因此受让方一般情况下无资质要求。只有一些特定情况下比如房地产开发企业需要按照《城市房地产开发经营管理条例》第 9 条规定"按照核定的资质等级，承担相应的房地产开发项目"，而承包人的主体资质则应按照《建筑业企业资质管理规定》执行。

关于法定的权利义务概括转移。法定权利义务概括转移不需合同相对方同意，但应承担法律规定的责任。关于意定的权利义务概括转移，前提条件是需经承包人同意，在承包人不同意的情况下，发包人和承包人均可基于合同目的不能实现而解除合同，发包人此时需要承担合同约定的违约责任。

2. 关于"合作开发"中的发包人主体责任

合作开发房地产合同中，如果双方是以成立项目公司的形式进行开发，并由项目公司作为发包人对外签订合同,则由项目公司承担发包人责任,因合作各方均系项目公司股东,无须对外承担发包人的主体责任,这一观点并无争议。

实践中经常发生的一种特殊情况是,无论成立项目公司之前还是成立项目公司之后,以合作开发一方名义对外签署的合作开发项目建设工程施工合同,其他的合作方或项目公司是否承担连带责任。笔者通过网络查询发现,有观点认为合作开发房地产如未成立项目公司,可以视为合伙或联营关系,对外应承担连带责任。还有观点认为需要区分个人与企业,如果是个人与个人之间则属于个人合伙,如果是个人与企业、企业与企业之间签署合作协议则属于合伙型开发,由开发合作各方承担连带责任,不属于合伙型合作开发的,根据合同相对性各自独立承担责任。

实践中需要注意:应排除名为合作开发,实质为其他性质合作的情况。如果合作开发情形属于最高人民法院《关于审理涉及国有土地使用权合同纠纷案件适用法律问题的解释》(2020 年修正)第 21 条规定:“合作开发房地产合同约定提供土地使用权的当事人不承担经营风险,只收取固定利益的,应当认定为土地使用权转让合同。”或者符合最高人民法院《关于审理涉及国有土地使用权合同纠纷案件适用法律问题的解释》(2020 年修正)第 22 条、第 23 条、第 24 条规定的名为合作开发合同实为房屋买卖合同、借款合同、房屋租赁合同。在上述几种情况下,拥有土地使用权的一方是实际获益者,应承担法律责任。

3. 关于“委托代建”中的发包人主体责任

所谓委托代建,根据国务院《关于投资体制改革的决定》(国发〔2004〕20 号)(该文件于 2013 年、2014 年、2016 年经三次修改)的规定,“代建制”系指“通过招标等方式,选择专业化的项目管理单位负责建设实施,严格控制项目投资、质量和工期,竣工验收后移交给使用单位”。“委托代建”模式下,委托方(项目产权人)将“发包人角色”授权代建方行使,对于由施工合同所产生的工程款债务或其他责任如何承担问题最为高发和突出,是实践中常遇的热点问题。

我国《民法典》与最高人民法院《关于审理建设工程施工合同纠纷案件适用法律问题的解释(一)》(以下简称《2021 新建工司解一》)均未对“委托代建”进行规定。广东省高级人民法院《关于审理建设工程合同纠纷案件疑难问题的解答》第 12 条规定:“建设工程委托代建合同能否依据委托合同的规定处理。对于非经营性政府投资项目根据法律强制实行委托代建,代建单位作为项目建设法人,全权负责项目建设的组织管理、招投标和工程款支付义务的,其属于发包人。承包人依据《合同法》有关委托合同的规定主张委托人承担责任的,不予支持。对于其他委托代建工程建设项目,依据《合同法》有关委托合同的规定处理。”深圳市中级人民法院《关于建设工程合同若干问题的指导意见》(2010 年修订)第 4 条第 2 款规定:“工程代建合同的委托人与受托人共同对建设工程合同的履行承担连带责任,但建设工程合同明确约定仅由受托人、委托人或发包人承担合同约定义务的除外。”

按照《民法典》第 925 条、第 926 条的规定,如果代建人作为发包人与承包人签订施工合同时,即已向总包人披露其代建人的身份及项目所有权人(委托人)主体,则应由委托人直接向承包人履行支付工程款的义务;若为事后披露,则由承包人自行选择付款责任主体,但一经选定不得变更选定的相对人。

4. 关于“装修合同”中发包人主体责任

装饰装修合同属于建设工程类型的一种。本文主要探讨笔者在近期代理的一个装修合同纠纷过程中出现的 3 个特殊主体责任问题。甲方为大型片区商业楼群的出租方,乙方为承租人与运营方,乙方承租后与丙 1、丙 2 等签订装修合同,现已装修完成,装修工程欠款数额较大。现因新冠肺炎疫情及乙方原因,甲方解除了主租赁合同。对于已附合到甲方建筑物中的装修价值,乙方无力支付,但丙 1、丙 2 等是否可以向实际受益方甲方主张在受益范围内进行补偿?

其一,从承租人角度来看,承租人可否直接向出租方主张装修款损失?

根据最高人民法院《关于审理城镇房屋租赁合同纠纷案件具体应用法律若干问题的解释》(2020 年修正)第 9 条规定,承租人经出租人同意装饰装修,租赁合同中有关装饰装修物的残值,如果因承租人违约导致合同解除,承租人应自行承担剩余租赁期内装饰装修物残值的损失;如果是出租人原因造成或其他原因造成租赁合同解除,由过错方分担责任。

其二,关于装修人是否可以直接向甲方主张的问题。

江苏省高级人民法院认为,司法实践有观点认为发包人下落不明或丧失支付能力,且建筑物所有权人与发包人之间的租赁合同已经终止,承包人以建筑物所有权人为被告主张权利的,建筑物所有权人在其实际受益范围内承担赔偿责任。根据最高人民法院《关于审理城镇房屋租赁合同纠纷案件具体应用法律若干问题的解释》(2020 年修订)相关规定,承租人经出租人同意装饰装修的,在一定情况下可由出租人折价补偿。因此,当作为发包人的承租人怠于行使相应求偿权时,承包人可以提起代位权诉讼向出租人主张权利。

最高人民法院(2016)最高法民申 618 号判决书亦支持了上述观点,即在施工人未举证证明已就添附资产支付合理对价,或者施工人已就添附资产的价值向出租人主张权利的情况下,出租人应承担相关补充清偿责任。

其三,关于由承租人对外签署的装修合同中,装修人可否向出租方(房屋产权人)主张对所装修工程的价款优先权。

笔者注意到最高人民法院《关于审理建设工程施工合同纠纷案件适用法律问题的解释(二)》(以下简称《旧建工司解二》,已失效)第18条规定:“装饰装修工程的承包人,请求装饰装修工程价款就该装饰装修工程折价或者拍卖的价款优先受偿的,人民法院应予支持,但装饰装修工程的发包人不是该建筑物的所有权人的除外。”对于“但装饰装修工程的发包人不是该建筑物的所有权人的除外”,最高人民法院认为:“装饰装修工程客观上不能单独折价或者拍卖,而且在特定情形下其所依附的建筑物用途改变,原有的装饰装修部分不但不能折价还会因必须拆除原有装饰装修部分而增加不必要的支出。”“在司法实践中,常常有一些发包人并不是装饰装修工程所依附的建筑物的所有权人,而是以租赁、联营等方式实际占有和使用该建筑物的占有人,对这些装饰装修工程承包人的优先权应当进行合理限制,即该装饰装修工程款未征得建筑物所有权人同意担保的前提下,该装饰装修工程的承包人不享有优先受偿权。”①

需要注意的是,《2021新建工司解一》第37条规定:“装饰装修工程具备折价或者拍卖条件,装饰装修工程的承包人请求工程价款就该装饰装修工程折价或者拍卖的价款优先受偿的,人民法院应予支持。”该条删除了“但是”部分,即“但装饰装修工程的发包人不是该建筑物的所有权人的除外”一句,按照最高人民法院关于《旧建工司解二》理解与释用之观点,即为不再对“发包人是该建筑物的所有权人”进行限制。在承租人对外签署的装修合同中,装修人可以向出租方(房屋产权人)主张对所装修工程的价款优先权。

## 二、承包人的主体责任

从承包人的角度来看,最常见的实务热点问题就是转包、违法分包、挂靠或内部承包情形下的承包人主体判断问题。

### (一)《民法典》中承包人主要主体责任

结合《民法典》“建设工程合同”一章中有关承包人合同责任与义务,主要包括:

1. 按照合同约定完成工程建设。(《民法典》第788条规定)
2. 接受发包人的监督。(《民法典》第797条规定)
3. 确保建设工程质量达到合同约定的标准。(《民法典》第801条规定)

---

① 最高人民法院民事审判第一庭编著:《最高人民法院建设工程施工合同司法解释(二)理解与适用》,人民法院出版社2019年版,第383页。

4. 发包人未按约定支付价款时，可以行使建设工程价款优先受偿权。(《民法典》第 807 条规定)

### (二)特殊情况下承包人主体责任

1. 关于承包人资质问题

我国《建筑法》等法律法规明确禁止承包人转包、违法分包和出借资质(挂靠)，最高人民法院《关于审理建设工程施工合同纠纷案件适用法律问题的解释》(以下简称《旧建工司解一》)第 4 条亦规定出借资质、承包人非法转包、违法分包建设工程所签订的建设工程合同无效。

无论转包、违法分包及挂靠，除少部分资质相同的罕见案例外，大部分均涉及无资质或超越资质问题。相对于发包人资质要求比较宽泛而言，我国对承包人的主体资质有着更为严格的要求。建设工程质量和安全关系公众的生命与财产安全，涉及社会公共利益，施工企业资质管理是一项重要行政管理内容。“转包行为有很大的危害性，一些单位将其承包的工程压价转包给他人，形成层层转包、层层扒皮的现象。”[①]目前在我国，转包、违法分包、挂靠情况屡禁不止，仍然高发频发。

2. “转包、违法分包”

(1)“转包”

我国《民法典》第 806 条将“违法转包”表述变更为“转包”。转包是指施工单位承包工程后，不履行合同约定的责任和义务，将其承包的全部工程或者将其承包的全部工程肢解后以分包的名义分别转给其他单位或个人施工的行为。转包性质上属于施工合同权利义务概括转移。我国法律禁止承包人将承包的全部工程或以支解分包的形式全部转包，故转包无论是否经过发包人同意均属于无效行为。《民法典》与《合同法》对于禁止转包、违法分包，转包与违法分包合同无效的认定前后一致。

需要注意的是，在转包、非法分包中，发包人与总包方签署的施工合同效力不受影响(发包人可以行使法定解除权)，但当发包人发现存在违法转分包情形时，可以依据《旧建工司解一》第 8 条规定：“承包人具有下列情形之一，发包人请求解除建设工程施工合同的，应予支持……(四)将承包的建设工程非法转包、违法分包的。”由于只有合同有效才能论及合同解除权，因此推之发包人与总发包人之间的总包合同有效，仅是总包方与实际施工人签订的转包、非法分包合同无效。合同无

---

① 最高人民法院民法典贯彻实施工作领导小组主编：《中华人民共和国民法典合同编理解与适用》，人民法院出版社 2020 年版，第 1928 页。

效系指合同根本不符合法律规定的合同有效的要件，合同关系自始不成立。合同解除是指消灭已经有效成立的合同。在挂靠关系中，出借资质的被挂靠总包企业与发包人签订的总包合同当然无效，总包企业（被挂靠人）与挂靠人所签署的挂靠协议亦属无效。

（2）“违法分包”

违法分包是指施工单位承包工程后违反法律法规规定或者施工合同关于工程分包的约定，把单位工程或部分分项工程分包给其他单位或个人施工的行为。《建筑法》第29条、《建设工程质量管理条例》第78条第2款、《建筑工程施工发包与承包违法行为认定查处管理办法》（建市规〔2019〕1号）第12条均对此作出了相关的规定。

（3）“转包、违法分包”主体责任

有关“违法分包”与“转包”裁判规则基本类同，违法分包合同与转包合同均为无效合同，均涉及实际施工人起诉问题，其余的规定基本同转包的规定，需要结合如下规定进行适用：（1）广东省高级人民法院《全省民事审判工作会议纪要》（粤高法〔2012〕240号，现已失效）“关于民事责任主体问题”中第15条规定；（2）广东省高级人民法院《关于审理建设工程合同纠纷案件疑难问题的解答》（2017年，现已失效）第25条、第26条规定；（3）《2021新建工司解一》第43条（吸收《旧建工司解一》第26条规定和《旧建工司解二》第24条规定）。

随着《旧建工司解一》《旧建工司解二》被废止，《2021新建工司解一》第43条完全吸收承继了《旧建工司解一》第26条与《旧建工司解二》第24条的规定：“实际施工人以转包人、违法分包人为被告起诉的，人民法院应当依法受理。实际施工人以发包人为被告主张权利的，人民法院应当追加转包人或者违法分包人为本案第三人，在查明发包人欠付转包人或者违法分包人建设工程价款的数额后，判决发包人在欠付建设工程价款范围内对实际施工人承担责任。”

（4）“转包、违法分包”法律后果

①发包人与转包人之间

《民法典》第806条规定：“承包人将建设工程转包、违法分包的，发包人可以解除合同……合同解除后，已经完成的建设工程质量合格的，发包人应当按照约定支付相应的工程价款。”承包人转包的，发包人有权解除总包合同，并可要求承包人承担违约责任或赔偿损失。如果承包人转包工程项目，承包人就对发包人构成对施工合同的实质性违约，发包人可以依法解除与承包人签订的施工合同。

有关合同解除后的法律后果问题，《民法典》第566条第1款和第2款规定：

“合同解除后，尚未履行的，终止履行；已经履行的，根据履行情况和合同性质，当事人可以请求恢复原状或者采取其他补救措施，并有权请求赔偿损失。合同因违约解除的，解除权人可以请求违约方承担违约责任，但是当事人另有约定的除外。”

因承包人的转包工程行为，无论是否解除，造成工期延误及出现工程质量问题造成损失的，发包人可以要求承包人承担违约责任（如有约定）并提出赔偿要求。

②转包人与被转包人之间

转包人与被转包人可以要求对方承担损失。转包人与被转包人之间签订的转包合同依法应被认定为无效，因无效后无法追究违约责任，但实践中转包人与被转包人不可避免地会产生经济损失。对于经济损失，需根据双方当事人（转包人与被转包人）的过错程度和责任大小，确定应当承担的赔偿数额。因无效合同造成的损失范围，一般包括误工费、停工费、保管费、机械设施闲置费、租赁费、临时设施建造费等直接与该工程有关而独立发生的费用等。

③关于管理费、税费应如何处理问题

对于“转包、非法分包”情形下，如何处理总包人向实际施工人收取的管理费、代交税费问题，实务中是一个争议问题。

随着《民法通则》《旧建工司解一》的废止，有关无效合同“没收违法所得”原则不再适用。《民法典》第157条同样删除了“收缴进行非法活动的财物和非法所得”的类似规定，而将合同无效的法律后果规定为“返还财产”“折价补偿”“过错方承担赔偿责任”三种，由此可见，“管理费”不再收缴。然而，在最高人民法院相关裁定书中却显示“没收该非法所得，符合法律规定”。

3. 关于挂靠

挂靠是指缺乏资质的单位或个人借用有资质的建筑施工企业名义签订建设工程施工合同，参与投标、办理有关施工手续、从事施工等活动。该单位或个人即为挂靠人，被借用资质的单位即为被挂靠人。挂靠人与被挂靠人之间没有产权与劳动关系，挂靠人亦缺乏相应的施工资质，被挂靠人从项目以收取管理费的形式获取收益，通常没有施工管理行为。

挂靠涉及建筑领域的资质管理问题，我国《建筑法》严格禁止借用资质的挂靠行为，承包建筑工程的单位应当持有依法取得的资质证书，并在资质登记许可的业务范围内承揽工程。

（1）挂靠与转包的区分

转包实质是合同权利义务的概括转移，挂靠性质上属于借名经营。实践中，挂靠往往是以转包的形式出现，转包和挂靠中的实际施工人都存在欠缺资质、与总承包人没有劳动关系或产权联系,转包人与被挂靠人一般也均以收取管理费的形式获取利益,因此两者往往难以区分。实务中区分转包与挂靠主要应从实际施工人有没有参与投标和合同订立来进行判断。转包是承包人承接工程后将工程的权利义务概括转移给实际施工人,转包中的实际施工人一般并未参与招投标和订立总承包合同,其承接工程的意愿一般是在总承包合同签订之后,而挂靠是承包人出借资质给实际施工人,挂靠中的实际施工人在投标和合同订立阶段一般就已经参与。实践中通常通过审查投标保证金的缴纳主体和资金来源、实际施工人是否以承包人的委托代理人身份签订合同、实际施工人有没有与发包人就合同事宜进行磋商来确定是否为挂靠。

实践中,挂靠与转包、内部承包仍然较难区分。除非具备典型特征的挂靠(如直接约定出借资质,或者发包人签约时明知存在挂靠),或者具备典型特征的转包(如总包协议在前,转包协议在后),或者特别典型的内部承包(劳动关系 + 人财物支持),由于当事人主观意图很难判断,是出借资质还是转包工程很难区分。但是挂靠与转包最大的区别在于,挂靠有可能挂靠人与发包人形成直接的合同关系;而转包的受让方则只能根据《2021 新建工司解一》第 43 条(吸收《旧建工司解一》第 26 条和《旧建工司解二》第 24 条)之规定,向合同相对人转包方主张权利,对于发包人只能在欠付(指拖欠总承包方)工程款范围内承担赔偿责任。对于发包人或者总承包人某一方没有支付能力的,赋予当事人一个对被告的选择权,同时赋予法院自由裁量的弹性空间。

(2)挂靠双方对外承担连带责任

详见《建筑法》第 66 条、最高人民法院《关于适用〈中华人民共和国民事诉讼法〉的解释》(2022 年修正)第 54 条。

(3)挂靠关系中的工程款主张

关于认定挂靠人与发包人存在直接合同关系。“挂靠人与发包人形成直接的合同关系,则挂靠人可直接向发包人主张权利”已为最高人民法院多个判例确认。如最高人民法院(2015)民申字第 721 号民事裁定书认为:东辉公司指定秦某某为实际施工人,昆建公司、东辉公司、秦某某据此签订《三方合作协议》和《补充协议》。从上述合同内容来看,秦某某系东辉公司指定,秦某某直接向东辉公司负责工程质量和进度,并直接与东辉公司进行工程结算,东辉公司也保证秦某某工程款项的支付。昆建公司仅承担工程款走账、工程资料的收集整理及代付工程款等义务。昆建公司在完工合同履行过程中主要体现为出借建设工程施工企业资质给秦某某。这说明在实际施工过程中,秦某某也是作为实际施工人的名义进行案涉工程的施工,而案涉工程并非由昆建公司施工。从三方合作协议和补充协议的约定可见,秦某某系借用昆建公司的施工资质与东辉公司之间形成直接的合同关系。最高人民法院(2016)最高法民终361号民事判决书认为:本案中,华隆煤业公司、六十五公司、陈某等四人对于案涉工程由六十五公司出借资质,实际由陈某施工事实明知。实质上华隆煤业公司与陈某等人之间存在事实建设工程施工合同关系,六十五公司与陈某等人《内部承包协议》亦属无效。

需要注意的是挂靠与转包(或违法分包)相比,挂靠人向发包人主张权利的路径明显变窄。《旧建工司解二》第24条规定转包与违法分包情形下实际施工人可向发包人在欠付工程款范围内主张权利,该解释第25条规定可向发包人行使代位权,但两条的规定均未包括"挂靠人",学界亦认为均不适用挂靠人。《2021新建工司解一》第43条、第44条亦有相同的规定,同样未包括"被挂靠人"。实践中只有挂靠人与发包人之间形成了事实上的施工合同关系,才能向发包人直接主张合同权利(一般需要发包人"签约时对挂靠情形是明知的"这一条件)这也是仅有的一条向发包人主张权利的路径。

4. 内部承包

内部承包是一种合法的生产组织经营模式。建筑企业内部承包合同是指施工企业建筑企业与其内部职能部门、分支机构或职工个人签订承包协议,将以企业名义承接的工程项目交由承包人组织施工,建筑企业对财务、工程质量、技术等方面加以管理、监督,承包人自主经营、自负盈亏,向建筑企业缴纳一定管理费的经营合同。从内部承包特征来看,承包客体是特定项目的经营权;内部承包人可以是在册职工,也可以是下属分支机构(不具有法人资格);施工企业应对内部承包组织实施监督管理与运营支撑,施工企业仍应承担所承接项目的外部责任,施工企业对外承担责任后,可向内部承包人追偿。施工企业一般只收取一定的管理费,而由承包人独立核算,自负盈亏。

目前,关于建筑企业采取"内部承包"方式进行经营,法律法规及司法解释均没有明文规定。但司法实践中一般将意思真实且不违反法律规定的内部承包协议判令合法有效;浙江省高级人民法院民事审判第一庭《关于审理建设工程施工合同纠纷案件若干疑难问题的解答》第1条规定:"如何认定内部承包合同?如何认定其效力?建设工程施工合同的承包人与其下属分支机构或在册职工签订合同,将其承包的全部或部分工程承包给其下属分支机构或职工施工,并在资金、技术、设备、人力等方面给予支持的,可认定为企业内部承包合同;当事人以内部承包合同的承包方无施工资质为由,主张该内部承包合同无效的,不予支持。"

实践中最主要的热点争议在于“名为内部承包实为违法分包、转包或挂靠”的情况，二者非常难以区分。实践中存在与建筑公司本无劳动关系的个人为了长期挂靠建筑公司从事工程项目建设，以内部承包等形式承包经营建筑公司分公司。同时为规避法律风险，建筑公司往往会任命其为分公司负责人并且与其签订劳动合同。司法实践中，一般以承包人是否为建筑企业的内部成员，建筑企业对项目工程技术、资金、质量、安全等方面能否加以实质性的管理和监督，能否体现建筑企业的资质要素以及财务上是否统一管理进行判断。

实务中区分内部承包与转包、非法分包时，一是判断建筑企业与内部承包人是否存在产权联系及劳动关系。合法的内部承包人一般是建筑企业的下属分支机构或在册的项目经理等企业职工个人，两者存在管理与被管理的关系。同时，内部承包机构与建筑企业应有产权联系，即内部承包机构性质上属于建筑企业的分支机构，主要资产应属于建筑企业，内部承包的个人则应与建筑企业具有劳动关系（劳动合同、工资条、社会保险缴纳记录等），而以内部承包形式转包或挂靠的实际施工人与建筑企业之间并无产权联系或劳动关系。二是判断建筑企业有无对施工过程及质量进行必要的管理和支持。内部承包中建筑企业并非简单对工程进行转包从而收取管理费，一般应对建设工程承担一定的管理义务，内部承包人组织施工所需的人、财、物等方面，由建筑企业协调解决。转包和挂靠中建筑企业一般很少进行管理，仅收取管理费。内部承包本质上是企业将其生产资料交由职工承包经营，提供生产资料是内部承包的要件之一，如果建筑企业并无生产资料提供，仅是将空壳分公司交由他人承包，或者为实施挂靠行为而专门成立没有任何生产资料的分公司，本质即是为出借资质，则应认定为挂靠，而不论该个人是否为公司员工。

# 浅析建设工程合同纠纷中的结算争议问题

张　蕾　张　乐*

《民法典》、最高人民法院《关于审理建设工程施工合同纠纷案件适用法律问题的解释(一)》(法释〔2020〕25号,最高人民法院审委会1825次会议通过,以下简称《2021新建工司解一》)并行实施,我国建筑施工领域立法迎来了"第五时代"。

建设工程常见争议焦点,主要集中在工程结算、合同主体、合同效力、工期争议、质量(含保修)争议、建设工程价款优先权、违约与解除、司法鉴定、表见代理等诸多方面。其中,"工程结算"是建设工程合同核心问题,涉及利益最多,当事人最为关注,且争议案例高发不断。从案例数量来看,通过ALPHA进行案例检索,2019年、2020年广东地区建设工程合同纠纷案件共有10,927件,而涉及"结算事项"争议的就包括了9075件,80%以上的建设工程合同纠纷案件集中在"工程结算纠纷"上。

## 一、计价方法

### (一)"清单"与"定额"计价

我国建设工程领域一直采用定额计价与工程量清单计价两种计价模式,并且处于并用阶段。其中,定额计价法是沿用苏联的做法,带有明显的计划价格的特征,工程量清单计价法带有明显的市场价格特征。无论采用定额计价还是工程量清单计价,均无强制实施力,当事人在施工合同中可以自由约定选择适用何种计价方式。但对于施工合同约定施工范围内的工程,如果已经约定计价方式,应适用双方

---

* 德和衡高级联席合伙人,在公司、金融、私募基金、资管、股权投融资、不良资产处置、并购重组及破产重整等领域具有丰富经验,专注并擅于撰写法律文书及项目交易文件。

约定。

1. 定额计价

建设工程定额是指在正常施工生产条件下，完成一定计量单位产品的人工、材料、机械和资金消费的规定额度。目前，建设行政主管部门和各省、自治区、直辖市在建设信息网或造价信息网上会公布相应的定额。广东省目前适用的定额是《广东省建设工程计价依据（2018）》。在定额计价方式下，不同施工企业之间的竞争很小，报价浮动基本不存在。

2. 清单计价

工程量清单计价法是建设工程招标投标中，按照国家统一的工程量清单计价规范，招标人委托具有资质的中介机构编制反映工程实体消耗和措施消耗的工程量清单，并作为招标文件的一部分提供给投标人，由投标人依据工程量清单，根据各种渠道所获得的工程造价信息和经验数据，结合企业定额自主报价的计价方式。在工程量清单计价法中，综合单价是固定的，一般情况下不做调整。该种模式是国家推荐并与国际惯例接轨的计价方式。

### （二）计价方法的适用

1.“有约定从约定”原则

《2021 新建工司解一》第 19 条第 1 款规定：“当事人对建设工程的计价标准或者计价方法有约定的，按照约定结算工程价款。”最高人民法院《关于审理建设工程施工合同纠纷案件适用法律问题的解释》（以下简称《旧建工司解一》）第 16 条第 1 款亦有相同的规定。根据契约自由原则和诚实信用原则，《2021 新建工司解一》第 19 条规定了遵守当事人意思自治，合同不能随意变更，因此双方应当自觉遵守基于意思自治下的合同条款。

2.“无约定从法定”原则

对于未包含在施工合同约定施工范围以内的工程或者设计变更，如果对这一部分没有约定计价方式，则法律规定的计价方式是什么？是否一定适用定额计价的问题一直是争议热点。

笔者查找相关判例，发现最高人民法院存在不同的判法。在最高人民法院（2011）民提字第 104 号判决书中，最高人民法院认为“不宜以定额价确定工程价款”。最高人民法院（2014）民申字第 1781 号的判例认为，以“定额计算施工工程价款并无不妥”。上述两份判决作出的时间分别为 2011 年和 2014 年，即作出之日均在《旧建工司解一》（2004 年）之后与最高人民法院《关于审理建设工程施工合同纠纷案件适用法律问题的解释(二)》(以下简称《旧建工司解二》)(2019 年)之前,理应不受上述两则司法解释变化的影响,上述最高人民法院两个案例在相同的司法解释背景下,涉案情况也基本相同,但得出了截然相反的结论,给司法实践造成一定的困惑。

## 二、价款方式

建设工程施工合同价款结算方式一般分为三种:一是按固定总价结算;二是按固定单价结算;三是按可调价结算。

### (一)价款方式

《建筑工程施工发包与承包计价管理办法》(2013 年)第 13 条规定确定了施工合同价款的三种方式:单价方式、总价方式、成本加酬金方式,并规定了一般情况下的适用条件。这里的单价方式一般是指固定单价方式,总价方式一般是指固定总价方式。

### (二)固定总价与固定单价

建设工程项目实施周期长、利益主体众多、投资额大,内外部环境具有较多的不确定性和复杂性。"价"变的法律风险承担是施工企业常遇的法律争议点及难点。

固定总价并非不可调。关于固定总价问题可简单归纳为"施工图纸范围内不可调",即"合同约定固定总价的,在合同约定的施工图纸范围内总价不可调整,但发生超出图纸范围的施工内容的,合同总价应予调整"。

固定单价亦并非不可调整。此处的"单价"一般指在"工程量清单计价方式"中的"综合单价",可简单总结为"风险范围内固定单价不可调",即合同约定的风险范围内不可调,在超出合同约定的风险范围情况下,比如工程量发生较大调整,可予调整。

### (三)"成本 + 酬金"模式

《建筑工程施工发包与承包计价管理办法》(2013 年)第 13 条第 3 款规定:"紧急抢险、救灾以及施工技术特别复杂的建筑工程,发承包双方可以采用成本加酬金方式确定合同价款。"成本加酬金合同也称为成本补偿合同,即工程施工的最终合同价格将按照工程实际成本再加上一定的酬金进行计算。

## 三、“价变”与“量变”

### （一）“价变”

实践中最常见的情势变更情形是人工费和材料价格发生较高幅度涨价，由于发包方往往利用订立合同绝对话语权的优势，在施工合同中约定固定总价或固定单价不做调整，而将全部的量价变化的法律风险转为由总承包方承担。

司法实务中，以“情势变更”为由主张合同变更极其困难，得到法院支持的概率较低。笔者曾就深圳市某土地租赁合同纠纷查找以情势变更为由解除合同的案例，15 个案例中，仅有 1 例成功，其余均被驳回。另外，“情势变更”需要经高级人民法院审核通过才能适用。

### （二）“量变”

工程施工过程中，实际施工完成的工程量往往与预算的工程量相比会发生较大的变动，引起变动的主要原因可能包括设计变更、进度计划变更、施工条件变更等。

关于“量变”问题，2013 年《建设工程工程量清单计价规范》第 9.3 条至第 9.6 条分别对工程变更（第 9.3 条）、项目特征不符（第 9.4 条）、工程量清单缺项（第 9.5 条）、工程量偏差（第 9.6 条）进行了规定。

对于“原招标或施工图纸、预算文件中项目特征描述与实际不符、工程量清单缺项、工程量偏差”等情况，可按照 2013 年《建设工程工程量清单计价规范》中有关项目特征不符（第 9.4 条）、工程量清单缺项（第 9.5 条）、工程量偏差（第 9.6 条）规定进行处理。另可参照《建设工程施工合同（示范文本）》（2017 年版）通用条款第 10.1 条、第 10.4.1 条规定。

对于项目特征描述与实际不符、工程量清单缺项、工程量偏差的，参照 2017 年版《建设工程施工合同（示范文本）》的通用条款第 1.13 条约定相对比较公平合理。当然，施工合同当事人也可以另行约定。

## 四、工程价款结算争议问题

“结算”二字是会计用语，指把某一时期内的所有收支情况进行总结、核算。工程价款结算是指依据施工合同约定对工程价款进行总结、核算、支付的活动。通常包括预付款结算、进度款结算、竣工价款结算三类。实践中最易发生争议的是进度款结算与竣工价款结算两类。按照《建设工程价款结算暂行办法》的规定，进度款结算通常采用按月结算或分段结算的方式，而工程竣工结算时，通常由承包人编制竣工结算报告，发包人予以审查确认。

### （一）“签证”

“签证”全名为“现场签证”。《2021 新建工司解一》第 20 条吸收了《旧建工司解二》第 19 条规定。实践中的签证主要有两类。一是工程量签证。实际施工中，工程量清单大多是以发包人和承包人双方工地代表形成的工程量签证单体现出来的，特别是在发包人没有变更工程设计，承包人没有超出涉及图纸范围内施工的情况下，工程量签证是工程量确认的通常程序。二是综合单价签证。实践中，合同没有约定综合单价的清单工程项目，主要包括“工程量清单漏项”或涉及变更发生新的“工程量清单项目”，属于合同约定范围或约定幅度以内的，执行合同约定的综合单价；属于合同约定范围或约定幅度以外的，由承包人提出，与发包人通过综合单价签证方式予以确认。

签证中主要争议问题是“签证效力”问题，因为实践中大量存在无权代理或表见代理的情形，合同当事人双方应在合同中对签证人员和签证时间及形式进行明确约定，从而形成有效签证。

如下几种签证方式被认可：（1）会议纪要；（2）函件与通知；（3）工程验收或检验记录；（4）合同约定；（5）可以作为签证的其他材料，比如监理的签认文件。

### （二）关于“未完工工程”结算问题

本文所指“未完工工程”的结算区别于工程项目按施工进度付款，是指工程未完工，但因合同当事人违约或遇有其他客观情况，致使承包人未能完成约定工程而中途停止施工，从而引发结算的情况。关于未完工的工程如何结算，《民法典》《2021 新建工司解一》《旧建工司解一》《旧建工司解二》均无明确规定。关于未完工工程的结算问题，是施工合同纠纷的热点问题。

1. 关于工程质量的影响

未完工工程结算的前提是工程质量合格。无论施工合同是否有效，亦无论施工合同是否完工，承包人要求结算均应以已完成工程的质量合格为前提条件。此处质量不合格一般情况下是指“地基基础工程和主体结构”不合格。

2. 关于违约责任的追究

根据我国《民法典》第 577 条、第 585 条规定，在未完工工程即予结算的情况下，未依约完工，如果发包人违约，承包方可以要求按照合同约定的计价方式进行结算，同时可以主张误工(窝工)损失、材料损失、机械设备损失等；承包方违约的，发包人可以主张有关工期延误损失。

3. 关于争议工程量的确认

已完成工程量是发包人与承包人结算的依据，如果发包人对已完工的工程量不予确认或存在争议，可以结合施工图纸、工程资料、监理资料等进行现场核实，还可以双方共同委托或申请法院委托具备造价和司法鉴定资质的专业造价机构对已完成工程量进行核算并出具书面报告。

4. 关于结算价款调整

2013 年《建设工程工程量清单计价规范》并未规定未完工工程结算价款如何调整，此处存在一个“结算价款调整”问题。在建设工程实务中，建设单位为控制成本，经常选择固定总价合同。但由于各种原因，较多情况是施工合同双方产生争议，在一方违约情况下合同终止，施工合同不再履行。此种情况下，如果合同没有明确约定工程价款的结算方式，极易产生纠纷。

司法实践中，主要结算裁判方法包括：

(1)按照已完成工程量据实结算。采用此裁判观点的一般情况下要通过鉴定来确定已完工的工程量，而单价的确定包括两种方式，一是按照定额计价方式；二是以承包人报价文件中的单价作为单价标准。

(2)按照已完成工程的价款比例或者工程量比例进行折算。通过鉴定等方式计算出已完成工程量(款)与总工程量(款)的比例作为系数，以该系数乘以合同约定的固定总价计算已完成工程价款。

另外，如果未完工的原因归责于合同某一方当事人，则有相关判例显示对于违约方应承担相关结算倾斜方面的责任，以兼顾公平原则及司法价值取向，实现司法公平，从而积极引导承包人、发包人全面履行合同义务。

### (三)审计结论与财评结论

实践中，特别是很多广东省政府工程项目施工合同中约定以审计结论或财评结论作为结算依据，但审计结论或财评结论普遍偏离合同实际结算结果，且比较苛刻。

关于审计结论、财评结论是否可为建设工程施工合同“结算依据”的问题，目前通用的裁判原则可简单概括为：“有约定，从约定；无约定，不适用。”但合同明确约定以财评报告作为结算依据的，应将审核结论作为结算依据。

实践中有一种情况，虽然合同约定以审计结论、财评结论为准。但行政审计、财政评审部门明确表示无法进行审计或者无正当理由长期未出具审计结论，当事人申请进行司法鉴定的，一般法院可以准许，律师代理相关案件时，可以查找支持此观点的依据，为当事人代理或抗辩并争取更多权益。

### （四）工程款的转化

关于工程欠款转化为“借款”问题。在欠付工程款情况下，施工合同双方另行签署借款合同，通过出具借据并约定利息的方式将工程欠款转为借款，属于债的更改，在借款合同有效的情况下，应按照双方当事人意思自治原则认可借款效力。

关于工程欠款转化为“房款”问题。采用以房抵偿工程款方式结算的，属于承发包双方基于如何清偿债务作出的合意安排，属于一种债务清偿和还款方式。只要合同内容不违反法律、行政法规的强制性规定，按意思自治原则确定其效力及履行问题为宜。

实践中需要注意的是，新达成的以房抵款协议或欠款协议，既可能构成“债的更改”（成立新债务，同时消灭旧债务），亦可能构成“债务加入”（或“新债清偿”）即成立新债务，与旧债务并存。如果施工合同双方没有明确消灭旧债的合意，应认定系双方当事人另行增加了一种清偿债务的履行方式，旧的工程款结算债务于新债务（欠款协议或以房抵债协议）履行之前不消灭，只有在新债务合法有效并履行完毕之后，工程款结算债务才归于消灭。同时，如果发包人拒绝履行以房抵款协议或者存在诸如查封、抵押等情况导致无法完成过户，承包人仍可主张履行给付工程款的义务。但如以房抵债协议可以履行，且承包人要求履行抵债协议，其请求应予支持。我国法律对新债清偿没有明确规定，但常见于相关判例中。

### （五）关于工程款“发票”问题

实践中经常发生发包人以承包人未开具发票为由，要求行使先履行抗辩权利，从而拒绝支付工程款的情况，未开具发票可否成为拒付工程款的抗辩理由，存在较多的争议。

虽然开具发票是施工方的法定义务，索要工程发票的行为正当且被法律支持，但在合同没有明确约定的情况下，支付工程款义务与开具发票义务是两种不同性质的义务，前者是合同的主要义务，后者并非合同的主要义务，两者不具有对等关系。在一方没有开具发票的情况下，另一方以此为由拒绝履行合同主要义务即支付工程价款是没有法律依据的，除非当事人另有约定。但是，如果合同明确约定“先开具发票后方能支付工程款”或者约定“不开具发票有权拒付工程款”，即“开发票”成为约定的支付条件,则应适用“有约定从约定,无约定则不支持”的原则,发包方有权拒绝支付合同款。

### (六)关于“利息”问题

利息具有双重属性,在物权法上属于资金的孳息(如欠付工程款利息的性质就界定为法定孳息),而在损害赔偿法律角度则属于损失的一部分。

1. 利息的计算标准

实践中经常遇到当事人主张“合同中对欠款利息有约定,但约定利息过高”的问题,有的法院认为应以不超过“有关民间借贷的最高利率”为限。对于实际损失无法确定的,有法官认为可以采用人民银行贷款逾期付款违约金的罚息计算,即“以中国人民银行同类贷款基准利率作为人民法院计算逾期付款违约金时逾期罚息利率上浮的基准,至于具体在30%—50%的空间内如何上浮,人民法院可以根据个案的具体情况,综合考虑守约方的损失情况、违约方的过错程度等因素,自由裁量确定”①。

2. 关于“利息与违约金可否同时主张”的问题

逾期支付工程价款的利息在本质上属于法定孳息,并不需要当事人约定,法院均予支持,当事人有无约定均可主张;而违约金则是一方违约时因其违约行为给对方造成损失的赔偿,二者性质不同。关于工程款逾期支付利息与违约金是否可以并行主张,实践中存在一定争议。

3. 其他有关利息方面的争议

(1)关于垫资利息问题。《2021新建工司解一》第25条吸收并承继了《旧建工司解一》第6条规定,但是将“中国人民银行发布的同期同类贷款利率”调整为“同类贷款利率或者同期贷款市场报价利率”,按照“有约定从约定,无约定则按不计垫资利息”的原则进行处理。

(2)关于进度或节点款项的逾期利息。《2021新建工司解一》第26条吸收承继了《旧建工司解一》第17条规定,但是将“中国人民银行发布的同期同类贷款利率”调整为“同类贷款利率或者同期贷款市场报价利率”,按照“有约定从约定,无约定则按计算同类贷款利率或者同期贷款市场报价利率”的原则进行处理。

(3)关于结算协议中的利息。如果双方达成的结算协议中,未对结算协议达成前欠付工程款利息进行约定,由于结算协议系当事人对债权债务关系的最终清算,

---

① 李明:《最高人民法院建设工程施工合同纠纷案解》,法律出版社2020年版,第348页。

应当认为当事人放弃索要该部分利息的权利。

(4)关于鉴定期间利息是否计算。虽然鉴定意见作出之前,工程款债权并未确定,但欠付的事实已经存在,如果从鉴定意见作出之日起算,对承包人不公平。除非合同另有约定,应从约定审核结算期限届满的次日起计算欠付工程款利息。

(5)关于合同效力对利息影响。《2021 新建工司解一》第 24 条确定了合同无效可参照合同约定折价补偿原则,这里的补偿不仅是指工程款本金额,也包括无效合同承包人的利息损失。《2021 新建工司解一》第 26 条、第 27 条规定对利息的计付没有区分建设工程施工合同有效或无效的情形,可以理解为利息请求权仅与工程价款请求权相关联,并不受合同效力的影响。

(6)关于利息起算点问题。利息起算应从"应付工程价款之日计付",而应付工程款之日则按《2021 新建工司解一》第 27 条第 3 项具体规定。

### (七)"背靠背"条款

司法实务中"背靠背"条款比较常见。"背靠背"条款既可能存在于转包、挂靠和违法分包中,也可能存在于专业分包或劳务分包中。所谓"背靠背",即施工合同(转分包合同)约定以发包方与总包方之"上一手总包合同结算结果"作为总承包方对分包方(或实际施工人)的结算依据,且一般约定总承包方只有在收到上一手支付的工程款后才需要向分包方(或实际施工人)支付。"背靠背"条款对于施工人限制较大,其与承包人之间的价款结算结果须以承包人与发包人之间的结算结果为依据,且付款时间也受影响,因为只有承包人与发包人结算结果确定之后,才存在支付工程款的可能。我国法律没有明确规定"背靠背"条款的效力,实践中对该条款的效力争议较大。司法实践中,各地法院对"背靠背"条款判法并不统一。

司法实践中,主要裁判观点包括:

第一种,认可"背靠背"条款的效力,同时予以适用。此类条款是双方真实意思表示,应在双方之间具有约束力。但是实际施工人能够举证证明承包人与发包人之间的结算结果损害其合法权益的,可以根据实际施工人的申请,依据承包人与发包人之间的合同及相关签证确定实际施工人应得的工程价款。

第二种,对于"背靠背"条款效力,对总承包人苛以严格的举证责任,要求承包人举证证明已积极向发包人主张权利而并未怠于行使,或者要求总承包人对于其与发包人之间的结算情况以及发包人支付工程款的事实负有举证责任。

由于建设工程的周期性较长,在履约过程中承包人应当积极向发包人请求支付工程款,即不能"怠于行使权利",包括在承包人与发包人产生纠纷后,应当积极寻求解决方案，以及在发包人拖欠工程款的情况下通过各种方式积极主张权利。从已有判决的情况来看，很多案件中均对承包人是否“怠于行使权利”予以严格审查。

第三种，以形形色色的理由，如约定不明、格式条款、违反公平原则（对实际施工人不公平）等，对承包人援引“背靠背”条款的抗辩不予支持，判令由承包人直接承担支付责任。

### （八）结算协议

《2021新建工司解一》第29条吸收并承继《旧建工司解二》第12条规定：“当事人在诉讼前已经对建设工程价款结算达成协议，诉讼中一方当事人申请对工程造价进行鉴定的，人民法院不予准许。”

1.“结算协议”的认定

（1）结算协议的达成与内容

按照《建设工程价款结算管理办法》相关规定，竣工结算时首先由承包人向发包人递交完整的竣工结算报告和结算资料，发包人在收到承包人的书面文件后予以审核，并提出整改意见。双方协商达成一致意见后，发包人可以在承包人递交的最终结算报告文件上签署同意的意见，或者另行签署“结算协议”以明确最终工程价款以及支付方式等内容。此过程本身就是一个以要约、承诺的磋商方式达成合意的过程。

关于结算协议内容，“从司法审判实务来看，多数工程结算协议内容并非单纯结算工程价款，而是对违约责任、损失赔偿等所达成的最终一揽子解决协议。因此，本条所称结算达成协议，更类似于事后清算协议，与建设工程施工合同中事先约定的结算条款完全不同”。①

（2）特殊情况下“结算报告”不等于“结算协议”

存在“转包（挂靠）”关系或在分包合同中存在“背靠背”条款时，即使是经过签章确认的“结算报告”也不应认定为“结算协议”。由于转包（挂靠）关系或“背靠背”条款存在三方关系，即业主、总承包方和实际施工人。由实际施工人负责编制结算报告，一般转交总承包方后，由总承包方予以签章确定后向发包方以总包承方名义进行呈送报审，合同中一般约定由“业主方审核确认”的结算价款为准。笔者认为，结算报告报送目的是让发包方确认工程价款，该结算报告中的相关内容往往

① 最高人民法院民事审判第一庭编著：《最高人民法院建设工程施工合同司法解释（二）理解与适用》，人民法院出版社2019年版，第277页。

与实际计算的工程价款有较大的差异,实际施工人主张与总承包方之间形成了“结算协议”,这有违诚信原则。

2. 结算协议的效力

形式上签署的结算协议并不必然具有法律约束力。结算协议有可能存在无效、可撤销(可变更)的情形。我们理应先对其进行法律评价,认定有效后其才成为“法锁”。

(1)结算协议法定无效或可撤销情形

《民法典》总则编中有关合同无效大致有以下几种情形:①无民事行为能力人签订的合同;②以虚假的意思签订的合同;③违反法律、法规强制性规定的合同;④违背公序良俗的合同;⑤恶意串通,损害他人合法权益的合同。

《民法典》合同编中则没有有关合同效力的规定,且原《合同法》第52条有关合同无效的情形亦被删除,未予保留。《民法典》第508条规定:“本编对合同的效力没有规定的,适用本法第一编第六章的有关规定。”

(2)关于施工合同无效的影响

《2021新建工司解一》及《民法典》对于因施工合同无效而对结算协议的影响没有规定。通说认为,结算协议是独立协议,不受施工合同效力的影响。

3. 结算协议与索赔

在结算协议未明确约定索赔事项时,如何处理工期或质量违约金、损失或停窝工索赔情况是一个法律争议问题,各地司法实践存在较大争议,地方法院的指导意见观点不一,法院判决结果更是大相径庭。

目前我国法律及司法解释对于“结算协议达成后是否可以索赔”并无明确规定。对于结算时未予以明确的情况,从笔者目前检索到的案例分析,虽然确实存在以当事人未明确放弃该等权利为由,支持当事人主张结算前违约金、索赔等请求的案例,例如(2017)粤07民终2086号案。但在(2019)粤民再165号案中广东省高级人民法院作出截然相反的判决,认定双方在结算时已知悉结算前的违约行为但结算协议未对违约问题另行约定的,视为已放弃或者已考虑违约责任。再结合上述最高人民法院的判例可以看出,司法实践中逐渐呈现认可结算协议终局性的趋势,更偏向于认定除另有约定外,达成结算协议后当事人原则上无权再主张违约金、索赔等费用。

### (九)默示结算

《2021新建工司解一》第21条(吸收了《旧建工司解一》第20条)规定:“当事

人约定,发包人收到竣工结算文件后,在约定期限内不予答复,视为认可竣工结算文件的,按照约定处理。承包人请求按照竣工结算文件结算工程价款的,人民法院应予支持。"

最高人民法院《关于发包人收到承包人竣工结算文件后,在约定期限内不予答复,是否视为认可竣工结算文件的复函》"最高人民法院(2005)民一他字第 23 号"中内容显示:施工合同格式文本中的通用条款并不视为默示结算。建设工程施工合同格式文本中不能简单推论出,双方当事人具有发包人收到竣工结算文件一定期限内不予答复,则视为认可承包人提交的竣工结算文件的一致意思表示,须在专用条款中进行约定。

### (十)施工过程结算

2020 年年初国务院常务会议明确要求:"在工程建设领域全面推行过程结算。"随后住房和城乡建设部和山东、湖南、浙江、河南等省密集发文大力推动施工过程结算。

2020 年 9 月 11 日,住房和城乡建设部官网发布的《关于落实建设单位工程质量首要责任的通知》中又再次提及推行施工过程结算。其要求建设单位应有满足施工所需的资金安排,并向施工单位提供工程款支付担保。建设合同应约定施工过程结算周期、工程进度款结算办法等内容。分部工程验收通过时原则上应同步完成工程款结算,不得以设计变更、工程洽商等理由变相拖延结算。政府投资工程应当按照国家有关规定确保资金按时支付到位,不得以未完成审计作为延期工程款结算的理由。

就广东省而言,2019 年 6 月 13 日,广东省住房和城乡建设厅印发广东省住房和城乡建设厅《关于房屋建筑和市政基础设施工程施工过程结算的若干指导意见》。由于涉及"过程结算"的规范性文件规定均以指导意见的形式发布,并没有规定强制实行,实践中主要依赖于发、承包双方的合同约定。从发包方角度出发,特别是政府,大部分是发包人的角色,并无积极推动工程施工过程结算的主动性。截至本文发表,广东省并未全面开展该项工作。

# 建设工程工期纠纷之疑难问题研究

张　蕾　刘余辉　林征宇*

工期,是指工程施工完成所需的日期,合同协议书约定的期限与工期变更后确定的工程日期。合同约定工期与实际完成的工期是两个不同的概念。实践中,经常发生发包人与承包人有关承担逾期竣工违约责任的施工合同纠纷。

司法实践中,较为普遍的争议主要有:

一是工期延误导致作为发包方的开发商无法在约定的时间取得商品房,由此引发已经预售商品房的开发商负有逾期交房的违约责任,开发商承担赔偿责任后,其向承包方主张工期延误的违约责任。

二是工期顺延或者索赔争议,可能存在的情形有发包方未按照合同约定的期限和要求提供建筑材料、设备、技术资料、支付工程款等引起的工程顺延或者索赔争议,也可能存在不可抗力、增减工程量、变更设计等引起的工期变动,双方就延期损失和承包方的窝工损失等争议。

## 一、工期的基本规定

### (一)约定工期

工期是按照总日历天数(包括法定节假日)计算的承包天数,一般指从开工日期计算到工程通过竣工验收之日。约定工期常见的主要有两种方式:一是施工合同约定一个工程日期的总天数,例如,自建设工程合同签订之日(或收到监理发出的开工令、多少个工作日或日历日,建筑行业惯例中的工期一般指日历工期);二是

---

* 德和衡执业律师,法学硕士,熟悉建设工程、公司等民商事案件的处理,为众多大型国企提供法律服务。

约定开工日(有时也有表述为暂定)和竣工日,则开工日至竣工日的日期即为工期。由于实践中工期经常因各种因素影响而发生变化,因此合同约定日期与实际完成工程所需日期往往存在差异。

### (二)合理工期

合理工期的确定对于承包人在合理的期限内,按照建筑产品的生产规律,保质保量地完成建设工程的施工任务具有重要意义,如任意压缩工期,将会影响建筑工程的质量,造成建筑工程的安全隐患。

就法律角度而言,建设工程工期约定是否合理,还牵涉承包方是否构成迟延履行以及工期违约金、风险转移、工程价款本金的支付及利息的起算、保修期的确定等诸多问题。合理工期还涉及施工合同效力问题。国务院《建设工程质量管理条例》第10条第1款规定:“建设工程发包单位不得迫使承包方以低于成本的价格竞标,不得任意压缩合理工期。”但实践中,何为“任意压缩合理工期”,受不同企业的经验、生产工艺各异的影响,约定工期低于“合理工期(定额工期)”是否必然无效,存在较大的争议。

定额工期是指在一定的生产条件和自然条件下,完成某个单位(或群体)工程平均所需的定额天数。合理工期一般以当地建设行政主管部门根据一定时期建筑行业的平均水平,考虑相关施工规范、典型工程设计等方面的因素,经充分调查和论证确定的。

关于合理工期与定额工期的关系问题。广东省住房和城乡建设厅《关于建设工程施工工期的管理办法》(粤建法〔2012〕112号)第12条规定:“发包人不得任意压缩合同约定的工期。任意压缩合同约定工期的,承包人有权向建设行政主管部门投诉,各级建设行政主管部门应组织核查;发现违法者,应依据《建设工程质量管理条例》、《建设工程安全生产管理条例》等法律法规的规定责令改正、予以处罚。”另外《深圳市建设工程工期管理办法》(深建规〔2015〕4号)第11条第1款规定:“合同工期相对定额工期压缩超过20%的,或者在工程实施过程中依照本办法压缩合同工期的,施工项目应当按照本市建设工程计价标准有关规定计算相应赶工费用,勘察、设计、施工图审查、造价咨询等项目应当根据实际增加的投入计算相应赶工费用。”该规定确立了合理工期的量化标准,较符合客观情况。

司法实践中,通过招投标确定的建设工期,一般以投标文件和中标通知书确定的工期为准。另外,根据最高人民法院《关于审理建设工程施工合同纠纷案件适用法律问题的解释(一)》(以下简称《2021新建工司解一》)第2条第1款规定:“招标人和中标人另行签订的建设工程施工合同约定的工程范围、建设工期、工程质量、工程价款等实质性内容,与中标合同不一致,一方当事人请求按照中标合同确定权利义务的,人民法院应予支持。”若当事人背离中标合同中确定的建筑工期,另行订立合同确定的建设工期,如果没有变更设计、增减工程量等正当理由,应认定无效。

由于合理工期的认定具有专业性,在双方对合理工期发生争议时,人民法院可以委托具有法定鉴定资质的工程造价咨询机构通过司法鉴定予以认定。

## 二、开工、竣工日期认定

### (一)开工日期

《2021新建工司解一》第8条吸收了最高人民法院《关于审理建设工程施工合同纠纷案件适用法律问题的解释(二)》(以下简称《旧建工司解二》)第5条对开工日期的规定,依次以开工通知、开工条件具备日、实际进场施工日作为开工时间,如无相关依据的,则以开工报告、合同约定、许可证、竣工验收报告等载明的时间为准。

广东省高级人民法院《关于审理建设工程合同纠纷案件疑难问题的解答》第四部分“工期”第19条规定:“建设工程开工日期应如何认定。虽然发包人未取得施工许可证,但承包人已实际开工的,应以实际开工之日为开工日期,合同另有约定的除外。因未取得施工许可证而被行政主管部门责令停止施工的,停工日期可作为工期顺延的事由。”

深圳市中级人民法院《关于建设工程合同若干问题的指导意见》(2010年修订)第9条规定,建设工程开工时间一般以发包人签发的《开工报告》确认的时间为准,但如果发包人签发的《开工报告》确认的开工时间早于《施工许可证》确认的开工时间,则以《施工许可证》确定的开工时间作为建设工程开工时间。承包人在领取《施工许可证》之前已实际施工,且双方约定以实际施工日为工期起算时间的,依照约定。如果发包人签发开工报告后,迟延履行合同的约定义务而无法施工,工期顺延。

深圳仲裁委《关于审理建设工程施工合同案件若干问题的意见》“三、关于开工时间和工期顺延”规定:“(一)开工时间:建设工程开工时间一般以发包人签发的《开工报告》确认的时间为准。但如果发包人签发的《开工报告》确认的开工时间早于建设行政主管部门颁发的《施工许可证》确认的开工时间,则以建设行政主管部门颁发的《施工许可证》确定的开工时间作为建设工程开工时间;如果发包人签发《开工报告》后,迟延向承包人提交施工资料、施工场地,则开工时间以发包人实际提交施工资料、施工场地的时间计算……”

### (二)竣工日期

建设工程的竣工是指承包人完成建设工程施工合同范围内的施工任务。合同约定竣工日与实际竣工日期应当一致,除非有证据证明因合理原因而顺延工期,承包人应当承担违约责任。

如果施工合同双方签字确认竣工日期,则应以双方确认的日期为竣工日期。此外,《2021 新建工司解一》第 9 条对竣工日期存在争议时如何判断作了具体规定,分别以“双方签字确认的日期”“竣工验收合格之日”“发包人拖延验收的,以承包人提交验收报告之日”“发包人擅自使用的,以转移占用建设工程之日”作为竣工日期。

(1)建设工程竣工验收合格的,以竣工验收合格之日为竣工日期

建设工程实际竣工日期的确认应当以双方一致认可的竣工日期或者各方签字确认的日期为准。确认的形式可以包括:竣工验收单(表),会议纪要、函件,也可以采用相关监理记录或相关确认文件、协议等认定。

如果建设工程经验收不合格,发包人有权要求承包人在合理期限内承担无偿修理或者返工、改建的责任,直至验收合格的日期方为实际竣工日期,且由承包人承担工期逾期的违约责任。

建设单位组织验收合格的日期与建设行政主管部门备案的日期不一致的,仍应以建设单位组织竣工验收并出具竣工验收合格证明的日期为竣工日期。主要依据仍为《2021 新建工司解一》第 9 条中未列明以“备案日期”作为竣工日期,而以“竣工验收合格之日”作为竣工验收日期,竣工验收备案只是竣工验收后建设单位所应办理的手续,且是否取得竣工验收备案表不能作为认定工程是否已竣工验收的依据。但如果承、发包双方对竣工日期存在争议,且均无证据的情况下,法院一般采信以竣工验收备案载明的日期作为竣工日期。

(2)承包人已经提交竣工验收报告,发包人拖延验收的,以承包人提交验收报告之日为竣工日期

除《2021 新建工司解一》第 9 条规定外,2017 年版《建设工程施工合同(示范文本)》第 13.2.3 项约定:“竣工日期。工程经竣工验收合格的,以承包人提交竣工验收申请报告之日为实际竣工日期,并在工程接收证书中载明;因发包人原因,未在监理人收到承包人提交的竣工验收申请报告 42 天内完成竣工验收,或完成竣工验收不予签发工程接收证书的,以提交竣工验收申请报告的日期为实际竣工日期。”

实践中,如果发包人有正当理由拖延验收,比如建设工程存在质量问题、承包

人提交的验收报告不符合要求，或者尚不符合竣工验收条件，则竣工日期需要另行确定。

（3）建设工程未经竣工验收，发包人擅自使用的，以转移占有建设工程之日为竣工日期

建设工程质量关系人身、财产安全甚至公共安全，根据《建设工程质量管理条例》第16条第3款规定："建设工程经验收合格的，方可交付使用。"使用未经竣工验收合格的建设工程属应受处罚的违法行为，发包人对此应当明知，但是发包人仍然使用未经竣工验收的建设工程的，应认定其已经以其行为认可了建设工程质量合格或者自愿承担质量瑕疵的风险，也表明发包人已经实现了合同目的，发包人再以未经竣工验收合格为由，拒付承包人工程款，显然不合适。

《2021新建工司解一》第14条规定："建设工程未经竣工验收，发包人擅自使用后，又以使用部分质量不符合约定为由主张权利的，人民法院不予支持；但是承包人应当在建设工程的合理使用寿命内对地基基础工程和主体结构质量承担民事责任。"

## 三、工期顺延（发包人主张）

工期顺延是在合同履行过程中，非承包人原因造成的工期的延误，向发包人提出免责请求，经发包人审核同意，或经由仲裁机构、人民法院认定，从而相应延长合同约定的工期的情形。

### （一）工期顺延原因

1. 因发包人原因

因发包人原因致使承包人无法按时开工，承包人可以顺延开工日期，主要情形包括：

（1）法定情形顺延

《民法典》第798条规定："隐蔽工程在隐蔽以前，承包人应当通知发包人检查。发包人没有及时检查的，承包人可以顺延工程日期，并有权请求赔偿停工、窝工等损失。"《民法典》第803条规定："发包人未按照约定的时间和要求提供原材料、设备、场地、资金、技术资料的，承包人可以顺延工程日期，并有权请求赔偿停工、窝工等损失。"其中发包人迟延付款，现场不具备开工条件或相关开工资料不全最为常见。《2021新建工司解一》第11条规定："建设工程竣工前，当事人对工程质量发生争议，工程质量经鉴定合格的，鉴定期间为顺延工期期间。"

在施工过程中,当发生质量争议时,如果委托具有相应资质的第三方建设工程质量鉴定机构进行鉴定,则鉴定期间为顺延工期期间。确有工程质量问题的,建设工程可能面临返修问题;涉及隐蔽工程的,还面临剥露检验并且检验后重新进行覆盖或修复的问题。如果工程质量经检验后合格,则工程质量的鉴定期间理应作为顺延工期期间,且应由承包人承担逾期交工的违约责任。反之,如果工程质量经鉴定为不合格,工期不应顺延,且由承包方承担所产生的费用。

发包方按照约定支付工程款,是承包人按时完工并交付工程的前提条件。建设工程施工合同属于双务合同,承包方因此享有先履行抗辩权,可以工程款支付不符合约定为由延期交付工程,应构成法定工期顺延理由。

(2)常见约定顺延情形

常见约定顺延情形主要包括:设计变更、发包人迟延验收等情形。实践中,出现上述情形的,法院一般就设计变更或迟延验收对工期的实质性影响进行判断或通过鉴定方式予以确认。

通常施工合同示范文本中就工期顺延情形有相关约定,当事人也可通过专用条款进行进一步约定或另行约定。

(3)顺延申请程序

《2021 新建工司解一》第 10 条规定:"当事人约定顺延工期应当经发包人或者监理人签证等方式确认,承包人虽未取得工期顺延的确认,但能够证明在合同约定的期限内向发包人或者监理人申请过工期顺延且顺延事由符合合同约定,承包人以此为由主张工期顺延的,人民法院应予支持。当事人约定承包人未在约定期限内提出工期顺延申请视为工期不顺延的,按照约定处理,但发包人在约定期限后同意工期顺延或者承包人提出合理抗辩的除外。"

一般情况下,当建设工程施工合同中约定的顺延工期条件出现时,顺延工期的理由成立。实践中较多产生争议的问题是:合同虽然约定了工期顺延情形或条件,同时约定了顺延申请或签证程序,但承包人并未按照约定提出工程顺延申请或完成签证。此种情况下,多数观点认为,一般不应视为承包人放弃工期顺延的申请。根据《民法典》第 803 条规定:"发包人未按照约定的时间和要求提供原材料、设备、场地、资金、技术资料的,承包人可以顺延工程日期,并有权请求赔偿停工、窝工等损失。"在上述情形产生时,承受人享有的是法定的"工期顺延权",无须约定。另外根据《民法典》第 140 条第 2 款的规定:"沉默只有在有法律规定、当事人约定或者符合当事人之间的交易习惯时,才可以视为意思表示。"目前建筑市场中发包方处于强势地位,承包方往往在施工过程中无法办到工期顺延的签证。发包方不按合同约定提供施工所用原材料、设备、场地、技术资料,承包方就无法进行施工,必然导致工期延误。该等困难属承包方以自身之力无法克服之困难,此情况下驳回承包方的工期顺延的请求,既不符合客观情况,也有违公平。

2. 不可抗力

《民法典》第 180 条第 1 款规定:"因不可抗力不能履行民事义务的,不承担民事责任。法律另有规定的,依照其规定。"据此,在建设工程施工合同中,不可抗力导致承包方工期延误的,承包方不构成违约,其属于工期顺延的理由。

建设工程中的常见的不可抗力通常包括恶劣天气原因、特定时期的管制(比如高考、重大活动,政府要求,包括 2019 年发生的"新冠肺炎疫情"等情形),承包人主张不可抗力或不可归责于己的原因导致停工的,应承担相应的举证责任。实践中,遇有因恶劣天气等不可抗力事件出现时,一般予以"扣减工期"。

司法实践中,顺延工期天数既有法院依职权酌定,也有提请司法鉴定的情况。对于工期确认内容相对简单,影响工期天数较少或者可以通过基本的常识判断可以确定顺延天数的,可由法院依职权酌定,必要时可向专业机构进行咨询;对于纷争较大,影响工期天数较长,应当由负有举证义务的一方申请专业机构鉴定。

### (二)工期顺延举证责任分配

最高人民法院《关于适用〈中华人民共和国民事诉讼法〉的解释》第 90 条第 1 款规定:"当事人对自己提出的诉讼请求所依据的事实或者反驳对方诉讼请求所依据的事实,应当提供证据加以证明,但法律另有规定的除外。"第 91 条规定:"人民法院应当依照下列原则确定举证证明责任的承担,但法律另有规定的除外:(一)主张法律关系存在的当事人,应当对产生该法律关系的基本事实承担举证证明责任;(二)主张法律关系变更、消灭或者权利受到妨害的当事人,应当对该法律关系变更、消灭或者权利受到妨害的基本事实承担举证证明责任。"

2020 年 5 月 1 日施行的最高人民法院《关于民事诉讼证据的若干规定》(法释〔2019〕19 号)对 2002 年 4 月 1 日施行的旧证据规则进行了修订。

根据上述原则,当事人对自己主张的事实应当承担举证责任。对于举证工程实际竣工时间晚于约定竣工时间,承包方存在延长工期的违约情形的,应由发包方举证证明。存在合理正当理由或法定顺延工期情形的,由承包方举证证明。

如果合同中没有约定工期或者约定工期不明确时,对于合理工期的确认,应由发包方承担举证责任。此时,发包方可以提请人民法院对合理工期进行鉴定。根据《民法典》第 510 条、第 511 条的规定,由双方进行协商,协商不成,按照合同相关条款或者交易习惯确定。

如果施工工艺、变更设计、工程量变化导致了工期延长，发包方否认变更导致工期延长，由发包方承担举证责任(或应由承包方申请鉴定)。

对于因恶劣天气、政府指令等不可抗力事由导致的工期顺延，应当由承包方承担举证责任。

## 四、竣工验收对工期的影响

### (一)竣工验收条件

关于建设工程竣工验收的条件。《建设工程质量管理条例》第 16 条规定:“建设单位收到建设工程竣工报告后，应当组织设计、施工、工程监理等有关单位进行竣工验收。建设工程竣工验收应当具备下列条件:(一)完成建设工程设计和合同约定的各项内容;(二)有完整的技术档案和施工管理资料;(三)有工程使用的主要建筑材料、建筑构配件和设备的进场试验报告;(四)有勘察、设计、施工、工程监理等单位分别签署的质量合格文件;(五)有施工单位签署的工程保修书。建设工程经验收合格的，方可交付使用。”

### (二)竣工验收程序

我国《民法典》第 799 条规定:“建设工程竣工后，发包人应当根据施工图纸及说明书、国家颁发的施工验收规范和质量检验标准及时进行验收。验收合格的，发包人应当按照约定支付价款，并接收该建设工程。建设工程竣工经验收合格后，方可交付使用;未经验收或者验收不合格的，不得交付使用。”目前工程施工常见方式为“四方”验收，即建设、施工、设计、监理四方进行验收，也有简化处理为两方或三方验收的情况。

同时我国建设工程竣工验收实行备案制。《建设工程质量管理条例》第 49 条规定:“建设单位应当自建设工程竣工验收合格之日起 15 日内，将建设工程竣工验收报告和规划、公安消防、环保等部门出具的认可文件或者准许使用文件报建设行政主管部门或者其他有关部门备案。建设行政主管部门或者其他有关部门发现建设单位在竣工验收过程中有违反国家有关建设工程质量管理规定行为的，责令停止使用，重新组织竣工验收。”建设工程竣工验收备案制度是行政法规的强制性规定，不依规定进行备案将会受到行政处罚。

### (三)竣工验收资料

建设工程的交付，除建筑物本身外，承包方应同时交付完整的工程技术资料，广东省高级人民法院《关于审理建设工程合同纠纷案件的暂行规定》(粤高法发〔2000〕31号)第30条将"交付工程技术资料"规定为"在先义务",即"建设工程竣工验收合格后,承包人有先将工程及相关的资料交付给对方的义务"。如果工程交付时承包人未交付法定相关图纸、资料而发包人未使用工程的,视为未交付;发包人已使用的,承包人承担延期交付工程技术资料的违约责任。

2009年10月19日,住房和城乡建设部专门制定下发了《房屋建筑和市政基础设施工程竣工验收备案管理办法》,其中第5条规定:"建设单位办理工程竣工验收备案应当提交下列文件:(一)工程竣工验收备案表;(二)工程竣工验收报告。竣工验收报告应当包括工程报建日期,施工许可证号,施工图设计文件审查意见,勘察、设计、施工、工程监理等单位分别签署的质量合格文件及验收人员签署的竣工验收原始文件,市政基础设施的有关质量检测和功能性试验资料以及备案机关认为需要提供的有关资料;(三)法律、行政法规规定应当由规划、环保等部门出具的认可文件或者准许使用文件;(四)法律规定应当由公安消防部门出具的对大型的人员密集场所和其他特殊建设工程验收合格的证明文件;(五)施工单位签署的工程质量保修书;(六)法规、规章规定必须提供的其他文件。商品住宅工程还应当提交《住宅质量保证书》和《住宅使用说明书》。"这个资料清单也是建设单位与施工单位在竣工验收时应当提交的资料清单。因此,承包人提交工程资料与竣工报告均为竣工验收的前提条件,为承包人的在先义务。

## 五、工期延误责任承担

### (一)停工、窝工损失

我国《民法典》第778条规定:"承揽工作需要定作人协助的,定作人有协助的义务。定作人不履行协助义务致使承揽工作不能完成的,承揽人可以催告定作人在合理期限内履行义务,并可以顺延履行期限……"《民法典》第798条规定:"隐蔽工程在隐蔽以前,承包人应当通知发包人检查。发包人没有及时检查的,承包人可以顺延工程日期,并有权请求赔偿停工、窝工等损失。"《民法典》第803条规定:"发包人未按照约定的时间和要求提供原材料、设备、场地、资金、技术资料的,承包人可以顺延工程日期,并有权请求赔偿停工、窝工等损失。"此两条为承包人主张停工、窝工损失赔偿的请求权基础,确认了因发包人原因而造成工程停工、窝工的责任承担。

除"隐蔽工程"外,因发包人未按照约定提供原材料、设备、场地、资金、技术资料的,发包人不履行告知变更后的施工方案、施工技术交底、完善施工条件等协作义务的,承包人催告在合理期限内履行,发包人逾期仍不履行的,致使工程中途停、缓建,发包人应当赔偿因此给承包人造成的停(窝)工损失,主要包括停(窝)工人员人工费、机械设备窝工费和因窝工造成设备租赁费用等停(窝)工损失。

另外,2017年版《建设工程施工合同(示范文本)》第7.5.1项规定:"在合同履行过程中,因下列情况导致工期延误和(或)费用增加的,由发包人承担由此延误的工期和(或)增加的费用,且发包人应支付承包人合理的利润:(1)发包人未能按合同约定提供图纸或所提供图纸不符合合同约定的;(2)发包人未能按合同约定提供施工现场、施工条件、基础资料、许可、批准等开工条件的;(3)发包人提供的测量基准点、基准线和水准点及其书面资料存在错误或疏漏的;(4)发包人未能在计划开工日期之日起7天内同意下达开工通知的;(5)发包人未能按合同约定日期支付工程预付款、进度款或竣工结算款的;(6)监理人未按合同约定发出指示、批准等文件的;(7)专用合同条款中约定的其他情形。因发包人原因未按计划开工日期开工的,发包人应按实际开工日期顺延竣工日期,确保实际工期不低于合同约定的工期总日历天数。因发包人原因导致工期延误需要修订施工进度计划的,按照第7.2.2项〔施工进度计划的修订〕执行。"

此处"导致工期延误和(或)费用增加的"部分,应与实务中"停工、窝工损失"一致。

### (二)承包方主张违约金过高问题

实务中,因发包人原因导致工期延误的,对承包人造成的损失主要包括大型机械设备租赁费、人工费、台班费、材料涨价费等,当事人约定的违约金超过造成损失的30%的,一般可以认定为《民法典》第585条第2款规定的"过分高于造成的损失"。这就要求应先确定因违约所造成的损失,以实际损失为基础,综合衡量合同履行程度、当事人的过错、预期利益等多项因素。由于损失一般都低于合同约定的违约金,因此对于具体数额,法院有较多的酌定空间。

其中,如果因发包方迟延支付工程款,承包方因自身资金需要,确实已经通过银行贷款或民间借贷等形式对外借款,如果产生的利率不高于24%,可以参照最高人民法院《关于审理民间借贷案件适用法律若干问题的规定》,依照承包方实际借款利率作为承包方的损失部分。

### (三)承包方的通知义务和减损义务

因发包人的原因,导致工程建设无法进行的,承包人可以停建、缓建并顺延工期,但应及时通知发包人。承包人在停建、缓建期间应当采取合理措施减少和避免损失,妥善保护好已完成工程和做好已购材料、设备的保护和移交工作。

需要隐蔽的工程,如地下管道铺设、安装,通常在工程隐蔽之前需要进行检查验收,不然隐蔽之后只能通过重新开挖揭去覆盖物才能进行验收。因此在隐蔽工程完工后,承包人应及时通知发包人进行检验,怠于通知或未及时通知造成的损失,由承包人承担。对隐蔽工程在隐蔽前的检查,既是发包人的权利,又是发包人的义务。在发包人没有及时检查的情况下,承包人不能自行检查后将工程隐蔽,但是法律赋予承包人可以因此顺延工程日期的权利,并享有请求赔偿停工、窝工损失的权利。

承包人应将停建、缓建期间有关停工、窝工的事实进行证据固定,将发生的经济支出和其他实际发生的费用,向发包人提出报告。承包方主张停工、窝工的发生需经由监理单位签证或者施工方与建设方往来函件予以证实。

另外,根据2017年版《建设工程施工合同(示范文本)》关于“发包人原因”导致的停工之后的约定:第7.8.6项“暂停施工持续56天以上”内容为“监理人发出暂停施工指示后56天内未向承包人发出复工通知,除该项停工属于第7.8.2项〔承包人原因引起的暂停施工〕及第17条〔不可抗力〕约定的情形外,承包人可向发包人提交书面通知,要求发包人在收到书面通知后28天内准许已暂停施工的部分或全部工程继续施工。发包人逾期不予批准的,则承包人可以通知发包人,将工程受影响的部分视为按第10.1款〔变更的范围〕第(2)项的可取消工作。暂停施工持续84天以上不复工的,且不属于第7.8.2项〔承包人原因引起的暂停施工〕及第17条〔不可抗力〕约定的情形,并影响到整个工程以及合同目的实现的,承包人有权提出价格调整要求,或者解除合同。解除合同的,按照第16.1.3项〔因发包人违约解除合同〕执行”。

暂停施工期间,承包人应负责妥善照管工程并提供安全保障,由此增加的费用由责任方承担。暂停施工期间,发包人和承包人均应采取必要的措施确保工程质量及安全,防止因暂停施工扩大损失。

### (四)“施工合同无效”逾期竣工损失责任

建设工程施工合同被确认无效后,无法根据施工合同约定主张违约责任,但是可以主张相关损失。《民法典》第157条规定:“民事法律行为无效、被撤销或者确定不发生效力后,行为人因该行为取得的财产,应当予以返还;不能返还或者没有必要返还的,应当折价补偿。有过错的一方应当赔偿对方由此所受到的损失;各方都有过错的，应当各自承担相应的责任。法律另有规定的，依照其规定。”实务中，即由发包方或承包方就逾期所造成的实际损失进行举证，再根据双方的过错合理分配责任，由发包方和承包方按过错比例承担责任。

# 专题二　境外投资风险防范

# QFLP 基金设立最新实务要点

## ——以北京、上海、深圳、珠海、海南为例

赵倩南[*]　张　璐[**]

QFLP(Qualified Foreign Limited Partner)基金作为外商投资境内股权的最重要方式之一,体现了我国不断深化外商投资便利化改革的成果。随着近几年各地 QFLP 试点的不断涌现以及 QFLP 政策的不断优化,越来越多投资者也将目光投向了参与跨境投资。本文聚焦 QFLP 基金在我国设立的最新实务要点,并选择以北京、上海、深圳、珠海、海南这五个典型地区为例,通过对这几个典型地区的 QFLP 政策进行对比,以求给读者以启发。

### 一、什么是 QFLP 基金?

QFLP,即合格境外有限合伙,是指境外投资者在通过资格审查与外资监管程序后,通过境外资本与人民币之间的兑换,实现对国内私募股权市场的投资。QFLP 制度是比照 A 股市场中的合格境外机构投资者(Qualified Foreign Institutional Investor,QFII)制度基础上进行的制度创新。

根据基金管理人的划分,QFLP 基金的架构可分为"外资管外资""外资管内资""内资管外资"三种类型(见图 1)。其中"外资管外资"是 QFLP 政策的最初形态,也是实践中最为广泛的架构。此架构中,境外股东在境内出资设立的管理人向境外募集资金,并在境内发起设立 QFLP 基金。在此基础上,随着 QFLP 制度的逐渐完善与我国金融行业的不断发展,一些试点城市逐渐发展出了"外资管内资"与

* 德和衡合伙人,擅长私募基金法律服务、跨境投融资、境外上市及境外担保等。

** 德和衡实习律师,熟悉合同审查等企业法律服务。

"内资管外资"的新模式。

自 2011 年上海率先推出试点以来,QFLP 试点政策已在全国多个地区落地,包括上海、天津、贵州、平潭、广州、青岛、厦门、苏州、佛山、海南、南宁、深圳、河北雄安新区、北京、宁波、珠海、无锡、南京、杭州、中山、嘉善、舟山等。与此同时,北京、深圳等早期试点城市也积极参与 QFLP 制度的修订与完善。

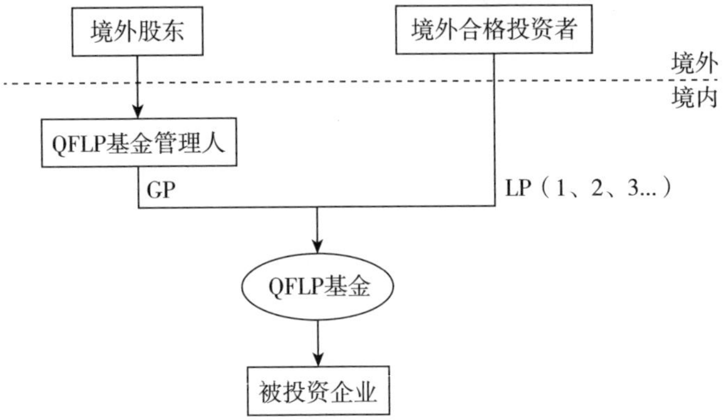


(a)QFLP基金架构之一:外资管外资

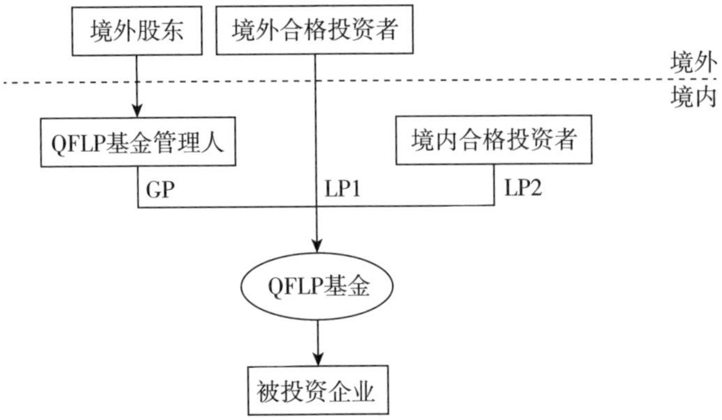


(b)QFLP基金架构之二:外资管内资

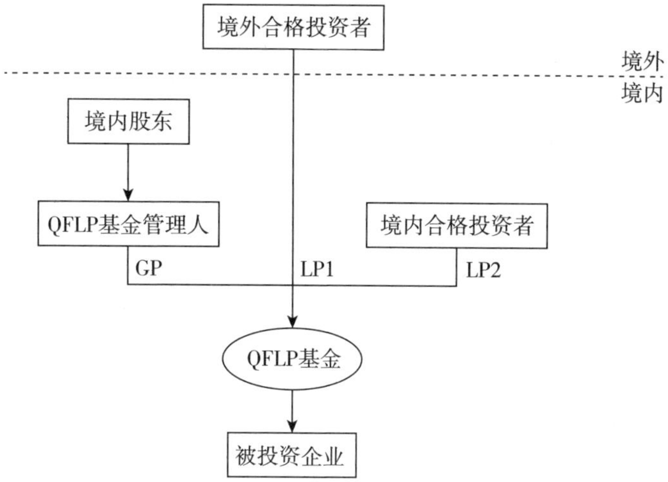


（c）QFLP基金架构之三：内资管外资

**图1　QFLP基金架构**

## 二、设立QFLP基金的关注点

### （一）关注点之一：基本政策

**表1　北京、上海、深圳、珠海、海南试点工作文件一览**

| 区域 | 试点工作文件 | 公布和/或生效时间 | 有效期 |
|---|---|---|---|
| 北京 | 北京市地方金融监督管理局、北京市市场监督管理局《关于印发〈关于本市开展合格境外有限合伙人试点的暂行办法〉的通知》 | 2021年4月28日公布并生效 | 无 |
| 上海 | 《关于本市开展外商投资股权投资企业试点工作的实施办法》（沪金融办通〔2010〕38号） | 2010年12月24日公布并生效 | 无 |
| 深圳 | 深圳市地方金融监督管理局《关于印发〈深圳市外商投资股权投资企业试点办法〉的通知》（深金监规〔2021〕1号） | 2021年1月29日公布，2021年2月8日生效 | 3年 |
| 珠海 | 珠海市金融工作局《关于印发〈珠海市外商投资股权投资类企业试点办法〉的通知》（珠金〔2021〕52号） | 2021年5月25日公布并生效 | 3年 |
| 海南 | 《关于印发〈海南省关于开展合格境外有限合伙人（QFLP）境内股权投资暂行办法〉的通知》（琼金监函〔2020〕186号） | 2020年10月10日公布并生效 | 无 |

1. 北京市

北京市现行的 QFLP 制度为北京市地方金融监督管理局、北京市市场监督管理局于 2021 年 4 月 28 日共同颁布并施行的《关于本市开展合格境外有限合伙人试点的暂行办法》(以下简称《北京 QFLP 试点办法》)。

就 QFLP 常见的三种管理模式而言,《北京 QFLP 试点办法》仅规定了“外资管外资”与“内资管外资”两种模式,未涉及“外资管内资”的架构。北京 QFLP 新政下,合格境外有限合伙人被认定为参与认购《北京 QFLP 试点办法》规定试点基金的境外自然人、机构投资者等。试点基金是指由试点基金管理企业在北京市依法发起,由合格境外有限合伙人参与投资设立,以非公开方式向投资者募集资金并进行投资的一只或多只私募投资基金。从前述规定可看出,北京 QFLP 新政下的试点基金的投资者中一定是包含合格境外有限合伙人(境外投资者)的。

此外,根据《北京 QFLP 试点办法》第 4 条之规定,试点基金管理企业分为内资试点基金管理企业和外商投资试点基金管理企业。因此,北京 QFLP 新政下的 QFLP 架构指的是内资试点基金管理企业管理外商投资试点基金(“内资管外资”),以及外商投资试点基金管理企业管理外商投资试点基金(“外资管外资”)。

2. 上海市

我国 QFLP 试点工作最早始于 2011 年的上海。上海市于 2010 年 12 月 24 日第一次发布了《关于本市开展外商投资股权投资企业试点工作的实施办法》(以下简称《上海实施办法》),并于 2011 年 1 月 12 日在全国范围内率先启动了 QFLP 试点工作。《上海实施办法》也一直沿用至今。

3. 深圳市

深圳市的现行 QFLP 政策为深圳市地方金融管理局于 2021 年 1 月 29 日发布的《深圳市外商投资股权投资企业试点办法》(以下简称《深圳 QFLP 试点办法》)。该试点办法是继 2012 年深圳 QFLP 试点政策发布、2017 年第一次修订后的第二次修订。

根据《深圳 QFLP 试点办法》第 4 条的规定,外商投资股权投资管理企业可以发起设立或受托管理外商投资股权投资企业及内资私募股权、创业投资基金;内资私募股权、创业投资基金管理人可以发起设立或受托管理外商投资股权投资企业。因此,QFLP 的管理模式包括了“外资管外资”“外资管内资”“内资管外资”三种类型。

此外,《深圳 QFLP 试点办法》相对于 2017 年第一次修订的版本而言,具有几个显著的突破,包括明确可参与 A 股市场的一级半市场投资,取消了对 QFLP 基金境外有限合伙人(Limited Partner,LP)、境内 LP 的特殊要求,以及开放了 QFLP 基金的管理人与普通合伙人(General Partner,GP)分离架构。

4. 珠海市

珠海市的现行 QFLP 制度是珠海市金融工作局于 2021 年 5 月 25 日印发并施行的《珠海市外商投资股权投资类企业试点办法》(珠金〔2021〕52 号,以下简称《珠海 QFLP 新政》)。

《珠海 QFLP 新政》的亮点主要在于其支持粤澳跨境金融合作(珠海)示范区建设,并以横琴新区为主要支点,搭建了服务澳门企业的绿色通道机制,在符合条件的情况下,优先给予澳门企业以试点资格,为其提供更加便利的试点环境。目前澳资企业参与内地的 QFLP 试点主要采用"澳门资金 + 内地管理团队 + 内地项目"的模式,即澳门的团队主要是资金方,通过联络内地的管理机构来寻找内地的项目。

5. 海南省

海南省 QFLP 政策的落地实施始于 2020 年 10 月 10 日由海南省地方金融监管局、海南省市场监管局、中国人民银行海口中心支行、证监会海南监管局联合印发的《海南省关于开展合格境外有限合伙人(QFLP)境内股权投资暂行办法》(以下简称《海南 QFLP 暂行办法》),这标志着海南成为我国最新 QFLP 政策试点的代表,并体现了 2010 年来我国 QFLP 政策的诸多进步。①

根据《海南 QFLP 暂行办法》第 5 条及第 6 条规定,在海南 QFLP 政策下,QFLP 的管理模式同样包括了"外资管外资""外资管内资""内资管外资"三种类型。

### (二)关注点之二:监管架构

就 QFLP 基金试点资格的申请与取得,在全国各试点城市中存在一些不同做法,大部分试点城市采用联审工作机制,但也有少数试点城市则明确不设置联审机制(见表 2)。②

**表 2　北京、上海、深圳、珠海、海南监管架构**

| 区域 | 主管机构 | 审核部门 | 登记/备案要求 | 出具文件 |
| --- | --- | --- | --- | --- |
| 北京 | 试点联审工作机制(相关部门组成) | 试点联审工作办公室(设在市金融监管局) | 需在中国证券投资基金业协会办理备案 | 同意开展试点、给予试点额度的书面意见 |

① 梁振君:《看好自贸港,外资股权投资蓄势待发》,载《中国外资》2020 年第 23 期。

② 崔智浩:《〈外商投资法〉时代下 QFLP 投资机制的监管缺陷——兼评海南 QFLP 新政》,载《楚天法治》2021 年第 12 期。

续表

| 区域 | 主管机构 | 审核部门 | 登记/备案要求 | 出具文件 |
|---|---|---|---|---|
| 上海 | 外商投资股权投资企业试点工作联席会议（相关部门组成） | 市金融监管局 | 无明文规定。但实践中，根据现行私募基金相关规定，拟在中国境内募集设立人民币基金的，仍需根据现行规定，就该人民币基金在中国证券投资基金业协会办理备案 | 书面意见 |
| 深圳 | 联合会商工作机制（相关部门组成），前海蛇口片区由前海金融局推进 | 市地方金融监督管理局、前海地方金融监督管理局 | 需在中国证券投资基金业协会办理备案 | — |
| 珠海 | 外商投资股权投资企业试点工作领导小组（相关部门组成） | 领导小组办公室（市金融工作局） | 需在中国证券投资基金业协会办理备案 | 认定通知书 |
| 海南 | 未设联审工作机制，由相关部门分工履职 | 海南省地方金融监管局 | 需在中国证券投资基金业协会办理备案 | 取得省直相关职能部门、市（县）人民致府、重点产业园区管委会或同级金融管理单位出具的推荐函 |

## （三）关注点之三：准入门槛

**表3　北京、上海、深圳、珠海、海南准入门槛**

<table>
<tr><th>区域</th><th>对境外投资者的要求</th><th>对境内投资者的要求</th><th>出资规模</th></tr>
<tr><td rowspan="2">北京</td><td>机构投资者：<br>（1）具备相应的风险识别能力、风险承担能力，具有相关的投资经历；<br>（2）需具有健全的治理结构和完善的内控制度，近三年内未受到所在国家、地区司法机关和相关监管机构的处罚；<br>（3）净资产不低于500万美元等值货币，单笔投资金额不低于100万美元等值货币</td><td>机构投资者：<br>（1）具备相应的风险识别能力、风险承担能力，具有相关的投资经历；<br>（2）需具有健全的治理结构和完善的内控制度，近三年内未受到所在国家、地区司法机关和相关监管机构的处罚；<br>（3）净资产不低于1000万元人民币，单笔投资金额不低于100万元人民币</td><td rowspan="2">单只基金规模原则上不少于1亿元人民币（或等值外币），私募投资基金管理企业可认缴一定比例的基金份额</td></tr>
<tr><td colspan="2">个人投资者：<br>（1）具备相应的风险识别能力、风险承担能力，具有相关的投资经历；<br>（2）金融净资产不低于300万元人民币且金融资产不低于500万元人民币或近三年年均收入不低于50万元人民币，单笔投资金额不低于100万元人民币</td></tr>
</table>

续表

| 区域 | 对境外投资者的要求 | 对境内投资者的要求 | 出资规模 |
|---|---|---|---|
| 上海 | (1)在其申请前的上一会计年度,具备自有资产规模不低于5亿美元或者管理资产规模不低于10亿美元;<br>(2)有健全的治理结构和完善的内控制度,近2年未受到司法机关和相关监管机构的处罚;<br>(3)境外投资者或其关联实体应当具有五年以上相关投资经历 | 无明文规定 | 认缴出资应不低于1500万美元,出资方式限于货币形式;合伙人应当以自己的名义出资,除普通合伙人外,其他每个有限合伙人的出资应不低于100万美元 |
| 深圳 | 无明文规定 | 无明文规定 | 无明文规定 |
| 珠海 | 无明文规定 | 无明文规定 | 无明文规定 |
| 海南 | 无明文规定 | 无明文规定 | 无明文规定 |

### (四)关注点之四:负面清单管理

我国《外商投资法》第4条明确规定,国家对外商投资实行准入前国民待遇加负面清单管理制度。因此,理论上,在设立QFLP基金过程中,若涉及外商投资,则一定是需要遵守负面清单管理制度的。实践中,各试点地区一般通过规定允许从事与禁止从事(负面清单)范围的方式规制QFLP基金的业务范围(见表4)。

**表4　北京、上海、深圳、珠海、海南负面清单管理**

| 区域 | 允许从事 | 禁止从事 |
|---|---|---|
| 北京 | (1)非上市公司股权;<br>(2)上市公司非公开发行和交易的普通股(含定向发行新股、大宗交易、协议转让等),可转换为普通股的优先股、债转股和可转债,可作为上市公司原股东参与配股;<br>(3)夹层投资、私募债、不良资产;<br>(4)参与投资境内私募投资基金 | 投资的境内项目应符合现行外商投资准入特别管理措施的要求;未经批准,不得使用募集的资金在中国境外进行投资 |
| 上海 | (1)在国家允许的范围内,以全部自有资金进行股权投资,具体投资方式包括新设企业、向已设立企业投资、接受已设立企业投资者股权转让以及国家法律法规允许的其他方式;<br>(2)为所投资企业提供管理咨询;<br>(3)经登记机关许可的其他相关业务 | (1)在国家禁止外商投资的领域投资;<br>(2)在二级市场进行股票和企业债券交易,但所投资企业上市后,外商投资股权投资企业所持股份不在此列;<br>(3)从事期货等金融衍生品交易;<br>(4)直接或间接投资于非自用不动产;<br>(5)挪用非自有资金进行投资;<br>(6)向他人提供贷款或担保;<br>(7)法律、法规以及外商投资股权投资企业设立文件禁止从事的其他事项 |

续表

| 区域 | 允许从事 | 禁止从事 |
| --- | --- | --- |
| 深圳 | (1)投资非上市公司股权;<br>(2)投资上市公司非公开发行和交易的普通股,包括定向发行新股、大宗交易、协议转让等;<br>(3)可作为上市公司原股东参与配股;<br>(4)为所投资企业提供管理咨询;<br>(5)允许投资境内私募股权、创业投资基金;<br>(6)中国证监会或基金业协会允许的其他业务 | 应当遵守国家有关外商投资法律、法规、规章,外商投资准入负面清单规定禁止投资的领域,不得进行投资 |
| 珠海 | (1)未上市企业股权;<br>(2)上市公司非公开发行或交易的股票;<br>(3)可转债、市场化和法治化债转股、股权类基金份额;<br>(4)作为上市公司原始股东参与配股;<br>(5)经监管部门或登记备案部门许可的其他相关业务 | 应当遵守《外商投资准入特别管理措施(负面清单)》相关规定,以《鼓励外商投资产业目录》为导向,投向有利于粤港澳大湾区发展的实体产业和基础设施项目或直接投资于实业,不得从事法律法规禁止从事的事项 |
| 海南 | 无明文规定 | (1)在国家禁止外商投资的领域投资;<br>(2)二级市场股票和企业债券交易,但经过海南省地方金融监督管理局、中国证券监督管理委员会海南监管局、中国人民银行海口中心支行、海南省市场监督管理局等管理部门认可的投资标的除外;<br>(3)期货等金融衍生品交易;<br>(4)投资于非自用不动产;<br>(5)挪用非自有资金进行投资;<br>(6)向非被投企业提供贷款或担保;<br>(7)国家法律法规禁止从事的其他事项 |

## 三、总结

自 2011 年 QFLP 制度首次在中国落地实施以来,在十余年的发展中,各试点地区的制度也处于不断更新之中。本文以北京、上海、深圳、珠海、海南这五个典型地区为例,从基本政策、监管架构、准入门槛、负面清单管理制度这四个方面进行了比较分析。通过本文,不难发现,在这五个地区中,北京与上海作为传统的 QFLP 试点地区,其准入门槛是本文涉及的五个地区中最高的,这与同样作为 QFLP 早期试点地区的深圳形成了鲜明对比。结合深圳 QFLP 新规下允许外资母基金直接投资 VC/PE 的规定,显然深圳已经成为对私募股权类基金极具吸引力的城市之一。此外,海南自由贸易港的成立与珠海横琴粤澳合作区的不断发展,也使这两个地区成为对 QFLP 基金的设立值得关注地区。

总而言之，各 QFLP 试点地区均存在各自不同的特色优势，投资者在进行投资决策时不仅应考虑各地的政策，更应该结合自身的优势与要求，合理选择最适合自己的地区设立 QFLP 基金。

# 海外反腐败与对中国企业的合规启示

## ——仅以东南亚国家越南为例谈起

赵倩南　张　璐

在“一带一路”倡议下，中国企业正在不断地实践着“走出去”。中国企业在不断“走出去”的过程也对企业海外合规能力提出了更高要求，其中海外反腐败合规即为企业海外合规体系搭建的一个重要环节。企业一旦涉案，除将受到东道国的法律机制制裁外，还可能带来持续的扩大影响，如影响公司声誉、影响公司股价、遭受巨额损失，甚至被剥夺某些投标资格以及诉讼纠纷应对等。因此，本文旨在以中国企业投资越南为例，对中国企业投资越南，在反腐合规架构设计上，提供东道国越南的监管规则介绍及反腐合规体系搭建的思路，以期能给投资越南的中国企业带来启发。

### 一、中国对越南投资概况与越南腐败现状

随着经济全球化的快速发展以及“一带一路”倡议的推进，在“走出去”的过程中，出于降低生产成本、规避欧美的高额关税等原因，越来越多的中国企业选择在东南亚国家进行投资，越南便是最重要的投资目的地之一。2018 年，根据中国信息中心大数据发展部对“一带一路”沿线国家投资环境的评估，越南的总体投资环境评分为 72.29 分，在“一带一路”沿线 71 个国家中名列第 9 位，在东南亚仅次于新加坡。① 世界银行发布的《2020 年营商环境报告》显示，越南营商环境在全球排名第 70 位，在东盟十国中排名第 5 位。② 2022 年第一季度，越南的 GDP 实现了 921.50

① 《数说“一带一路”国家投资环境》，载国家信息中心网 2018 年 12 月 24 日，http://www.sic.gov.cn/News/614/9767.htm。

② 《〈企业对外投资国别（地区）、营商环境指南〉越南（2020）》，载“走出去”导航网 2021 年 9 月 28 日，https://investgo.cn/article/gb/tzbg/202109/561268.html。

美元,同比增长 5.03%,高于中国、新加坡的经济增速。

据越南计划投资部发布的信息,从投资领域看,近年来,中国对越南直接投资主要集中在劳动密集型工业、建筑业、农林牧渔业等领域。随着越南工业化进程加快及技术水平的不断提高,越来越多的中国投资者开始投资越南技术密集型加工制造业、信息技术产业,资本密集型的房地产业、电力行业、旅游服务业等领域。从投资区域看,中国企业在越南的投资项目已覆盖越南 54 个省、直辖市,投资主要集中在东南沿海地区、红河三角洲及与中国接壤的边境地区。① 此外,根据中国商务部发布的信息来看,2020 年 1—12 月,中越贸易额 1922.80 亿美元,同比增长 18.70%。其中,中国对越出口 1138.10 亿美元,自越进口 784.70 亿美元,同比分别增长 16.30% 和 22.40%。2020 年 1—12 月,中国企业对越南全行业直接投资 13.80 亿美元,同比增长 5.90%。2020 年 1—12 月,中国企业在越南新签工程承包合同额 49.50 亿美元,同比增长 12.70%;完成营业额 29.30 亿美元,同比下降 25.60%。②

然而,尽管近年来越南不断加强反腐力度,但依然收效甚微。根据透明国际公布的 2021 年全球清廉指数(CPI 2021),越南的得分为 39 分(满分 100 分),在 180 个国家中排名第 87 位。③ 这说明越南仍属于严重腐败的国家。

## 二、越南反腐败法律体系概述

越南自 1986 年实行革新开放政策以来,腐败问题层出不穷。自 1985 年首次将“贪污腐败犯罪”写入《刑法》以来,为了彻底解决这一问题,越南陆续采取了一系列立法措施。1997 年,越南国会通过了《刑法典》修正案,并第一次颁布了《反腐败法令》。这是越南第一次将腐败正式立法化的体现。此后,2005 年 11 月,越南十一届国会八次会议通过了《反腐败法》(No. 55/2005/QH11 Law on Anti - Corruption,以下简称旧《反腐败法》),取代了先前的《反腐败法令》,并于 2006 年正式生效。这是越南当代历史上第一次以专门的立法规制腐败问题。为了执行这项法律,越南政府和越南中央反腐败指导委员会指示当局进行研究并制定国家反腐败战略。随后

---

① 《〈企业对外投资国别(地区)营商环境指南〉越南(2020)》,载“走出去”导航网 2021 年 9 月 28 日,https://investgo.cn/article/gb/tzbg/202109/561268.html。

② 《2020 年 1—12 月中国—越南经贸合作简况》,载中华人民共和国商务部官网,http://www.mofcom.gov.cn/article/tongjiziliao/sjtj/yzzggb/202103/20210303042847.shtml。

③ 《CPI 2021 Corruption Perceptions Index:Vietnam》,https://www.transparency.org/en/countries/vietnam,最后访问日期:2022 年 5 月 7 日。

由反腐败中央指导委员会办公室负责与政府监察局协调制定该战略。①

以上是越南在着手治理腐败问题时，前期在立法实践上做的努力，这几项法律法规也为后续越南形成一套自己的相对完善的腐败治理体系夯实了基础。随着法治进程的发展，越南逐渐形成了以《刑法典》与旧《反腐败法》为核心的腐败治理制度。当然，这两部法律也随着社会发展进行了不断的修正。

### （一）越南《刑法典》中的腐败治理规则

越南《刑法典》分别在 1997 年、2009 年、2015 年进行了修正。现行《刑法典》（No. 100/2015/QH13 Penal Code）于 2015 年在越南国民议会通过了修正案，并自 2018 年 1 月 1 日起生效。

越南《刑法典》比照公共机构贪污腐败犯罪的定义与惩罚规则对私营实体贪污腐败犯罪进行了规定。

越南《刑法典》没有明确解释“贿赂”的定义，但在第 354 条与第 364 条分别列明了接受贿赂与进行贿赂的后果。

根据第 354 条的规定，任何人滥用其职位和/或权力，直接或通过中间人为自己或他人或组织接受或将要接受以下任何利益，以便为了利益或应行贿者的要求执行或不执行某些公务，均应以“收受贿赂”罪承担刑事责任：

1. 价值 200 万越南盾（约 90 美元）或以上的任何形式的金钱、财产或其他有形的金钱利益；或少于 200 万越南盾，但（1）接收人曾因同一行为受到处罚，或者（2）接收人曾因 2015 年《刑法典》第二十三章第一节规定的腐败相关犯罪②而被定罪。

2. 收受了其他无形利益③。根据第 364 条的规定，任何人直接或通过中间人以任何形式给予或将给予价值 200 万越南盾或以上的金钱、财产或其他金钱利益，或任何非金钱利益，以诱使受贿者为行贿者的利益或应行贿者的请求而从事或不从事某些公务，均应以“行贿”罪承担刑事责任。

---

① Anh Tuan Tran, *Anti - Corruption in Vietnam*, n. d., NUAFEI (Nov. 18, 2021), https://www.unafei.or.jp/english/publications/Fifth_GG_Seminar.html.

② 包括越南《刑法典》第 353 条“贪污”，第 354 条“收受贿赂”，第 355 条“滥用权力或地位侵吞财产”，第 356 条“在执行公务时滥用权力或地位”，第 357 条“执行公务时越权行事”，第 358 条“滥用权力或地位，为个人利益影响他人”，第 359 条“在履行职责时实施欺诈”。

③ 原文是“Lo'i ích phi vât chât”，但综观越南《刑法典》，除第 354 条中提到了这个概念外，并未在其他条款处就该“无形利益”进行解释。因此，笔者认为，何为 2015 年修正案中规定的“Lo'i ích phivât chât”，应当结合未达到 200 万越南盾时仍满足构成犯罪的条件进行判断，即（1）接收人曾因同一行为受到处罚；或者（2）接收人曾因 2015 年《刑法典》第二十三章第一节规定的腐败相关犯罪而被定罪。

结合本条第 1 款①，笔者认为，构成“行贿”应当同时满足以下四个条件：

（1）受贿者拥有一定的权力与责任。

（2）金钱、财产、其他金钱利益或非金钱利益必须已给予受贿者（必须有给予行为）。

（3）必须是为了诱使受贿者为了行贿者的利益或应行贿者的请求而从事或不从事某些公务。

（4）贿赂的价值（金钱利益）必须达到刑事责任的门槛（200 万越南盾）。否则，必须有证据证明收受者曾因收受贿赂而受到处罚，或者收受者曾因任何与腐败有关的犯罪而被定罪。

在贿赂行为的责任承担主体这一部分，越南《刑法典》只规定了个人的责任。换句话说，只有实施了贿赂行为或接受了贿赂的个人，或是贪污腐败公司的责任人才会被追究刑事责任。

根据《刑法典》的规定，受贿者可能会受到以下刑事处罚：（1）监禁，最低为有期徒刑两年，最高包括无期徒刑或死刑；（2）最高 1 亿越南盾的罚款；（3）没收全部或部分财产；（4）禁止担任公职长达 5 年。行贿者可能会受到以下刑事处罚：（1）最低 6 个月，最高 20 年或终身监禁；（2）最高 5000 万越南盾的罚款。行贿中间人可能会受到以下刑事处罚：（1）最高 15 年监禁；（2）最高 2 亿越南盾的罚款。

但是，《刑法典》也对责任减免作出了规定。例如，针对被胁迫行贿的行贿者，若其在被发现之前主动报告其行为，则不会被视为犯罪，并有权收回他们被胁迫而给予贿赂的任何财产。此外，即使行贿者没有受到胁迫，但若在被发现之前主动举报自己的行为，也可能被免除刑事责任，以及可能有权至少收回一部分作为贿赂给予的财产。

### （二）越南新《反腐败法》和第 59 号法令中的腐败治理规则

2018 年，越南国民议会颁布了新《反腐败法》（No. 36/2018/QH14 Law on Anti - Corruption），该法自 2019 年 7 月 1 日起生效，并取代了旧《反腐败法》。随后，越南政府于新《反腐败法》生效的同一日，颁布了第 59 号法令（Decree No. 59/2019/ND - CP）以作为新《反腐败法》的执行准则。除规定了防止公共部门腐败的详细条例外，新《反腐败法》还规定了适用于私营实体的原则，例如，内部行为守则的要求、透明

① 原条款翻译成英文是：“Any person who directly or through an intermediary gives or promises to give any of the following benefits to an office holder or another person or organization in order to influence him/her to perform or not to perform certain tasks in the interests of or at the request of the bribe giver...”

的商业文化以及检查和监督私营实体遵守情况的机制等。

1.“腐败”的定义

在2018年新《反腐败法》中，越南将这个概念的范围扩大至私营实体，这就与前述《刑法典》的贪污腐败犯罪的范围相对应，虽然用词不同，但这两部法律都将公共机构与私营实体纳入了“腐败”或“贿赂”的范围。

但相对《刑法典》，如表1所示，新《反腐败法》在“腐败”的定义上更为细致，没有将公共机构“腐败”的定义完全移植至私营实体“腐败”的定义中。

**表1 公共机构的“腐败”与私营实体的“腐败”的区别**

| 序号 | 公共机构的“腐败” | 私营实体的“腐败” |
|---|---|---|
| 1 | 侵占财物 | 侵占财物 |
| 2 | 受贿 | 受贿 |
| 3 | 滥用职位或权力以占有适当的财产 | 滥用职位或权力以占有适当的财产 |
| 4 | 在执行任务或公务期间利用职位和/或权力谋取私利 | — |
| 5 | 在执行任务或公务中滥用职权，为一己私欲 | — |
| 6 | 为谋取私利，利用职位或权力影响他人 | — |
| 7 | 工作中冒充他人，为自己谋取利益 | — |
| 8 | 有职位和/或权力解决机构、组织、实体或地方事务的人为谋取私利而行贿 | — |
| 9 | 利用职务之便，非法使用国家财产，为一己之私 | — |
| 10 | 为谋取私利而进行骚扰 | — |
| 11 | 不为谋取私利，不执行任务、公务的 | — |
| 12 | 利用职务、权力，为一己私欲掩盖违法行为的；为一己私欲，非法阻碍或者干预审查、检查、审计、侦查、起诉、听证、判决执行的 | — |

2. 赠送礼物与接受礼物的规则

作为新《反腐败法》的一项普遍原则，关于收受礼物的规定同时在第59号法令中得到了加强。新《反腐败法》与第59号法令严格禁止各机构、组织、单位（国家组织）和掌握职位和权力的个人（公职人员）直接或间接接受其管理下的个人、机构、组织或单位因履行公职而赠送的任何形式的礼品。① 最直接的表现是，第59号法令取消了允许公职人员在某些特殊场合（婚礼、葬礼等）收取价值50万越南盾（约

① 新《反腐败法》第22条、第59号法令第25条。

22 美元)的礼物而无须汇报的制度①。这意味着根据第 59 号法令的规定,无论在什么场合收取任何价值任何金额的礼物,越南的公职人员都应当及时汇报。

对于私营实体或是个人来说,根据第 59 号法令的规定,他们必须拒绝接受任何可能因接受而形成违法行为的礼物。若他们无法拒绝,则应当在接受礼物之后及时向有关部门报告并将礼物上交。此外,根据违法行为的严重程度,私营实体的负责人或个人可能会面临相应程度的惩罚措施,如行政处罚等。

3.“拥有职权的人”与利益冲突

越南新《反腐败法》中,除“腐败”这一概念外,“拥有职权的人”②这一概念也得到了拓展。根据新《反腐败法》第 3 条规定,其指的是根据合同或其他基础(有薪或无薪)被任命、选举、雇用来执行特定任务和职责并在执行这些任务和职责时拥有特定权力的人。根据这一更广泛的定义,“拥有职权的人”一词现在包括在私营企业或组织中担任管理职务的人。

基于“拥有职权的人”这一概念,新《反腐败法》和第 59 号法令强调了对于“拥有职权的人”的私人利益可能与其所在职位涉及的公共利益之间的利益冲突的控制。第 59 号法令概述了“拥有职权的人”的行为会引起利益冲突的情况。这种情况包括但不限于向国内外企业、组织或个人提供与国家机密、商业机密或与“拥有职权的人”的权力有关的咨询服务。③ 因此,如果企业希望邀请“拥有职权的人”从事某些服务,例如提供演讲或讲座,要求他们讨论与他们的职责有关的问题时,应该考虑这些规定。

此外,关于利益冲突,第 59 号法令还进一步规定了某些特定企业(例如国有企业和信贷机构),以及某些非国家机构在其内部建立预防和解决利益冲突制度的责任。④ 此类措施包括为员工提供培训以及建立一个强大的系统用于报告和处理利益冲突案件等。

---

① Decision 64/2007/QD – TTg.

② 原文是“Người có chức vụ, quyền hạn”,根据谷歌翻译的结果,意为“拥有职务和权力的人”;根据检索英文资料的结果,一般被翻译为“person with title/power”或“person having position and power”,故笔者在这里将其翻译为“拥有职权的人”。

③ 第 59 号法令第 29 条。

④ 第 59 号法令第 54 条。

## 三、中越反腐败法律体系比较及中国企业境外投资合规启示

### (一)中越反腐败法律体系比较

在中国的腐败治理过程中,反腐败法律规范众多。在国家法层面,反腐败的相关法律法规分散在各个单独立法中。例如,在预防官员腐败方面,存在《行政许可法》《公务员法》《政府采购法》《招标投标法》等;在对政府权力运行与监督方面,存在《各级人民代表大会常务委员会监督法》《监察法》《行政诉讼法》等;而在惩治腐败方面,中国则以《刑法》为核心,并以“两高”解释以及《刑事诉讼法》《人民检察院刑事诉讼规则》等为惩罚体系,规定了贪污受贿罪、渎职罪、巨额财产来源不明罪等腐败犯罪的刑事责任等。

除国家法,中国还存在一系列党内规章,例如《中国共产党廉洁自律准则》《国有企业领导人员廉洁从业若干规定》《关于严格禁止利用职务上的便利谋取不正当利益的若干规定》《关于党员领导干部述职述廉的暂行规定》《关于对党和国家机关工作人员在国内交往中收受礼品实行登记制度的规定》等。①

这些法律法规共同构成了中国的反腐败法律体系。越南同样作为社会主义国家,其反腐败法律体系在某些程度上与中国十分相似,例如都形成了以《刑法》为核心的腐败治理制度,并设置了专门的监察机构等。但由于国情的不同,两国的反腐败法律体系也存在一些不同,例如越南还存在单独的《反腐败法》等。

本文这个部分将从主要的反腐败法律法规、反腐败的主管机构、反腐败立法的域外效力、腐败的标准、个人的责任等方面对比中国与越南的反腐败法律体系,以期更加直观地展现两国的反腐败法律体系现状(见表2)。

**表2　中国与越南的反腐败法律体系**

| 要点 | 中国 | 越南 |
| --- | --- | --- |
| 主要的反腐败法律法规 | 《联合国反腐败公约》《反不正当竞争法》《刑法》《监察法》《关于禁止商业贿赂行为的暂行规定》 | 《刑法典》<br>《反腐败法》 |

① 韩韬:《我国反腐败法律体系构建分析》,首都经济贸易大学2018年硕士学位论文。

续表

| 要点 | 中国 | 越南 |
|---|---|---|
| 主管机构 | (1)中共中央纪律检查委员会主管党内纪律;<br>(2)中华人民共和国国家监察委员会从行政角度进行监管;<br>(3)最高人民检察院反贪污贿赂总局从法律角度进行监管;<br>(4)国家市场监管总局及其地方分支机构负责监督商业贿赂 | 越南政府监察局;<br>越南公安部;<br>最高人民检察院;<br>最高人民法院;<br>以及其他相关部委也有义务组织政府监察局并与之合作,以检查、调查、起诉、监督和打击腐败犯罪 |
| 是否具有域外效力 | 《刑法》适用于所有中国公民,即使犯罪发生在中国境外。同时,《刑法》第164条第2款专门规定,为谋取不正当商业利益,给予外国公职人员或者国际公共组织官员以财物的,数额较大的,处3年以下有期徒刑或者拘役,并处罚金;数额巨大的,处3年以上10年以下有期徒刑,并处罚金 | 《刑法典》将越南公民、永久居民和永久居住在越南的非公民在越南境外犯下的罪行定为刑事犯罪,因此其存在一定程度上的域外法律效力 |
| 是否存在针对公共部门与私营企业的不同标准 | 根据《刑法》及其相关司法解释,公共和私营部门的贿赂罪有不同的门槛。<br>根据最高人民法院、最高人民检察院发布的《关于办理贪污贿赂刑事案件适用法律若干问题的解释》第11条:<br>(1)《刑法》第163条规定的非国家工作人员受贿罪、第271条规定的职务侵占罪中的"数额较大""数额巨大"的数额起点,按照本解释关于受贿罪、贪污罪相对应的数额标准规定的2倍、5倍执行。<br>(2)《刑法》第272条规定的挪用资金罪中的"数额较大"、"数额巨大"以及"进行非法活动"情形的数额起点,按照本解释关于挪用公款罪"数额较大"、"情节严重"以及"进行非法活动"的数额标准规定的2倍执行。<br>(3)《刑法》第164条第1款规定的对非国家工作人员行贿罪中的"数额较大""数额巨大"的数额起点,按照本解释第7条、第8条第1款关于行贿罪的数额标准规定的2倍执行 | 公共和私营部门的贿赂犯罪没有不同的门槛:<br>根据《刑法典》的规定,无论哪个部门,触发犯罪的有形利益的最低价值为2,000,000越南盾(约88美元)。如果贿赂的价值低于这一刑事门槛,且部门条例有规定,可能会对行贿者和受贿者采取行政制裁和纪律措施。<br>且根据《反腐败法》的规定,公职人员绝对被禁止使用公共预算资金送礼和接受与此类官员或其管理下的人所处理的业务相关的个人和实体的礼品。这种限制与礼物的价值无关 |

续表

| 要点 | 中国 | 越南 |
|---|---|---|
| 检举腐败行为的权利及责任 | 一般来说,根据《刑事诉讼法》第110条第1款规定,任何单位和个人发现有犯罪事实或者犯罪嫌疑人,有权利也有义务向公安机关、人民检察院或者人民法院报案或者举报。根据《反不正当竞争法》第16条第1款规定,对涉嫌不正当竞争行为,任何单位和个人有权向监督检查部门举报,监督检查部门接到举报后应当依法及时处理 | 根据《刑法典》的规定,任何人明确知道正在准备或实施或已经实施的某项所列罪行(包括与贿赂有关的罪行),都有义务向当局报告罪行。不这样做可能导致此类人员承担责任。可能的制裁包括警告或6个月至36个月的监禁。<br>此外,《反腐败法》要求公共和私营部门的个人和组织应迅速向相关主管组织或机构负责人报告贿赂或腐败行为 |
| 腐败行为的惩罚 | 包括但不限于违反《反不正当竞争法》第7条规定贿赂他人的,由监督检查部门没收违法所得,处10万元以上300万元以下的罚款。情节严重的,吊销营业执照。如果这种商业贿赂构成犯罪,将依法移交司法机关追究刑事责任;<br>违反《刑法》相关条款将导致不同数额的罚款、没收个人资产、监禁和/或甚至死刑,具体取决于贿赂或腐败犯罪的涉案金额和此类犯罪的严重性 | 如果贿赂(为金钱利益)的价值达到或超过刑事责任门槛(200万越南盾),将追究刑事责任,包括:<br>a. 罚款,从3000万越南盾(约1300美元)至1亿越南盾(约4300美元)(其中1美元=23,100越南盾);<br>b. 收受的贿赂可能被没收;<br>c. 刑期(2年至20年)。<br>在严重的情况下,死刑可能适用于受贿者。<br>除此之外,如果贿赂的价值低于刑事门槛,根据相关违法行为的严重程度,应采取纪律措施或行政处分 |
| 高管及个人责任 | 《刑法》第164条、第387条、第390条、第391条、第393条规定的犯罪包括实体/机构/政府机构实施此类犯罪的情况。对直接负责的主管人员和其他直接责任人员,根据受贿、贪污犯罪的数额和情节轻重,分别判处不同的有期徒刑或者拘役 | 《刑法典》不适用公司实施的腐败犯罪,对于公共和私营部门,仅追究个人责任;<br>新《反腐败法》规定非国有企业的负责人和/或代表应对其雇员或在其管理/监督下的单位/部门实施的腐败活动负责 |

### （二）对中国企业境外投资合规启示

虽然中国的反腐败法律法规数量较多，但大多数依然集中于国内腐败治理，针对海外投资企业腐败行为的法律法规相对较少。然而，随着反腐败逐渐成为国际社会共同关注的焦点问题，中国企业前往境外投资时，绝不能抱有侥幸心理，更应该格外注意加强自身的反腐败合规。

1. 中国现有监管海外腐败行为实体规则

中国第一部针对商业贿赂制定的法律是1993年实施的《反不正当竞争法》。但由于仅有该部法律涉及商业贿赂，且约束的仅仅是商品销售或购买中的贿赂行为，因此事实上缺乏对于国际商业贿赂行为的约束力。直到2003年，在签署了《联合国反腐败公约》之后，中国通过了《刑法修正案（八）》，新增了"对外国公职人员、国际公共组织官员行贿罪"，实现了公约规定的腐败犯罪类型在《刑法》中的全面化，并开始直接规制企业海外投资活动中的腐败行为。根据规定，海外投资反腐败审查主要涉及行贿对象、目的、方式和刑事处罚四个方面，这成为中国建立海外反腐败法律制度的开端。[①]

目前，中国的海外反腐败主要依赖刑事立法。然而，综观世界各国的腐败治理体系，仅靠刑事法律是无法真正制衡企业海外腐败行为的[②]。因此，中国也在尝试不断加强海外反腐败相关立法，并相继出台了《境外投资管理办法》《规范对外投资合作领域竞争行为的规定》《中央企业合规管理指引（试行）》《企业境外经营合规管理指引》等法律文件。此外，国家主席习近平也曾在"一带一路"国际合作高峰论坛上指出，"要加强国际反腐合作，让'一带一路'成为廉洁之路"。

因此，中国的海外反腐败立法未来的发展方向很可能是与国际上先进的立法方式靠拢，有针对性地完善相关法律法规，并实现《联合国反腐败公约》与国内法的衔接。

2. 对中国企业越南投资反腐败合规体系建立的启示

目前世界各国，美国的《海外反腐败法》的执行最为严格，且最为有效，其一改以往由外部向内部规制的方式，采取自企业内部向企业外部的规制方法，通过强化

---

① 王佳宜：《"一带一路"倡议下投资母国的监管义务与法律对策》，载《中国流通经济》2020年第2期。

② 加强反海外腐败已经成为各个国家和地区的共识，很多国家和地区在相关法律制度中阐述或列明了与海外腐败相关的法条，包括美国的《反海外腐败法》、英国的《反贿赂法》、德国的《反腐败法》、新加坡的《预防腐败法》、中国香港特别行政区的《预防腐败条例》等。

企业内部规制来达到预防、发现、制止企业腐败行为的效果，为企业腐败治理提供了新思路。

随着中越经贸合作的不断加强，中国企业赴越南投资的数量不断增加，规模不断增大。在企业反腐败合规法律实践中，美国正逐步加大对中国企业的执法力度①，而这必将带来包括越南在内的其他国家针对中国的执法力度的变化。② 鉴于此，中国企业应该在赴越投资的过程中格外注意加强企业反腐败合规建设，应自上而下、由内而外地提前布局中国企业海外投资的反腐败合规体系，并在投资前期做好当地的合规风险排查及尽职调查。

总而言之，反腐败合规架构搭建具体细则应根据越南的反腐要求，有针对性地调整及加强，对于相较中国法律标准要求更高的，应制定更高标准的合规细则，并针对性地适用于越南本地。同时要不断开展反腐合规的相关培训，以促进在越员工更清晰公司内部在越投资的反腐细则。此外，随着中国企业向越南投资的不断布局，企业在注重业务发展的同时，也要更加重视当地的监管“红线”，不触及或者表现得优异于该等监管“红线”才能使企业走得更远，同时这也是保护东道国企业当地高管及员工的一种方式。

① 2018 年 11 月 1 日美国司法部发布了《中国行动倡议》(China Initiative Fact Sheet)明确指出在《反海外腐败法》的违法案件中，应甄别出与美国企业存在竞争关系的中国企业，加大对中国企业和个人实施贿赂犯罪的执法力度。资料来源：https://www.justice.gov/opa/speech/file/1107256/download，最后访问日期：2021 年 11 月 23 日。

② 万方：《反腐败合规法律实践的规范演进与实践展开——以美国〈反海外腐败法〉为切入》，载《法治研究》2021 年第 4 期。

# 商事调解多元化解纠纷实务探讨

## ——以前海合作区人民法院调解创新模式为例

孔 霞*

美国学者柯恩曾经说过:“中国法律制度最引人注目的一个方面是调解在解决纠纷中不寻常的重要地位。”在我国“一带一路”搭建的平台上,如何使调解这一“东方之花”在涉外商事纠纷中绽放,夯实调解在多元化纠纷解决机制中的基础性、前置性作用,这一问题值得众多法律从业者一探究竟。本文仅以前海法院商事调解中心的创新模式为例,探讨商事调解多元化纠纷解决机制。

## 一、我国商事调解纠纷现状

当前,我国多元化纠纷解决机制并未实现畅通无阻地高效运行,且存在立法供给不足、法院作用受限、非诉解纷的认可度不高、各解纷渠道间协调不畅、保障体系不完善等一些现实问题。尽管目前的多元化纠纷解决机制尚不完善,我们还是可以从现有的纠纷化解机制中,直接看到商事调解的重要性。

在多元化纠纷解决机制构建的蓝图中,非诉解纷绝对占据了浓墨重彩的一笔。在中国社会中,非诉解纷自古以来就有其固有的根基。早在周代,地方官吏中就有“调人”之设,其职能是“司万民之难而谐和之”①,后经汉朝的乡啬夫制度,元朝社长制度,明朝申明亭等不断演化完善,直至明清,民间调解已经形成一套较为完备的解纷体系。中华人民共和国成立以来,尽管政治体制较封建社会发生了重大变化,但“息讼”“和谐”“中庸”等理念早已深入人心。

---

* 德和衡合伙人,擅长婚姻家事诉讼、涉外诉讼及非诉讼法律领域。

① 《周礼·地官·调人》。

在中国，一方面，很多纠纷已经在民间自行消化，大家遇到纷争一般基于适可而止的原则，相对于西方的积极诉讼已趋于保守；另一方面，近代以来，特别是改革开放以来，大众的一般性思维将社会活动的精力放在经济事务上，而非耗损于诉争，实务思想多过于文本主义。如此说来，民间社会认可调解和解，主要在于节约时间成本与金钱成本带来的绩效。

我国的调解制度经历了从“调解为主”到“着重调解”再到“根据自愿合法的原则调解”的过程。目前进行的商事调解基本上还原经济活动中诚实守信的契约精神，并基于公平原则来处理商务活动中的纠纷。

深圳前海合作区人民法院(以下简称前海法院)负责集中管辖深圳市基层法院审理的一审涉外、涉港澳台商事案件，致力于为深化司法体制机制改革积累经验。前海法院专门成立了多元化纠纷解决中心，组建了国际化、专业化的调解力量，为跨境纠纷中的当事人指定港澳台地区或其他外籍调解员参与调解，打消港澳台地区或其他国外区域当事人因法律、文化背景差异带来的顾虑，创造性地采用“以外调外”机制，并配合诚信档案机制解决了大量商事纠纷，为我国商事调解提供了新的实践模式，也为我国商事调解立法提供了重要的实践经验。

## 二、前海法院商事调解模式

前海法院在多元化商事调解方面，一直走在涉外商事调解的前列。通过深圳市律师协会发展前海法院特邀调解员与前海“一带一路”国际商事诉调对接中心(设立在前海法院，专门负责国际商事纠纷调解的平台)等机构建立合作关系，充分发挥多元化力量解决纠纷的优势。

前海法院涉外调解机制中的港澳台地区调解员主要有三类：律师、具有专业资质的调解员以及在内地从事国际金融、贸易等领域的知名人士。调解案件主要类型包括借款合同纠纷、股权纠纷、新类型金融纠纷、国际买卖合同纠纷和运输类合同纠纷。

在调解方式上，主要采取现场调解和在线调解。正常情形下采用现场调解，当事人与调解员可以约定在前海法院调解中心的调解室协商调解，也可以约定在某律师事务所或者其他公共但具有一定私密性的场合进行调解，确保双方当事人可以平息情绪并冷静协商。鉴于国际商事纠纷地域跨度大，解决纠纷所需时间长、经济成本高，前海法院不断创新跨境调解机制，充分尊重当事人选择调解地点的权利，尽可能为域外当事人提供方便经济的调解方式。尤其是2020年新冠疫情发生后，前海法院广泛运用在线调解，为港澳台地区的当事人和调解员消除出行不便、费时费钱的负担。调解方式的积极调整,也将推动粤港澳大湾区多元化纠纷解决机制的改革。

目前,在法院涉及的调解平台共享方面,广州南沙、深圳前海、珠海横琴三家广东自贸区法院已经实现调解资源共享,共享调解员名册中的港澳台地区调解员。在诉前委派调解或者诉中委托调解中,双方当事人可以自行选择调解员或者由法院指定调解员。

## 三、调解结案的成果巩固

在多元化纠纷解决机制的运行过程中,由于我国法院的诉讼案件量非常大,所以法院作为"最后一道防线"的功能未能最大限度发挥,反而被推到"前段化解"的尴尬位置,违背了多元化纠纷解决机制设立的初衷。前海人民法院在调解方面的创新,就是充分发挥社会律师、专家等法律队伍的资源优势,最大限度地整合调解资源,形成纠纷化解合力。为此,前海法院为了巩固调解结案的成果,与相关律所或民间调解组织签订了合作开展调解工作的框架协议。

为贯彻调解优先原则,《人民调解法》规定了人民调解与司法纠纷解决机制的衔接制度,经人民法院确认合法有效的调解协议书,一方当事人拒绝履行或者未全部履行的,他方当事人可以向人民法院申请强制执行。基层人民法院对适宜通过人民调解方式解决的纠纷,可以在受理前动员当事人向人民调解委员会申请调解。前海法院正是借鉴了《人民调解法》的相关规定,与律师事务所及民间调解组织(如深圳市前海国际商事调解中心等)合作创新,对调解结案的质量予以把关,对调解协议的合法性、有效性、可执行性等进行审查,并以制作民事调解书等方式巩固其法律结果,不仅便于操作执行,而且加强了商事调解化解纠纷的社会效果。

就前海法院的诉前调解而言,如果通过诉讼前的调解方式就化解了当事人的纠纷,那么当事人可以选择放弃起诉、申请撤诉(因为撤诉涉及法院下达撤诉裁定书,部分当事人会选择放弃起诉)、司法确认(需要调解员记录调解笔录,在调解协议上签字,同时调解员引导当事人提交司法确认的申请书)或者申请法院出具民事调解书(需要当事人根据案件情况缴纳诉讼费正式诉讼立案后出具)。无论是哪种方式,能确定的是,商事调解帮助当事人把纠纷彻底化解了,良好的社会效果不言而喻。

## 四、多元化调解方式的探索

前海法院同深圳市蓝海法律查明和商事调解中心("蓝海中心")等机构建立了

调解结案的合作关系，这是前海法院在同专业法律服务机构（包括律师事务所等）合作之外的进一步社会调解的延伸。通过非营利组织更加广泛深入国内及国外，在人民调解员与专业调解员之间作了泛化与扩展，拓宽了多元化解纷的思路，在法院把关调解质量的前提下拓宽了解纷渠道，能够在诉前或审前协调解决当事人纷争就是好事一桩。

一些港澳地区调解员建议，通过广东法院现有的平台，积极探索港澳台地区调解员与内地调解员联合调解的方式，吸取各家所长，形成一套与国际接轨的多元化纠纷解决机制。多元就是为了平衡与协调，多元就是为了当事人有更多选择，无论是对解纷方式的选择还是对调解员的选择，都是为了形成法治之下良好的营商环境，即法商有机体，灵活机动，符合当事人的意思自治，顺带也可将法院从大量民商事诉讼案件中解放出来，这样法院既能集中精力高质量办案，也能通过指导性案例指导社会律师从事解纷工作。

在联合调解方面，发挥律师的调解力量也是一种值得研究并推进的方式。在我国，进入法院系统的案件当事人大多已经委托了专业律师作为案件代理人，如果律师队伍能够接受调解的理念，并且通过培训获得调解技巧等，那么双方当事人委托的律师在法院报备后积极进行诉前或诉中调解，这种“1 + 1”的调解模式，不仅能通过调解结案减轻双方当事人诉累，而且能经由案件调解结案的统计结果扩大律师调解员的后备资源。依据市场经济调节的大手，调解结案将会形成一股解纷主流，这种方式既为律师节省办案时间，也为当事人节省诉讼时间精力与金钱，真正化解纠纷。

在国际层面上，商事调解更是化解纠纷的一股巨大力量。2019 年 8 月初，《联合国关于调解所产生的国际和解协议公约》在新加坡开放签署，体现了国际社会对于商事调解达成的普遍共识，将有力推动调解在国际上的推广和应用。随着我国“一带一路”和粤港澳大湾区建设的全面推进，有关投资纠纷和商事争议会越来越多，这为商事调解发挥作用提供了广阔的舞台。基于该公约，不拘一格地创新解决商事纷争，必将使涉外商事多元化调解平台呈现异彩纷呈的局面。

# 外国船舶在我国领海从事海洋调查法律专题研究

李　源*

海洋调查是指国际组织、外国的组织和个人，单独或者与中华人民共和国的组织和个人在中华人民共和国特定的管辖海域内使用各种运载工具和仪器设备直接或间接获取海洋的水面、水体、海床及底土等环境、资源要素，揭示其时空分布特征和变化规律的行为过程。

我国关于此方面的行政审批为中国海事的海上行政管辖权，是国家管辖权在海上的延伸，是作为国家管辖权的组成部分实施于海上的常规手段。相关国际条约对不同海域的国家海上管辖权进行了分配。我国国内法，包括《涉外海洋科学研究管理规定》《测绘法》《铺设海底电缆管道管理规定》等在内的法律法规据此也有相应的规定。我国面临严峻的诸多海洋问题，应通过与相关国际公约的紧密衔接，在国内法中进一步明确中国海事的海上行政执法权的权限范围和程序，以准确行使我国的权利和履行义务，切实维护我国海洋权益。

目前我国海上安全现状和紧迫形势需要系统的成文法来规范和管理，而我国相关的法律法规仍存在不少法律漏洞，并不能涵盖所有在海上进行的调查行为的管理，比如关于外国船舶进入中国领海、内海进行海底电缆管道维修、改造和拆除等事项。我国虽然出台了两部相关的法律法规，但是对具体的实务、程序性事项规定得比较模糊，不能完全地保护领海、内海的海洋安全等国家利益。本文结合我国当前海洋管理实际，就该类事项提出相关建议。

---

* 德和衡合伙人，擅长海洋环保、船舶修造、行政执法、国企脱钩混改等业务领域。

## 一、相关立法现状和实践情况

随着国际海洋法的日益发展，特别是《联合国海洋法公约》的通过，越来越多的国家认识到海洋的价值，并竞相修正或颁布新的海洋法规，制定新的海洋战略和政策以获取更多的海洋权益。我国的海洋事业也逐渐进入全面发展时期，对海洋各方面的研究也呈现一片方兴未艾的局面。如今，我国东海、黄海、南海的海洋纠纷依然存在，这是新时代我国构建海洋命运共同体、建设海洋强国征程中必然面对且必须解决的问题。

1996年我国批准《联合国海洋法公约》后，相继出台或修订了海域使用管理、海洋环境保护、对外合作海洋石油勘探、海洋渔业资源保护、国防安全和测绘等多部涉海法律条文，也出台了专门管理涉外海洋科学研究的管理规定，这些法律法规对外国机构或个人参与的涉外海洋科学研究项目都有相应规定。但是，深入具体分析这些法律条文时，发现这些法规要么没有配套的实施细则，不具有实施管理的可操作性；要么就根本没有行政执法主管部门，不能对违法行为进行查处；要么就是执法机构权限范围太小，致使许多违法事件逃脱监督检查。尤其是对于涉外海洋调查行为由谁来调整，如何调整，如何执法监管，在国内法律上存在不少漏洞。

我国对海底电缆的主要立法是1989年由国务院发布的《铺设海底电缆管道管理规定》和2004年由原国土资源部发布的《海底电缆管道保护规定》。上述规定从铺设海底电缆管道行政许可和海底电缆管道保护等两方面进行简要的规范设置。为有效保护海底电缆管道，我国规定了海底电缆管道保护区制度，保护区范围即沿海宽阔海域为海底电缆管道两侧各500米、海湾等狭窄海域为海底电缆管道两侧各100米、海港区内为海底电缆管道两侧各50米。

我国一些地方海底电缆管道由于勘测、铺设施工和海域使用审批不在同一部门，部分企业办理完铺设施工手续后，不主动或者拖延办理海域使用手续，导致海底电缆管道用海游离于海域使用管理系统之外，无法直接查找海底电缆的所有者。由于海底电缆管道铺设于海底，而且分布范围广，监视保护困难，很多海底电缆管道所有者未按照规定要求对海底电缆管道进行标志、定期复查和监视保护措施，我国也没有对海底电缆管道不实施标志、监视保护措施的惩治条文。因此海底电缆维修、改造和拆除的工程在施工过程中存在很大的隐患，不利于海底电缆的保护以及海洋环境的保护。

《涉外海洋科学研究管理规定》第3条规定："中华人民共和国国家海洋行政主管部门（以下简称国家海洋行政主管部门）及其派出机构或者其委托的机构，对在中华人民共和国管辖海域内进行的涉外海洋科学研究活动，依照本规定实施管理。

国务院其他有关部门根据国务院规定的职责,协同国家海洋行政主管部门对在中华人民共和国管辖海域内进行的涉外海洋科学研究活动实施管理。"该规定只对涉外海洋科学研究行为进行了限制,超出海洋科学研究范围的其他的海洋调查,则无能为力。

《渔业法》第 8 条规定:"外国人、外国渔业船舶进入中华人民共和国管辖水域,从事渔业生产或者渔业资源调查活动,必须经国务院有关主管部门批准,并遵守本法和中华人民共和国其他有关法律、法规的规定;同中华人民共和国订有条约、协定的,按照条约、协定办理。国家渔政渔港监督管理机构对外行使渔政渔港监督管理权。"其配套的《渔业法实施细则》第 37 条规定:"外国人、外国渔船违反《渔业法》第八条规定,擅自进入中华人民共和国管辖水域从事渔业生产或者渔业资源调查活动的,渔业行政主管部门或其所属的渔政监督管理机构应当令其离开或者将其驱逐,并可处以罚款和没收渔获物、渔具。"这是从渔业资源的角度对涉外海洋调查的限制,一般来说借渔业生产之名进行其他海洋调查的情况不多,但如果真的发生,也很难纳入管理。

《对外合作开采海洋石油资源条例》第 14 条规定:"外国合同者在执行石油合同从事开发、生产作业过程中,必须及时地、准确地向中国海洋石油总公司报告石油作业情况;完整地、准确地取得各项石油作业的数据、记录、样品、凭证和其他原始资料,并定期向中国海洋石油总公司提交必要的资料和样品以及技术、经济、财会、行政方面的各种报告。"该条例第 15 条规定:"外国合同者为执行石油合同从事开发、生产作业,应当在中华人民共和国境内设立分支机构或者代表机构,并依法履行登记手续。前款机构的住所地应当同中国海洋石油总公司共同商量确定。"然而中国海洋石油总公司只是一家经营公司,不具有行政执法权,根本不能通过执法手段来制止一些尽管非常明显地违反本条例的行为,而该条例又没有赋予其他行政执法单位这一部分执法权力,因此在对目前实施涉外海洋调查最多的外国石油公司的监管上,形成了监管的"真空"地带。

《领海及毗连区法》第 11 条规定:"任何国际组织、外国的组织或者个人,在中华人民共和国领海内进行科学研究、海洋作业等活动,须经中华人民共和国政府或者其有关主管部门批准,遵守中华人民共和国法律、法规。违反前款规定,非法进入中华人民共和国领海进行科学研究、海洋作业等活动的,由中华人民共和国有关机关依法处理。"这只是对涉外海洋调查船舶的一种原则性的要求,并没有直接规定由哪一机关来进行管理。

《专属经济区和大陆架法》第 7 条规定:"任何国际组织、外国的组织或者个人对中华人民共和国的专属经济区和大陆架的自然资源进行勘查、开发活动或者在中华人民共和国的大陆架上为任何目的进行钻探,必须经中华人民共和国主管机关批准,并遵守中华人民共和国的法律、法规。"《国防法》第30条第1款规定:"中华人民共和国的领陆、领水、领空神圣不可侵犯。国家建设强大稳固的现代边防、海防和空防,采取有效的防卫和管理措施,保卫领陆、领水、领空的安全,维护国家海洋权益。"《国防法》第31条规定:"中央军事委员会统一领导边防、海防和空防的防卫工作。地方各级人民政府、国务院有关部门和有关军事机关,按照国家规定的职权范围,分工负责边防、海防和空防的管理和防卫工作,共同维护国家的安全和利益。"《测绘法》第8条规定:"外国的组织或者个人在中华人民共和国领域和中华人民共和国管辖的其他海域从事测绘活动,应当经国务院测绘地理信息主管部门会同军队测绘部门批准,并遵守中华人民共和国有关法律、行政法规的规定。外国的组织或者个人在中华人民共和国领域从事测绘活动,应当与中华人民共和国有关部门或者单位合作进行,并不得涉及国家秘密和危害国家安全。"

从上述几部法律的规定中可以看出涉及海底电缆管道维修、海洋调查事项相关规定的规律:

1. 都分别涉及海洋调查的管理权限和管理范围,在这些涉海法律法规中,凡涉及国外机构或个人在我国进行海洋调查、开发活动时,都有必须经中华人民共和国主管机关批准,并遵守中华人民共和国的法律、法规的规定。

2. 在部门之间的权限分配上,采取由一个机关主管,其他机关或者机构协调配合的办法,十分勉强地"平衡"了各涉海部门之间的关系。在立法的管辖空间开拓上,都普遍地存在从陆地向海洋自然延伸立法现象,多数情况是:无论适用与否,陆地与海洋都统一适用一套管理模式。

3. 在立法的职责规范上,以部门职责划分为标准进行划分,陆地的职责部门直接套用至海上,而忽视了海上职责的执行是否符合现实情况,这一点《测绘法》《国防法》都比较明显。

4. 在法律的执法管理上,普遍采用"留空"的做法。一是有些部门没有得到法律法规的授权或者委托;二是并没有相关程序性的规定,仅仅笼统地写成必须经中华人民共和国主管机关批准,并遵守中华人民共和国的法律、法规等。但具体是应当由哪个部门主管批准,审批程序和流程是什么,事后应当由哪些部门进行监督等并没有详细的法律法规规章等规定,甚至没有可以援引的规范性文件。

我国涉海部门多,行业法规也不少,但各部门管各部门的事,相互之间情况不了解,信息不共享,在海上无法核查各部门法律管辖和规定的违法事件,这些漏洞给我国的海上安全带来了不少隐患。因为我国目前海洋立法上的不完善，在客观上给涉外海洋调查安全立法提供了空间。海底电缆的维修、改造和拆除的过程会不可避免地涉及本国海底设施等相关规定、技术的碰撞，如果监管不严格，会危及本国的海洋安全。海洋安全是一个新的概念，军事部门对海洋的安全负有重大责任，《国防法》规定人民军队有保卫领海神圣不可侵犯的义务和职责，有维护海洋权益的义务和职责，但很显然是在武力保卫和武力维护上，在涉及政治、经济、法律和外交等涉海问题上，军事部门并不能直接作为。在当今的国际环境下，缺乏海洋行政主管部门监管的涉外海洋调查安全给国家安全带来的风险越来越大。

综上所述，目前涉外海洋调查相关事项已经事实上发生在开发利用保护海洋的各个方面，尤其是领海以外的专属经济区和大陆架海域，形形色色的涉外海洋调查行为日益频繁，包括海底电缆管道的维修、改造和拆除等事项亟待出台一个内容更加明确的、程序更加细致的法律规定。

中国海事局《关于深化海事行政执法政务公开工作的意见（二）》中对"外国籍船舶进入非对外开放水域许可"明确规定由中华人民共和国海事局实施与受理，但是非对外开放水域的实施范围并没有公开，相关的法律法规还不完善。

## 二、我国涉外海洋调查审批现状

### （一）中国海事在内水对外国船舶的行政管辖权

在海上交通安全方面，国际海事组织制定的航行安全类公约包括1974年《国际海上人命安全公约》（以下简称《SOLAS公约》）、1978年《海员培训、发证和值班标准国际公约》（以下简称《STCW78/95》）等，《SOLAS公约》第19条对缔约国政府通航监督进行了授权。

我国相关法律作了相应的规定并在此基础上细化为以下几类：

1. 在外国船舶进港停泊和作业方面，根据《海上交通安全法》第7条规定，船舶、设施航行、停泊和作业，必须遵守中国的有关法律、行政法规和规章。《对外国籍船舶管理规则》第2条对此作了规定。

2. 在外国船舶安全监督方面，《海上交通安全法》第五章关于危险货物运输的规定，要求船舶装运危险货物，必须向主管机关办理申报手续。

3. 在管理外国船舶维护通航秩序方面，《海上航行警告和航行通告管理规定》第5条列举了必须事先向所涉及的海区的区域主管机关申请发布海上航行警告、航行通告的影响海上航行的行为。

4. 在处理外国船舶海损事故方面，根据《对外国籍船舶管理规则》第46条规定:“船舶发生海损事故,应尽速用电报或无线电话向港务监督报出扼要报告……”

### (二)中国海事在领海对外国船舶的行政管辖权

在海上交通安全管理方面,《联合国海洋法公约》第25条规定,沿海国可在其领海内采取必要的步骤以防止非无害地通过。该法第19条对“无害通过”进行定义并列举了12种非无害通过行为。我国《领海及毗连区法》第6条规定,外国非军用船舶,享有依法无害通过中国领海的权利。同时,外国船舶通过我国领海,必须遵守我国法律、法规,不得损害我国的和平、安全和良好秩序。此外,依据我国《海上交通安全法》第39条规定,外国派遣船舶或飞机进入中国领海或领海上空搜寻救助遇难的船舶或人员,必须经主管机关批准。

### (三)中国海事在毗连区对外国船舶的行政管辖权

在海上交通安全方面,《联合国海洋法公约》第33条规定沿海国在毗连区为防止在其领土或领海内违犯其海关、财政、移民或卫生的法律和规章的行为进行必要管制。我国《领海及毗连区法》对此作出了相应的规定,并增加了出入境管理一项。

### (四)中国海事在专属经济区对外国船舶的行政管辖权

在海上交通安全管理方面,依据《联合国海洋法公约》第73条,沿海国在专属经济区行使其勘探、开发、养护和管理的资源的主权权利和管辖权时,可采取为确保其依照《联合国海洋法公约》制定的法律和规章得到遵守所必要的措施,包括登临、检查、逮捕和进行司法程序。对于专属经济区内由我国建造的人工岛屿、设施和结构,我国享有专属管辖权。

依据《专属经济区和大陆架法》第8条第3款规定:“中华人民共和国主管机关有权在专属经济区和大陆架的人工岛屿、设施和结构周围设置安全地带,并可以在该地带采取适当措施,确保航行安全以及人工岛屿、设施和结构的安全。”

在自然资源的开发管理方面,依照《专属经济区和大陆架法》第5条第1款规定:“任何国际组织、外国的组织或者个人进入中华人民共和国的专属经济区从事渔业活动,必须经中华人民共和国主管机关批准,并遵守中华人民共和国的法律、法规及中华人民共和国与有关国家签订的条约、协定。”

综上所述,目前涉外海洋调查已经事实上发生在开发利用保护海洋的各个方面,尤其是领海以外的专属经济区和大陆架海域,形形色色的涉外海洋调查行为日益频繁。但我国相关法律法规却没有具体的法律条文对涉外海洋调查行为进行监管。

## 三、涉外海洋调查相关审批部门及程序建议

中国作为一个海洋大国,必须以全球性的视野来认识海洋、经略海洋。第一,这是海洋的自然地理特征所决定的。海洋占全球总面积的71%,海洋将世界联系成一个命运共同体,因此海洋天然具有的连通性和开放性使我们必须以全局性、整体性的眼光来经略海洋。第二,世界大环境的影响。海洋经过了几次分割,公海范围不断缩小,沿海国家海洋权益范围不断扩大,我国1996年批准《联合国海洋法公约》,就代表着"中华人民共和国享有二百海里专属经济区和大陆架的主权权利和管辖权"。中国海军的战略目标从沿岸、近岸防御到近海防御再到今天近海防御与远海护卫相结合,这一演进正是我国为更好地维护海洋权益所做的相应调整,也体现了我国海洋思维上的动态性和前瞻性。第三,这是我国谋求自身发展强大的必然要求。我国要建设海洋强国、建设社会主义现代化强国就必须提高全球意识、高瞻远瞩。我国提出"21世纪海上丝绸之路"、构建海洋命运共同体,不仅有助于中国的发展强大,也有助于世界的和平与繁荣。

美国、加拿大、英国、日本、韩国等许多国家在21世纪初的前几年就相继制定了本国的海洋发展战略或规划,而我国在2012年才确立建设海洋强国的战略目标,但并未以立法的形式形成系统的完整的建设体系。

为弥补立法、执法方面的漏洞,现在亟须对现有的法律法规进行体系地梳理。鉴于此,我们对具体的海洋调查管理模式提出如下建议。

### (一)始终把国家主权和安全放在第一位

目前涉外海洋调查包括海底电缆管道维修等相关内容,对于外国船舶进入中国领海进行作业,中国目前的法律法规没有明确地规定其作业的审批程序等内容,存在巨大的隐患。我国在对待海权问题上做到了始终以国家利益为最高准则,始终把维护国家主权和安全放在首位,立场坚定且明确。

1. 在法律实施方面:我国通过不断完善海洋领域的立法,为依法维护海洋权益提供了合理根据。从1958年颁布的《关于领海的声明》,到2012年发表的《中华人民共和国政府关于钓鱼岛及其附属岛屿领海基线的声明》,再到海洋的基本法和其他各方面法律不断完善,这些法律的颁布和实施"向国际社会宣示了中国政府和人民维护领土主权和海洋权益的坚定决心和意志,也对那些侵犯我们领土主权的行径予以有力的反制和震慑"。

2. 在实际行动方面:我国通过不断对南海诸岛和钓鱼列岛及相关海域进行主权

宣示,并积极采取必要的自卫行动来处理海洋纠纷。我们将来依然会面临目前这些问题,有可能会更复杂,所以在海洋主权上的主张不能过于依靠历史证据,要重视对现实存在采取有效措施。在今天,我国与周边国家存在的不同程度的海洋纠纷并未得到完全解决,我们不仅要增强忧患意识、居安思危,更要在外交、海洋执法、法律、军事等多方面"有应对和化解风险挑战的高招,打好化险为夷、转危为机的战略主动战"。维护好我国的领土完整和国家利益。

### (二)从法律层面更加明确地建立一套海洋管理、涉外海洋调查体系包括程序、职责等内容

虽然我国目前已经明确提出建设海洋强国的战略目标,但这一规划还缺乏完整性、立体性,涉外海洋管理是一项复杂的系统工程。我国与加拿大一样,涉海部门众多,但存在管理分散、资源浪费、协调配合差等问题。管理机构应根据法律授权,以国家利益为最高利益,对各项海洋事务进行有效协调和管理,对各种海洋管理资源进行统一调配使用,提高综合协调能力和管理效率。综合协调机制是海洋管理发展的必然趋势,也是强化我国海洋战略和建设高效、便民的服务型政府的客观要求,应当打破区域界限,消除部门壁垒,建立综合协调机构,将国家的整体利益放在首位,充分发挥各部门在海上执法方面的职能和作用。就涉外船舶进入中国领海、内海进行铺设海底电缆管道项目的行政审批和监管,应着重推进海底电缆管道审批与保护统筹立法及程序优化有关工作开展。

1. 立法方面。着重进行海洋调查专门立法,弥补法律空白。目前海洋调查相关法律法规散见于各海洋专门立法之中,但仍存在空白,无法有效涵盖所有海洋调查相关内容,且没有配套实施条例,实践中无法及时有效地处理发生在专属经济区、大陆架等区域内有关海洋调查的国际间纠纷。进行专门的海洋调查立法,明确规定涉外管辖及域外效力,则可以有效解决这个问题。应当对《铺设海底电缆管道管理规定》第 10 条规定中的"有关机关"进行解释与明确,并确定各有关机关的职责。考虑涉海事事务的多方位化,此"有关机关"应至少包括工业和信息化部、公安部、海警局、外交部、交通运输部海事局、生态环境部等相关的涉海事部门。

比如,针对涉外船舶进入中国领海、内海等领域进行海底电缆管道维修、拆除、改造等事项,可以出台专门的法律规定或者服务指南等,就具体的事项进行指导性的、程序性的规定,将此项目纳入审批流程,规定专门的机关、机构、审批流程等事项,并保证能够进行事后的监管。该规定应当明确其适用范围,如规定适用于外国船舶进入中国领海、内海进行海底电缆管道维修、改造和拆除的申请和办理等事项

的审批流程，并将该事项的审批依据、审查流程等进行明确的规定，让行政部门有法可依，为外国船舶、中国企业等提供工作指南，这将更加有利于提高工作效率。

2. 完善海洋管理体制构建。涉外海洋调查作为海洋管理体系下的一项重要内容，具有专业性强的特点，其合理规范及实施有赖海洋管理体制的有效规制。根据上述分析，参照对比其他海洋大国的模式以及体系，针对我国海洋资源现状，建议在海洋调查管理设置等方面可以采取以下两种方式：

(1)设立一个专门的统筹管理海洋调查的机构或者部门。

目前我国涉海部门众多，存在管理分散、资源浪费、协调配合差等问题，且对海洋调查事项的审批涉及面广、专业性强。在目前国家相关审批依据规定得比较笼统的情况下，我国应当设立一个统一的、权威的、专门的统筹管理海洋调查的机构或者部门，作为全国的涉外海洋调查管理机构，此机构或者部门应当直接隶属于国务院，并按照相关法律法规规定，在国务院的直接领导下开展海洋调查审批以及监督工作。

首先，该管理机构或者部门应根据法律授权，以国家利益为最高利益，以保护国家安全为根本出发点，在全面、准确评估所审批事项对各方面权益的影响之后，并以排除可能对我国的国防安全、通信安全等的潜在隐患为前提，对涉外船舶的海洋调查活动进行审批。

其次，该管理机构或者部门能够对事项批准后的活动进行有效监管，能够确保外国船舶在水下操作的海底活动透明化、规范化。比如海底电缆管道维修、改造、拆除等活动都是在水下，该管理机构设立后能够通过特定方法对上述活动实现有效监管。

最后，该管理机构或者部门对涉及海洋调查的内容进行系统性、程序性的审批，必然能够提高海洋调查管理的综合协调能力和管理效率。

(2)由自然资源部海洋管理部门与外交部、公安部、交通运输部、生态环境部等相关部门联合执法，对涉外海洋调查活动内容的申请进行统一审批。

首先，这样可以将涉海洋的各个部门的职责进行明确，同时强调相互配合、协调，避免出现相互推诿和扯皮现象。在面对各项要处理的海洋管理事务时，涉海部门首先要考虑的就是国家和社会利益，各部门都能够自觉根据法律授权，积极主动开展工作，协调配合，提高工作的整体性和效率。

其次，建立责任追究制度，该事项的监管部门应当利用本部门的优势，在本部门的职责范围内进行严格的审批，事中和事后的监管过程中，各部门互相监督，共同维护国家的利益。

3. 关于有关国家针对外国船舶在其领海内进行海洋调查发布的新规定，我国可以以对等原则进行处理，不但可以起到强调权利国对其特定海域的主权权利的作用，而且从程序上对外国船舶进入本国的审批手续进行了明确的指引。同时我国也可以参照其他国家的规定进行处理。

（1）有关国家针对外国船舶在领海内进行海洋调查发布的新规定的内容。2020 年 4 月 1 日，日本内阁官房、内阁府综合海洋政策推进事务局、总务省、外务省、文部科学省、水产厅、资源能源厅、国土交通省、海上保安厅和防卫省等部门联合发布了《关于外国船舶在日本领海等进行海洋调查相关事项的通知》（以下简称《海洋调查通知》）。该通知规定外国法人、自然人单独或与第三国法人、自然人合作使用外国船舶（军舰、政府公务船除外），日本法人、自然人单独或与外国法人、自然人合作使用外国船舶在日本领海和内水进行的调查和测绘活动须于预定开始日期前 3 个月向相关部门（《海洋调查通知》未明确接受申请部门）提出申请；申请书内容包括：调查区域、目的、工作方案、调查内容、调查方法和工作计划等，由日本相关部门批准后方可实施。外国船舶未经同意，在日本领海和内水进行调查、停留、漂泊、系留、徘徊等行为，将视为《外国船舶航行法》中规定的禁止行为依法进行处理。

（2）上述通知发布的背景。2020 年 1 月 14 日，日本《读卖新闻》报道，根据日本海上保安厅统计，2019 年共发生 3 起中国籍船舶受日本公司委托在其领海进行海洋调查事件，包括设立海上风力发电设备进行的调查 2 件、铺设海底电缆进行的调查 1 件，分别是中国地质调查局所属调查船对秋田海域进行调查、香港民营企业调查船对伊豆海域和鹿儿岛海域进行调查。日本媒体称，虽然是正常经济活动，但不排除中国调查船会将其在日本领海内收集的相关海底地形数据提供给中国军方使用。为应对外国船舶在其领海内的调查活动，日本政府官房副长官召开了高级别海洋安全保障联络会议。会议决定出台相关规定，对外国船舶在其领海进行海洋调查活动进行规制。据了解，日本企业曾委托辉固国际（香港）有限公司（以下简称辉固公司）开展日本近岸海域海上风电项目的地质调查服务。辉固公司将调查任务以商业合同方式转委托广州海洋地质调查局执行，任务是在日本近海开展钻探取样，静力触探及连续取样等工作。我国“海洋地质十号”按计划于 2019 年 4 月 14 日到达日本新潟港外锚地后，调查工作被辉固公司以招标、设备采购出现问题等原因紧急取消。

（3）目前我国也存在类似情况，根据外交对等原则，可以研究制定相关规定。

首先，我国亦应当将相关规定的适用对象以列举的方式进行明确规定，可以包含：外国法人、自然人单独或与第三国法人、自然人合作使用外国船舶（军舰、政府公务船除外)；我国法人、自然人单独或与外国法人、自然人合作使用外国船舶在我国领海和内水进行的调查和测绘活动。

其次，为了保护我国的海洋资源以及海洋安全，对于外国船舶进入中国海域从事维修等活动，考虑国家安全的层面，其必须明确取得军方、海事等部门意见后方可申请维修，以及紧急维修应告知中国海警局，登船检查。并且应当规定具体的申请时间，比如上述调查和测绘活动须于预定开始日期前3个月或6个月向相关部门提出申请。

再次，在具体程序内容方面，比如申请书的内容，有权受理的机关等进行具体并且明确的规定，而不是笼统地只规定“相关内容”“相关部门”等，申请书的内容可以包括：调查区域、目的、工作方案、调查内容、调查方法和工作计划等。

最后，若外国船舶未经同意，未经批准在我国领海和内水进行调查、停留、漂泊、系留、徘徊等行为，也可以直接将其视为上述规定的禁止行为依法进行处理。

另外，根据海洋调查的内容，应当对涉及涉外船舶进入我国领海进行相关海洋调查活动的内容进行明确的列举，比如包含为设立海上风力发电设备，铺设海底电缆，海底电缆管道维修、改造和拆除等相关的海洋调查内容。

就外国船舶进入中国领海、内海从事海底电缆管道维修、拆除、改造等事项进行规定，应当包含：适用范围、审批事项、审查类型、受理部门、审查部门、批准部门、申请条件、申请材料等。对申请材料的规定应当重点进行审批，申请材料应当提供清单参考，并对办理流程、办理时间、办理期限、办理结果等进行详细的列举，推进海底电缆管道审批与保护统筹立法及程序优化有关工作开展。

综上，随着涉外海洋调查内容的日益广泛发展，国家之间在对海洋资源的主权保护时确立一个新的管理模式，并明确管理内容、审批程序等都是有立法空间和现实需求的，这也符合国际上对专属经济区和大陆架管理越来越重视、立法形式越来越多样化的整体趋势。强调一切以国家利益为最高利益，能够最大限度保护国家的海洋、底土资源不受其他国家的侵犯，保护我国的利益。

# 《涉外审判会议纪要》仲裁司法审查新规解读：仲裁协议效力篇

谢小松*

最高人民法院发布了于2021年12月31日通过的《全国法院涉外商事海事审判工作座谈会会议纪要》(以下简称《涉外审判会议纪要》),就有关涉外商事、海事审判以及仲裁司法审查中的诸多法律适用问题作出了较为系统和全面的指导性解答。就仲裁司法审查而言,《涉外审判会议纪要》主要涉及确认仲裁协议效力、撤销或不予执行仲裁裁决、承认与执行外国仲裁裁决等方面内容。同时,根据最高人民法院于2017年5月22日发布并实施的最高人民法院《关于仲裁司法审查案件归口办理有关问题的通知》(法〔2017〕152号)第1条的规定,"各级人民法院审理涉外商事案件的审判庭(合议庭)作为专门业务庭(以下简称专门业务庭)负责办理本通知规定的仲裁司法审查案件"。因此《涉外审判会议纪要》中涉及仲裁司法审查的内容不仅适用于涉外仲裁,也同样适用于国内仲裁。

确认仲裁协议效力是法院在仲裁裁决作出前的阶段经常要面临的仲裁司法审查问题,本文拟结合相关的司法实践对《涉外审判会议纪要》中确认仲裁协议效力审查的相关规定(下称仲裁协议效力审查新规)进行解读,同时考虑已经处于立法酝酿阶段(目前已结束征求意见期)的《仲裁法(修订)(征求意见稿)》同样包含这方面内容,对于两者相关内容的异同和可能的相互影响,本文将一并作出分析。

---

* 德和衡联席合伙人、国际商事仲裁理事会青年组织成员,主要执业领域为民商事争议解决、金融与投融资、涉外与国际仲裁、房地产与建设工程等。

## 一、仲裁协议效力审查新规概况

《涉外审判会议纪要》第90~97条共8条对“申请确认仲裁协议效力案件的审查”作出了规定，这8条规定中，除第91条和第93条是对原有司法解释确立的规则或原则的进一步重申和明确外，大致可分为以下三种类型：一是首次确立规则型规定，即相关问题在此前的司法实践中尚不存在统一明确的规则，此次为首次确立统一的规则；二是补充原有规则型规定，即相关问题原先已有统一规则，但尚存在一定“漏洞”，此次为填补该等“漏洞”而作出补充规定；三是修改原有规则型规定，即相关问题原先已有统一规则但并不合理，此次为对该原有规则作出修改或调整。下文分别详述。

## 二、首次确立规则型规定

### （一）首次明确仲裁协议不存在或不成立属于确认仲裁协议效力之诉案件的范围

《仲裁法》第20条第1款规定：“当事人对仲裁协议的效力有异议的，可以请求仲裁委员会作出决定或者请求人民法院作出裁定。一方请求仲裁委员会作出决定，另一方请求人民法院作出裁定的，由人民法院裁定。”关于此处的“当事人对仲裁协议的效力有异议”是否包括当事人之间不存在仲裁协议的情形，此前的司法实践一直争议颇多，最高人民法院在个案中的态度也不尽相同。

早在最高人民法院《关于神华煤炭运销公司与马瑞尼克船务公司确认之诉仲裁条款问题的请示的复函》[（2013）民四他字第4号，以下简称《神华煤炭案复函》]中，最高人民法院指出：“本案系神华煤炭运销公司请求确认不存在仲裁协议之诉。涉案提单为与租约合并使用的简式提单，但提单正面并未明示记载将租约包括仲裁条款并入提单，故租约中的仲裁条款并未有效并入提单。本案并非对租约中仲裁条款效力的审查……”也即仲裁协议是否存在不属于仲裁协议的效力审查范围。

因《神华煤炭案复函》系针对个案作出，不具有普遍指导作用，此后的司法实践中，各地法院关于仲裁协议效力确认之诉是否包含仲裁协议的成立问题的裁判观点仍未统一。

有的法院对此持否定立场。具体案例参见北京市第四中级人民法院（2019）京04民特515号案、重庆市高级人民法院（2018）渝民终568号案、安徽省高级人民法院（2018）皖民特1号案、北京市第四中级人民法院（2018）京04民特78号案、北京市第四中级人民法院(2018)京04民特344—346号案、重庆市第一中级人民法院(2018)渝01民特474号案、广东省广州市中级人民法院(2017)粤01民特1328号案、广东省广州市中级人民法院(2018)粤01民特622号案、浙江省绍兴市中级人民法院(2017)浙06民特26号案等。理由大致可归纳如下:首先,仲裁协议是否成立属事实判断问题,是否有效属法律判断问题,《仲裁法》第20条规定的“对仲裁协议的效力有异议”,仅指对仲裁协议有效还是无效这一法律判断问题存在异议;其次,对于仲裁协议是否成立这一事实问题应由仲裁机构审查,而非向法院提出,否则法院可能不当干预仲裁机构对案件的实体审理;最后,“没有仲裁协议”是法律规定的申请撤销或不予执行仲裁裁决的事由,故当事人还可以在撤销或不予执行仲裁裁决程序后寻求救济,确认仲裁协议效力阶段不审查不会导致权利无法救济。

有的法院则持肯定立场。具体案例参见天津市高级人民法院(2018)津民终213号案、云南省昆明市中级人民法院(2017)云01民特147号案、武汉海事法院(2018)鄂72民特29号案、山东省滨州市中级人民法院(2018)鲁16民特38号案、广东省东莞市中级人民法院(2018)粤19民特204号案等。主要理由在于,仲裁协议的成立是判断仲裁协议效力的前提,因此欲审查仲裁协议效力,必然要先审查仲裁协议是否成立或存在。

关于此问题的标志性案件是最高人民法院国际商事法庭审理的、备受仲裁界关注的(2019)最高法民特1号案(该案被称为“国际商事法庭仲裁司法审查第一案”)。在该案中,最高人民法院国际商事法庭认为:“运裕公司在中苑城公司申请仲裁后,以仲裁条款未成立为由,向人民法院申请确认双方之间不存在有效的仲裁条款。虽然这不同于要求确认仲裁协议无效,但是仲裁协议是否存在与是否有效同样直接影响到纠纷解决方式,同样属于需要解决的先决问题,因而要求确认当事人之间不存在仲裁协议也属于广义的对仲裁协议效力的异议。《仲裁法》第二十条第一款规定:当事人对仲裁协议的效力有异议的,可以请求仲裁委员会作出决定或者请求人民法院作出裁定。据此,当事人以仲裁条款未成立为由要求确认仲裁协议不存在的,属于申请确认仲裁协议效力案件,人民法院应予立案审查。”

可见,最高人民法院在该案中一改在《神华煤炭案复函》中的态度,转而认可仲裁协议是否成立或存在属于仲裁协议效力的审查范围。此后,各地法院基本也持这一态度[如广东省深圳市中级人民法院(2021)粤03民特1号案、广东省深圳市中级人民法院(2020)粤03民特1114号案]。

《涉外审判会议纪要》第90条“申请确认仲裁协议效力之诉案件的范围”规定:“当事人之间就仲裁协议是否成立、生效、失效以及是否约束特定当事人等产生争议，当事人申请人民法院予以确认，人民法院应当作为申请确认仲裁协议效力案件予以受理，并针对当事人的请求作出裁定。"可见，《涉外审判会议纪要》将最高人民法院在(2019)最高法民特1号案中的个案裁判观点上升为具有一般性的审判指导作用的规则，明确仲裁协议不存在或不成立属于确认仲裁协议效力之诉案件的范围。关于此点，《仲裁法(修订)(征求意见稿)》第28条也有类似规定，即"当事人对仲裁协议是否存在、有效等效力问题或者仲裁案件的管辖权有异议的，应当在仲裁规则规定的答辩期限内提出，由仲裁庭作出决定……"因此，如该条最终获得通过，将进一步在法律层面对该问题予以明确。

与此相关的另一个问题是，通常而言，《仲裁法》第20条中所谓"当事人对仲裁协议的效力有异议"，是指一方当事人向仲裁机构申请仲裁，另一方向法院申请确认仲裁协议无效。那么，当事人能否向法院申请确认仲裁协议有效？关于此点，此前的司法实践同样观点不一。有的法院裁定受理确认仲裁协议有效的申请并予以支持，如北京市第四中级人民法院(2020)京04民特782号案、湖北省十堰市中级人民法院(2018)鄂03民特8号案；有的法院则认为，申请人申请确认仲裁协议有效，表明其对仲裁协议效力无异议，因此不符合《仲裁法》第20条的申请条件，应当驳回申请，如北京市第四中级人民法院(2018)京04民特137号案、广东省广州市中级人民法院(2018)粤01民特137号案。实践中，可能会出现的一种情况是，由于仲裁机构和法院对同一份合同中的争议解决方式理解不同，导致各自对主管权也存在不同理解，最后使仲裁机构和法院均不受理当事人的争议。例如，在广东省广州市中级人民法院(2018)粤01民特137号案中，"晴之选公司与新丝湾公司签订的《工程/施工搭建合同书》第8.4条约定争议由法院管辖，第10.8条又约定争议提交广州仲裁委员会解决。双方争议发生后，晴之选公司先向广州仲裁委员会申请仲裁，但广州仲裁委员会以合同存在诉讼管辖条款为由，不予受理。晴之选公司又向被告住所地北京市怀柔区人民法院起诉，但北京市怀柔区人民法院认为合同第10.8条的仲裁条款系后合意达成的条款，已经变更第8.4条约定的法院管辖条款，故也未予受理"。此时，为使当事人的权利及时获得救济，有必要允许当事人向法院申请确认仲裁协议有效。

根据《涉外审判会议纪要》第90条的规定，申请确认仲裁协议效力之诉案件的范围包括申请对仲裁协议的"生效"的确认，此处是否意味着正式明确当事人可以申请确认仲裁协议有效目前不得而知，尚有待最高人民法院在之后的司法实践中予以进一步明确。

### （二）首次明确了“先裁后诉”条款的效力

所谓“先裁后诉”条款，是指当事人约定“先仲裁后诉讼”的争议解决条款。关于“先裁后诉”条款中的仲裁协议是否有效即是否具有排除诉讼管辖的法律效果，长期以来的司法实践存在两种相反观点。

早在（2013）民二终字第81号民事裁定书中，最高人民法院就指出“先裁后诉”条款“不符合《中华人民共和国仲裁法》第九条第一款关于‘仲裁实行一裁终局’的规定，违反了仲裁排除法院管辖的基本原则。因此，本案双方当事人约定的解决合同纠纷方式构成在合同争议解决条款中既约定了仲裁又约定了诉讼，一审法院认定该约定无效是正确的”，从而认定“先裁后诉”条款中的仲裁协议无效，这实际上是将“先裁后诉”条款等同于最高人民法院《关于适用〈中华人民共和国仲裁法〉若干问题的解释》（以下简称《仲裁法解释》）第7条规定的“或裁或诉”条款。在随后的（2019）最高法民终279号案中，最高人民法院也基于类似理由认定案涉仲裁协议无效。

但在最高人民法院公报案例——（2020）沪01民辖终780号案中，上海市第一中级人民法院则认为，在“先裁后诉”条款中，当事人已明确了产生争议后先仲裁的意思表示，不属于“或裁或诉”条款，在不存在《仲裁法》所规定的无效情形时，其中的仲裁协议应当认定为无效，而对于其中的诉讼约定，因违反了《仲裁法》第9条第1款关于“仲裁实行一裁终局”的规定，应当认定为无效。

《涉外审判会议纪要》第94条采纳了上述最高人民法院公报案例的观点，明确“当事人在仲裁协议中约定争议发生后‘先仲裁、后诉讼’的，不属于仲裁法解释第七条规定的仲裁协议无效的情形。根据仲裁法第九条第一款关于仲裁裁决作出后当事人不得就同一纠纷向人民法院起诉的规定，‘先仲裁、后诉讼’关于诉讼的约定无效，但不影响仲裁协议的效力”。

### （三）首次明确内地仲裁机构适用《联合国国际贸易法委员会仲裁规则》仲裁的效力

《涉外审判会议纪要》第96条规定：“当事人在仲裁协议中约定内地仲裁机构适用《联合国国际贸易法委员会仲裁规则》仲裁的，一方当事人以该约定系关于临时仲裁的约定为由主张仲裁协议无效的，人民法院不予支持。”

仅就文义而言，关于该条的具体含义，可以有两种不同理解：一是仲裁协议约定内地仲裁机构适用《联合国国际贸易法委员会仲裁规则》仲裁构成临时仲裁（ad hoc arbitration），但临时仲裁的约定有效；二是临时仲裁的约定存在效力问题，但仲裁协议约定内地仲裁机构适用《联合国国际贸易法委员会仲裁规则》仲裁属于机构仲裁(institutional arbitration),不属于临时仲裁。根据最高人民法院于2016年12月30日发布的最高人民法院《关于为自由贸易试验区建设提供司法保障的意见》(法发〔2016〕34号)第9条"在自贸试验区内注册的企业相互之间约定在内地特定地点、按照特定仲裁规则、由特定人员对有关争议进行仲裁的,可以认定该仲裁协议有效"的规定,在我国现行仲裁法制度体系内,我国法院仅承认适用于自贸试验区内注册的企业之间并满足特定条件的临时仲裁的效力,即便目前的《仲裁法(修订)(征求意见稿)》最终获得通过,根据《仲裁法(修订)(征求意见稿)》第91条第1款"具有涉外因素的商事纠纷的当事人可以约定仲裁机构仲裁,也可以直接约定由专设仲裁庭仲裁"的规定,也仅是承认涉外仲裁领域中临时仲裁的效力,如果采用第一种理解,无异于全面承认临时仲裁的效力,考虑《涉外审判会议纪要》是对现行仲裁法制度体系下相关司法实践的总结,直接突破现行仲裁法制度体系进行"立法"的可能性较小,因此采用第二种理解似更为合理。

《联合国国际贸易法委员会仲裁规则》最初是由联合国国际贸易法委员会(UNCITRAL)为临时仲裁而制定的仲裁规则,但随后也允许当事人在机构仲裁中选择适用该规则,因此导致在适用《联合国国际贸易法委员会仲裁规则》时较难区分临时仲裁和机构仲裁。实际上,区分两者的关键并不在于仲裁条款是否约定了仲裁机构,而在于仲裁机构的具体角色是委任机构(appointing authority)还是管理机构(administrator),在前者场合构成临时仲裁,在后者场合则属于机构仲裁。在早期的司法实践中,我国法院对上述两种情况并未加以区分,导致约定适用《联合国国际贸易法委员会仲裁规则》的仲裁条款均被认定为临时仲裁而无效。直到2014年(2012)浙甬仲确字第4号案中,浙江省宁波市中级人民法院首次认可了约定中国国际经济贸易仲裁委员会适用《联合国国际贸易法委员会仲裁规则》仲裁的仲裁条款的效力(该案入选最高人民法院《人民法院为"一带一路"建设提供司法服务和保障的典型案例》)。因此可以认为,《涉外审判会议纪要》第96条实质上是将此前的个案裁判规则上升为一般性的指导性规则。如前所述,该条所谓"内地仲裁机构适用《联合国国际贸易法委员会仲裁规则》仲裁"是指内地仲裁机构担任管理机构的情形,如约定内地仲裁机构担任委任机构。由于目前我国尚未全面承认临时仲裁的效力,该等仲裁条款仍有可能因属于临时仲裁而被认定为无效。

## 三、补充原有规则型规定

### (一)放弃仲裁协议的认定

《仲裁法》第26条规定:"当事人达成仲裁协议,一方向人民法院起诉未声明有仲裁协议，人民法院受理后，另一方在首次开庭前提交仲裁协议的，人民法院应当驳回起诉，但仲裁协议无效的除外；另一方在首次开庭前未对人民法院受理该案提出异议的，视为放弃仲裁协议，人民法院应当继续审理。”该条是对认定当事人放弃仲裁协议的规定，但并未明确原告撤诉以及被告未应诉答辩且缺席审理这两种情况下被告是否构成放弃仲裁协议。

因此，《涉外审判会议纪要》第92条除重申《仲裁法》第26条的规定，还对上述两种情形作了补充规定，即“原告其后撤回起诉，不影响人民法院认定双方当事人已经通过诉讼行为放弃了仲裁协议”，同时“被告未应诉答辩且缺席审理的，不应视为其放弃仲裁协议。人民法院在审理过程中发现存在有效仲裁协议的，应当裁定驳回原告起诉”。

### （二）主从合同争议解决方式的认定

当仲裁协议涉及主从合同时，主合同中的仲裁条款是否约束从合同当事人？关于这一问题，此前司法实践中的主流观点持否定立场，如最高人民法院《关于成都优邦文具有限公司、王国建申请撤销深圳仲裁委员会（2011）深仲裁字第601号仲裁裁决一案的请示的复函》[（2013）民四他字第9号]的答复意见明确指出：“案涉担保合同没有约定仲裁条款，仲裁庭关于主合同有仲裁条款，担保合同作为从合同应当受到主合同中仲裁条款约束的意见缺乏法律依据。”此后，最高人民法院在多个案例中援引该复函，重申主合同仲裁条款无法约束从合同当事人这一观点。

但也有法院在个别案例中持肯定立场，如在（2021）京04民特193号案中，北京市第四中级人民法院以担保责任内容不仅体现于担保函，在向投资者出具的产品说明书以及与投资者签订的《认购协议》均亦载明，故担保函与产品说明书和《认购协议》共同构成定向融资工具的组成部分为由，认定作为主合同的产品说明书和《认购协议》中的仲裁条款约束作为从合同的担保函的当事人。

最高人民法院《关于适用〈中华人民共和国民法典〉有关担保制度的解释》（法释〔2020〕28号，以下简称《民法典担保制度解释》）第21条第1款规定：“主合同或者担保合同约定了仲裁条款的，人民法院对约定仲裁条款的合同当事人之间的纠纷无管辖权。”该规定重申了仲裁排除诉讼管辖的基本原则，根据最高人民法院对该条的权威解读，即指“如果主合同中约定了仲裁条款而担保合同中没有约定，包括没有约定争议解决方式或约定了诉讼管辖等情形，法院对主合同债权人和债务人之间的纠纷没有管辖权,但对涉及担保人的纠纷有管辖权;反之……”[①]实际上仍是认为主合同仲裁条款不能约束从合同当事人。

在此基础上,《涉外审判会议纪要》第97条除明确“当事人在主合同和从合同中分别约定诉讼和仲裁两种不同的争议解决方式,应当分别按照主从合同的约定确定争议解决方式”外,就主合同仲裁条款是否约束从合同当事人这一问题,确立了与《民法典担保制度解释》以及此前司法实践中主流观点基本一致的规则,但补充了“主从合同当事人相同”这一例外,即“当事人在主合同中约定争议解决方式为仲裁,从合同未约定争议解决方式的,主合同中的仲裁协议不能约束从合同的当事人,但主从合同当事人相同的除外”。这一规定可以说是为了在仲裁意思自治原则和便利纠纷解决这两种不同价值之间进行适当权衡,即一方面,基于仲裁的意思自治原则,仲裁条款仅约束签字方;另一方面,从合同在效力上从属于主合同,主合同和从合同项下的纠纷如分别采用两种不同争议解决方式,不便于纠纷的高效解决。

此处值得讨论的问题是,实践中,尽管主从合同当事人并不完全相同,但从合同的部分或全部当事人同时也是主合同的当事人,此时主合同的仲裁条款能否适用于该部分或全部当事人之间的纠纷?例如,债权人A与债务人B、C、D签订主合同,A又与D、E、F签订担保合同,其中D以自己的房产为主合同项下债务提供抵押,E、F各自均提供连带责任保证,此时A根据主合同仲裁条款对B、C、D提起仲裁,要求B、C、D偿还债务,并要求就D的抵押房产优先受偿以及E、F承担连带保证责任。对于A要求D承担抵押担保责任的仲裁请求,仲裁机构是否有管辖权?笔者认为,《涉外审判会议纪要》第97条设置“主从合同当事人相同”这一例外,乃是基于如下假定,即相同当事人倾向于采用同一争议解决方式一站式(one - stop)解决他们之间的纠纷,故所谓“主从合同当事人相同”具体应是指从合同当事人同时也是主合同的当事人的情形,此时该从合同当事人受主合同仲裁条款约束,至于从合同是否还存在并非主合同当事人的其他当事人,对此并无影响。因此,在上述例示情形中,尽管从合同中的E、F并非主合同当事人,从合同当事人与主合同当事人并不完全相同,也应当认为同时作为主合同当事人的D受主合同仲裁条款约束。

另外需注意的是,《涉外审判会议纪要》第97条并未对主从合同均约定了仲裁条款但内容存在差异(如仲裁机构不同、仲裁员人数或选择仲裁员的方式不同等)的情况下如何处理作出规定。对于这一情形,《仲裁法(修订)(征求意见稿)》第24条明确“纠纷涉及主从合同,主合同与从合同的仲裁协议约定不一致的,以主合同

---

① 参见最高人民法院民事审判第二庭:《最高人民法院民法典担保制度司法解释理解与适用》,人民法院出版社2021年版,第231页。

的约定为准”。但是,该条同时规定,“从合同没有约定仲裁协议的,主合同的仲裁协议对从合同当事人有效”,并未如前述《涉外审判会议纪要》第 97 条区分主从合同当事人是否相同。因此,如果《仲裁法(修订)(征求意见稿)》中的该条最终获得通过,就此点而言将与《涉外审判会议纪要》第 97 条的相应内容相矛盾。相较而言,《涉外审判会议纪要》第 97 条通过区分主从合同当事人是否相同的方式确定主合同仲裁条款是否约束从合同当事人,更有利于实现前述当事人意思自治和提高纠纷解决效率之间的价值权衡。至于《仲裁法(修订)(征求意见稿)》中的该条是否会在最终通过前作进一步修改以便与《涉外审判会议纪要》第 97 条保持一致,只能拭目以待。

## 四、修改原有规则型规定:仅约定仲裁规则时仲裁协议的效力认定

对于当事人未约定仲裁机构而仅约定仲裁规则的情形,根据《仲裁法解释》第 4 条“仲裁协议仅约定纠纷适用的仲裁规则的,视为未约定仲裁机构,但当事人达成补充协议或者按照约定的仲裁规则能够确定仲裁机构的除外”的规定,仅在当事人达成补充协议或者按照约定的仲裁规则能够确定仲裁机构这两种情形下才能视为约定了仲裁机构,仲裁条款才能被认定为有效。此处所谓“按照约定的仲裁规则能够确定仲裁机构”通常是指仲裁规则本身即明确约定适用某仲裁机构仲裁规则即视为由该仲裁机构仲裁,目前中国国际经济贸易仲裁委员会(CIETAC)、北京仲裁委员会(BAC)、深圳国际仲裁院(SCIA)、上海国际仲裁中心(SHIAC)等仲裁机构的仲裁规则均含有类似规定,但仍有部分仲裁机构的仲裁规则未对此作出明确规定。

根据《涉外审判会议纪要》第 95 条的规定,“当事人在仲裁协议中未约定明确的仲裁机构,但约定了适用某仲裁机构的仲裁规则,视为当事人约定该仲裁机构仲裁,但仲裁规则有相反规定的除外”。与上述《仲裁法解释》第 4 条确立的“原则无效,例外有效”的规则相反,该条实际上明确了“原则有效,例外无效”的规则,即除非仲裁规则存在明确的相反规定,只要约定了适用某仲裁机构的仲裁规则,即便该仲裁规则未明确约定适用该仲裁规则即视为由该仲裁机构仲裁,仍视为约定了仲裁机构,这就使仅约定仲裁规则导致仲裁协议无效的可能大为降低,体现了最高人民法院进一步支持仲裁(pro - arbitration)的司法导向。

## 五、总结

就仲裁协议效力审查而言,《涉外审判会议纪要》对此前在司法实践中长期争

论的问题予以明确解答，并将司法实践中的主流观点上升为一般性的司法指导意见，有利于统一裁判尺度和预期。同时，正如《涉外审判会议纪要》第93条“根据仲裁法司法解释第三条的规定，人民法院在审查仲裁协议是否约定了明确的仲裁机构时，应当按照有利于仲裁协议有效的原则予以认定”的规定一样，《涉外审判会议纪要》在“先裁后诉”条款效力、内地仲裁机构适用《联合国国际贸易法委员会仲裁规则》的效力、被告缺席情形下放弃仲裁协议的认定以及仅约定仲裁规则时仲裁协议效力认定等多个问题上均体现了尊重当事人仲裁合意、“有利于仲裁协议有效”的原则，反映了包括最高人民法院在内的我国各级法院近年来越来越支持仲裁的整体司法态度和趋势。

# 深港经贸规则“软联通”面临的若干问题浅析

杜英杰*

近年来，深圳市和香港特别行政区不断深化经贸合作，联手发挥两地优势，丰富“一国两制”新实践，在彼此成就中引领粤港澳大湾区加速融合。两地直面制度、法域、关税区、货币等诸多差异，在规则机制上不断“修路架桥”，特别是在法律等专业服务的合作方面日益深入。目前，税务师、建筑师等16类港澳专业人士在深圳前海仅需备案即可执业，多家粤港澳联营律师事务所落户深圳前海，粤港澳大湾区国际仲裁中心挂牌，粤港澳大湾区律师执业考试已连续开展两年。但同时，深港两地规则制度“软联通”合作也面临诸多不容回避的硬伤，有些甚至从根本上对未来两地经贸规则对接和深度合作构成严重掣肘，有必要引起政府、相关市场主体和投资者的关注。

## 一、从保税区域监管模式看，“一线”放开、“二线”管住仍未真正实现，制约了跨境要素流通自由化便利化水平提升

从国际惯例看，打造国际贸易枢纽的制度基础是“自由贸易制度加上便捷海关监管”；从贸易制度看，香港对进出口贸易基本没有设置壁垒，除了极少数列明的商品外，所有进出口货物不受进口配额和许可证限制；从海关监管制度看，香港船只从海上进入或驶离港口都无须向海关结关，转运货物在港内装卸、转船和存储不受海关限制。再对照深圳的情况，海关特殊监管区域（也称保税区域）作为重要的外贸功能区，承接国际产业转移、连接国际国内两个市场的特殊功能，是直接反映国际贸易动态和感知国际产业变化的“晴雨表”。但是按照综合保税区和保税区管理

---

* 海关业务顾问，深圳市服务贸易协会副会长兼国际贸易研究院院长，主笔20余项政府课题。

规定，深圳3个综保区和1个保税区对“一线”货物实行备案管理，管制较为严格，同时综保区具有规范的围网和卡口，管理强度高于区外加工贸易和保税仓库等监管场所，再加上传统监管手段的惯性仍在持续，对综保区的管理实际上是“一线”、“二线”和区内三重管理。虽然深圳4个保税区域始终致力于监管模式改革创新，通关便利化水平一直走在前列，但与上海洋山特殊综保区、海南洋浦保税港区等相比仍然相差不小。保税区域作为深圳外贸的重要功能区和贸易便利化的重要载体，如果不能真正实现“一线”放开、“二线”管住，将对深港跨境双向自由流动构成各种显性或隐性的体制障碍，影响深港两地资源要素的高效配置和整合。

## 二、从对标香港经贸规则的载体看，深圳缺乏高质量国际贸易公共服务平台，规则对接过程中抓手不足

国际贸易公共服务平台注重的是服务的公共性、安全性和非营利性，提供的是软硬件公共基础设施。在这方面，上海的经验可供深圳借鉴。早在2000年前后，上海就开始注重建设“政府搭台、国企主导”、体现公信力的国际贸易公共服务平台，吸引世界500强企业主动入驻成为在华结算总部和纳税大户，先后建成了化妆品、酒类、机床、汽车、钟表、工程机械、医药、医疗器械等八个专业化国际贸易功能平台，其中医药品、医疗仪器、化妆品、酒类等6类商品进口额占全国同类商品进口额比重均超10.0%，并在此基础上，形成了智能制造、生物医药、集成电路三大优势产业群，成为上海国际贸易中心、国际航运中心建设的核心抓手。这些公共服务平台在为进出口企业提供仓储物流等基础服务的同时，更是参与到进出口商品编码预申报、预归类等环节，再进一步代表行业参与重大国际贸易争端解决和细分领域贸易规则制定。与上海对比，深圳除了珠宝玉石保税交易平台外，再没有其他重点商品国际贸易公共服务平台，这与打造国际消费中心城市和国际贸易中心城市的发展定位不相适应。

## 三、从新业态发展看，深圳离岸贸易、转口贸易发展差强人意，与香港相互配合的默契度不高

深圳建设国际贸易中心，就需要对标国际最高标准、最好水平的规则。而通过对全球贸易中心如香港、新加坡、伦敦、迪拜等城市的观察发现，这些城市的离岸贸易占比都很高。根据2022年11月4日香港特别行政区政府公布的数据，2020年香港的离岸贸易总值达5397亿美元(42,097亿港元)。离岸贸易的发达程度已经成为衡量一个国家或地区是否具备国际贸易中心枢纽功能的重要标志，因此，发展离

岸贸易是深圳建设国际贸易中心的关键一环。但从实际情况看,深圳离岸贸易发展势头并不强,排除香港、新加坡等城市,与上海相比也有不小的差距。2021 年 12 月,上海发布《中国(上海)自由贸易试验区临港新片区促进离岸贸易高质量发展的若干措施》,围绕促进离岸贸易产业集聚、支持离岸贸易项下国际结算和融资便利、提供全方位服务、创新监管模式等方面开展积极探索与实践,进一步提升临港新片区新型国际贸易产业能级和质量,深化推进新片区离岸贸易创新发展实践区建设。相比之下,深圳需要在离岸贸易重点领域甄选、制度、监管,尤其是降低税收和改革金融外汇制度等方面做出努力;对标上海"十四五"规划提出的 5000 亿元人民币离岸贸易目标,深圳也需要设定自己的离岸贸易发展目标。另外,与离岸贸易高度关联的转口贸易在深圳也同样发展迟缓。2020 年,香港转口货值达 4974 亿美元(38,801 亿港元),占当年香港货物贸易总值的 47.34%。通过研究发现,包括香港在内的国际上转口贸易发展较好的地区,其港口中转集拼业务都较为发达,如新加坡港国际中转箱量比重达到 85%,香港和釜山分别达到 60% 和 45%,国内比重最高的上海洋山港国际中转箱量也只占到总箱量的 5%。就目前而言,深圳转口贸易与香港相比差距相当大。

## 四、从国际贸易抗风险能力和面对贸易摩擦的应急能力看,深圳依托香港自由港地位化解外贸危机仍有相当长的道路

深圳依托香港自由港地位化解外贸危机是有先天基础的。改革开放四十多年来,香港一直在内地对外开放和经济发展中扮演着不可或缺的重要角色。如在改革开放早期,香港是内地对外贸易的最重要转口港,即使到了 20 世纪末,香港仍处理了内地一半的对外贸易;在近些年内地港口货物吞吐能力大为提升以及海外贸易网络广泛建立的背景下,香港依然是内地第六大贸易伙伴和第四大出口市场。对深圳而言,香港的重要意义更是无可替代。从 2000 年开始,香港就已成为深圳第一大贸易伙伴,2021 年深圳对香港地区进出口占深圳进出口总值的比例为 20.4%,其中深圳对香港地区出口占深圳出口贸易额的 36.85%。可以说,深圳外贸地位的取得,除了先天的区位优势,还有一个非常重要的因素,即深圳参与国际经贸往来所需要面对的诸多颗粒度高的事项,大都是借助香港的国际自由港功能得以解决,最为典型的是外汇的结算、通过香港进行转口贸易和帮助内地实现商品与货币的国际定价,为内地的资金定价海外资产提供舞台。

进入 2022 年,外贸发展面临的不确定、不稳定、不均衡因素增多,外部经济形势更加复杂严峻,俄乌冲突、新冠病毒变异叠加、全球经济复苏不平衡、供应链短缺等

问题，再加上“逆全球化”的暗流涌动，国际经贸规则进入新一轮重构和推进实施阶段，新的国际经贸规则、标准正在形成。香港是深圳对接最新经贸规则的重要节点，尤其是在强化国际贸易抗风险能力和面对贸易摩擦的应急能力方面，与香港紧密合作、同步化解外贸危机是深圳外贸高质量发展的应有之义和重大机遇。但在这方面，深圳与香港的协同性还不够，香港作为国际自由港的先天性优势没有得到较好利用。

## 五、从沟通机制看，两地在信息互通、数据共享、标准互认和以此为基础的风险研判、联合执法、综合防控等方面仍有较大可待挖掘空间

深港经贸规则对接离不开政府间的协同，但这方面的确存在客观短板。仅以外贸进出口为例，香港涉及的主管部门多达 12 个，其中签证、颁发原产地证以及商品、动植物和人员的检验检疫等核心职能分属于工贸署、渔农署、卫生署等不同部门，而涉及的监管信息化系统接近 10 个并且各自独立，这与内地统一推行国际贸易“单一窗口”有着较大的差异。再以双方海关为例，目前，双方海关的信息互通、数据共享、标准互认只在个别层面和范围进行。例如，“跨境一锁”将香港海关的“多模式联运转运货物便利计划”与深圳海关的“跨境快速通关”对接，通过应用同一把电子锁及全球定位系统设备，以“跨境一锁，分段监管”为原则，减少同一批货物在两地入境及出境时被海关重复检查的机会，简化清关手续和加快货物转关流程。但这只是个别渠道，且需同时满足深港两地相关要求的企业才能参加，深港尚未实现全范围全渠道的信息互通、数据共享、标准互认。同样，深港两地海关过去也有开展风险联合研判、联合行动的案例，例如，深港海关联手破获无人机“飞线”走私手机案就成为经典，但在经常性、全领域的风险研判、联合执法、综合防控处置方面，双方仍有较大可待挖掘空间。

## 六、从顶层制度设计看，深港之间缺乏系统性的跨境协同执法制度安排，仍然存有“一事一议”的无序感

与香港经贸往来所涉及的跨境协同执法，属于长期客观存在，目前主要是通过颁布司法解释、两地政府签订协议等方式对具体协助活动进行分散式的规定。例如，最高人民法院《关于内地与香港特别行政区法院就民商事案件互相委托提取证据的安排》、最高人民法院与香港特别行政区政府《关于内地与香港特别行政区法院相互委托送达民商事司法文书的安排》等，规定十分分散，而且不够全面，缺乏系统性，不利于法院之间司法协助活动的顺利开展。

2018年出台的《国际刑事司法协助法》适用范围未提及香港地区的司法协助问题，因为香港作为中国领土的一部分，天然不属于作为中国和外国刑事司法协助的法律所规范的范畴。这是立法理念的重要提升，意味着将国家间司法协助与区际司法协助严格区分开来。但是区际司法协助也需要一部更为统一、位阶更高的法律法规来规范，借此改变以往“一事一解释”“一事一安排”的无序状况。

## 七、从社会参与度看，相关第三方行业组织总体发展迟缓，对标香港的经验需要持续“补课”

在商协会、智库等第三方组织建设和作用发挥方面，两地也同样存在巨大差异。香港商协会几乎都承接一些政府公共服务职能。在这方面，香港产地来源制度最有代表性。产地来源制度以便利香港产品输往外地为目的，为其提供产地证明，香港贸易商可以根据业务需要，申请不同种类的产地来源证，包括香港产地来源证、产地来源加工证，《内地与香港关于建立更紧密经贸关系的安排》下的原产地证书、香港产地来源证 - 新西兰、香港产地来源证 - 格鲁吉亚等。香港贸易商可以向工业贸易署以及香港总商会、香港工业总会、香港印度商会、香港中华厂商联合会、香港中华总商会等5家政府认可的来源证签发机构申请产地来源证。相比而言，深圳的相关商协会等第三方组织建设起步较晚，需要“补课”的地方太多，在政策解读、行业意见收集、规则研究等方面，尚未形成规模，更缺乏政策、资金、项目支持，因此始终未发挥关键性的助力作用。未来，深港两地在推进国际经贸基础设施“硬联通”的同时，必将会越来越重视规则机制的“软联通”，推动两地经贸往来向“制度相容、理念相通、监管相助”的2.0时代迈进。具体到实践层面，面对不同的制度规则体系，深港两地需从全局层面对国际经贸合作进行统筹规划，提出相关协调推进和组织保障机制，加强两地法律体系和经贸政策体系的协同，进一步提升国际经贸基础设施的互联互通水平，优化机构协同、市场对接和产品互认等机制。

# 专题三　对赌与公司控制权

# 《九民纪要》非对赌协议纠纷“定心丸”，实践运用仍“任重道远”

## ——《九民纪要》实施后对赌协议纠纷新问题探究

孙　晶[*]　苏琳琳[**]　陆　佳[***]

## 一、对赌纠纷产生背景与概念

### （一）私募基金行业对赌纠纷的背景

随着私募基金行业的繁荣发展，私募基金已成为我国资本市场重要机构投资者和直接融资体系的重要力量。[①] 根据中国证券投资基金业协会于2021年6月24日发布的《2020年度私募基金统计分析简报》，截至2020年年末，私募基金累计投资于境内未上市未挂牌企业股权、新三板企业股权和再融资投资案例数量达13.92万个，为实体经济形成股权资本金8.40万亿元。私募基金行业高速发展的同时，其“募、投、管、退”同样面临新挑战，投资人与目标公司纠纷不断。其中，以对赌协议为代表的纠纷类型，始终处于私募基金行业纠纷的“风口浪尖”。

2019年，《九民纪要》针对对赌协议的规定，再次掀起讨论热潮。但从实践角度看，《九民纪要》的规定并未从实质上突破对赌纠纷的探讨，对赌协议的履行等问题仍存在。

### （二）对赌协议非“舶来品”，实为投资实践中的产物

对赌协议，又称估值调整协议，英文称作 Valuation Adjustment Mechanism


* 德和衡高级合伙人，擅长商事争议解决、私募股权投资、国有资产管理、国有企业服务等专业领域。

** 德和衡高级联席合伙人，擅长公司法、跨境投融资与并购、商事争议解决等业务领域。

*** 德和衡实习律师，华中科技大学法学学士、美国波士顿大学法学硕士。


① 《2020年度私募基金统计分析简报》，中国证券投资基金业协会2021年6月24日发布。

(VAM)。国内不少文献、实务文章将其视作“舶来品”,认为对赌协议常运用于国内外私募股权投资、上市公司重大资产重组等投资方式。事实上,无论是从国内文献究其起源,还是同美国投资行业从业人士交流,都共同指向了对赌协议并非源于域外法律文件①,乃至被称为美国风险投资大本营的加州硅谷也不存在所谓的对赌条款②。北京大学刘燕教授在《对赌协议与公司法资本管制:美国实践及其启示》一文中指出,对赌协议的概念发源于2002年至2004年大摩等境外基金投资蒙牛时设立的一项依业绩调整股权比例的安排,后由于永乐、太子奶等民营企业与境外投资者对赌失败的悲剧让此概念众所周知。

由此可见,对赌协议的概念并非源于法律规定,其从实践中诞生的特征注定了其在发展、运用过程中将受到诸多争议。实践中,常见纠纷主要发生在投资方与目标公司、目标公司与公司股东/实控人之间。此外,因对赌协议与目标公司的营收业绩、上市息息相关,也相应引发了提前触发对赌条款的问题。

## 二、投资方与目标公司之间的对赌纠纷

### (一)《九民纪要》未从实质上突破对赌协议纠纷的问题认定,实践中仍存在履行难题

1. 投资人与目标公司对赌协议效力之争

对赌协议纠纷产生以来,投资人与目标公司对赌协议的效力问题经历了三次重要变化。

2012年“海富案”③提出的“投资人与股东对赌有效,与目标公司对赌协议无效”观点,在很长一段时间内被“奉为圭臬”。直至2019年“华工案”④法院认为,有限责任公司在履行法定程序后回购本公司股份,不会损害公司股东及债权人利益,亦不会构成对公司资本维持原则的违反,自此从司法裁判趋势上打开新的大门。2019年11月8日,《九民纪要》明确提出,目标公司仅以存在股权回购或者金钱补偿约定为由,主张对赌协议无效的,人民法院不予支持。《九民纪要》的规定如一剂“定心丸”,使不少从业人员认为对赌协议纠纷已经取得实质突破,其裁势趋于

① 刘燕:《对赌协议与公司法资本管制:美国实践及其启示》,载《环球法律评论》2016年第3期。

② 刘燕:《对赌协议与公司法资本管制:美国实践及其启示》,载《环球法律评论》2016年第3期;清澄君:《硅谷无对赌》,载张巍:《资本的规则》,中国法制出版社2017年版。

③ 甘肃世恒有色资源再利用有限公司、香港迪亚有限公司与苏州工业园区海富投资有限公司、陆某增资纠纷案,最高人民法院(2012)民提字第11号民事判决书。

④ 江苏华工创业投资有限公司与扬州锻压机床股份有限公司、潘某虎等请求公司收购股份纠纷再审案,江苏省高级人民法院(2019)苏民再62号民事判决书。

明朗。

2.《九民纪要》之后，对赌协议实际履行问题并不明朗，仍存在困难

《九民纪要》明确提出，投资方主张对赌协议实际履行的，法院应当审查是否符合《公司法》中关于"股东不得抽逃出资"及股份回购的强制性规定，即只有目标公司履行减资程序才能满足《公司法》中上述有关规定。但是，减资程序必须经代表2/3以上有表决权的股东通过才得进行。以及根据《公司法》第177条[①]的规定，目标公司履行减资程序时，必须通知债权人，并按债权人要求清偿债务或提供担保。若公司股东不予配合，债权人又提出要求，投资方的诉求很难实现。对此症结，《九民纪要》释义表示，纪要是给当事人提供规则、提供预期。至于实践操作中，具有难度的减资程序问题，《九民纪要》并未给出答案。

由此可见，无论是纪要释义精神，还是对赌协议履行中可能遇到的难题，都体现出《九民纪要》并未从实质上突破对赌问题。即便《九民纪要》给法院、当事人提供了可预期的裁判规则，对赌协议有效履行仍取决于减资程序等履行，投资人的权益保护并非因此得到"尚方宝剑"。

### （二）在《九民纪要》没有实质性突破的背景下，实践中衍生出的对赌协议模式是否仍具有可操作性

"海富案"提出"投资人与股东对赌有效，与目标公司对赌协议无效"观点后，实践中，为了避免投资人与目标公司对赌导致协议被法院认定无效，不少交易主体采取目标公司为股东对赌义务提供担保的方式，以加强投资人的权益保护。关于目标公司为股东对赌义务提供担保的方式应如何符合《九民纪要》的规定，以及是否构成越权代表，是否构成抽逃出资等，实践中存在不同观点。

---

① 《公司法》第177条规定公司需要减少注册资本时，必须编制资产负债表及财产清单。公司应当自作出减少注册资本决议之日起10日内通知债权人，并于30日内在报纸上公告。债权人自接到通知书之日起30日内，未接到通知书的自公告之日起45日内，有权要求公司清偿债务或者提供相应的担保。

1. 目标公司为股东对赌义务提供担保应满足公司为他人提供担保的一般性规定

根据《公司法》第16条[①],《九民纪要》第17条[②]、第18条[③],目标公司为股东对赌义务提供担保必须取得公司股东会或股东大会决议的授权,以及不得出现越权代表的情形。故投资人应注意审查股东会或股东大会的决议,且该决议的表决应由出席会议的其他股东所持表决权的过半数通过,签字人员应同时符合公司章程规定。关于投资人对目标公司机关决议内容的审查要求,满足形式审查即可,即尽到必要的注意义务。如果投资人未尽到审查义务,目标公司为股东对赌义务提供担保的约定无效。

2. 目标公司为股东对赌义务提供担保的效力之争

有关目标公司为股东对赌义务提供担保的效力问题,我们通过梳理案例总结出,法院主要从目标公司行为是否符合公司利益、符合公司资本维持原则两方面考量。

(1)法院认为担保行为有效

法院从《公司法》第16条立法目的角度考量,认为目标公司的行为符合公司及

---

① 《公司法》第16条规定:公司向其他企业投资或者为他人提供担保,依照公司章程的规定,由董事会或者股东会、股东大会决议;公司章程对投资或者担保的总额及单项投资或者担保的数额有限额规定的,不得超过规定的限额。公司为公司股东或者实际控制人提供担保的,必须经股东会或者股东大会决议。前款规定的股东或者受前款规定的实际控制人支配的股东,不得参加前款规定事项的表决。该项表决由出席会议的其他股东所持表决权的过半数通过。

② 《九民纪要》第17条规定:"【违反《公司法》第16条构成越权代表】为防止法定代表人随意代表公司为他人提供担保给公司造成损失,损害中小股东利益,《公司法》第16条对法定代表人的代表权进行了限制。根据该条规定,担保行为不是法定代表人所能单独决定的事项,而必须以公司股东(大)会、董事会等公司机关的决议作为授权的基础和来源。法定代表人未经授权擅自为他人提供担保的,构成越权代表,人民法院应当根据《合同法》第50条关于法定代表人越权代表的规定,区分订立合同时债权人是否善意分别认定合同效力:债权人善意的,合同有效;反之,合同无效。"

③ 《九民纪要》第18条规定:"【善意的认定】前条所称的善意,是指债权人不知道或者不应当知道法定代表人超越权限订立担保合同。《公司法》第16条对关联担保和非关联担保的决议机关作出了区别规定,相应地,在善意的判断标准上也应当有所区别。一种情形是,为公司股东或者实际控制人提供关联担保,《公司法》第16条明确规定必须由股东(大)会决议,未经股东(大)会决议,构成越权代表。在此情况下,债权人主张担保合同有效,应当提供证据证明其在订立合同时对股东(大)会决议进行了审查,决议的表决程序符合《公司法》第16条的规定,即在排除被担保股东表决权的情况下,该项表决由出席会议的其他股东所持表决权的过半数通过,签字人员也符合公司章程的规定。另一种情形是,公司为公司股东或者实际控制人以外的人提供非关联担保,根据《公司法》第16条的规定,此时由公司章程规定是由董事会决议还是股东(大)会决议。无论章程是否对决议机关作出规定,也无论章程规定决议机关为董事会还是股东(大)会,根据《民法总则》第61条第3款关于'法人章程或者法人权力机构对法定代表人代表权的限制,不得对抗善意相对人'的规定,只要债权人能够证明其在订立担保合同时对董事会决议或者股东(大)会决议进行了审查,同意决议的人数及签字人员符合公司章程的规定,就应当认定其构成善意,但公司能够证明债权人明知公司章程对决议机关有明确规定的除外。"

公司中小股东利益，担保行为有效（如表1所示）。

**表1　认为担保行为有效的案例**

| 法院 | 案号 | 主要观点 |
| --- | --- | --- |
| 最高人民法院 | （2016）最高法民再128号① | 目标公司为公司股东提供担保的行为符合公司全体股东的利益，有利于公司自身发展经营需要，没有损害公司中小股东利益 |
| 江苏省高级人民法院 | （2018）苏民终1362号② | 投资人的投资款项全部投入目标公司，有利于其经营发展，也符合全体股东利益，目标公司提供涉案保证担保，不损害其他股东或债权人利益，不违反《公司法》第16条的立法目的，符合公平原则 |

（2）法院认为担保无效

法院认为目标公司提供担保的行为可能构成抽逃出资，违背公司资本维持原则，损害目标公司、债权人利益等，故担保行为无效（如表2所示）。

**表2　认为担保行为无效的案例**

| 法院 | 案号 | 主要观点 |
| --- | --- | --- |
| 海南省第一中级人民法院 | （2018）琼96民再9号③ | 目标公司为股东之间的股权转让提供担保的行为可能导致公司回购公司股份，造成公司资本不当减少的结果，不仅违反《公司法》有关有限责任公司原则上不准收购本公司股份的禁止性规定，亦违背了公司资本维持原则，对公司的债权人和交易安全造成损害，因此该担保行为无效 |
| 苏州市中级人民法院 | （2015）苏中商再提字第00005号④ | 目标公司为股东之间的股权转让提供担保，承担担保责任的后果实际是公司向一方股东退还出资。该行为虽非直接抽逃出资，但实际造成公司资本的不当减少，将损害公司及债权人合法权益 |

综合而言，司法裁判中尚未就目标公司为股东对赌义务提供担保的效力问题形成统一裁判意见，需要结合案件的实际情况进行综合判断，即公司的利益是否受

---

① 强某延、曹某波股权转让纠纷再审民事判决书，审理法院：最高人民法院，裁判日期：2018年9月7日。

② 天津汇通太和股权投资基金合伙企业、利诚服装集团股份有限公司等股权转让纠纷二审民事判决书，审理法院：江苏省高级人民法院，裁判日期：2020年6月17日。

③ 刘某强与石某、琼海磐龙实业开发有限公司股权转让纠纷再审民事判决书，审理法院：海南省第一中级人民法院，裁判日期：2018年5月30日。

④ 江苏省吴中经济技术发展总公司、陆某兴股权转让纠纷再审民事判决书，审理法院：苏州市中级人民法院，裁判日期：2016年4月18日。

损、股东的利益是否被侵犯等。

### (三)对赌协议的大量运用及“新”对赌形式的衍生,源于投资人在投资交易中渴求获得有效保障

2020 年 9 月,北京市第一中级人民法院发布《公司类纠纷案件审判白皮书(2010—2019)》(以下简称《审判白皮书》)。《审判白皮书》显示,在股权转让纠纷中,涉及股权估值调整协议案件数量占比从 2010 年的 2% 上升到 2019 年的 15.6%,涉案标的总额高达 19 亿余元。由此可见,司法实践中对赌纠纷的数量不断增加。从“海富案”“华工案”直至《九民纪要》,对赌协议的形式、类型、效力认定,也历经变化。

既然司法裁判中针对对赌协议始终有不同认定,且在投资人与目标公司对赌协议的效力认定一度存在无效认定的情形下,为何众多私募股权投资基金、投资人等仍乐于将对赌协议运用于投资实践中？这与我国投资行业发展现状密不可分。以私募基金行业为例①,截至 2021 年 7 月,我国私募基金管理人数量达 24,326 家,私募基金规模为 18.99 万亿元。然而,与此同时,我国征信体制尚不完备,投资行业尚处于初级发展阶段,行业现状良莠不齐。在私募股权投资基金的相关立法中,大多关注基金的监督和管理,忽略了私募股权投资基金投资行为及其退出机制②。投资者希望也需要更多可靠的、高效的制度管理及制度保障,以期促进行业的繁荣、稳定发展。

## 三、提前触发对赌条款的问题探究

### (一)何为提前触发对赌条款

在对赌协议的实践操作中,经常存在投资人要求目标公司在一定期限内完成公司上市,否则将触发股权回购或业绩补偿的对赌条款。目标公司未成功上市,公司股东或实际控制人需回购公司股份或现金补偿投资人。实践中,大部分触发此类对赌协议的时间节点发生在约定期限届满后,即在规定时间届满后,目标公司由于未达到首次公开发行股票并上市的条件,或未通过中国证券监督管理委员会发行审核委员会的审核等,从而上市失败触发对赌条款。

---

① 资料来源:中国证券投资基金业协会网,https://www.amac.org.cn/。

② 刘晶明:《私募股权投资基金退出机制法律完善研究——以防范系统性金融风险为视角》,载《法学杂志》2020 年第 2 期。

然而,实践中存在少量情形,即在对赌协议约定期限届满前,目标公司在实际经营过程中,由于发生公司经营不善、财务指标严重恶化、公司出现重大违法违规等情形,导致目标公司事实上已不能完成公司上市。在此种情形下,投资人是否可以主张目标公司已提前触发对赌条款,要求目标公司股东或实际控制人履行股权回购等义务呢?实践中存在不同观点,需具体结合案例进行探讨。

### (二)法院支持投资方要求目标公司股东、实控人回购公司股权

如果投资方有较为充分的证据可以证明目标公司无法完成上市,或目标公司的实际经营状况确已无法达到上市要求,法院倾向于支持投资方要求目标公司股东、实控人或创始人回购股权的诉求(如表3所示)。

**表3 法院支持投资方回购公司股权要求的案例**

| 法院 | 案号 | 主要观点 |
| --- | --- | --- |
| 上海市第一中级人民法院 | (2015)沪一中民四(商)初字第94号① | 目标公司2012年度公司年检报告书显示该公司当年净利润为-2,190,857.96元,在2015年12月31日前无法满足首次公开发行股票并上市的条件,且法院在审理期间无法于上海证券交易所、深圳证券交易所官网查询到有关该公司的任何上市信息。<br>上海市第一中级人民法院据此支持了原告投资人要求被告公司创始人回购股权的诉讼请求 |
| 最高人民法院 | (2014)民二终字第111号② | 法院认为目标公司的会计文件证明目标公司确实发生亏损,已无法满足在约定期限届满前公开发行股票并申请上市的先决条件。且涉案目标公司的财务报表中的部分记载与基本财务常理相悖,被认定为存在虚假情况。<br>最高人民法院在本案中运用了证券业常理来分析案件,并最终认定目标公司的行为已提前触发相应对赌条款,支持了投资人诉请,即要求目标公司及其股东回购公司股权 |

上述两个案例,法院均是以《首次公开发行股票并上市管理办法》③第33条作为判断的依据,即"发行人应当符合下列条件:(一)最近3个会计年度净利润均为正数且累计超过人民币3000万元,净利润以扣除非经常性损益前后较低者为计算依据;(二)最近3个会计年度经营活动产生的现金流量净额累计超过人民币5000

① 上海谨业股权投资合伙企业(有限合伙)诉刘某股权转让纠纷一案一审民事判决书,审理法院:上海市第一中级人民法院,裁判时间:2016年9月27日。

② 蓝某桥、宜都天峡特种渔业有限公司、湖北天峡鲟业有限公司与苏州周原九鼎投资中心(有限合伙)其他合同纠纷二审民事判决书,审理法院:最高人民法院,裁判时间:2014年9月30日。

③ 《首次公开发行股票并上市管理办法》已经经过2015年、2018年、2020年、2022年四次修订,本段所述为2006年5月18日生效版本。2015年修正后,第33条内容为修正后的第26条。

万元；或者最近3个会计年度营业收入累计超过人民币3亿元；（三）发行前股本总额不少于人民币3000万元；（四）最近一期末无形资产（扣除土地使用权、水面养殖权和采矿权等后）占净资产的比例不高于20%；（五）最近一期末不存在未弥补亏损”。

因A股板块上市公司条件、要求较为明确，在司法实践中法院较易于据此进行判断。法院可以通过投资人提交的真实、有效的目标公司财务数据，判断其经营情况、财务数据等是否从事实上不能满足未来上市的条件，从而提前触发对赌条款。2019年6月13日才正式开板的科创板，有较强的包容性，以及科创板具有的5套差异化上市指标①。对此，实践中如何判断目标公司是否构成提前触发有关上市的对赌条款，有待司法观察和个案判断。

### （三）法院不予支持投资人提前触发对赌条款的诉讼请求

然而，如果投资人没有较为充分的证据证明目标公司的经营状况、财务数据等无法满足上市条件，或目标公司无法上市的原因与投资人抽逃资本、损害公司利益有关，法院则不予支持投资人主张的对赌条款提前触发的诉讼请求（如表4所示）。

**表4　法院不支持投资人提前触发对赌条款诉求的案例**

| 法院 | 案号 | 主要观点 |
|---|---|---|
| 南京市中级人民法院 | （2020）苏01民终7618号② | 投资人提供的证据不足以证明目标公司存在关联公司，故目标公司不存在同关联公司交易的预期违约行为。与此同时，投资人向目标公司提供的资金量对目标公司每年实现理想的资金周转次数非常重要，投资人却为了自己利益而实施抽逃行为，导致目标公司无法实现2017年净利润目标，属于不正当地促成条件成就。因此，法院并未支持投资人的诉请 |
| 上海市浦东新区人民法院 | （2018）沪0115民初80019号③ | 原告投资人以2018年10月17日全国中小企业股份转让系统和福建证监局辅导企业信息系统没有目标公司的上市辅导相关公告为由，认为目标公司在当时的情况下必然无法在2018年12月31日前完成上市申报，其主张因缺乏依据，被法院驳回 |

① 戴志锋、高崧：《详解科创板意见稿：推动资本市场和中国经济的深层次改革》，载搜狐网2019年1月31日，https://www.sohu.com/a/292542050_818742。

② 上诉人江苏瑞华投资控股集团有限公司与被上诉人曹某平合同纠纷一案的民事判决书，审理法院：南京市中级人民法院，裁判时间：2020年11月24日。

③ 平潭盈科盛鑫创业投资合伙企业与刘某鱼、程某等股权转让纠纷一审民事判决书，审理法院：上海市浦东新区人民法院，裁判时间：2019年6月4日。

由此可见，法院在审理过程中，并非仅通过判断对赌条款性质来决定目标公司是否提前触发对赌条款，即不简单区分对赌条款的内容到底是“期限利益”还是“附条件的民事法律行为”。具体到个案中，投资人能否提供较为可靠、可信的证据，如公司财务数据、业绩情况、公司人员结构等，以证明目标公司确实无法满足上市条件，这对法院认定目标公司是否提前触发对赌条款至关重要。

## 四、目标公司上市对赌条款的背后风险及应对

如上文所述，投资人与目标公司约定公司在一定期限内完成上市目标的对赌条款常见于实践中。但是，依据《首发业务若干问题解答》（2020 年修订）问题 5 的答复和《全国中小企业股份转让系统股票挂牌审查业务规则适用指引第 1 号》（以下简称指引第 1 号）1—3 对赌等特殊投资条款的规定，A 股主板、科创板、创业板原则上要求发行人在申报前清理对赌协议等类似安排；在全国中小企业股份转让系统（新三板）上市的，公司应当按指引第 1 号的规定清除对赌等特殊投资条款。实践中，主要有两类操作方式以应对上述监管规定。

第一类，投资人与目标公司签订中止合同或补充协议，约定中止履行对赌协议以便目标公司筹划上市。但是，若目标公司向证监会提交首次发行股票并上市申请材料后，因材料未被受理、未通过审核等原因导致目标公司未成功上市，则双方恢复履行对赌协议。第二类，则是投资人与目标公司等各方一致同意并约定终止对赌条款或对赌协议。如浙江东方基因生物制品股份有限公司在其首次公开发行股票并在科创板上市招股说明书[①]中说明，因看好目标公司（发行人）的发展前景，经友好协商，目标公司与相关主体一致协议约定自目标公司向中国证监会或上海证券交易所提起首次公开发行股票的申请并被受理之日起，股权转让补充协议中的投资保障条款效力终止。

针对上述两类对赌协议的效力。第一类可以理解为附生效条件的对赌协议，与前文所述对赌协议一致，在满足《公司法》《九民纪要》的相应规定即应认定为有效。第二类则需要关注，投资人与目标公司各方约定终止对赌协议时，是否签订了“抽屉协议”约定对赌协议存在附条件或附期限的恢复条件。对此“抽屉协议”的效力问题，则应结合合同效力的判断标准、是否有违社会公共利益等综合判断。

---

① 资料来源：http://www.cninfo.com.cn/new/disclosure/detail?plate=sse&orgId=9900039348&stockCode=688298&announcementId=1207277661&announcementTime=2020-01-22，最后访问日期：2021 年 8 月 18 日。

## 五、结语

随着私募基金行业的不断发展、投资实践中的不断应用,对赌协议的效力、履行、应用等问题也会不断衍生出新形式、新特点。《九民纪要》出台后,其并未“一劳永逸”地解决投资人、目标公司及其股东在对赌协议问题上的顾虑,还是随之出现了诸多新问题、新困难。但无论对赌协议实操如何演变,我们都需在了解监管政策、司法裁判的背景下,从交易背景、交易目的、实际履行等全方位考量、设计对赌协议,以期降低对赌协议可能给双方带来的交易风险。

# 《九民纪要》背景下"对赌协议"履行困境和完善建议

孙福林[*]　曹惠良[**]

2019年11月8日最高人民法院公布《全国法院民商事审判工作会议纪要》(以下简称《九民纪要》)该会议纪要第二章第一节一方面明确了"对赌协议"的定义和效力认定原则,另一方面对"对赌协议"履行提出了具体解决路径——在对赌失败的情况下,关于投资方要求目标公司回购投资方的股权或者承担现金补偿义务的约定,能否判决强制履行,要看是否符合《公司法》关于股份回购或者盈利分配等强制性的规定。

《〈全国法院民商事审判工作会议纪要〉理解与适用》一书对于"对赌协议"履行的深度解读为:要求目标公司先履行减资程序实质是正确处理公司股东与公司债权人之间的关系。投资方同时作为股东,向目标公司提出股权回购要求并成功退出后,其利益得到了实现,但此时公司债权人利益是否能够得到保护存在不确定性。在股东与债权人利益存在冲突时,首先应该优先保护债权人的利益,保护途径为履行公司减资程序①。从海富投资案②到江苏华工案③,司法裁判标准从合同效力层面进入合同履行力层面,《九民纪要》和江苏华工案一脉相承,在解决了和目标公司"对赌协议"法律效力问题之后,力图通过减资路径的设计和补偿资金来

---

* 德和衡合伙人,擅长房地产与公司类纠纷解决。

** 德和衡高级联席合伙人,擅长房地产开发、并购、城市更新、商债催收、不良资产处置、保险金融等涉重大民商事及行政纠纷处理。

① 参见最高人民法院民事审判第二庭:《〈全国法院民商事审判工作会议纪要〉理解与适用》,人民法院出版社2019年版,第117－118页。

② 参见最高人民法院民事判决书,(2012)民提字第11号。

③ 参见江苏省高级人民法院民事判决书,(2019)苏民再62号。

源的构建,在维护资本维持原则的基础上,探索出"对赌协议"履行的具体路径。这种探索是一种制度层面创新,但却不可避免会面临种种困境。

## 一、《九民纪要》背景下"对赌协议"履行新困境——资本维持原则和股份回购原则的冲突和平衡

### (一)资本维持原则之资本信用说和资产信用说的抉择

关于资本维持原则的理论有资本信用说和资产信用说的区分,资本信用说属于形式上的资本维持原则,是强调公司存续期间对于公司注册资本制度的维持和公示,债权人依据公示的资本制度对公司信用能力进行评判;资产信用说属于实质上的资本维持原则,认为公司的信用担保能力不仅仅在于公司的注册资本,而是取决于公司实际经营的资产。由此则涉及两个问题,一是公司实际经营资产如何进行判定;二是公司如何保护债权人利益的实现。

在资本认缴制的背景下,注册资本已经不能反映公司的信用能力,资产信用说更能反映资本维持原则的精神。《九民纪要》将减资程序设置为股权回购的前置程序,遵循的依然是法定注册资本制度的原则,停留在资本信用理论的基础之上;注册资本制度对于债权人的保护是非常有限的,特别是在2013年《公司法》修订之后实行的注册资本认缴制,在鼓励全民创业背景下,公司的注册资本"形同虚设"。公司资产才是公司对外承担责任的基础,才是公司偿债能力的基础,应当树立资本信用为基准的司法裁判思路,将公司实际清偿能力作为判定对赌协议可履行性以及资本维持原则和债权人保护原则的基础。

### (二)关于减资和股权回购的逻辑顺序

我国目前采取的是法定资本制度,但是2013年《公司法》的修订采取股份认缴制,在认缴制背景下,债权人是享有加速到期的权利并进而向公司股东主张权利的。在减少注册资本的前提下,债权人基于自身利益的诉求,也享有债权加速到期的利益诉求或者要求目标公司提供新的担保措施,但是由此则在程序上给股权回购增加了成本。

以股权回购型对赌纠纷而言,根据《九民纪要》第5条的规定:减资程序属于公司内部治理的事项,司法机关不宜介入,投资人向法院提起诉讼要求目标公司根据"对赌协议"回购股权,则必须首先按照《公司法》规定的程序完成减资程序。设计本条款的目的应当是解决实践中减资程序性问题,条款设计初衷是好的,在司法实

践中却很难具有实际操作性。这一规定的目的在于通过《公司法》规定的减资程序,决议—公告—通知—提前偿还或者担保,来保护债权人的利益。但在实际履行中很难实现——因为投资人已经提起了诉讼,说明和目标公司之间就股权回购已经产生了明显分歧,在此情况下目标公司显然不会配合完成烦琐的公司减资程序。股权回购之前需要先办理目标公司减资程序的做法貌似在坚持资本维持原则的基础上保护了债权人的利益,实际上颠倒了减资和股权回购的先后顺序;换言之,股权回购应当是减资的前提条件,减资是股权回购的最终结果。

根据最高人民法院确定的解决思路,投资者应当自行解决减资和回购之间的冲突问题。根据之前的经验,自行解决的方式通常为减资条款的提前设置,即在交易之初便提前约定如果将来可能出现股权回购的情形,则目标公司全体股东和董事均应当投赞成票;或者将对赌失败之后可能涉及的股权回购等文本进行预设。这种设置看似十分巧妙,实则涉及条款的法律效力问题,可能引发协议的无效或者可撤销之情形,在实务中是非常容易引发新的纠纷。

### (三)减资程序下债权人利益保护面临的困境

如上所述,即使目标公司关于减资的决议通过了董事会决议和股东会决议,则仍然需要面临目标公司或有债权人保护程序。根据《公司法》第 177 条规定,目标公司启动减资程序的,需要在作出减少注册资本决议之日起 10 日内通知债权人、30 日内进行公告,债权人自接到通知书之日起 30 日内,未接到通知书的自公告之日起 45 日内,有权要求目标公司清偿或者提供担保措施。如果目标公司对赌失败并启动减资程序,实际上可能会出现资不抵债的情形,在此情形下,根据《企业破产法》的规定,债权人实际上还有权启动目标公司破产清偿程序;一旦债权人不同意减资程序并积极推动破产清偿程序,则会导致目标公司实际走向死亡,估计这种结果是参与对赌的各方都无法接受的。

《九民纪要》看似在原《合同法》和《公司法》规制之间探索股份回购的解决路径,但在实际操作层面,投资方依据该规定要求目标公司回购股份面临多方面困难。

### (四)不同目标公司的治理结构对于"对赌协议"的履行会产生不同的影响

目前理论界关于目标公司补偿的理论观点建立在"对赌协议"签署的前后单一治理结构的基础上。但实际上"对赌协议"签署之后,目标公司的实际控制权存在变更之可行性,此种情形下往往发生在投资人取得目标公司实际控制权的情形,因此应当具体问题具体分析。针对不同公司控制结构,投资方推动股权回购或者现金补偿往往面临不同的障碍。对于融资方实际控制目标公司的情形下,此种情形在“对赌协议”中比较常见,投资方往往通过溢价的形式收购目标公司,大部分资本投入了资本公积,只有少部分投资款计入股权款,投资方在目标公司中的持股比例往往很低。在此种情形下,如果对赌触发股份回购或者现金补偿条款,融资方往往不会配合履行协助的义务,双方据此非常容易产生争议,由于融资方基于目标公司的实际控制,对于自身持有的股权减少根本无法形成减资决议,减资程序在事实层面无法履行。对于投资方实际控制目标公司的情形下,此种情形在“对赌协议”中也并不罕见,公司的股东会实际控制权在投资方手里,此种情形下减资程序,无异于投资方“左口袋倒右口袋”,不仅可能涉嫌抽逃出资,而且极有可能损害其他股东的利益并影响到债权人合法权益的实现,进而造成法律层面的履行障碍。

### (五)“对赌协议”补偿资金来源的困境

无论是股权回购还是现金补偿,都涉及目标公司补偿资金的来源问题,《九民纪要》规定“对赌协议”中目标公司作为履行补偿义务主体的时候,补偿现金的来源应当限于目标公司的利润。但是目标公司财务报表上的利润往往无法反映出其真实财务状况和偿付能力。对于上市公司而言,基于上市公司业绩的要求和市值维护的需要,往往是账面上显示有利润,但是实际上的偿付能力远远达不到账面利润。对于非上市公司而言,公司管理层往往会基于商业的考虑使财务账面上不显示利润甚至会在账面上显示亏损;或者虽有利润但是公司股东会决议不进行利润分配,但这并不意味着公司没有可用资金履行现金补偿义务。因此《九民纪要》以目标公司没有可分配利润为由驳回目标公司向投资方履行现金补偿义务的请求,可能会明显偏离目标公司的实际财务状况,同时也给了目标公司获得投资款后规避股权回购和现金补偿义务留下了巨大的制度漏洞。此外,根据《九民纪要》理解与适用,资本公积金不能作为股权回购和现金补偿的资金来源,这无疑极大地限制了“对赌协议”补偿资金的来源。

## 二、“对赌协议”履行性的完善建议

《九民纪要》提出了股权回购型和金钱补偿型对赌义务如何履行的判定标准,但是裁判标准显然是从司法逻辑出发,解决的是判决效力问题,但这种裁判规则虽然严格遵循了公司法的资本维持原则,但并未能揭示出“对赌协议”商业逻辑的核心价值;导致的结果是过于强调债权人保护规则,从一定程度上削弱了对投资方合法权益的保护；特别是“对赌协议”的投资方兼具债权人和投资人双重属性，其合法权益的保护理应较之普通债权人和投资人更为完善。

关于股权回购型对赌的裁判，《九民纪要》第 5 条确定了“目标公司应当先行完成减资程序，否则将驳回投资方诉讼请求”的裁判规则。这种规则貌似符合公司法的规定和资本维持原则，实则将公司对赌中的股权回购义务和先行完成减资程序进行强制绑定，这种做法其实违背了股权回购的实质；规则制定的初衷和最终结果背道而驰，不仅无法解决股权回购不能履行的问题，而且可能成为履行中的实体和程序上的阻碍。

笔者认为，在新的背景下应当从下列几个方面完善“对赌协议”履行制度。

### （一）资本维持原则不应成为限制目标公司和投资方之间资金流动的制度约束

大陆法系国家公司法的三大基本原则包括资本确定原则、资本维持原则和资本不变原则，资本维持原则指在公司存续过程中应保持实际财产维持在相当的水平之上。该制度的目的在于限制公司股东损害公司资本，限制公司资本从公司流入股东，通过这种限制进而维护公司资本，保护公司债权人利益。在我国公司法中虽然没有明确资本维持原则，但是该原则却构成我国公司法资本制度的基石，基于这一原则《公司法》第 35 条规定了禁止有限公司股东注册后抽回出资，该法第 91 条规定了发起人和认股人不得抽回股本，该法第 27 条规定了严格限制非货币出资，该法第 142 条规定了禁止公司收购本公司股份。《公司法》修订案确定认缴制之后，资本维持原则面临前所未有的困境。

笔者认为：“对赌协议”中涉及的股权回购和现金补偿都是资金从公司流向公司的股东，但是这种资金流动的行为应当和投资人的投资行为结合起来分析，只要目标公司没有从该轮对赌中有实质意义上的资本的损失，则这种资金流动便具有制度上的合理性。这种因为对赌产生的资金向股东流动的行为不能和股东抽逃出资相提并论。“对赌协议”失败补偿的情形下，发生的资金流通限定在投入的资金和对赌期间累计利润范围之内，不能认为违反资本维持原则。如果发生的资金流动超出投资方的资金和累计应当分配的利润，则应通过资本维持原则加以规制。概言之，资本维持原则应当是一种底线原则，在不触及底线的情形下，资本维持原则不应成为限制目标公司和投资方之间资金流动的制度约束。

### （二）积极拓宽对赌协议补偿资金的来源

投资方具备目标公司股东和债权人的双重身份，其和目标公司之间的关系一方面受到《民法典》相关规定的调整，另一方面也要受到《公司法》相关规定的规范。在投资方请求目标公司承担金钱补偿义务时，一般只能从公司可以分配的利润中支付，关于资本公积金是否可以作为补偿来源仍有待商榷。在目标公司有可以分配利润的情况下，投资方的诉讼请求可以得到全部或者部分支持。但是事实上的情况是对赌失败情况下目标公司的可分配利润往往无法弥补现金或者股权补偿金额，因此可分配利润不应当成为补偿的唯一来源，基于投资人的双重身份，对赌补偿资金来源应当尽量拓宽，履行方式应当坚持多样化。

在司法实践中，对赌失败，投资人会同时主张目标公司回购股权和支付股权回购款，回购股权的请求由于涉及目标公司内部治理的商业判断，司法机关通常不会过多干涉；而支付股权回购款的请求属于典型金钱给付义务。实际上，股权回购本质上也还是金钱给付义务，具有金钱的属性；金钱给付义务的履行性问题依然是回购资金的来源问题。股权回购或者现金补偿来源应当至少包括以下几个方面。

来源一：目标公司当期可分配利润。

公司是以盈利为目的的经济组织，股东取得利润的主要渠道便是公司的可分配利润，使用可分配利润作为股份回购的资金来源，既不会违反公司的资本维持原则，也不会违反债权人利益保护的原则。

判断目标公司是否有可分配利润不能仅关注公司当期的静态经营状况。无论目标公司的经济权掌握在投资人一方还是融资人一方，在公司经营过程中，基于日常经营等需要，往往会通过税务筹划等方式对利润做财务上的处理，当期的利润情况往往无法体现出公司实际的财务状况。在此情形下将资金来源仅仅局限于当期利润无疑不利于投资人利益的保护。应当以股权回购条件触发的时间为节点向前倒推至“对赌协议”签署的时间，在此期间产生的利润均应当计入资金来源。由此则涉及对赌期间可分配利润的计算问题，如果往期利润已经实际分配，则不宜要求返还。一方面投资方作为股东也实际上享有并实际获得了往年的利润；另一方面往期利润的分配也是经过了董事会和股东会决议的，程序上合法则不应当被追溯。

来源二：投资方计入资本公积金部分的投资。

关于公司对赌之金钱补偿方式下，是否能够以投资方计入公司资本公积金的资金用于对投资方进行对赌补偿，这是一个存在较大争议的问题。有观点对于使用资本公积金补偿持否定态度，认为在目标公司对赌失败的情况下，使用投资人进入资本公积金的金钱用来补偿投资方在现行法下是不能成立的。根据《公司法》第168条规定公司公积金的用途为弥补公司亏损、扩大公司的生产经营或者转为增加公司资本。但是，公司的资本公积金不得用于弥补公司的亏损。因此，在投资方作为目标公司股东的情况下，无论基于什么原因，都不能从公司资本公积金中拿走金钱。①

笔者并不赞成这一观点，因为在公司对赌失败的情形下，使用公积金补偿投资方不存在任何法律障碍，甚至应当优先使用公积金进行补偿。《公司法》仅仅是限制了资本公积金不得用于弥补公司亏损，但是并没有限制资本公积金用于补偿投资方。根据“法无禁止即可为之”原则，使用资本公积金补偿投资方并无任何法律上的障碍。此外，目标公司对赌失败并不意味着必然处于亏损，目标公司实际上可能是盈利的，只是没有按照“对赌协议”约定完成盈利业绩承诺。退一步讲，即使目标公司处于亏损的状态，使用资本公积金弥补投资方的损失也不存在任何障碍。从公司公积金资金来源来看，投资方投资目标公司时，基于对目标公司未来业绩的预测，通常采取市盈率法对目标公司进行估值，并采取溢价方式进行收购，再根据未来业绩调整标的公司估值，这也是“对赌协议”的核心价值所在。在此情形下，投资方投入的资本中计入股本部分的往往是“很小一部分”，大部分投资款计入目标公司的资本公积金。从投资人投资主观分析，通过溢价的形式计入目标公司的资本公积金并不是投资人的初衷。投资人实际上更希望投资全部计入注册资本，从而增加对目标公司的控制权。

在“对赌协议”的情形下，投资方以资本公积金的形式投入的投资补偿款不能简单理解为公司财产，该部分财产实际上具有了预付款或是担保金属性，仅是以资本公积金的形式进行体现。一旦确定了公积金可以作为返还股权投资的资金来源，在资本公积金可以覆盖补偿债权的情况下，在股权回购情形下，实际上完全可以不必履行减资程序。

来源三：往年可分配未分配而计入资本公积或者资本盈余金部分。

补偿资金来源还应当包括“对赌协议”签署之后至补偿义务产生期间的应当分配却并未分配的，已经计入公司资本公积或者资本盈余的利润。如前所述，投资人投入的未计入股本却计入资本公积的投资部分是可以支付股权回购款来源的；而往期可分配利润，实际上是股东往年应当分配却并未分配的利润，这部分资金计入用于扩大再生产的资本公积金，也是目前很多公司的通常做法。该部分资金产生的前提是公司往年有盈利，但是该部分盈利经过董事会或者股东会的决议不用于股东分配，而是用于扩大公司再生产。该部分资本公积金用于支付股权回购款或者现金补偿，也不涉及资本维持原则和债权人利益的保护。

---

① 最高人民法院民事审判第二庭编著：《〈全国法院民商事审判工作会议纪要〉理解与适用》，人民法院出版社2019年版，第119页。

来源四:回购股份本身的价值。

接上所述,可分配利润解释的扩大无疑可以丰富投资人退出渠道,但是公司对赌期间的利润往往是无法覆盖股份回购款或者现金补偿款的,因此应当从待回购的股权本身着手,进一步拓宽资金来源渠道。

有交易才会有价值,对于目标公司而言,其在履行回购义务之前,实际上可以将股份对外转让从而获得相应的价款。实际操作中,这种转让可以不经股权变更登记,先行锁定价格,从而有利于引入新的资本。在合同法之公平交易的前提下确定的股权转让价格,免于公司减资繁杂程序,并不会导致公司偿还能力的降低,相反对于债权人来讲还具有保护作用。

如果目标公司拒绝履行股份回购的义务,投资方实际上还可以自行向第三方转让股份。这就涉及股权定价的问题,股权的定价最关键的因素无疑是目标公司实际经营和财务状况,外部股东作为接盘者承担着信息不对称等比较大的法律风险,但是反观公司内部的股东,由于掌握信息上的优势地位,因此往往对于目标公司股权的价值更容易做出准确的判断。在目标公司实际上盈利,却并没有达到对赌业绩的情况下,目标公司在新投资人看来仍是具有投资价值的;无非可以继续谈判,让前一个投资人退出,而新投资人进入,开启新一轮的对赌。这种法律关系实际上是由新投资方代目标公司向老投资方履行支付股权回购款,而不必履行减资的烦琐程序,回购股份由老投资人直接转让给新投资人。这种操作方式可谓一举双得,对于老投资人来讲,实现了“拿钱走人”的最终目的,对于目标公司而言,实现了新投资方加入的目的,公司的经营迎来新的生机,避免一次对赌失败,经营全线崩溃的目的。基于投资方利益的保护和债权人利益的平衡,在公司可分配利润作为股权回购款项来源的前提下,应当充分考虑回购股份的转让所得,应当给目标公司一定的期限,允许目标公司预先转让拟回购的股份,这个期限实际上是目标公司的“抢救期”。在这个期限内应当允许投资方自行转让股份并以所得到的股权转让款抵充回购款。

来源五:目标公司新增股份或其他股份。

目标公司对赌失败之后,当期可分配利润、资本公积金和股份转让无法弥补损失的情况下,目标公司实际上还可以对投资方采取股份补偿的方式。这种方式和金钱补偿是十分相似的,但是投资方并不实际取得目标公司支付的补偿金,而是折算成公司股份,股份补偿的实质是目标公司向投资方的定向增资或者赠送股份,这种操作方式类似于“债转股”,投资方不用实际出资,而是以其投入目标公司的出资作为计算依据。由于对赌失败目标公司没有达到预期的目标,投资方当时的投资溢价率偏高,在这种情况下,投资方应当获得比之前更多的股份。通过股份补偿的方式增加了投资方在目标公司中的股权比重,这恰恰符合对赌调整估值的核心价值。

## 三、目标公司治理结构的选择

### (一)目标公司的实际控制权对于"对赌协议"的履行起决定作用

现代企业制度倡导所有权和经营权分离,这对于规模有限的小微企业往往是无法实现的,这一原则适用于具有一定规模的企业。现有的《公司法》虽经多次修订,但是市场经济的发展无疑走在了《公司法》修订的前面,《公司法》所设计的股东会、董事会和监事会"三驾马车"的治理结构和现实存在明显的脱节,无法根治公司治理中存在的权力分配问题、大股东过度控制公司等问题。正是因为治理中存在的问题,导致了目标公司在"对赌协议"期间的治理结构成为一个难题:投资方通过投入资金,本能地想介入目标公司经营管理,特别是财务管理,以此降低目标公司对赌期间可能产生损害投资人利益的行为;但在跨界投资领域,投资人往往不具有经营目标公司的能力,在投资人控制目标公司的情形下,往往可能造成目标公司经营上陷入混乱;在目标公司估值过高且经营情况并不理想的情形下,不排除投资人利用目标公司控制权"造越位"促使对赌失败,从而收回投资款的情形。因此目标公司对赌期间的控制权对于"对赌协议"能够继续具有重要意义。

### (二)不同种类的企业采取不同的治理结构

股东会中心主义、董事会中心主义和经理中心主义是公司治理的三种典型模式,股东会中心主义和董事会中心主义孰优孰劣一直是研究的热点。不同类型的企业通常采取不同的治理机构,对于人合性比较强的企业或者处于初创型的中小企业,采取股东会中心主义更加符合追求效率的要求;对于资合性的企业或者股权比较分散或者具备一定规模的企业,采取董事会中心主义更加符合公平性和规范化的要求。对于投资人而言没有尽善尽美的治理结构,根据不同种类的目标公司,应当具有不同的治理结构。

我国的公司制度长期以来以控股股东中心主义为主流,但是对于"对赌协议"下的企业则不同,由于存在溢价收购的情形,控股股东往往并不一定是实际投资最多的一方。同时,无论是从《公司法》的规定还是从实际的公司经营管理角度,股东不一定参与实际经营。对于同行业间的投资行为,无论是股东会中心主义还是董事会中心主义,公司的治理结构对于目标公司业绩的影响往往不会特别明显;相反在跨境并购领域,投资人对于目标公司的业绩判断实际上没有专业上的优势,董事会中心主义的治理模式在管理的高效性和经营的专业性方面具有明显制度优势,特别是对于专业的私募股权基金,往往特别关注目标公司董事会治理结构和管理团队水平。

### (三)董事会中心主义的治理结构更有利于"对赌协议"的履行

不同的治理结构对于"对赌协议"的履行也会产生不同的影响。在股东会中心主义的治理结构下,目标公司原股东可能为自然人也可能是单位,由于我国《公司法》对于控股股东或者大股东的规制并不完善,缺少责任追究机制,因此如果原股东仍然实际控制目标公司,在对赌失败需要回购股权或者现金补偿的情形下,原股东控制的目标公司很难形成对于投资人有利的董事会决议或者股东会决议,投资人的利益难以得到保护。在董事会中心主义的治理结构下,董事会成员是自然人且实行一人一票的集体决策制度,因此董事会成员的责任明确具体;根据《公司法》的规定,公司董事、监事和高级管理人员负有忠实义务和勤勉义务,并可能引发追责机制。在这种治理结构之下更容易推动实现"对赌协议"失败后股权回购或者现金补偿义务。具体而言,董事会应当具有股份回购和现金补偿的决策权和启动权,并承担这一商业判断可能产生的法律责任。

## 四、结论

在投资方和目标公司对赌法律效力盖棺定论的背景下,"对赌协议"履行困境是目前亟待解决的问题,由于在认缴制背景下公司资本的维持原则受到前所未有的挑战,这一原则不能僵化不变而应创新适用。"对赌协议"的履行应当在坚持保护目标公司债权人的前提下,充分拓宽资金从目标公司返回投资人的渠道,这看似是一种补偿,实际上也是一种资本退出机制。在《公司法》修订的背景下,签订"对赌协议"的目标公司应当牢固树立董事会中心主义治理结构,董事会对于对赌协议履行应当起到决定性作用,公司治理和资本制度应当有更加密切的联系。

# 刍议公司控制权视角下的公司机关权力配置

何　巍*

《民法典》第76条规定了有限责任公司、股份有限公司属于营利法人范畴。《民法典》第80条、第81条规定了营利法人应当设置权力机构和执行机构，并规定了监督机构的职能。此前，《公司法》并未明确董事会的性质，《民法典》的上述规定予以明确。当然，相关国家和地区的法律在公司机构相关问题的规定上存在差异。公司为法律拟制人格，公司是"法律上的人"是一个事实问题，而是否赋予其法人人格，则是立法政策上的问题。同样，从表述和习惯上来讲，《民法典》和《公司法》中所称的"公司机构"，在日本和我国台湾地区亦称为"公司机关"（本文中为行文方便，两者通用）。从公司的意思表示、业务组织、运营、管理方面出发，公司机构的职能分为意思表示机关、权力机关、执行机关、辅助执行机关、意思监督机关等①，比如，按照我国台湾地区的相关规定，有限公司无股东会制度，公司意思机关为全体股东，而业务执行机关为董事会，意思监督机关为监事会。进行此项界定的目的在于厘清公司机关的权力边界，有利于公司在正常经营过程中明确权限，在对内对外的意思表示过程中，对意思表示的效力进行判定。

## 一、权力机关与执行机关之间的权力配置基础结构

### （一）权力配置基础结构

#### 1. 创设公司机关的必要性及理论基础

创设公司机关，肇始于人们在商业实践中，对公司作为法律拟制人格如何进行

---

* 德和衡合伙人，擅长股权争议解决。

① 参见王文宇：《公司法论》，中国政法大学出版社2004年版。

意思表示的疑问。所谓"拟制说",就是把公司"看成一个独立于其所有人或投资人的拟制的实体,或者说是一个人造的实体"①。这种大陆法系学者所奉行的"拟制说",在英美法系学说中也得到认同。无论是大陆法系学说还是英美法系学说,其理论基础就是赋予公司一个基于独立于公司所有权人和经营权人之外的独立的法律人格,使公司的法律人格完全独立,进而创造出一个简明扼要且清晰的公司的法律概念。

江平教授和龙卫球教授合著论文《法人本质及其基本构造研究——为拟制说辩护》中认为:"法学创造法律人格概念,从而将现实实体与法律主体分离开来,现实的人属于社会的范畴,法律主体属于法律的范畴,它们不是同一的。因此,立法思想总是以他自以为是的目光挑选应予法律人格化的社会实体,建立以之为中心的法律秩序,以法权形式推入到现实世界。"

简言之,法人是法律技术的称呼,法人与有呼吸、有生命的自然人不同,它不会说话,无法进行意思表示。那么法人的意志如何表达?法人机关应运而生。民法正是创设了法人机关这样的概念,使冰冷的法人具有了行为能力。法人机关概念的创设是民法的重要发明,它不仅彻底解决了法人的人格问题,而且结束了法人本质上形而上的纷争。

英国学者海尔顿认为,机关是指公司的"主要代表","主要代表"可以是一个人,也可以是董事会本身。他能够左右法人组织的灵魂和意志,他是法人组织的化身和中心,这个人在全体股东会上可能要服从股东们的指挥。法人机关对于法人的外部和内部均有十分重大的意义。

2. 公司机关分化的理论基础

股东有限责任是公司法律制度的基石之一,也是机关分化的逻辑起点。有观点认为"公司是国家的缩影",这一论断精辟地解释了分权制衡的思想和"三权分立"的结构在公司的组织架构中的重要影响。当然,公司机关分化也并非从开始就存在,最早的股份公司荷兰东印度公司并没有最高权力机关——股东大会,而是由董事会决定公司的全部事项。东印度公司是依据特许状而设立的,是政府重商主义政策下的产物,这也许是公司有史以来董事会权力被放大的一种极端情况。在法国大革命之后,受到三权分立思想的影响,各国才形成最高权力机关、最高意思机关的股东会,以及执行机关——董事会、监察机关——监事会。

现代公司机关的分化和政治体制的三权分立固然在外观和内涵上都高度相

① 参见[美]罗伯特·W. 汉密尔顿:《公司法概要》,中国社会科学院出版社1999年版。

似，但两者的产生机理以及功能、保障机制都截然不同。同时，公司机关的分化也存在很多问题，比如，无责任经营、经营者控制公司、股东大会形骸化、监督机关形同虚设。在所有者与经营权、控制权分离的大背景下，所有者权利弱化的原因主要有：股权分散衍生出委托投票权的行使；经营者在任期内保留了不受所有者干预的权利，并不得被无因罢免；股东有限责任的代价。当然，法律仍然保留股东大会对公司根本事项的决定权，从而保障所有者的地位。

3. 作为股东合作基础的权力配置基础结构

股东之间的投资协议和公司章程，以及包括《公司法》在内的法律规定，都是股东进行投资合作的基础。有所不同的是，在投资协议和公司章程中，在法律授权下进行意思自治的规定均是股东协商后的结果；而《公司法》的规定则是作为投资协议、公司章程进行个性化规定和意思自治的边界。

股东为保障自身的投资收益，在《公司法》的法律规定范围以及投资协议、公司章程中，对分红权、表决权等重要权利进行细致安排。《公司法》在有限责任公司和股份有限公司相关章节中规定，章程都是由发起人共同制定完成，是所有发起人的共同意志。《公司法》第 42 条规定：股东会会议由股东按照出资比例行使表决权；但是，公司章程另有规定的除外。尽管此项法律规定对公司章程的界定语焉不详，但根据法理及通说，此处的公司章程应为全体股东一致通过的初始章程，而非根据《公司法》第 43 条的规定，即资本多数决定进行修改的章程修正案。即使是股份有限公司，在募集设立的过程中，章程只需要经过出席创立大会的认股人所持表决权过半数即可通过，但对于所有参与募集设立的股东来说，股东们都已经通过招股说明书了解到公司章程的全部内容。至于之后投资人参加创立大会、选择购买公司股权，就已经证实其认可公司章程中关于公司机关权力配置的基础规定。质言之，公司章程符合全体股东意志。在公司经营过程中，通过股权转让或者增资扩股的新股东，也知悉并同意公司章程的相关权力配置，勿谓言之不预。

4. 作为公司制度基础的权力配置基础结构

投资人以《公司法》为法律基础，在自治范围内起草投资协议与公司章程。没有在投资协议和公司章程中进行约定的，以《公司法》的规定进行补强。优化股东会与董事会的权力配置基础结构是降低公司经营的代理成本、使股东利益最大化的有效授权，也是公司治理的重要一环。在"股东会中心主义"和"董事会中心主义"发生不断变化、交替的现代公司发展过程中，无论是将董事会职权法定化的美国，还是奉行股东会权力至上的中国，董事会的权力都来自股东。当然，在所有权与经营权分离的大背景下，为了平衡股东会和董事会的关系，对于股东会的权力范围,不同国家和地区也将其纳入法律规定。我国《民法典》第 80 条已经明确有限责任公司和股份有限公司应当设置权力机构。《公司法》第 37 条、第 46 条也圈定了股东会的职权,并明确董事会向股东会负责。至此,在公司法领域,权力来源以及权力位阶已被界定,股东会作为权力机关的地位不能被董事会超越,即使《公司法》第 46 条第 11 项规定了董事会享有"公司章程规定的其他职权",但股东会的固有权力不能通过公司章程进行授权。

股东作为公司的出资人和公司的所有者,承担着公司的风险,可以说,没有人能比股东更加关注自身利益。所以,尽管股东会可以通过公司章程将包括经营管理权在内的部分权力授权董事会行使,但股东会在"股东会中心主义"的纲领下,不可能因为部分非基础性权力的转授而改变股东会作为公司最高权力机关的根本地位。《公司法》第 4 条规定了公司股东依法享有资产收益、参与重大决策和选择管理者等权利。《公司法》第 37 条又具体规定了股东会的重大职权,包括审议批准董事会的报告等。同时,《公司法》第 46 条明确董事会向股东会负责。在这里要强调的是,董事会不仅仅要对大股东负责,更要向全体股东负责。股东的团体意志才能真正体现股东权利。董事会按照股东会的授权所执行的指令如果违背中小股东意志或者损害中小股东利益,那么,中小股东的投资预期保护基础将荡然无存。

我国《公司法》坚持"股东会中心主义",存在其合理性。与推崇"董事会中心主义"的美国等国家不同,我国大多数公司股权比例高度集中,包括很多上市公司控股股东的股权比例甚至达到了 50% 以上。但是,《公司法》对控股股东的信义义务规定缺失以及董事、高管信义义务在实践中较难落地,中小股东利益在公司实际经营过程中存在较高风险。

### (二)股东会职权中的基础性权利与经营性权利

公司机关以及基本组织结构的改变,《公司法》第 4 条规定的股东资产收益、参与重大决策等权利,第 43 条第 2 款规定的"修改公司章程、增加或者减少注册资本的决议,以及公司合并、分立、解散或者变更公司形式的决议",直接关系到股东对公司的最终控制权。

在这里,我们有必要对公司控制权的概念进行简要分析。公司控制权是理解现代公司制度和市场经济运行的一个核心概念。公司控制权很难定义,也存在理论争议。从一定程度上说,公司控制权是一种要素协调权①,即对公司内的生产要

---

① 参见周军:《公司控制权研究》,人民出版社 2016 年版。

素进行指挥和整合的权力。公司控制权分为最终控制权和实际控制权。最终控制权是终极意义上的控制权,影响公司要素协调。股东掌控公司的最终控制权,由股东会行使该项权力。股东不直接从事经营管理活动,但可以通过任免董事、监事以及修改公司章程等手段,达到间接控制公司的生产经营的目的,从而对公司的要素协调活动产生影响。同时,股东会也可以根据《公司法》第 43 条第 2 款的规定,作出公司合并、分立、解散、清算等重大事项,从而影响公司的要素协调。

实际控制权分为直接控制权和间接控制权,是公司中实际从事要素协调活动,推动公司运行的控制权力。实际控制权的行使者是董事、监事以及高管。直接控制权的行使主体是公司的高管,管理层通过自身掌握的专业技术和实务经验推动公司的经营管理活动。间接控制权的行使主体是公司监事,间接控制权并不直接介入公司经营管理事务,而主要是对公司管理层的决策是否保护股东利益及公司利益进行监督和约束。

《公司法》第 37 条规定了公司股东会的基础性权力,但仍无法全面覆盖"股东会中心主义"背景之下公司股东会基础性权力应当囊括的范围。公司股东会应当将买卖重大资产、决定会计审计机构、大额担保审批、募集资金变更事项、决定股权激励等内容明确保留在股东会职权中。

在最高人民法院《全国法院民商事审判工作会议纪要》中规定,公司为公司股东或者实际控制人以外的人提供非关联担保,根据《公司法》第 16 条的规定,此时由公司章程规定是由董事会决议还是股东(大)会决议。无论章程是否对决议机关作出规定,也无论章程规定决议机关为董事会还是股东(大)会,根据《民法典》第 61 条第 3 款关于"法人章程或者法人权力机构对法定代表人代表权的限制,不得对抗善意相对人"的规定,只要债权人能够证明其在订立担保合同时对董事会决议或者股东(大)会决议进行了审查,同意决议的人数及签字人员符合公司章程的规定,就应当认定其构成善意,但公司能够证明债权人明知公司章程对决议机关有明确规定的除外。此项规定实际上也反映了在股东会和董事会职权配置不明确的情况下,公司对外担保的效力问题的解决规则。

## 二、权力机关与执行机关之间的权力变动边界和限度

### (一)股东固有权利

1. 固有权和非固有权的定义和范畴

公司法按照股权性质的不同,将其分为固有权和非固有权。此种分类可以明确股东权利是否可以依照公司章程或者股东会决议加以限制。一般而言,共益权

多属于固有权,自益权多属于非固有权。凡对固有权加以剥夺或者不当限制者,均为违法行为,受到侵害的股东可依法主张权利救济,比如,请求法院撤销公司决议或者确认决议无效。主要的固有权,也就是共益权,是股东参与公司经营管理权,是为了更好地实现投资收益权而必需的管理性权利,包括股东会议召集请求权、提案权、出席会议权、表决权、查阅账簿权、公司决议效力确认权等;主要的非固有权,也就是自益权,是为了股东自身利益而主张的财产权,主要包括股利分配请求权、剩余财产分配请求权、新股认购请求权,以及股权凭证交付请求权、股东名册变更记载请求权等。

2. 固有权和非固有权的司法实践

北京市高级人民法院《关于审理公司纠纷案件若干问题的指导意见》第 12 条规定:“有限责任公司非经全体股东一致同意,不得变更《公司法》第三十五条、第四十三条规定的或者公司章程规定的利润分配方式、新股认缴方式和表决权行使方式。股东以相关股东会决议或者章程修改未经股东一致同意为由,请求人民法院确认无效的,应予支持。”据此,表决权、利润分配请求权、有限公司认缴新股的权利已经被法院认定为固有权利,股东会决议可以对此作出与《公司法》不同的权利分配,但必须经过全体股东的一致同意,否则该股东会决议无效。也就是说,除了出席股东会的权利、共同制定公司章程的权利、剩余财产分配请求权等固有权利不允许以股东会决议等形式予以限制或剥夺外,其他固有权可以按照法律允许的方式予以剥夺或者限制,违反上述强制性规定的剥夺或者限制股东固有权的股东会决议无效。

在实践中,有些公司,尤其是股权较为分散的上市公司,其董事会或股东大会作出决议,为出席会议设定股权门槛,即只有持股比例达到一定数量的股东才有权出席会议,这一决议剥夺了部分股东出席会议权以及表决权等固有权,应当被认定无效。另外,在司法实践中,某些股东未收到股东大会通知,等到股东知道时,早已超过《公司法》第 22 条第 2 款规定的 60 日,无法起诉撤销公司决议,而会议确实已经召开,且存在程序瑕疵,那么,股东仍然可以起诉确认公司决议因剥夺股东参加会议权等固有权而无效。

### (二)股东固有权利与公司治理结构的调整

《公司法》作为一部组织法,明确了公司的权力机关、执行机关和监督机关,规定了三大机关的职责、基本工作规则和相互关系。根据法律和公司章程的规定,公司内部各机关如何行使权力、履行职责是公司治理的范畴。一般而言,关于公司的治理结构(包括公司机关的设置、各公司机关的权利基础配置)的法律规范为强制性规定,且应为效力性强制性规定,公司不得以股东会决议或者董事会决议的形式予以改变。改变《公司法》关于公司治理结构强制性规定的公司决议应当被认定无效。随着对有限公司人合性的认识不断深入,人们倾向于赋予有限公司更多自治空间。

如果股东会决议违反法律的基本原则和法律的强制性规定,比如,违反公序良俗、股东平等原则等法律基本原则,当然属于无效。比如,在某有限公司中,实际控制人利用掌控公章的便利,擅自作出股东决定,修改全资子公司的章程,最后被法院判决该股东决定违反公司法人的真实意思表示而归于无效,实际上就是因破坏了公司机关的权力基础配置而导致股东决定无效。

### (三)股东会限缩职权与董事会扩大职权的边界

#### 1. 关于公司机关职权的司法政策和司法解释

中国商法典还未制定颁布,从《民法典》及《公司法》来看,民事权利具有私权属性,民事权利主体,包括商事主体有依法处分自身权利之自由,即可以积极行使权利,从而获得法律上的利益,也可以消极行使权利,乃至放弃权利,法律并无干涉之必要。在最高人民法院《关于适用〈中华人民共和国公司法〉若干问题的规定(四)》新闻发布稿及《最高人民法院公司法司法解释(四)理解与适用》一书中,最高人民法院杜万华专委多次强调,"根据法律和公司章程的规定,公司内部各机构如何行使权力、履行职责,是公司治理的范畴,包括司法机关在内的公权力机关原则上不得介入。人民法院商事审判只有在公司治理机制被打破,股东或公司利益受到损害时,才能根据当事人的请求,依据法律规定介入。商事司法介入的目的,是要通过审判查清案件事实,依法维护当事人的合法权利,治理破损的公司治理机制"。

#### 2. 董事会职权与股东会职权的博弈

从20世纪开始,现代公司治理结构出现了从"股东会中心主义"到"董事会中心主义"的变化。随着公司的专业化经营,以及公司所有权与经营管理权分离趋势日渐明晰,股东会权力和董事会权力之间的分野日趋明显,而且越来越向保护董事、高管经营管理权、防止股东对其不当干涉的方向倾斜。一方面,"董事会中心主义"能够将公司带向专业经营的"康庄大道";另一方面,公司的权力重心从股东会向董事会转移,也是社会分工精细化的必然结果,是提高商业效率的必然选择。商业判断规则的主要掌控者也应该是公司的实际经营者,而非投资者。

当然,无论是“股东会中心主义”还是“董事会中心主义”,都仅仅强调了股东会和董事会一方在公司中的地位和作用,两种主义都不会彻底否定另外一方在公司治理结构中的作用和地位。质言之,董事会中心主义并不否定或剥夺股东会在公司重大事项中的最终决策权,如前所述,股东对公司享有最终控制权。只不过董事会的权力正在强化,也是大势所趋。

3. 股东会和董事会职权的调整

按照公司法规则的规范对象来分,公司法规则可以分为结构性规则、分配性规则和信义规则,由于篇幅所限,不对上述概念进行展开。上述概念区分的标准主要是权利的分配以及对应的义务。结构性规则就是公司内部机关的权力配置规则,分配性规则规定公司与股东财产分配,信义规则是董事与控股股东之间的义务,属于强制性规范。股东会和董事会的法定权力属于结构性规则,并不涉及第三人利益,属于任意性规范,可以由公司章程进行调整。但是,由于股东会与董事会在公司治理结构中地位不同,法定权力也并非能够进行无限制调整,如前所述的股东固有权利不能由董事会行使。

国美是在百慕大群岛注册,在香港上市的一家外国公司。其注册地和上市地均属于英美法系的国家和地区。英美法系国家奉行“董事会中心主义”,而股东大会与董事会的权力划分,往往由章程确定,法律对公司章程极少干预。公司只需要将章程大纲在公司登记机关进行备案,真正详尽的章程细则无须备案,公司留存即可。董事会决议推翻股东大会决议,这一明显违背公司治理常识,违反公司权力运行机制和逻辑的事件,在我国这种奉行“股东会中心主义”的国家是不可能发生的,而在英美法系国家注册的国美,则是预料之外、情理之中。但是,无论是英美法系还是大陆法系,公司的所有权力应当归属于股东,股东会或者股东大会才是公司的权力机关,应当享有对公司重大事项的决定权。董事会只是公司的执行机关,负责公司的日常经营和管理。即使在股东大会和董事会的权力划分上,经历了“股东会中心主义”向“董事会中心主义”,甚至“经理人中心主义”的转变,但是无论如何都不应侵犯股东与股东会的固有权利。申言之,即使董事会依照公司章程作出决议,但当股东会或股东大会作出的决议与董事会的决议存在冲突时,显然股东大会的决议才是股东的真实意思表示。在这种情况下,董事会的决议因违反股东会或者股东大会的决议应属无效。在国美案中,董事会以股东大会的决议未反映大部分股东的意愿为由,否决了股东大会的决议,有违基本法理。

### (四)权力配置基础结构的调整机制

根据《公司法》第46条的规定,董事会享有公司绝大部分事项的经营权。根据

《公司法》第46条第11项的兜底性规定，董事会还享有公司章程规定的其他职权。对该项规定进行文意理解，董事会享有的权力源于章程规定，但股东会授权董事会采取何种程序尚无明确规定。实务中，有限公司股东会授权董事会行使权力较为随意。

根据《公司法》的相关规定，如果没有特别规定，对于非基础性权力的授权，有限公司如果没有在章程中规定股东会的议事方式和表决程序，那么可以参考股份有限公司的规定，即一般性决议必须经过出席会议的股东所持表决权过半数通过。对于股东会基础性权力事项的授权必须通过修改章程的方式进行。根据有限公司和股份有限公司关于特别决议的规定，分别需要代表2/3以上表决权的股东或出席会议的股东所持表决权的2/3以上通过。在某些特殊情况下，比如，股东设立新公司或者在加入某公司时，则形成全体股东一致同意或者事实上一致同意的情形。

## 三、结语

鼓励中小股东维护自身权益，通过积极行使法律赋予股东的权利，对大股东（控股股东）和高管进行监督，是实现股东权益的重要路径。但在价值选择上，上述路径又与商业判断、高效原则相违背。两害相权取其轻，股东最终还会经过权衡利弊，将权力授权给董事会。但为了保护中小股东利益，在通过修改公司章程或作出公司决议将股东的既有权利或者公司章程没有规定但《公司法》规定属于股东会的职权授予董事会行使，则必须要对公司自治作出必要的限制。

# 有限责任公司股东出资瑕疵问题解决刍议

甘永辉*

《公司法》修订后对公司注册资本制度作出重大修改。注册资本认缴制的实施,显著降低了股东的投资门槛和公司设立的难度。宽松、灵活的认缴资本制度对鼓励投资创业、推动市场经济发展具有重要意义,但也存在资本保障功能弱化、债权人交易成本及风险增加等弊端。股东认缴注册资本后不按规定履行出资义务、抽逃出资等出资瑕疵的情形尤为泛滥。

针对股东出资瑕疵问题,除了要求存在出资瑕疵的股东履行出资义务补足出资外,还有哪些办法可以解决此类问题?鉴于我国法律对有限责任公司和股份有限公司在诸如公司股权回购等问题上作出了不同的规定,本文将仅就实务中普遍存在的有限责任公司股东出资瑕疵问题如何适当解决进行分析,以期帮助投资者和公司控制法律风险,维护合法权益。

实践中,结合该等出资瑕疵的股东的具体出资情况以及其是否具备配合意愿等情况,适当解决股东出资瑕疵问题主要可以采取以下方式。

## 一、股权转让

根据《公司法》第 71 条之规定,无论该等出资瑕疵的股东是否实际出资及出资多少,在公司其他股东愿意配合且有受让方的前提下,出资瑕疵的股东均可通过转让股权退出公司,由公司原有的其他股东(或新的股东)受让该等出资瑕疵股东的全部或出资未到位部分的股权,从而使该等出资瑕疵的股东退出公司。具体流程为转让双方签署股权转让协议,然后到登记机关办理变更登记即可。如涉及新股东进入,则需提供股东放弃优先购买权的股东会决议或声明。

---

* 德和衡高级合伙人、深圳分所管理主任,擅长上市/挂牌与再融资、并购重组、私募基金、人力资源等专业领域。

原股东通过股权转让退出公司的方式虽较为简单，但需要注意的是，在相关股权转让协议中须将出资义务承担问题约定明确，否则新旧股东与公司之间可能产生新的出资纠纷。股东未足额出资即转让股权的，出资不实的责任不随股权的转让而免除。

对此，最高人民法院《关于适用〈中华人民共和国公司法〉若干问题的规定（三）》（以下简称《公司法解释（三）》）第 18 条规定："有限责任公司的股东未履行或者未全面履行出资义务即转让股权，受让人对此知道或者应当知道，公司请求该股东履行出资义务、受让人对此承担连带责任的，人民法院应予支持；公司债权人依照本规定第十三条第二款向该股东提起诉讼，同时请求前述受让人对此承担连带责任的，人民法院应予支持。受让人根据前款规定承担责任后，向该未履行或者未全面履行出资义务的股东追偿的，人民法院应予支持。但是，当事人另有约定的除外。"

在（2010）沪一中民四（商）终字第 2036 号陈某与某公司股东出资纠纷一案中，某公司的注册资本为 6250 万元，陈某认缴 500 万元，占注册资本的 8%。陈某在未完全履行出资义务的情形下将其原持有的某公司 8% 的股权全部转让给了案外第三人。法院认为，陈某虽已对外转让了其全部股权，但其出资不实的责任不应随着股权的转让而免除，因此陈某应当依法向某公司补足出资。

在（2010）沪一中民四（商）终字第 1115 号甲公司诉周某股东出资纠纷一案中，甲公司注册资本 500 万元，乙公司认缴 255 万元，占注册资本 51%。周某与乙公司签订《股权转让协议》，约定乙公司将其持有的甲公司 51% 股权以 255 万元转让给周某，该转让款由周某一次性给付乙公司。但因乙公司未向甲公司足额出资，周某向乙公司收回了所支付的股权转让款且亦未向甲公司出资。按照公司股东应当足额出资及公司资本充实原则，公司选择向当前享有股东身份的股东周某要求其履行全部出资义务的，法院予以支持。

结合以上规定及案例可知，如果原股东未足额出资即转让股权，出资不实的责任并不随股权的转让而免除。如受让股东（新股东）明知原股东未足额出资，公司或公司债权人有权请求原股东履行出资义务，并要求受让股东就出资义务承担连带责任。因此，在股权转让时，可约定由受让股东将应支付的股权转让款直接用于完成出资义务，减少后续可能发生的纠纷。

## 二、公司减资

当该等出资瑕疵股东不按照其所认缴资本履行出资义务时，在不损害债权人利益的前提下,公司可以考虑召开股东会并决议以减少注册资本的方式将该股东未实际出资的认缴注册资本部分减少,各股东按照减资后的注册资本总额重新分配各自股权比例。

需要注意的是,公司减资程序十分严格,在减资过程中必须严格履行相关的法定程序,这是为了保护债权人的利益不受损害。减少注册资本按照《公司法》第 43 条的规定必须经代表 2/3 以上表决权的股东通过。同时,减资还须满足《公司法》第 177 条规定的以下程序及条件:(1)编制资产负债表及财产清单;(2)依法作出减少注册资本的决议,并在作出决议后的 10 日内通知债权人,同时在 30 日内进行公告;(3)公司债权人要求进行清偿或者提供相应担保的,必须进行清偿或者提供相应担保。

按照《公司法》第 177 条的规定,减资应采取"通知 + 公告"的方式,那么减资时通知债权人和公告程序是否择一履行即可? 对此,最高人民法院在(2012)民提字第 25 号江西远洋运输公司与 DAC 中国特别机遇(巴巴多斯)有限公司等债权纠纷再审案中认为:"对已知的债权人,应采用通知这种合理、有效的方式告知,公告不能免除直接通知的义务。"结合法条原文可以看出,通知 + 公告二者不可相互取代,公司应对已知的每个债权人进行个别通知,如通知不到债权人,应保留通知不到债权人的相关证据,如邮寄退函等证明文件,再进行公告。否则存在后续被认定为减资程序存在瑕疵不符合法律规定,公司的减资决议并不能产生注册资本发生变更的法律后果。

此外,在(2017)最高法民终 422 号中储国际控股集团有限公司、山西煤炭运销集团曲阳煤炭物流有限公司公司减资纠纷二审案中,最高人民法院判决认为,中储国际控股公司作为股东,在上海昊阁公司未按法定程序通知已知债权人、未对其债务进行清偿或者提供担保的情况下就进行了减资,减少了公司的责任财产,严重影响了公司的偿债能力,使公司无力清偿减资前产生的巨额债务,所产生的后果与股东未履行或未全面履行出资义务及抽逃出资产生的法律后果并无不同。中储国际控股公司应在减资范围内对上海昊阁公司不能清偿的债务承担补充赔偿责任。因此,瑕疵减资的股东所承担的法律后果可类比股东抽逃出资的责任即"在抽逃出资本息范围内对公司债务不能清偿的部分承担补充赔偿责任"。

结合上述规定及案例可知,存在瑕疵的减资行为对相关债权人不当然发生注册资本变更的法律效力,可能导致不当减资的股东对公司债务不能清偿的部分承担补充赔偿责任的法律后果。

## 三、公司回购股权

股权回购指公司依照法律规定或约定，向股东支付合理的价格，收回该股东持有的公司股权，从而实现股东从公司退出。股权回购与股权转让的区别在于，股权回购的主体是公司，而股权转让的主体是公司其他股东或股东以外的第三人。

公司回购股权是股东转让股权退出公司的一种特殊方式，现行《公司法》第74条规定在三种特殊情形下，有限责任公司的异议股东可以要求公司支付合理价格回购其股权以退出公司。除此之外，现行法律没有明确规定允许股东与公司之间约定回购股权。实务中，对于股东与公司约定回购股权的行为是否有效一直存在争议。

最高人民法院在(2009)民申字第453号沛县舜天房地产开发有限公司与叶某文股权转让纠纷申请再审案中认为：《公司法》规定股东不得抽逃出资，但《公司法》并不禁止股东在公司成立之后以合法方式退出公司，包括以公司回购股权的形式退出公司。《公司法》第74条规定的情形股东可行使法定的回购请求权外，《公司法》上仍有股东与公司于其他情形通过协议而由公司回购股东股权的余地。最高人民法院《关于适用〈中华人民共和国公司法〉若干问题的规定(二)》第5条规定，人民法院审理解散公司诉讼案件，当事人协商同意由公司或者股东收购股份，或者以减资等方式使公司存续，且不违反法律、行政法规强制性规定的，人民法院应予支持。而且，《全国法院民商事审判工作会议纪要》确立了股东与公司约定股权回购并不当然无效的原则。因此，在不损害债权人利益及严格遵循《公司法》相关规定的前提下，可以约定由公司回购该等出资瑕疵的股东的股权。然后再予以减资或转让。

实务中应当注意：股权回购的关键是确定股权价格，应该由评估公司根据公司及股权的实际情况依法评估确定。

## 四、股东除名

我国现行民事责任框架内，瑕疵出资股东的责任承担方式有三种：一是依据《公司法》第28条的规定向公司足额缴纳出资，并对其他已按期足额缴纳出资的股东承担违约责任；二是依据《公司法解释(三)》第16条，限制其利润分配请求权、新股优先认购权等实体权利；三是进行股东除名。这三类责任在适用条件上宽严递进。只有最严重的出资瑕疵才能适用股东除名，司法实践对股东除名的有效认定也持审慎态度。

《公司法解释(三)》第 17 条第 1 款规定:"有限责任公司的股东未履行出资义务或者抽逃全部出资,经公司催告缴纳或者返还,其在合理期间内仍未缴纳或者返还出资,公司以股东会决议解除该股东的股东资格,该股东请求确认该解除行为无效的,人民法院不予支持。"

股东除名在实务操作中应注意几个问题:

1."未履行出资义务"是否包括部分未出资情形。

在(2014)沪一中民四(商)终字第 2047 号上海吾创园林建设有限公司诉黄某贵公司决议效力确认纠纷一案中,上海市第一中级人民法院认为:解除股东资格措施应适用于严重违反出资义务的情形,如"未出资"或"抽逃全部出资",未完全履行出资义务和抽逃部分出资不应包括其中。

一般认为,股东除名制度的立法本意在于惩罚严重瑕疵出资股东,是对失信股东的放弃,因此应类推适用条文中"抽逃全部出资"的规定,即只有在完全未履行出资义务情况下才可进行股东除名。

2.除"未履行出资"和"抽逃全部出资"外,公司章程能否约定股东除名的事由。

《公司法》虽赋予公司章程较大空间,但在此问题上没有具体的规则,章程约定股东除名的事由存在空白。笔者认为,有限责任公司是兼具人合性和资合性的社团法人,成员间密切的信赖是有限责任公司赖以生存的根本要素之一。股东除名是建立在社员权基础上,以维护公司整体利益为目标,当股东行为导致公司的人合性难以维持,严重影响公司经营的,应当允许公司通过章程规定将该类股东进行除名。

在(2017)鲁 0211 民初 9654 号青岛经济技术开发区同力机械化施工有限公司诉薛某公司决议效力确认纠纷一案中,法院认为,原告公司章程中明确规定了股东连续三次不参加股东会也不委托他人与会的,当被解除股东资格,本案中原告连续三次通过邮件通知被告薛某参加股东会,被告拒收邮件,亦不与会。其他股东召开了股东会并决议解除薛某的股东资格,也打电话通知了薛某。薛某未向原告反馈意见,也未到庭发表意见。原告依据《公司法》和其章程的规定作出的决议合法有效。由此可见,司法实践支持在章程中约定股东除名条件。

3.经催告后股东在合理期间内仍未履行出资义务才可对其除名,"合理期间"应如何确定。

《公司法解释(三)》第 17 条在表达上使用的是"合理期间"而非"公司催告的期间"。由此可见,公司催告的期间合理与否在判断解除股东资格行为的效力时至关重要。

在(2016)沪01民终9059号申屠某中诉上海中科网威信息技术有限公司请求变更公司登记纠纷案中,上海市第一中级人民法院认为:上海中科公司在函件中规定的期间并不合理。因为,从2015年9月29日至10月9日,一共才11天,其间内还有为期7天的十一国庆长假。显然,上海中科公司催告北京中科公司返还出资的时间过短。

结合规定及案例,合理期间的设置应当具体案件具体分析。稳妥起见,建议公司在对股东进行催告时,设置不少于一个月的宽限期要求股东出资。

4. 股东除名决议如何形成,被除名股东是否有权参与表决。

股东除名并非《公司法》第43条规定的特殊表决事项。因此,除公司章程对股东除名表决方式另有规定外,经代表1/2以上表决权的股东形成对出资瑕疵的股东除名的股东会决议即可。

关于被除名股东是否有权参与表决的问题,现行法律并未明确规定。在(2016)最高法民申2868号徐某国与鸡西市申太房地产开发有限公司公司解散纠纷申诉一案中,最高人民法院认为:"申太房地产公司作为本案涉案公司,只有两名股东,同时各占股份50%。如果作为占有50%股份的一方股东在未经任何催告、或无任何有效凭证证明另一方虚假出资等情形下,即可以作出股东除名决议,这势必导致作为对方股东相关权益受损或者股东权利损失,与公司法解释三第十八条规定之精神亦根本不符。"在(2014)沪二中民四(商)终字第1261号上海万禹国际贸易有限公司、宋某祥与杭州豪旭贸易有限公司公司决议效力确认纠纷一案中,持有1%股权的股东成功将99%股权瑕疵出资股东进行除名。上海市第二中级人民法院认为:"《公司法司法解释(三)》第十七条中规定的股东除名权是公司为消除不履行义务的股东对公司和其他股东所产生不利影响而享有的一种法定权能,是不以征求被除名股东的意思为前提和基础的。在特定情形下,股东除名决议作出时,会涉及被除名股东可能操纵表决权的情形。故当某一股东与股东会讨论的决议事项有特别利害关系时,该股东不得就其持有的股权行使表决权。"

笔者认为,如果股东与表决事项具有利害关系,则应当限制其表决权,被除名股东的表决权也不例外。限制被除名股东的表决权,才会使股东除名制度具有可操作性,如若允许瑕疵出资股东表决,尤其是瑕疵出资大股东表决,则该制度将失去意义。

尽管实践中存在大量的股东出资瑕疵问题,现行《公司法》并未就股东资格问题设定相应的除权程序,所以股东不因瑕疵出资而丧失股东资格,股东资格是其对外承担瑕疵出资责任的法理依据。瑕疵出资股东应对公司、其他股东及债权人承担相应的民事责任。现行法律只规定了出资瑕疵股东的法律责任,但并没有规定公司或其他股东必须采用哪一种方式来处理股东出资瑕疵的行为,股东出资瑕疵给公司造成的影响也不能一概而论,而且出资瑕疵的表现形式也很多,故实务中解决股东出资瑕疵问题时,一定要根据公司及股东的具体情况认真分析后采取适合的解决方式,切忌不顾实际情况采取单一或教条的方式处理。

# 我国股东代表诉讼制度沿革与完善建议

李富社[*]　梅树玮[**]

股东代表诉讼制度源于英美法系国家，后逐渐被多个国家和地区所接受。股东代表诉讼制度对于维护中小股东利益、维护公司利益、构建公司内部良好的制衡机制具有重要作用。我国的股东代表诉讼制度在立法上形成于2005年修订的《公司法》，后通过司法解释的规定日趋完善。但还是存在对原告资格限定过于严苛、前置程序豁免情形规定不明确、提起诉讼的股东的成本补偿机制有待细化等问题，可以采取适度放宽原告资格、限缩前置程序适用范围、明确豁免情形、在举证责任方面向原告做有利倾斜等方式进一步完善。

## 一、股东代表诉讼制度概述

### （一）股东代表诉讼的概念及特征

1. 股东代表诉讼的概念

股东代表诉讼，是指当公司的董事、监事、高管人员或者他人的行为损害了公司的利益，而公司怠于通过诉讼方式追究其责任以恢复公司的利益时，由公司的股东基于与公司的利益连接，径行代表公司对侵权方或者违约方发动的诉讼。①

从比较法视角来看，当前各国学界对于股东代表诉讼的具体称谓并不一致。如英国称其为股东代表诉讼（Shareholder's Representative Action），而同属英美法系的美国则称为股东派生诉讼（Shareholder's Derivative Suits），亦有称呼为股东二级

* 德和衡合伙人，擅长上市公司并购重组、股权投融资、公司诉讼与证券诉讼等领域。

** 德和衡联席合伙人，擅长商事争议解决业务、建设工程纠纷、股权投融资、企业常年法律顾问、企业劳动纠纷等业务领域。

① 甘培忠：《企业与公司法学》，北京大学出版社2007年版，第413页。

诉讼的。大陆法系的国家和地区则称谓较为统一,如日本及我国的台湾地区,都称为"股东代表诉讼"。其实,概念称谓上的差异,也能看出各国立法及司法的价值取向:称为股东派生诉讼的国家或地区,更为强调该种诉讼的诉权来源;而称为股东代表诉讼的国家和地区则更为强调的是在具体的诉讼形式中原告所代表的利益群体。事实上这种价值取向上的差异也的确在具体的制度设计上有着较为明显的体现,后文笔者会有详细论述。至于我国,作为成文法系国家,立法思路及法学发展深受大陆法系的影响,我国学界一致统称该诉讼形式为股东代表诉讼。

2. 股东代表诉讼的特征

从上述股东代表诉讼的概念可以看出,其与民事诉讼法中所说的一般诉讼存在显著的不同,属于"异类",而股东代表诉讼的这些特别之处又恰恰是其价值所在。笔者归纳股东代表诉讼的特征如下:

第一,实质诉权源于公司,公司不得成为股东代表诉讼的被告。

在股东代表诉讼中,原告虽然是股东,但是其据以提起诉讼的事实前提却是公司权益受到他人损害,虽然股东的利益与公司的利益存在关联性,但是股东的损失只是公司遭受损失的后果之一,限于公司独立人格制度,股东并非相应法律行为的直接当事人,因此股东代表诉讼的诉权来源还是来自公司的。因为该诉讼的诉权源于公司,则公司就不得作为被告。

第二,股东代表诉讼具有代位诉讼性质。

股东代表诉讼虽然名为"代表诉讼",但其还是具有"代位诉讼"的性质。因为该诉讼的诉权源于公司,虽然股东的主观目的是维护自身利益,但是股东代表诉讼所依据的法律事实、所凭借的诉权来源、所产生的法律后果,针对的都是公司而非股东。因此,股东代表诉讼实质就是在公司不行使或怠于行使请求赔偿损害诉权时由其股东实施的代位诉讼。

第三,裁判结果对其他股东产生既判力。

股东代表诉讼顾名思义,其具有代表诉讼的性质。也就是说即便是部分股东提起的该诉讼,那么也代表着其所在公司中的其他的股东,裁判的结果对于其他未起诉股东同样产生既判力。

第四,股东代表诉讼存在特殊限制措施。

股东代表诉讼的事实依据、诉权来源、结果归属等都与一般的诉讼有所不同,其价值取向上既要维护股东的利益,也要防范过度突破一般诉讼制度的限制,致使股东滥用该制度。因此,鉴于它的这种"奇葩"状态,实践中各国对于股东代表诉讼都存在持股比例、前置程序等特殊的限制措施。

### (二)股东代表诉讼制度的起源及发展

当前学界一般认为,股东代表诉讼肇始于英国1843年的福斯诉哈伯特(Foss v. Harbottle)案件。在这起案件中,公司的董事会决定以高于市值的价格向大股东购买其物业,这将严重损害公司利益。于是,有两名股东便向法院提起了诉讼,请求法院判令董事会的该行为无效并命令大股东将其所收超过市值的部分交回给公司。法院认为,该案件中的受害人应是公司,那么起诉的权利也应当由公司而非股东享有,股东不是该案件适格的原告。因此,法院驳回了原告的诉讼请求。但是,显然这种判决方式使股东无法获得救济,损害了股东的利益,在利益保护上失衡。英国司法界也有这样的认识,之后,通过一系列判例,为股东代表诉讼开辟了路径。

1881年美国通过判例法直接明确了股东可为了公司利益提起代表诉讼,这标志着股东代表诉讼制度正式诞生了。之后,这种制度由英美法系国家传播到了大陆法系国家,法国、日本等国家也相继在其立法中规定了股东代表诉讼制度。①

## 二、股东代表诉讼制度的价值作用

### (一)股东代表诉讼制度的法理基础

关于股东代表诉讼的法律性质及法理基础问题,学界多有争论,大抵存在共益权说、受益权说、债权代位权说、社员权说等。

共益权说的主要观点是认为股东提起的代表诉讼本质是对公司运营管理的一种监督措施,其权利来源是股东对公司的管理权和共益权,股东的利益与公司的利益存在相当程度的一致性,对公司利益的维护就是对自己利益的维护。共益权说充分考虑了股东和公司之间的利益关联。该观点目前在学界较为主流。

受益权说认为,股东是公司财产价值的受益人,基于这种利益上的关联性,公司应当允许股东在公司财产受到侵害时以诉讼方式维护自己的受益权。该观点不像共益权说那般彻底,只是将公司与股东的关联限缩于财产领域。

债权代位说的学理基础是股权债权说,是指股权可在一定程度上视为股东对公司的债权,因此,当公司利益遭受侵害时,也就意味着其债权遭受了侵害,因此便可提起代位权之诉。不过作为该观点基础的股权债权说本就存在争议。

社员权说是指股东所投资的公司是一个大社团,股东则是其中的社员,社团利

---

① 周剑龙:《日本公司法制现代化中的股东代表诉讼制度》,载《南京大学学报(哲学·人文科学·社会科学版)》2006年第3期。

益受到侵害势必损害社员利益,因此,社员有权维护社团的利益。笔者认为,该观点与共益权说本质上并无区别,或者说共益权说就是社员权说进一步抽象归纳的成果。

### (二)股东代表诉讼制度的实施价值

股东代表诉讼制度现在已为多个国家所接受,我国当前也以立法形式将其确立。我们有必要依据其学理基础和设立原因,充分探究该制度的实施价值及应用空间,这样方可明确其应然状态,以对我国股东代表诉讼制度的完善提供正确的指引。

第一,维护中小股东的利益。维护中小股东的利益是股东代表诉讼制度设立的初衷,也是股东适用该制度的动机和目的。股东代表诉讼制度为股东尤其是中小股东在遭受公司董事、大股东或者其他第三人侵害时提供了一条有力的救济路径。

第二,维护公司利益。鉴于股东代表诉讼诉权的根源,以及诉讼结果的归属,实施该制度将能够有力维护公司的利益。虽然公司具有法律拟制人格,但其客观上仍是自然人协调运作的一个组织,需要具体个人的行为来维护和运营。股东代表诉讼制度赋予了部分股东针对侵害公司利益的对象提起诉讼的权利,使公司利益维护主体更加丰富、更加明确,将有力提升公司利益维护的力度。

第三,对董事或其他高级管理人员权力形成监管,有利于公司健康发展。股东代表诉讼虽然是一种事后救济手段,但是鉴于该制度的存在也将有力地对董事或其他高级管理人员权力形成监管,使其不敢滥用优势地位,更有利于公司的健康发展。

## 三、我国股东代表诉讼制度的立法现状及存在的问题

### (一)我国股东代表诉讼制度的发展沿革

1993 年 12 月 29 日,我国第一部《公司法》正式颁布,该法于 1994 年 7 月 1 日生效。在这部法律中并没有规定与股东代表诉讼制度相关的任何内容。这也不难理解,当时我国特别强调公权对于私权的重要性,股东代表诉讼制度显然是更为侧重私权的救济和维护,且我国当时公司制度尚需发展。

1997 年 12 月 16 日,中国证监会发布了《上市公司章程指引》,其中该指引第 10 条规定:“本公司章程自生效之日起,即成为规范公司的组织与行为、公司与股东、股东与股东之间权利义务关系的,具有法律约束力的文件。股东可以依据公司章

程起诉公司;公司可以依据公司章程起诉股东、董事、监事、经理和其他高级管理人员;股东可以依据公司章程起诉股东;股东可以依据公司章程起诉公司的董事、监事、经理和其他高级管理人员。”我国在相关文件中开始体现股东代表诉讼制度。

在 2005 年修订的《公司法》中,正式明确规定了股东代表诉讼制度,其中第 22 条第 2 款、第 3 款规定:“股东会或者股东大会、董事会的会议召集程序、表决方式违反法律、行政法规或者公司章程,或者决议内容违反公司章程的,股东可以自决议作出之日起六十日内,请求人民法院撤销。股东依照前款规定提起诉讼的,人民法院可以应公司的请求,要求股东提供相应担保。”其中的第 152 条规定:“董事、高级管理人员有本法第一百五十条规定的情形的,有限责任公司的股东、股份有限公司连续一百八十日以上单独或者合计持有公司百分之一以上股份的股东,可以书面请求监事会或者不设监事会的有限责任公司的监事向人民法院提起诉讼;监事有本法第一百五十条规定的情形的,前述股东可以书面请求董事会或者不设董事会的有限责任公司的执行董事向人民法院提起诉讼。监事会、不设监事会的有限责任公司的监事,或者董事会、执行董事收到前款规定的股东书面请求后拒绝提起诉讼,或者自收到请求之日起三十日内未提起诉讼,或者情况紧急、不立即提起诉讼将会使公司利益受到难以弥补的损害的,前款规定的股东有权为了公司的利益以自己的名义直接向人民法院提起诉讼。他人侵犯公司合法权益,给公司造成损失的,本条第一款规定的股东可以依照前两款的规定向人民法院提起诉讼。”此后的几次对于《公司法》的修订中,都保留了上述规定。

之后,我国又多次以司法解释的形式将股东代表诉讼制度的细节进行完善。如在最高人民法院《关于适用〈中华人民共和国公司法〉若干问题的规定(一)》的第 4 条细化了股东持股时间的计算方法;在最高人民法院《关于适用〈中华人民共和国公司法〉若干问题的规定(二)》的第 23 条对清算事项中可提起股东代表诉讼作出了明确规定;在最高人民法院《关于适用〈中华人民共和国公司法〉若干问题的规定(四)》的第 23 条至第 26 条中,对于股东代表诉讼的程序问题进行了较大篇幅的规定。

### (二)我国股东代表诉讼制度存在的问题

我国在 2005 年的《公司法》中规定的股东代表诉讼制度的确较为框架化,具体细节及实施标准的确有所欠缺。但是,在之后的几次司法解释中,随着对该制度内容的不断补充,已经相当程度地回应了实践中的问题,我国股东代表制度已基本完善。当然,这并不意味我国该制度的立法及实践已经完美,目前看来,还存在有如下问题:

第一,对原告资格限定过于严苛。我国当前关于股东代表诉讼原告资格的要求是:“有限责任公司的股东、股份有限公司连续一百八十日以上单独或者合计持有公司百分之一以上股份的股东。”其中持股时间的计算是:“180日以上连续持股期间,应为股东向人民法院提起诉讼时,已期满的持股时间。”从实践角度来看,由于当前各股份有限公司的股份越发分散,很多小股东是难以到达“百分之一”的要求的,致使某些案件中大股东“无所欲为”,小股东“救济无门”。股东代表诉讼制度的创制初衷便是保护小股东的利益,当前的状况显然是与制度的创设初衷相悖的。①

第二,前置程序豁免情形规定不明确。我国现行《公司法》第151条规定了股东提起股东代表诉讼的前置程序为:先书面请求监事会或者董事会向人民法院提起诉讼,监事会、不设监事会的有限责任公司的监事,或者董事会、执行董事收到前款规定的股东书面请求后拒绝提起诉讼,或者自收到请求之日起30日内未提起诉讼,方可由股东提起股东代表诉讼。该条还规定了豁免情形:“情况紧急、不立即提起诉讼将会使公司利益受到难以弥补的损害的,前款规定的股东有权为了公司的利益以自己的名义直接向人民法院提起诉讼。”但是,《公司法》对于何种情形才属于“情况紧急、不立即提起诉讼将会使公司利益受到难以弥补的损害”却未明确规定,实践中也存在争议。

第三,提起诉讼的股东的成本补偿机制有待细化。基于股东代表诉讼的特殊性,诉讼结果、裁判后果实质是由公司承担,除了提起诉讼的股东,其他股东也可“搭便车”享受诉讼的有利后果。但是,股东提起代表诉讼的成本并不低,需要先垫付诉讼费、保全费等,还可能支付律师费、评估费、公告费等。虽然最高人民法院《关于适用〈中华人民共和国公司法〉若干问题的规定(四)》第26条规定,“股东依据公司法第一百五十一条第二款、第三款规定直接提起诉讼的案件,其诉讼请求部分或者全部得到人民法院支持的,公司应当承担股东因参加诉讼支付的合理费用”。但是“合理费用”的范围却并没有一个明确的标准,实践中也存在分歧,这会挫伤股东提起代表诉讼的积极性。

## 四、我国股东代表诉讼制度的完善建议

### (一)股东代表诉讼制度的原告资格应适度松绑

如前文所述,鉴于当前公司尤其是股份有限公司的股份比例状况,实践中股东

---

① 田凯音:《股东代表诉讼原告资格限制的思考》,载《河南科技学院学报》2020年第7期。

持股“百分之一”的要求实际上并不容易达到,这就会在一定程度上挫伤股东使用该制度的积极性,使该制度的目的及价值没有办法充分发挥出来。并且,以比较法的视角来看,当前世界范围内对于股东代表诉讼制度原告资格问题也多是采取放宽措施的。例如,韩国和我国台湾地区都纷纷降低了对原告股东的持股比例要求,日本更是对持股比例没有任何限制,只要连续持股180天就享有诉权。鉴于我国当前大股东滥用优势地位攫取不正当利益事件频发的现状,我国更该对股东代表诉讼制度的原告资格进行适度松绑了。

### (二)限缩前置程序适用范围,明确豁免情形

基于公司的法人人格独立制度,以及防范股东滥用股东代表诉讼制度的考量,确实需要设定一些前置程序,尽可能在公司正常决策程序内通过公司法人主体来维护本就属于公司的权利。但是实际上,股东代表诉讼制度的主要使用主体还是小股东,其滥用该制度的动机尚不足够,较多的前置程序反倒可能致使大股东利用优势地位肆意妄为,也不利于公司内部制衡监督。因此,应当对股东代表诉讼制度前置程序的适用范围尽可能限缩。同时,也是主要的,股东代表诉讼制度本就是一种事后救济手段,对于紧急情形下的豁免路径也要明确,这样才能充分保障股东及公司的利益。

### (三)在举证责任方面应向原告做有利倾斜

股东代表诉讼多为小股东提起,尤其是在针对董事、监事等的诉讼中,背后往往是小股东与大股东之间的对抗。现有法律已经规定了虽然股东有权查阅公司的章程、股东会决议、董事会决议等材料,但是,从现实角度来说,股东去提起代表诉讼,往往意味着公司在其他股东的操控下,此时,提起诉讼的股东就很难再获取到相关证据。基于这种状况,的确有必要在举证责任方面向股东做有利倾斜,在某些情形下实行举证责任倒置规则。

# 专题四　新型金融研究

# 碳中和债券发行法律监管及标准探析

辛小天*

绿水青山就是金山银山,贯彻与遵循创新、良好生态环境既是自然财富,也是经济财富,关系经济社会发展潜力和后劲。

碳中和债券作为一种新兴金融产品,是我国资本市场上的新生事物,该等概念进入我国资本市场的时间较晚,但由于我国顶层设计的推动和碳中和的蓬勃发展,碳中和债券从2021年开始在我国迅速成长。可以说,碳中和债券的发展离不开发行标准的不断完善与法律制度不断发展取得的成就。截至目前我国已经基本形成了碳中和债券的发行标准与法律体系框架。

然而,我国绿色债券和碳中和债券起步较晚,发行标准与法律制度原则性较强,细化规定较少,在实践操作中仍然存在许多不足与歧义。此外在发行法律制度上存在监管规则不统一、信息披露制度不完善、第三方专业评估与绿色认证制度不完善等问题。

因此,本文将研究我国碳中和债券的概述、发行碳中和债券的优势、国内外碳中和债券发行比较、我国碳中和债券发行的法律制度问题。同时在研究这些问题的基础上结合国情与实践,提出能够促进我国碳中和债券发行法律制度完善的建议,并且对国内发行人应对审核提出切实可行的建议。

## 一、碳中和债券的概述

### (一)定义

碳中和债券,是指募集资金专项用于具有碳减排效益的绿色项目的债务融资

---

* 德和衡合伙人,擅长外商投资、融资并购、公司常规维护及公司内控、商务合同及常规公司法务事务处理、电子商务、互联网合规、员工激励以及股权架构等多个业务领域。

工具，需要满足绿色债募集资金用途、项目评估与遴选、募集资金管理和存续期信息披露等四大核心要素，属于绿色债券的子品种之一。[①] 从定义中可以看出碳中和债券主要有三个要点：一是筹集资金用于低碳减排的绿色项目；二是筹资方式主要通过固定收益类证券；三是属于绿色债券的子品种。

（二）特点

碳中和债属于绿色债券的子品种。因此，碳中和债具备了绿色债券的特点同时又具有自身独有的特征。

1. 绿色债券的特点

（1）募集资金用途。依照《绿色债券支持项目目录（2021 年版）》绿色项目分为节能环保产业、清洁生产产业、清洁能源产业、生态环境产业、基础设施绿色升级、绿色服务六大领域，要求募集资金用途需符合上述领域要求。

（2）项目评估与遴选流程，限制了发行人应当向投资者阐明项目发展目标、评估流程与潜在风险等信息。

（3）募集资金管理，主要是指资金的账户管理、投资运作、跟踪记录等，同时也包括对资金投向比例的规定。

（4）信息披露，规定绿色债券发行人对资金分配情况、绿色债券相关资格、项目运作和影响等情况进行定期或不定期的对外披露。

2. 碳中和债的特点

碳中和债券除了需要满足绿色债券的特点之外，还具有以下三个特点。

（1）募集资金用途更为聚焦。交易商协会规定的碳中和债的资金用途范围更为聚焦，不仅需要符合《绿色债券支持项目目录（2021 年版）》，而且必须能够产生碳减排效益。根据交易商协会发布的《关于明确碳中和债相关机制的通知》的规定，募集资金的用途主要包括以下四种：①光伏、风电及水电等清洁能源类项目；②电气化轨道交通等清洁交通类项目；③绿色建筑等可持续建筑类项目；④电气化改造等工业低碳改造类项目。

（2）第三方专业机构认证制度。按照“可测度、可核查、可检验”的原则，[②]碳中和债发行企业需聘请独立的第三方专业机构出具相关评估认证报告。在报告中除了披露绿色项目常规内容之外，还需要披露项目的碳排放、碳足迹等环境效益数

① 2021 年 3 月 18 日交易商协会发布《关于明确碳中和债相关机制的通知》。

② 中国人民银行《2021 年第二季度中国货币政策执行报告》中提出，设立碳减排支持工具，并且相应工具要做到“可操作、可核查、可检验”。

值,并着重对二氧化碳减排等环境效益进行定量测试。①

(3)存续期信息披露更为精细。一般绿色债券在存续期内需要披露募集资金使用情况说明,主要停留在资金用途、使用进度以及绿色项目运行情况等信息。相比之下,碳中和债在存续期内的披露要求更为严格,不仅需包含一般绿色债券必须披露的基本信息,交易商协会还要求进一步披露募投项目实际或预期产生的碳减排效益等相关内容。企业需详细地披露对应项目碳减排环境效益和其他环境效益的测算方法与结果,甚至可具体到单个募投项目每年理论上碳减排量和其他污染物减排量,并且鼓励披露整体的碳减排计划、碳中和路线图以及减碳手段和监督机制等内容。

### (三)监管现状

首先,我国碳中和债券法律制度的顶层设计已经初步完成。由中共中央、国务院发布的《生态文明体制改革总体方案》提出了构建绿色金融体系并研究绿色债券的发行制度。中国人民银行、财政部等七部委发布的《关于构建绿色金融体系的指导意见》进一步对我国绿色债券发行制度完善提出了意见。这两份文件共同构成了碳中和债券法律制度的顶层设计。

其次,主管部门与监管部门对债券发行的制度进行完善。在中央顶层设计的指导下,各主管部门与证券监管机构构建了碳中和债券发行的法律体系架构。这也意味着我国的绿色债券发行的法律制度框架基本已经构建完成,绿色债券的发行和监管能够做到有法可依。

最后,我国法律规定中也体现了国际公认且普遍适用的规则,包括但不限于募集资金须投向绿色项目、信息披露制度、鼓励第三方专业认证和评估机构进行认证的制度、绿色项目的范围。

我国碳中和债券法律监管文件如表1所示。

**表1 我国碳中和债券法律监管文件汇总**

| 序号 | 文件 | 发布时间 | 发布机关 |
|---|---|---|---|
| 1 | 《企业债券管理暂行条例》(已失效) | 1987年3月27日 | 国务院 |
| 2 | 《证券法》(2019年修订) | 1998年12月29日 | 全国人民代表大会常务委员会 |

① 姚进:《碳中和债首发有哪些看点?》,载《经济日报》,http://paper.ce.cn/pc/content/202102/21/content_201499.html。

续表

| 序号 | 文件 | 发布时间 | 发布机关 |
| --- | --- | --- | --- |
| 3 | 《生态文明体制改革总体方案》 | 2015 年 9 月 21 日 | 中共中央、国务院 |
| 4 | 《上海证券交易所公司债券预审核指南（一）——申请文件及编制》 | 2015 年 9 月 15 日 | 上海证券交易所 |
| 5 | 《关于在银行间债券市场发行绿色金融债券有关事宜的公告》 | 2015 年 12 月 15 日 | 中国人民银行 |
| 6 | 《绿色债券发行指引》 | 2015 年 12 月 31 日 | 国家发展改革委 |
| 7 | 《关于开展绿色公司债券试点的通知》（上交所）（已失效） | 2016 年 3 月 16 日 | 上海证券交易所 |
| 8 | 《关于开展绿色公司债券业务试点的通知》（深交所）（已失效） | 2016 年 4 月 22 日 | 深圳证券交易所 |
| 9 | 《绿色债券支持项目目录》（2015 年版） | 2016 年 4 月 22 日 | 中国金融学会绿色金融专业委员会 |
| 10 | 《关于构建绿色金融体系的指导意见》 | 2016 年 8 月 31 日 | 中国人民银行、财政部、国家发展改革委、原环境保护部、原银监会、证监会、原保监会 |
| 11 | 《关于支持绿色债券发展的指导意见》 | 2017 年 3 月 2 日 | 中国证券监督管理委员会 |
| 12 | 《非金融企业绿色债务融资工具业务指引》 | 2017 年 3 月 22 日 | 中国银行间市场交易商协会 |
| 13 | 《绿色债券评估认证行为指引（暂行）》 | 2017 年 10 月 26 日 | 中国人民银行、中国证券监督管理委员会 |
| 14 | 《绿色公司债券相关问题解答》 | 2018 年 5 月 8 日 | 深圳证券交易所 |
| 15 | 《关于加强绿色金融债券存续期监督管理有关事宜的通知》 | 2018 年 | 中国人民银行 |
| 16 | 《上海证券交易所公司债券融资监管问答（一）——绿色公司债券》 | 2018 年 | 上海证券交易所 |
| 17 | 《建立市场化、多元化生态保护补偿机制行动计划》 | 2018 年 12 月 28 日 | 国家发展改革委、财政部等九部委 |
| 18 | 《债券业务办理指南第 1 号——公开发行公司债券上市预审核业务办理》 | 2019 年 11 月 15 日 | 深圳证券交易所 |
| 19 | 《关于促进应对气候变化投融资的指导意见》 | 2020 年 10 月 20 日 | 生态环境部等五部委 |
| 20 | 《关于明确碳中和债相关机制的通知》 | 2021 年 3 月 18 日 | 中国银行间市场交易商协会 |

续表

| 序号 | 文件 | 发布时间 | 发布机关 |
|---|---|---|---|
| 21 | 《绿色债券支持项目目录》(2021 年版) | 2021 年 4 月 2 日 | 中国人民银行、国家发展改革委、证监会 |
| 22 | 《关于发布 CFETS 银行间绿色债券指数与 CFETS 银行间碳中和债券指数的通知》 | 2021 年 6 月 24 日 | 中国外汇交易中心暨全国银行间同业拆借中心 |
| 23 | 《银行业金融机构绿色金融评价方案》 | 2021 年 5 月 27 日 | 中国人民银行 |
| 24 | 《上海证券交易所公司债券发行上市审核规则适用指引第 2 号——特定品种公司债券》 | 2021 年 7 月 13 日 | 上海证券交易所 |
| 25 | 《深圳证券交易所公司债券创新品种业务指引第 1 号——绿色公司债券》(2021 年修订) | 2021 年 7 月 13 日 | 深圳证券交易所 |
| 26 | 《中债绿色债券环境效益信息披露指标体系》 | 2022 年 11 月 14 日 | 中央国债登记结算有限责任公司 |

## 二、发行碳中和债券的优势

从前文碳中和债券发行的特点可以看出碳中和债券发行的条件和标准相对于一般的债券甚至是绿色债券而言更加严苛。在这样严苛的发行条件下，我国截至 2021 年 7 月发行碳中和债总额已经超过 1200 亿元，占同期绿色债券发行总额超过 60%。具体原因如下。

### （一）扶持政策陆续出台

在“30 · 60 目标”指引下，中央经济工作会议将“做好碳达峰、碳中和工作”作为 2021 年的重要任务之一。2021 年 2 月国务院印发的《关于加快建立健全绿色低碳循环发展经济体系的指导意见》提出，大力发展绿色金融，统一绿色债券标准，建立绿色债券评级标准。2021 年 3 月，李克强总理在 2021 年《政府工作报告》中指出，扎实做好碳达峰、碳中和各项工作。在党中央、国务院政策精神指引下，相关监管领域不断构建与完善碳中和债券制度，引导和促进更多资金投向低碳领域。

### （二）票面利率较低，发行期限较长

碳中和债券发行的票面利率普遍低于绿色债券及其他债券，对于企业而言有明显的融资成本优势。截至 2021 年 5 月末，除金融债外的 89 只碳中和债券的平均

发行利率为3.68%，低于同期绿色债券平均发行利率1.17个百分点，最低发行利率仅为2.35%。[①] 从债券期限来看，碳中和债券的平均期限为3.5年左右，大多数债券都是中长期债券，期限最长的一只达到27年。

（三）拓宽低碳项目发行人的融资渠道

对于低碳项目发行人而言，项目建设需要大量的资金支持和资源倾斜，所以碳中和债券是这些发行人特有的融资渠道。碳中和债券有利于提高低碳项目融资可能性，根据目前的发行要求，发行碳中和债还可用于弥补前期绿色项目借贷，充实企业流动资金。

## 三、国内外碳中和债发行比较

（一）国际碳中和债发行历程

全球绿色债券市场自2007年启动至今，除了受到2008年全球金融危机与2011年欧债危机两次较大的冲击之外，其余年份均维持较高增速。2007年欧洲投资银行成功发行了全球第一只绿色债券——“气候意识债券”。2008年，世界银行与瑞典北欧斯安银行合作，发行了第一笔真正意义上的标准化绿色债券，资金投向废物处理、农业、林业及气候变化适应性项目。早期的绿色债券多由类似的国际机构与多边组织发行。全球绿色债券市场的爆发式增长始于2013年。国际金融公司（International Finance Corporation，IFC）与纽约摩根大通在当时共同发行的绿色债券受到市场追捧，并由此引发了全球投资银行和企业发行人对绿色债券的关注，开启了绿色债券市场的蓬勃发展。

在绿色债券的发展过程中，全球政府及有关组织开始了关于碳中和债券的讨论与尝试。2009年3月，美国国会议案提出筹建“美国绿色银行”，用以对清洁能源和提高能源利用率的项目进行资金支持，资金来源由美国财政部发行“绿色债券”来解决。议案还提出美国财政部应首期发行100亿美元的绿色债券，为绿色银行筹资。

英国联合政府于2010年6月公布了气候融资计划草案，该草案提出了“提供确定性和激励机制，吸引私人部门投资绿色技术”的绿色投资银行的设计框架。该草案还计划发行绿色债券。

英国的气候变化资本集团提出环境债券的建议。气候变化资本集团一直主张

① 张亚蕾、李红霞：《碳中和债券市场的实践与建议》，载《金融纵横》2021年第7期。

由经合组织各国政府发行与“二战”期间的战争债券相似的“环境债券”或“绿色债券”。这些债券将被投资于可再生能源和低碳工业项目，为投资者提供收益不算太高但是比较安全的回报。

加拿大关于绿色债券的提议。2009 年 1 月，一个有影响力的加拿大环保组织 PowerUP Canada（由四名前总理支持）呼吁发行一个 410 亿美元的“绿色”刺激计划，由政府发行绿色债券。绿色债券将仿照现有的加拿大储蓄债券模式，并会支付相同的利息。

爱尔兰关于绿色债券的提议。爱尔兰可持续发展委员会提议建立一个新的爱尔兰绿色交易机制，通过征收碳排放税（4 亿欧元一年）和拍卖碳排放权以及发行绿色债券来完成筹资。

根据《联合国气候变化框架公约》（UNFCC）制定的发展中国家的碳减排债券建议，UNFCC 主席曾发表过多次讲话，提议由发展中国家发行绿色债券，由发达国家的投资者购买债券，债券收益由销售温室气体减排额来实现。

### （二）国内碳中和债发行历程

2021 年 2 月 7 日，“21 四川机场 GN001”等 6 只首批碳中和债同日发行。此后，我国碳中和债市场规模在短时间内迅速发展，已成为绿色债券市场中最重要的子市场之一。

一是发行规模快速上升。截至 2021 年 7 月，市场共发行 110 只碳中和债，发行总量为 1207.04 亿元。

二是发行品种不断丰富。在交易商协会的政策支持下，银行间不同品种的碳中和债发行相对更为踊跃。截至 2021 年 7 月，银行间市场共发行 739.38 亿元碳中和债，交易所市场共发行 467.66 亿元碳中和债，主要品种包括债务融资工具、公司债与资产支持证券等，与债券发行伊始相比，品种不断丰富。此外，国开行在 2021 年 3 月 18 日面向全球投资人发行首支“碳中和”专题“债券通”绿色金融债券，规模高达 200 亿元，是我国目前发行规模最大的用于助力达成碳达峰、碳中和目标的绿色债券，同时也是我国首只获得国际气候债券倡议组织（Climate Bonds Initiative，CBI）贴标认证的“碳中和”绿色债券，国际市场认可度得到有效提高。

三是发行主体普遍资质较好。目前碳中和债的发行主体普遍为资质较好的大型央企。外部评级结果显示，外评 AAA 主体发行规模占到存量市场规模的 96%，AA+ 和 AA 分别占 2%，这与高资质主体产业升级速度较快、社会责任意识更高存在一定关联。从企业性质来看，央企发行人占存量发行规模的 77%，国有企业和民营企业分别占比18%和5%。央企在“碳达峰”和“碳中和”行动中,积极促进生产方式绿色转型,主动服务国家重大战略部署,发挥了较好的带头示范作用。

四是以清洁能源类项目为主。目前碳中和债募集资金的投向中,清洁能源类项目占比高达56%,其中投向电力公用事业规模最大,以国家电网、国电投、长江三峡等为代表的大型电力企业数量较多。

上述资金投向与我国碳排放结构(电力占我国碳排放的比重超过40%)以及全国性碳排放权市场的启动应有一定的关系。按照《碳排放权交易管理办法(试行)》,2225家电力企业成为最先接受强制减排约束,并进入全国碳排放权市场的履约主体。在强制减排约束下,电力企业有更强的动力通过碳中和债来加大碳减排项目的投入,以实现自身排放量的下降(短期可以降低履约成本,从长期看,如果减排可以形成在排放权市场上交易的碳资产的话,还可以给碳中和债带来额外的收益来源)。从长远看,随着参与配额交易的主体从电力企业扩展到其他行业(如水泥、钢铁等),其他行业的碳中和债券发行量也有望出现快速的增长。

### (三)国内外碳中和债认定标准的比较

认定绿色债券需要具体的规则和标准。目前,国际上主流的绿色债券标准主要是国际资本市场协会(International Capital Market Association,ICMA)牵头提出的《绿色债券原则》(Green Bond Principles,GBP)和气候债券倡议组织(Climate Bonds Initiative,CBI)推出的《气候债券标准》(Climate Bonds Standard,CBS)。

1. GBP

2014年ICMA联合多家金融机构制定了GBP,现在采用的版本是2018年修订的版本。该原则为自愿性的流程指引,发行人在筹备绿色债券发行流程时可借鉴多种渠道的外部意见,既可以评估绿色债券框架的个别方面,也可就其与GBP四大核心要素的符合情况进行全面评估,但没有做出强制要求,被市场广泛使用。

虽然经过几次修订,但是GBP主要从募集资金用途、项目评估和筛选流程、募集资金管理、披露及报告四个方面为发行人提供指引。一是募集资金用途。绿色债券募集资金的用途应在债券的法律文件中合理描述。二是项目评估与遴选流程。绿色债券发行人应说明其遵循的决策机制,以确定项目符合绿色债券募集资金的使用资格。该机制包括:判断项目是否属于绿色债券原则中所识别的合格绿色项目类别的流程;判断项目是否符合绿色债券募集资金使用资格的标准;项目是否具有环境可持续目标;等等。三是募集资金管理。绿色债券的净募集资金应记入一个分账户、移至一个子投资组合或由发行人以其他方式追踪,并经内部正式程序核实,将其与发行人的绿色项目贷款及投资操作挂钩。四是披露及报告。除了报告募集资金用途及未配置募集资金的临时投资之外,发行人至少应每年提供配置绿色债券募集资金的项目清单,包括在可能的情况下提供项目简介和放款金额,以及预期环境可持续性影响等。

2. CBS

2011 年气候债券倡议组织推出了 CBS,目前采用的是 3.0 版。该标准以 GBP 为基础,也是自愿性准则,但是给出了更加具体的实施指导方针,也更加侧重于应对气候变化。与 GBP 相比,CBS 有以下几点不同:一是更具可操作性。《气候债券标准》是一个能让投资者更容易评估债券绿色性质的工具,重点在于提供了具体的可实施的指导方针和具体的认证监督程序。该标准围绕募集资金用途、收益管理、信息披露等为发行人提供了更详细的标准和要求,而 GBP 仅提供指导方案和建议。二是绿色认证方面更灵活。与 GBP 不同,气候债券倡议组织开发的 CBS 并未区分绿色等级,而仅针对是否"绿色"进行认证,鼓励发行人在发行债券的前后对债券做出认证,规定了第三方认证的流程。三是行业标准方面更详细。明确了哪些是有助于实现绿色经济转型的绿色资产和项目,并提供了特定行业的绿色标准。

3. 国内外碳中和债发行标准差异

相对于国际上 GBP 与 CBS,国内碳中和债券发行标准也遵循募集资金用途、项目评估和筛选流程、募集资金管理、披露及报告四个原则,在此基础上国内与国际的标准存在差异,主要差异如下:一是发起对象方面。相对于国际上社会组织制定标准而言,国内碳中和债券标准主要由政府部门倡导并牵头制定。二是募集资金管理方面,国内更加严格。比如,国内强制要求开立专门账户管理募集资金等。三是信息披露方面,国内要求得更加细致具体。比如,国内要求发行人加强对存续期绿色金融债券的监测评价并提出了具体的披露规范和报告模板。

## 四、我国碳中和债券发行的法律制度问题

### (一)监管规则不统一

我国的碳中和债券由多个部门制定相关规则,并且监管上出现了"九龙治水"、多头监管的现象,这种现象导致绿色债券监管规则的不统一。虽然在2021 年4 月2 日,中国人民银行、国家发改委、中国证监会印发了《绿色债券支持项目目录》(2021 年版),我国绿色项目解决了之前绿色债券界定标准不统一的问题,但是在信息披露制度和第三方认证制度等方面仍然存在监管规则差异较大的问题。比如,在信息披露制度上,中国证监会《关于支持绿色债券发展的指导意见》要求发行人认真

履行信息披露义务，及时披露绿色公司债券相关信息。发行绿色债券时，募集说明书应当披露拟投资绿色产业项目类别、项目认定依据或标准等。发行人应当提供募集资金投向绿色产业项目的承诺函。① 在中国人民银行发布的《关于在银行间债券市场发行绿色金融债券有关事宜的公告》要求金融机构法人申请发行绿色金融债券时需向中国人民银行报送包括但不限于发行绿色金融债券申请报告、绿色金融债券募集说明书、公司章程、财务报告等材料。② 国家发改委发布的《绿色债券发行指引》未规定绿色企业债券的信息披露义务。这意味着三种碳中和债券的发行制度在信息披露义务上不对等。多头监管使监管规则不统一，给监管带来了困难，也使企业发行受阻。

### （二）第三方专业评估与绿色认证制度不完善

碳中和债与普通债券最大的区别在于其拥有绿色属性，而这种属性需要第三方专业评估与认证机构对碳中和债券募集资金的使用方向与投资项目是否属于绿色项目和碳中和项目进行认证。目前我国对第三方评估认证制度主要集中于中国人民银行与中国证监会共同发布的《绿色债券评估认证行为指引（暂行）》，该指引对于第三方评估认证制度的构建有积极的作用，但是仅靠该指引的规定远远不能满足我国对于第三方评估认证制度的要求。比如，我国欠缺对碳中和债券第三方专业评估与认证机构的专业水平考核制度。《绿色债券评估认证行为指引（暂行）》虽然对第三方专业评估与认证机构的资质作了规定，但是没有明确规定具体的资格准入条件。

### （三）信息披露制度建设不完善

碳中和债券市场信息不对称的问题天然就存在，及时的信息披露有利于保护投资者的利益。但是我国目前碳中和债券信息披露制度还存在问题，具体如下：第一，信息披露制度原则性规定为主，规则性规定不足。例如，《关于在银行间债券市场发行绿色金融债券有关事宜的公告》中侧重于募集资金使用情况的披露，对其他信息的披露并非强制性的。中国证监会在《关于支持绿色债券发展的指导意见》中则对募集资金的使用与绿色项目建设情况作出原则性规定。第二，披露的信息缺乏环境信息。目前我国对环境信息披露的要求都过于原则性，在实操中存在借助发行碳中和债的名义发行其他债券的风险。第三，对资金投放明细、碳中和项目进

---

① 中国证监会《关于支持绿色债券发展的指导意见》。

② 中国人民银行《关于在银行间债券市场发行绿色金融债券有关事宜的公告》。

展的披露缺乏具体规定。法律层面缺乏对信息披露内容、时点等方面的细化规定，导致信息披露内容范围、详尽程度等参差不齐。

## 五、对我国碳中和债券发行法律制度的完善建议

### （一）明确监管规则

我国债券市场对于债券发行一直采用多头监管模式。因此，对于碳中和债券的发行制度，建议继续保留多头监管模式。一方面是因为债券市场按金融债券、公司债券与企业债券进行分类监管，在分类监管的环境中如果要坚持统一由单一主体监管可能会不利于监管。另一方面在于这些监管机构对于各自分工的监管职责有着丰富的经验和专业的知识。在制度上可以在保留多头监管的前提下，将监管模式与监管主体明确规定出来，做到有法可依。在实践中，建议中国人民银行、中国证监会等碳中和债券的监管主体能够加强沟通协调，不断细化与统一相关政策口径。必要时可以考虑由各监管主体联合设立绿色债券或碳中和债券工作委员会作为专门进行绿色债券或碳中和债券监管的议事协调机构。①

### （二）加强第三方专业机构评估认证制度的建设

第三方专业机构评估认证制度是监管碳中和债券的有效外部手段，完善该制度是必要的，主要建议如下：第一，建议对碳中和债券的第三方专业机构评估制度进行强制性规定。在现有规定上进一步细化有关机构本身的准入门槛与考核机制。第二，规定考核结果披露及惩处制度。对于不符合准入门槛但已开展工作或考核不合格的问题机构实行公告批评、暂停资格等监管措施。

### （三）完善碳中和债券的信息披露制度

及时、完善的信息披露制度能够有效防止发行人与投资者信息不对称而带来的不公平，是碳中和债券市场健康有序发展必不可少的一环。具体建议如下：第一，统一并细化信息披露标准。如前所述，目前我国信息披露的内容范围、详尽程度、披露形式等方面有很大的差异。因此，监管层面需要针对碳中和债的信息披露出台统一的标准或指南，在信息披露的内容、格式、形式等方面提出更为细化的标准。第二，完善信息披露制度中的环境信息规定。碳减排效益等环境信息的披露是碳中和债券区别于绿色债券或其他债券的最显著特色，也是碳中和债券拥有碳

---

① 赵晓英：《绿色债券发展制度框架》，载《中国金融》2016 年第 16 期。

中和绿色属性的监管手段。因此,在信息披露制度中应该明确规定环境信息的强制披露,并由监管机构出台相关细化的披露规则,以及行业协会进一步细化相关指引。

## 六、国内发行人应对审核的建议

### (一)确定募集资金用途

根据中国银行间市场交易商协会发布的《关于明确碳中和债相关机制的通知》第 2 条的规定:碳中和债募集资金应全部专项用于清洁能源、清洁交通、可持续建筑、工业低碳改造等绿色项目的建设、运营、收购及偿还绿色项目的有息债务,募投项目应符合《绿色债券支持项目目录》(2021 年版)或国际绿色产业分类标准,且聚焦于低碳减排领域。

笔者建议发行人应当确定募投领域应限于以下范围:(1)清洁能源类项目(包括光伏、风电及水电等项目);(2)清洁交通类项目(包括城市轨道交通、电气化货运铁路和电动公交车辆替换等项目);(3)可持续建筑类项目(包括绿色建筑、超低能耗建筑及既有建筑节能改造等项目);(4)工业低碳改造类项目(碳捕集利用与封存、工业能效提升及电气化改造等项目);(5)其他具有碳减排效益的项目。

### (二)确定募投项目符合项目评估与遴选流程

发行人应在发行文件中披露碳中和债募投项目具体信息,具体需要满足以下要求:一是发行人聘请第三方专业机构出具评估认证报告。二是发行人应在募集说明书、评估认证报告(如有)中详细披露绿色项目环境效益的测算方法、参考依据以及能源节约量(以标准煤计)、二氧化碳,及其他污染物(如有)减排量等相关情况。

### (三)资金管理

发行人应该设立资金监管账户,严格按照发行文件中约定的用途使用。存续期管理机构应按季度排查募集资金使用情况,关注募集资金使用金额、实际用途,闲置资金管理使用情况等。

### (四)信息披露

1. 发行人应于每年 4 月 30 日前披露上一年度募集资金使用情况、绿色低碳项目进展情况以及募投项目实际或预期产生的碳减排效益等相关内容;于每年 8 月

31 日前披露本年度上半年募集资金使用情况、绿色低碳项目进展情况以及募投项目实际或预期产生的碳减排效益等相关内容。

2. 发行人尽量在权威的网站披露企业整体的碳减排计划、碳中和路线图以及减碳手段和监督机制等内容。

# 供应链企业贷款诈骗罪与骗取贷款罪：非法占有目的之认定

胡　海[*]　李　娴[**]

随着我国供应链行业的不断发展，资金需求日益增大，贷款业务十分常见，加之近年来经济下行压力，供应链企业因资金链断裂问题导致的诈骗贷款违法犯罪活动处于高发期。贷款诈骗罪的构成需以非法占有为目的，无论行为人是为了挥霍享受或是转移隐匿，都不影响贷款诈骗罪的构成。反之，若行为人虽在申请贷款时使用了欺骗手段，但如果不具有非法占有贷款目的，则根据不同情形可能构成骗取贷款罪，也可能不构成犯罪。骗取贷款罪是指以欺骗手段取得银行或者其他金融机构贷款，给银行或者其他金融机构造成重大损失或者有其他严重情节的行为。贷款诈骗罪则是指以非法占有为目的，编造引进资金、项目等虚假理由，使用虚假的经济合同，使用虚假的证明文件，使用虚假的产权证明作担保或者超出抵押权价值反复担保以及以其他方法诈骗银行或者其他金融机构的贷款，数额较大的行为。贷款诈骗罪与骗取贷款罪的区别在于是否具有非法占有目的。因此，是否具有“非法占有目的”成为认定罪与非罪，此罪与彼罪的关键。

## 案例一

基本案情：2015 年 7 月以来，耿某、唐某以提供虚假质押物担保等方式，采取虚构事实、隐瞒真相的手段，骗取日照某银行贷款共计 1.5 亿元，直至案发拒不退还，

---

* 德和衡高级合伙人、深圳分所刑事业务部主任，深圳市律协刑诉委委员，专注刑事辩护和控告业务领域。

** 德和衡执业律师，擅长疑难刑事辩护、合同审查、劳动纠纷及婚姻家事纠纷。

致使银行遭受重大损失。其中耿某、唐某共同作案四起，骗取数额 8000 万元；耿某单独作案两起，骗取数额 4000 万元；唐某单独作案一起，骗取数额 3000 万元。

一审法院意见：被告人耿某、唐某以提供虚假质押物担保等方式，采取虚构事实、隐瞒真相的手段，骗取银行贷款，其行为构成骗取贷款罪。二被告人的行为致使银行遭受特别重大损失，情节特别严重，应当判处 3 年以上 7 年以下有期徒刑，并处罚金。被告人耿某、唐某如实供述部分犯罪事实，可以从轻处罚。被告人耿某、唐某的犯罪所得赃款应当退赔被害单位。据此，法院依照《刑法》第 175 条之一、第 64 条、第 67 条第 3 款之规定，以被告人耿某犯骗取贷款罪，判处有期徒刑 4 年零 6 个月，并处罚金人民币 120 万元；被告人唐某犯骗取贷款罪，判处有期徒刑 4 年零 3 个月，并处罚金人民币 100 万元。责令被告人耿某、唐某将犯罪所得赃款退赔被害单位。

二审法院意见：

(1)抗诉机关关于"一审判决认定被告人耿某、唐某不具有非法占有的目的，系认定事实错误。本案属于明知没有归还能力而大量骗取资金的情形，也属于大部分资金未用于生产经营活动，归还本息主要通过借新还旧来实现的情形，应该认定为非法占有目的"的抗诉理由及原审被告人耿某与上诉人唐某的辩护人关于"被告人不具有非法占有目的，不构成贷款诈骗罪"的相关辩护意见。区分骗取贷款罪与贷款诈骗罪的关键是被告人是否具有非法占有目的。经查，本案原审被告人耿某与上诉人唐某均采用欺骗手段获取了金融机构的贷款，但现有证据并不能确实充分地证实被告人耿某、唐某明知没有归还能力，结合银行流水及审计报告，其中部分款项用于货物交易、归还欠款、流向个人账户、归还过桥资金等，部分款项用于支付运费、电费等经营活动，部分款项无法证实其最终用途，上述证据不能充分证实二被告人对涉案贷款具有非法占有的目的。一审判决依据现有证据认定两被告人构成骗取贷款罪，定性准确。故该抗诉理由不能成立，法院不予采纳。辩护人的相关辩护意见成立，法院予以采纳。

(2)抗诉机关关于"一审判决适用法律错误，导致量刑畸轻"的抗诉理由。经查，一审判决认定被告人耿某、唐某多次以欺骗手段取得银行贷款，情节特别严重且给银行造成特别重大损失，考虑两被告人如实供述部分犯罪事实等情节，对其分别定罪量刑，适用法律正确，量刑适当，法院不再予以调整。故该抗诉理由不能成立，法院不予采纳。

(3)上诉人唐某关于"一审判决程序违法，一审检察机关指控的罪名是贷款诈骗罪，一审法院在庭审后以骗取贷款罪直接作出判决，剥夺了上诉人的辩护权"的上诉理由。贷款诈骗罪与骗取贷款罪的犯罪构成存在相似之处。从客观上看，两罪都有骗取银行贷款的行为表现；从主观上看，两罪都有骗取银行贷款的主观故意。两者的区别主要在于是否具有非法占有目的。经查，本案一审法院组织控辩双方对二被告人是否存在骗取行为、是否故意从银行骗取贷款等主客观方面充分发表了意见，保障了被告人和辩护人的辩护权，最终查明两被告人构成骗取贷款罪，符合法律规定。故该上诉理由不能成立，法院不予采纳。

（4）上诉人唐某及其辩护人关于"唐某并未与耿某合谋过贷款事宜，只是从外围提供了一些帮助；一审判决认定其向贷款银行'提供虚假仓单'有违事实，其只是在别人提供的仓单上盖了个对银行无任何证明作用的无效印章；且本案无证据证明造成重大损失"的上诉理由和辩护意见。经查，上诉人唐某在侦查阶段的供述与原审被告人耿某的供述、证人证言、动产质押合同、保证合同、回购承诺书等书证以及鉴定意见等证据能够相互印证，证实上诉人唐某主观上明知其提供的手续系向银行贷款使用，而为涉案贷款提供虚假的仓单等手续，以在贵州云某矿业有限责任公司的虚假质押仓库进行质押，先后多次伙同耿某或单独从银行骗取贷款，并实际使用部分骗取所得贷款，直至案发拒不退还，致使银行遭受重大损失。故其上诉理由和辩护意见不能成立，法院不予采纳。

（5）上诉人唐某及其辩护人关于"一审判决认定其个人骗取银行贷款 3000 万元部分，该贷款通过合法程序予以展期，并提供了新的担保，其被采取强制措施时，贷款尚在合同履行期内，并未造成经济损失，不构成骗取贷款罪"的上诉理由和辩护意见。经查，根据借款合同，日照某银行出具的还本付息情况说明，证人张某 1、于某 2 等人的证言等证据能够证实：上诉人唐某被采取强制措施时，贷款已经全部逾期，且唐某提供的质押物是虚假的，保证担保人均无担保能力，无法偿还到期贷款。故该上诉理由和辩护意见不能成立，法院不予采纳。

（6）原审被告人耿某及其辩护人关于"耿某并非贷款主体，没有在银行贷款，也没有与银行形成借贷关系而承担相应的还款责任，不构成骗取贷款罪"的辩解和辩护意见。经查，原审被告人耿某一开始就实施欺骗手段，隐瞒自己是五方协议中上下游公司两方的实际控制人，只是以黄河商品交易所工作人员的身份出现在整个流程中，造成贷款完全可以由其支配控制的局面。其单独或伙同唐某多次使用虚假质押仓库进行质押，骗取银行贷款数额特别巨大，构成骗取贷款罪的主体。故该辩解理由和辩护意见不能成立，法院不予采纳。

最终，二审法院维持了一审判决。

### 案例二

基本案情：2012 年 3 月，苏某与祝某共谋：由祝某任法定代表人的中杰公司提供担保,利用苏某任法定代表人的大创公司与盈弘公司签订的虚假钢材购销合同,由大创公司向建行临潼区支行申请贷款500万元。苏某将骗取的500万元贷款归还了祝某欠款。案发前,该笔贷款尚有371.5万元本金未归还。

2012年11月,祝某与叶某共谋:由叶某提供鹏杰公司的证明文件资料;由祝某、肖某提供鹏杰公司在闽兴公司存有6489.802吨钢材,价值约2018万元的虚假仓单,并提供了伪造的增值税专用发票;由叶某以动产质押的方式从工行太华路支行骗取贷款1300万元。祝某将该笔贷款全部用于偿还个人债务。

2012年11月,肖某与魏某共谋:由魏某提供畅宇公司证明文件资料;祝某、肖某提供畅宇公司在闽兴公司存有6016.45吨钢材,价值约1776万元的虚假仓单,并提供了伪造的增值税专用发票;由魏某以动产质押的方式从工行太华路支行骗取贷款1100万元。其中,魏某分得220万元,祝某分得500万元用于偿还个人债务,肖某分得380万元。目前该笔贷款除案发前已归还40万元外,剩余的1060万元未归还。

法院意见:被告人祝某、魏某、苏某以非法占有为目的,通过使用虚假的经济合同、提供虚假仓单重复担保等方式诈骗银行贷款,数额特别巨大,其行为均已触犯《刑法》第193条之规定,构成贷款诈骗罪。陕西省西安市人民检察院指控被告人祝某、魏某、苏某所犯罪名成立,法院予以支持。

关于被告人祝某的辩护人提出祝某主观上没有非法占有的目的,不构成贷款诈骗罪的辩护意见。经查,被告人祝某伙同他人通过向银行提供虚假的经济合同、虚假仓单等手段诈骗银行贷款后占为己有,数额特别巨大,该事实不仅有其向银行提供的相关贷款材料,证人麻某、张某、沈某、祝某林、贾某等人的证言,同案犯的供述等证据证明,被告人祝某本人对此亦有供述在卷,可以认定其主观上具有非法占有的目的,其行为符合贷款诈骗罪的构成要件。其辩护人的辩护意见不能成立,本院不予采纳。关于其辩护人提出的被告人祝某没有参与畅宇公司1100万元贷款诈骗的共谋,在犯罪过程中起帮助作用,属从犯;祝某归案后能如实供述犯罪事实,有悔罪表现,请求对其从轻处罚的辩护意见。经查,被告人祝某在该宗犯罪中与其他同案犯事前共谋,贷款过程中与银行联系并提供虚假材料,事后分得大额赃款,给银行造成巨大经济损失,其在犯罪中起主要作用,非本案从犯,依法应予惩处。此项辩护意见亦不能成立,法院不予采纳。

关于被告人魏某及其辩护人提出的其不构成贷款诈骗罪的辩解和辩护意见。经查,被告人魏某明知其公司没有可供质押的钢材,仍和他人一起向银行提供虚假仓单及虚假的经济合同,诈骗银行贷款,其主观上具有非法占有的目的,其行为符合贷款诈骗罪的构成要件。故其辩解及其辩护人的辩护意见不能成立,法院不予采纳。被告人魏某归案后能如实供述自己的犯罪事实,依法可对其从轻处罚。

关于被告人苏某的辩护人提出的苏某不构成贷款诈骗罪的辩护意见。经查,被告人苏某伙同他人向银行提供虚假的经济合同,诈骗银行贷款,其主观上具有非法占有的目的,其行为符合贷款诈骗罪的构成要件。其辩护意见不能成立,法院不予采纳。被告人苏某归案后能如实供述自己的犯罪事实,依法可对其从轻处罚。

为维护国家金融管理制度,保护银行资产所有权不受侵犯,判决如下:

(1)被告人祝某犯贷款诈骗罪,判处无期徒刑,剥夺政治权利终身,并处没收个人全部财产。

(2)被告人魏某犯贷款诈骗罪,判处有期徒刑12年(刑期从判决执行之日起计算。判决执行以前先行羁押的,羁押一日折抵刑期一日,即自2013年5月6日起至2025年5月5日止),并处罚金人民币30万元(限判决生效后三个月内缴纳)。

(3)被告人苏某犯贷款诈骗罪,判处有期徒刑10年(刑期从判决执行之日起计算。判决执行以前先行羁押的,羁押一日折抵刑期一日,指定居所监视居住的期限二日折抵刑期一日,即自2013年6月29日起至2023年6月22日止),并处罚金人民币20万元(限判决生效后三个月内缴纳)。

(4)赃款由公安机关依法继续追缴,发还给被害单位。

### 律师解读

案例一与案例二认定的罪名不同,主要在于认定行为人是否具有非法占有的目的。非法占有目的推定的基础事实是:(1)明知没有归还能力而大量骗取资金的;(2)非法获取资金后逃跑的;(3)肆意挥霍骗取资金的;(4)使用骗取的资金进行违法犯罪活动的;(5)抽逃、转移资金、隐匿财产,以逃避返还资金的;(6)隐匿、销毁账目,或者假破产,假倒闭,以逃避返还资金的;(7)其他非法转移资金、拒不返还的行为。

案例一中,行为人虽采用虚构事实、隐瞒真相的方式骗取银行贷款并拒不归还,但并不属于上述明知没有归还能力而大量骗取资金。原因在于耿某、唐某在取得贷款后,将部分款项用于货物交易、归还欠款、流向个人账户、归还过桥资金等,部分款项用于支付运费、电费等经营活动,部分款项无法证实其最终用途。根据已有证据并不能确实充分地证实被告人耿某、唐某明知没有归还能力而大量骗取资金,也无法充分证实二被告人对涉案贷款具有非法占有的目的,故二被告人构成骗取贷款罪。案例二与案例一不同,该案的三名被告人在获取贷款后,均用于偿还个人债务和无度挥霍,符合上述明知没有归还能力仍大量骗取资金,故可认定三被告人具有非法占有贷款的目的,符合贷款诈骗罪的构成。

综上所述,认定非法占有目的的上述7种情形除第一种情形外,其他6种情形都是事后对贷款资金的处置,对贷款资金的处置方式可作为认定是否具有非法占有贷款目的的基础事实。但上述7种情形均是以行为人采用欺骗方法获取贷款为前提,如果没有这一前提,贷款是合法获取的,则不构成骗取贷款罪和贷款诈骗罪。

# 供应链金融中虚假印章的法律问题研究

张春艳[*]　俞晓夏[**]

供应链金融作为一种针对中小企业融资的金融模式，基于物流、资金流、信息流和票据流将单个企业的不可控风险转变为供应链企业整体的可控风险，融资门槛低、风控效果好，较好地解决了现阶段部分中小企业融资难的问题。虽然供应链金融有巨大的市场潜力和良好的风险控制效果，但是供应链金融模式下"暴雷"事件也时有发生。例如，2019 年 7 月发生的"京东承兴案"，京东集团称自己与相关方承兴国际控股的应收账款供应链融资交易是承兴国际控股在京东毫不知情的情况下，涉嫌伪造与京东等公司合同而进行的诈骗，承兴国际控股的实控人也因涉嫌金融诈骗被刑拘。又如，闽兴医药事件中，中原证券资管部先后在 2017 年 12 月及 2018 年 2 月创设成立资管计划，合计募资 2.41 亿元，全部通过华鑫信托的信托计划向闽兴医药提供融资，后者则以其对福建医科大学协和医院的应收账款为底层资产向信托投资人支付本息，并承担差额补足义务，实际控制人夏某雯提供连带责任担保。但福建医科大学协和医院表示闽兴医药对其享有的上亿元应收账款均系伪造，闽兴医药以伪造医院印章、自行虚构材料和应收账款等方式骗取信托公司款项。闽兴医药应收账款转让交易合计超过 8 笔，合计规模高达 22.68 亿元，国联信托、兴业信托、华融信托、华药保理、日立保理均牵涉其中。

上述供应链案件中，虚假印章及使用虚假印章制作各项虚假交易文件在案件中均扮演了重要角色。虚假印章是否具有法律上的效力？融资

[*] 德和衡合伙人，金融业务中心副总监，中山大学法律硕士，擅长供应链金融、保理、公司法等多个专业领域，具有十余年供应链金融风险防控实战经验。

[**] 德和衡执业律师，毕业于中南财经政法大学，加入德和衡后在供应链金融、保理相关的争议解决方面积累了实务经验。

人使用虚假印章时金融机构又应该如何保障自己的权利？本文将从印章本身的效力来源展开分析，就不同情况下对于虚假印章效力认定和责任承担方式进行探讨，从而总结供应链金融中相应的风险点和防范措施。

## 一、印章效力的认定

在实务中，有观点认为，企业所用的印章，尤其是企业公章必须经过公安机关备案或存在于工商档案后使用，只有具备类似在公权力机关认可的“前置程序”后才具有法律上的效力。但是，此种观点其实是误将行政法中企业印章备案管理措施作为民事行为效力的前提。企业印章效力最基本的问题在于，印章在呈现时是否认定为企业真实的意思表示，以及企业意思表示的认定所取决的因素在于哪些方面。只有明确印章这一“符号”本身所应具有的内涵，进而才能得出这一内涵所需要的外在表现形式，从而才能判断在具体的情形下，印章是否能体现它本身应当具有的作用。

从行为目的上理解，企业加盖自身公章，如同自然人的签名一样，代表了企业这一法律主体对于特定事项的承认，即对特定事项作出了相应的意思表示。如《民法典》第 490 条规定，当事人采用合同书形式订立合同的，自当事人均签名、盖章或者按指印时合同成立。本条中所规定的生效条件为“盖章”，并无“真实”、“有效”或“经备案”等前提，只要具备了盖章行为，就视为体现了当事人的意思表示。当事人盖章的行为不会因为印章是否备案或是否属于“有效印章”而在意思表示的效力上存在差别。

## 二、虚假印章的效力认定

### 1. 虚假印章与表见代理

表见代理是指行为人没有代理权、超越代理权或者代理权终止后，仍然实施代理行为。《民法典》第 172 条规定，行为人没有代理权、超越代理权或者代理权终止后，仍然实施代理行为，相对人有理由相信行为人有代理权的，代理行为有效。根据上述规定，构成表见代理需要满足行为人无代理权、行为具有权利的外观、相对人善意且无过失等条件。在司法实践中，对于使用虚假印章是否构成企业表见代理的认定较为严格。在最高人民法院 2009 年 7 月 7 日发布的《关于当前形势下审理民商事合同纠纷案件若干问题的指导意见》中表明对于表见代理需要正确把握法律构成要件，稳妥认定。合同相对人主张构成表见代理的，应当承担举证责任，“不仅应当举证证明代理行为存在诸如合同书、公章、印鉴等有权代理的客观表象形式要素，而且应当证明其善意且无过失地相信行为人具有代理权”。对于相对人是否尽到合理注意义务、主观上是否足够“善意”，还需要结合合同缔结与履行过程中的各种因素综合判断分析。

2014年涉案信贷资金逾百亿元、牵涉18家银行的青岛港大宗商品融资诈骗案中，湖北省高级人民法院对武汉农村商业银行股份有限公司武昌支行是否尽到了相对人合理的注意义务进行了判断。在(2014)鄂民二初字第00022号民事判决书中“本院查明”部分，湖北省高级人民法院认定事实，德正资源公司职员刘某洲冒充青岛港公司大港分公司工作人员，私刻青岛港公司印章、法定代表人章，并在大港分公司大楼内对武昌农商行持有的仓单及《仓单质押合作协议》上加盖其私刻印章。湖北省高级人民法院认为，尽管在该案中，作为相对人的武昌农商行副行长曾亲自到青岛港查验，与刘某洲签约地点也是在青岛港公司大港分公司的营业场所内，且对盖章签约过程进行了录像。但是由于本案是标的额和风险都巨大的仓单质押担保融资，不同于大量特定化的交易情形。武昌农商行作为具有专业知识和相关经验的相对人，在始终没有见到担保货物所在的大港分公司管理仓库的负责人，也未能察验刘某洲是否有权代表青岛港大港分公司，更未验明印章的真实性的情况下仍进行了交易。因此，武昌农商行在本案中缺乏信赖仅凭公司印章就能够代表企业意思表示的理由，不能证明自己是善意的相对人。

由该案可见，对于行为人使用企业印章是否必然构成表见代理，需要在个案中结合具体、特定的交易背景以及相对人所处行业和知识构成予以考查，从而对相对人能否认识到该印章能否代表行为人(企业)的意思表示进行综合判断。回到供应链金融业务中，交易主体大多是具备一定商业、金融知识，尤其是作为资金方的银行、保理公司等，更是精通金融行业且设有风控部门的专业机构。因此，法院和仲裁机构对于此类交易主体“尽到合理注意义务”的要求和认定标准也必然会高于一般的民事主体，金融机构也应当更为严谨审慎，切勿在行为人代理具备基本权利外观时心存侥幸造成难以挽回的损失。

2. 虚假印章不必然导致合同无效

企业使用虚假印章是否为其真实意思表示通常需要考虑以下方面，如涉案印章是否为企业授意使用、企业是否知晓或使用过涉案虚假印章、企业是否在虚假印章使用后对行为进行追认或默认以及虚假印章的使用人是否能代表企业意思等。由于裁判机关所考察的是合同当事人的真实意思表示，因此就算企业自认使用虚假印章，但虚假印章所确认的内容反映企业真实意思表示的，“虚假印章”本身并不构成合同无效事由，当事人共同意思表示部分有效。例如，在广西桂资拍卖有限公司与广西三益拍卖有责任公司合作合同纠纷中，最高人民法院作出的(2013)民提字第 140 号判决认为，尽管本案的交易合同中，桂资公司所盖印章、法定代表人签字均为虚假，但是印章在真实性上存疑、法定代表人签名是伪造仅为合同形式瑕疵，不影响当事人的意思表示；且相对方三益公司对交易协议予以承认，根据《合同法》第 49 条(现为《民法典》第 172 条)仍应当认为是当事人真实意思表示，合同不存在无效情形，应当认为有效。

## 三、虚假印章与责任后果

1. 印章管理制度混乱导致的后果由企业承担

企业如果存在同时使用多枚印章、印章授权混乱等不规范的用章管理情形，且与行为人使用企业印章对外签订合同存在联系，则企业基于管理不当等过错，应当对印章管理混乱导致善意相对人损失承担一定损害赔偿责任。最高人民法院《关于在审理经济纠纷案件中涉及经济犯罪嫌疑若干问题的规定》第 5 条第 2 款规定，行为人私刻单位公章或者擅自使用单位公章、业务介绍信、盖有公章的空白合同书以签订经济合同的方法进行的犯罪行为，单位有明显过错，且该过错行为与被害人的经济损失之间具有因果关系的，单位对该犯罪行为所造成的经济损失，依法应当承担赔偿责任。在日常实践中，交易主体对于加盖企业印章的文件、材料具有高度的信任。如果企业对于印章管理制度混乱，在一定程度上表明企业本身对于可能发生的他人冒用、盗用或存在多枚对外使用企业印章等风险存在放任的情形，因此，对于该等放任的过错而导致的行为后果也需要由企业承担。

2. 法定代表人或授权委托人导致的后果由企业承担

2019 年 11 月 8 日最高人民法院发布的《全国法院民商事审判工作会议纪要》第 41 条指出，司法实践中，企业使用虚假公章、刻制多套公章的情形并不鲜见。人民法院在审理案件时，应当主要审查签约人于盖章之时有无代表权或者代理权，从而根据代表或者代理的相关规则来确定合同的效力。如被代理人以代理人事后已无代理权、加盖的是假章、所盖之章与备案公章不一致等为由否定合同效力，人民法院不予支持。《民法典》第 61 条第 2 款和第 3 款规定，法定代表人以法人名义从事的民事活动，其法律后果由法人承受。法人章程或者法人权力机构对法定代表人代表权的限制，不得对抗善意相对人。《民法典》第 170 条规定，执行法人或者非法人组织工作任务的人员，就其职权范围内的事项，以法人或者非法人组织的名义实施的民事法律行为，对法人或者非法人组织发生效力。法人或者非法人组织对执行其工作任务的人员职权范围的限制，不得对抗善意相对人。根据上述规定，如企业的授权委托人在企业授权范围内以企业名义行使职权，即便是使用虚假公章，企业也不得以此作为免责的抗辩事由。

根据上述规定，法定代表人或者其授权之人在合同上加盖法人公章的行为，表明其是以法人名义签订合同，除《公司法》第16条等法律对其职权有特别规定的情形外（企业对外担保等非法定代表人所能单独决定而需公司股东会决议的事项），应当由法人承担相应的法律后果。法人以法定代表人事后已无代表权、加盖的是假章、所盖之章与备案公章不一致等为由否定合同效力的，人民法院不予支持。法定代表人作为企业的意志机关，其履行职务时对外签署合同时即便是使用虚假公章，根据法律规定也应视为企业作出的意思表示。如前文所述，企业法定代表人加盖公章的行为，无论公章是真是假，都只是对意思表示确认的形式，而非企业意思表示本身。因此，一般司法实践认为，法定代表人是否使用私刻的公章不应属于相对人需要审查的事项。即使有些企业章程或内部管理规定中对法定代表人的权限作出限制，但该等限制并不能约束善意第三人，企业仍需要承担该行为相应的法律后果。

## 四、供应链金融中虚假印章的防范手段

在供应链金融交易中，金融机构对于融资主体应当尽到审慎的合理注意义务，以安全规范为首要交易原则。金融机构对于基础交易的合同、仓单等交易凭证，应当结合对方的代表代理权限、签订合同场合，以及交易的规范性、真实性和合理性等多个方面进行综合判断，逐一印证。发现反常情况时，应当考虑对该等印鉴是否能反映企业意思表示以及授权等材料进行仔细核实。建议在营业场所签约，由法定代表人签字、盖章并进行录像，避免传签、代签等方式引发否认签章的风险。

同时，企业印章混乱的管理制度以及对法定代表人和授权委托人授权的混乱将给企业埋下很多隐患和风险，企业可能因为曾使用过多枚印章而无法举证只认可少数印章的效力或否认其他印章效力。因此，对于企业印章的刻制、保管、使用审批和归还，应当建立完善的制度，并落实到具体的责任人。法定代表人和授权委托人的对外代理企业的权限必须明确权利范围和代理期限，避免发生超越委托权限的代理情形。

最后我们也应看到，处于风口浪尖的区块链、物联网、电子签章和大数据征信等新技术也被越来越多地应用在供应链金融领域。“萝卜章”等印章风险也在新技术的帮助下得到更好的防范。目前的电子签名和加密技术，可以实现电子盖章和

签名者身份验证等多项功能,能够解决签名者身份确认和签名抵赖等问题,在一定程度上防范了造假。相信随着技术的发展,风险防范机制也将随之健全,供应链金融也能更好地发挥自身优势,给更多供应链上的中小企业带来切实利益。

# 浅析数据可携权的影响及完善

陈俐陶[*]

《个人信息保护法》自2021年11月1日施行，为企业在中国收集、使用、处理、分享和传输个人信息制定了一套全面的规则。其中，《个人信息保护法》赋予数据主体数据可携权这一法定权利，该权利虽然有创新性的意义，但也存在种种争议，本文通过聚焦数据可携权，探讨数据可携权在我国面临的问题，试图提出该权利落实及完善的浅见。

## 一、数据可携权的概述

### （一）数据可携权的内涵及适用情景

2021年11月1日生效的《个人信息保护法》第45条第3款，明确了数据可携权（又称数据携带权、数据可携带权），即“个人请求将个人信息转移至其指定的个人信息处理者，符合国家网信部门规定条件的，个人信息处理者应当提供转移的途径”。根据该规定，数据主体有权从数据控制者处获得个人信息的副本，以及请求数据控制者直接将其个人信息传输给另一实体，首次在国内个人信息保护立法体系中赋予个人获取、转移信息的权利。

实践中较为典型涉及个人信息携带的场景，如到银行办理贷款，银行除了要求提供工资单、个人在该银行的流水等数据，也可能要求其提供其他银行的流水情况。电话号码携号转网也是目前推进数据转移的情形，是“个人信息”可携带权的一种简化表现形式。携号转网是指在同一本地网范围内，蜂窝移动通信用户可以在保留其原有号码的情况下改变基础电信的运营者。手机号码可携带意味着手机号码不再属于基础电信的运营者，而和用户有了更为密切的联系。携号转网在用

* 陈俐陶：德和衡实习律师，潜心钻研供应链金融领域，关注行业内风险处理与争议解决。

户切换运营商、打破网络效应方面的效果对于建立一般性的可携带权具有重要借鉴意义。①

以更贴切的数据转移情形为例,如果用户在A平台注册账号,且在该平台上建立起了人际关系,如果想要转移到B平台上,根据该条规定,符合国家网信部门相关规定的,可以请求A平台提供转移途径。

### (二)数据可携权的来源介绍

数据可携权源于欧盟《通用数据保护条例》(General Data Protection Regulation, GDPR),条例旨在保护个人数据、促进数据流通和鼓励市场竞争。个人信息的控制权由个人掌握,对所有收集、处理、储存、管理欧盟公民个人数据的企业在收集处理用户信息权限上进行限制。

GDPR第20条规定对数据可携带权(Right to data portability)作了如下定义:适用于基于特定合法性基础处理活动范围,即仅适用于基于获得用户同意、基于合同履行,以及基于就业、社会保险与社会保障法领域内的数据控制者或数据主体履行义务、实现特定权利的目的所必要的三类合法性基础下的数据处理活动。该条也规定了个人数据转移的技术条件和环境,限于为利用自动化处理下获得的个人数据,即数据主体有权获取其提供给数据控制者的相关个人数据,其所获取的个人数据形态应当是结构化的(structured)、通用的(commonly used)和机器可读的(machine - readable),且数据主体有权将此类数据无障碍地从该控制者处传输至其他控制者处。此外,行使该权利的限制性条件是不能侵害第三人的权利和自由。

## 二、数据可携权的种种争议

### (一)设立数据可携权的意义

1. 发挥数据的市场价值

对于企业而言,数据起到重要的市场预判作用,企业经营过程中的原材料购买记录、产品销售记录等能够被用于估算内部商业统计及盈利水平,企业也会根据企

---

① Inge Graef, *Mandating Portability and Interoperability in Online Social Networks: Regulatory and Competition Law Issues in the European Union*, Telecommunications Policy, Vol. 39 (Iss. 6), p. 502 – 514 (2015). 转引自汪庆华:《数据可携带权的权利结构、法律效果与中国化》,载《中国法律评论》2021年第3期。

业生产经营数据结合行业上下游的发展趋势分析和预估未来的市场前景。[①] 在互联网大数据时代,大量的个人信息汇集能产生无法估量的商业价值,如社交平台上单个用户的数据,可以延伸出其关系链,这种关系链是通过平台自身的算法与相关技术来推算出用户之间的关系,并且向用户推荐可能认识的好友,对于社交平台企业来说,关系链数据是企业的核心资产,具备重要的商业价值。可以说,谁掌握了大数据,谁就占据了商业市场之高地。

2. 规制数据平台的垄断问题

国务院反垄断委员会《关于平台经济领域的反垄断指南》(以下简称《反垄断指南》)发布,以规制平台经营者利用其垄断地位进行"大数据杀熟"、强迫商家"二选一"等不公平竞争行为。根据《反垄断指南》第 11 条的规定,关于市场支配地位的认定,需要考虑经营者的财力和技术条件,包括掌握和处理相关数据的能力以及其他经营者进入相关市场的难易程度,包括数据获取的难易程度。可见,平台经营者掌握数据的能力直接影响到市场间的竞争。

在市场中抢占先机的大型互联网平台,掌握了大量用户个人信息,从而形成了其信息巨头的地位,因此常常调整隐私政策,迫使用户接受不公平的隐私条款。设立数据可携带权,强化个人对其信息的自主权,增强个人对信息转移与再利用行为的掌控,旨在梳理数据主体和数据控制者的义务,不得由数据控制者任意处置数据主体信息。

3. 促进数据自由流通

数据依靠流动创造价值,推动数据自由安全地流动,以便最大限度地挖掘和释放数据价值。通过数据的开放、共享,实现数据流动。数据可携权的应用,可以防止个人信息被锁定,使个人信息可跨平台流通,促进数据自由流通,打破数据"孤岛"的局面。

### (二)数据可携权适用的顾虑

1. 不一定能够打破垄断

设立该权利的原义是促进数据流通、打破数据巨头的垄断。立法既然强调了个人对信息的自主权,设立数据可携权,既将主导权交由个人手中,也对大型、中小企业的数据合规提出了更高的要求。但是如果实施不当,数据可携带在实践中反而可能起到强化垄断的反面效果,使中小创新型平台的用户利用数据可携带将其

---

① 宁宣凤、吴涵:《浅析大数据时代下数据对竞争的影响》,载《汕头大学学报(人文社会科学版)》2017 年第 5 期。

用户信息迁移到大型或超级平台，进一步增强超级平台的市场力量，降低中小创新型平台的竞争力。聚焦于欧盟出台数据可携权后的实践，欧盟携权的做法使 Facebook、Google 等大型企业形成联盟，联盟内的数据格式统一，若数据主体想将数据转移出联盟，也苦于格式不一而搁置，数据仍然集中于大企业。

2. 可能会增加企业数据合规成本

鉴于数据安全保护的技术存在高低差异，数据主体在选择将数据交给数据接收方时，毋庸置疑地会优先考虑拥有更强的数据安全保障能力的企业。就此而言，若中小企业为了落实个人信息从一个数据控制者转移至另一数据控制者这一要求，不得不开发匹配的数据系统，会带来巨大的合规成本和技术障碍，也无法轻易实现个人数据的转移。这甚至对于企业投资数据驱动的行业具有反向激励的作用，有的企业可能会考虑到通过其获得累积的个人信息被其他企业获得，从而削弱了个人和企业投资数据驱动的服务和产品的意愿。①

3. 可能会增加隐私暴露的风险

数据主体行使数据可携权能够使其更容易掌握其数据，使个人数据的传输和转移变得十分频繁，但却也让更多的数据控制者有获得其信息的可能性。数据转移路径也给许多黑客以可乘之机。在某些特定的领域，如网安公司、金融机构等，数据转移的过程，必然会产生更高的数据安全风险。

总之，数据可携权的设立，未必会达到立法所预设的目的，需要在规则的运行中发现并解决问题。

## 三、目前亟待解决的问题

### （一）制度层面

1. 可携带数据范围

可携带权面临该权利所适用的数据范围问题，也可能将因数据的权属而导致纠纷。GDPR 及欧盟制定的《数据可携权指南》（Guidelines on the right to data portability under Regulation 2016/679）明确了数据可携带权的客体范围，一部分是数据主体主动提供的数据，如填写的个人资料信息，姓名、性别、年龄、家庭住址等；另一部分则是数据控制者通过观测数据主体在使用某些服务而记录的个人数据，如某人的搜索历史记录、交通数据、位置数据以及可穿戴设备跟踪的心跳数据等。华东政法大学教授、互联网法治研究院院长、数据法律研究中心主任高富平认为个人“可

---

① 谢琳、曾俊森：《数据可携权之审视》，载《电子知识产权》2019 年第 1 期。

携带”的只限于用户在登录注册 APP 时提供的信息，企业基于对个人的观察形成的信息并不能罗列在内。数据主体提供的基础数据和通过使用服务或者产品设备而被数据处理者合法收集的观测数据应当属于可携带范围。推测数据和衍生数据是数据控制者在“数据主体提供的数据”的基础上创建的，不在数据可携权的范围之内。[①] 我国《个人信息保护法》对于数据可携带权的规定还比较笼统，关于数据可携带权适用的数据范围尚不明确。

2. 数据可携权行使的前提条件

数据可携权作为权利，人们如何行使权利、应当符合何种要求直接影响到数据转移的效果。《个人信息保护法》第 45 条并未对权利行使前提条件进行规定。国家互联网信息办公室 2021 年 11 月 14 日发布的《网络数据安全管理条例（征求意见稿）》第 24 条对个人信息转移请求应当符合何种条件进行了细化：“（一）请求转移的个人信息是基于同意或者订立、履行合同所必需而收集的个人信息；（二）请求转移的个人信息是本人信息或者请求人合法获得且不违背他人意愿的他人信息；（三）能够验证请求人的合法身份。”另外也在本条规定里特别规定了，如果请求转移个人信息次数明显超出合理范围，数据处理者可以收取合理费用。这意味着，未有规定的情况下，数据处理者可能无法律依据对其处理和反馈个人合理请求收取任何费用。对于“合理范围”由谁来限定，可否由数据处理者在获得个人信息时以约定的行使框定请求转移的范围，这种约定是否有效等细节有待后续明确。

3. 数据转移方式

个人信息以何种方式进行转移。《个人信息保护法》第 50 条第 1 款规定：“个人信息处理者应当建立便捷的个人行使权利的申请受理和处理机制。拒绝个人行使权利的请求的，应当说明理由。”何为“便捷”，并没有明确的规定，但是根据原则，处理者在转出符合相关规定的条件下，不得限制个人信息转出。在不影响隐私期待及相关主体合法权益的前提下，企业应当为个体提供获取数据的便利，并且不应对普通用户设置数据转移的技术障碍。[②] 也就是说，企业应提供“便捷”转出的处理，不得因保存数据而限制用户转出，企业应当为此投入更多的心思和资源。另外，平台数据“互操作性”也是落实数据转移方式的必要前提，目前在数据互相操作上并没有统一的规范。

---

① 参见王渝伟、陈刚：《个保法解读之数据可携带权》，载微信公众号“网安寻路人”2021 年 8 月 21 日，https://mp.weixin.qq.com/s/KO937KrYazE7eKfvBap9KQ。

② 丁晓东：《论数据携带权的属性、影响与中国应用》，载《法商研究》2020 年第 1 期。

### （二）实践层面

首先，关于多方主体的利益协调。数据转移至少涉及数据主体、数据转出者、数据接收者，若数据内容涉及其他数据主体，这其中的利益关系如何协调？当涉及第三人的个人信息权利时，个人信息可携带权的适用变得复杂。如在请求转移的信息中，含有其他人的照片，这涉及是否影响第三人的肖像权问题，或是涉及他人的名称、头像、手机号、聊天记录，还有平台基于信息而加工分析得出的“用户画像”等衍生数据等。这些信息既属于提出者的个人信息，也涉及第三人的个人信息（甚至是敏感个人信息），甚至涉及平台知识产权。

其次，数据可携带权可否通过协议排除。数据可携权作为自然人的个人信息权的重要内容，是自然人对自己的个人信息所享有的支配、控制并排除他人侵害的权利。但依据法理，权利允许被放弃。那么在数据转移的场景下，是否可以通过约定以排除数据可携权的行使呢？在实际的操作场景下，个人行使数据可携带权其适用的数据范围可能因数据处理者与个人信息主体的约定而造成边界模糊。

最后，企业如何在保障个人信息主体权利的基础上解决技术障碍、平衡合规成本，目前也仍待实践进一步探索。

## 四、推动数据可携带权在实践中完善

### （一）落实数据转移的条件

1. 建立数据分类管理机制

针对数据可携带权的范围，从信息处理者的角度而言，平台应当加大资源投入，建立数据分类标记管理制度。对满足数据可携带权的数据类型做好对应的标记，包括用户主动提供的基础数据和与用户有关的观测数据。对于衍生数据，应当进行脱敏加工处理。此外，对于转出数据的“合理范围”，平台不得以格式条款的方式限缩用户转出数据的范围。用户主张转移的数据，也限于其主动提供或被直接观测到的数据，原数据处理者通过其技术推测的数据不在此列。同时用户也不得基于侵犯他人信息等目的而请求转移数据。

2. 推动平台相互操作

平台间建立连结，使不同平台的用户可以进行更便捷、有效的操作，更好地实现数据的安全流动。这要求平台之间需要在接口、操作规范、操作机制上达成一定的统一规范，具体而言，可建立多数企业可以适用的最低标准的可交互操作和数据格式，以便数据在平台间转移。

### （二）不得对第三人造成不利影响

当用户请求传输数据给新数据处理者，其传输的数据内容涉及第三人时，一般而言，第三人可以选择同意新的处理者对其个人数据进行处理，或是与数据接收方签订合同，以便新的数据处理者获得合法的处理依据，也是为了满足该请求传输的数据主体行使数据转移权的需要。但当在无法获得处理该第三人数据合法依据情况下，数据处理者可否以未获得第三人的确定拒绝数据主体行使数据转移权？笔者认为，数据主体行使可携带权，转移的基础数据（如订单信息、聊天记录等）不可避免地会涉及第三人的信息，而这些第三方的权利和自由不太可能受到不利影响，如果因为涉及第三人而武断拒绝转移/接收，这也是对请求转移的数据主体权利的限制。

相反地，如果新的数据处理者将个人数据用于其他目的（如将包含第三人的个人数据用于营销目的），则第三方权利和自由将无法得到保障。因此，在数据涉及第三人的情形时，要求数据传输方谨慎对待含有第三人信息的“内容类”数据传输，确认该信息由请求传输的用户提供，且属于与其相关的信息。同时，对于数据接收方，应当遵循最小化原则和合理目的原则，即使是接受了用户传输的信息，也不得基于接收信息的内容，而影响信息的相对方的权利和自由。

### （三）明确具体的应用场景

鉴于数据可携权对不同的行业、不同规模的企业均存在不一的效应，且目前对数据安全、数字经济的研究刚刚开始，应当逐步放开适用。学者提出，可以从健康医疗、教育、就业、信用等个人关切的场景和行业入手，设定个人信息接受者的资质和保护标准。[①] 笔者认为，数据可携权落实的必要条件就是在保证数据的安全、风险可控的前提下，可考虑在医疗、金融、政府部门的领域，优先实现个人信息的转移。

在大数据时代，如何平衡个人数据的流动性需求和数据安全的保护是一个无法回避的问题。数据可携权作为中国个人信息保护法一项新兴的权利，在借鉴他国经验的同时，应充分考虑到我国国情，在强数据相关领域进行精细设计，以最大限度地发挥积极作用。

---

① 许可：《中国个人信息转移权：数据携带权的脱胎换骨》，载搜狐网，https://www.sohu.com/a/491629016_610982，最后访问日期：2021 年 11 月 30 日。

# 金融助贷业务的法律关系及争议解决

## ——从追偿权到基于债权转让(代位权)的诉讼思路创新

杨光明

### 一、研究背景

什么是金融助贷？对于“助贷”的定义，目前还没有任何官方文件予以明确界定，但是根据助贷机构业务模式，大致可将“助贷”归纳定义为：为银行、小贷公司、信托机构、P2P 平台等机构(资金方)提供稳定的客户来源、风险管理、贷后管理等全流程或部分流程外包服务的业务。因为助贷业务与金融行业密切相关，因而称为金融助贷。一般参与助贷业务的主体大致包括三方：融资方(借款人)、助贷机构、资金方。助贷业务的兴起与“消费金融”“普惠金融”概念的出现有着极大的关联，因为广大有着小额消费贷款需求的客户，并不为传统银行金融机构业务所覆盖。因此消费金融机构——后期的助贷机构的出现，为这些小额消费贷款需求客户搭建了获取小额贷款的资金通道，由此实现普惠金融的理念。

在 2017 年年底网贷整治办 141 号文《关于规范整顿“现金贷”业务的通知》发布之前，银行金融机构是助贷行业中的资金方主力军，而且其作为直接放贷方以及完善的风险控制体系，产生金融法律风险的概率也较小。但是，该文件出台后，明确要求银行等金融机构不得为无牌照机构提供资金房贷或联合贷、外包风控、接受无担保资质的公司征信等，银行作为一大资金来源的渠道受阻。这一时期也正值 P2P 行业的蓬勃发展，更多的助贷机构开始向 P2P 平台靠拢。有的 P2P 平台基于合规整治的考虑，也将部分助贷业务剥离，单独运营。但是，P2P 平台作为资金方时，由于真实的资金来源是由其撮合的民间借贷出借人，再加上与助贷机构的合作、助贷机构对接的借款人(有的还有借款人提供的反担保人等)，涉及多方法律关系，法律关系复杂、形式新颖，但带来的金融法律风险也随之大大增加。

本文所研究的对象是针对助贷机构与 P2P 平台的助贷业务合作而产生的各方

法律关系以及由此产生的争议解决法律问题，因此，为指称方便，本文所称“金融助贷业务”或“金融助贷”均是指助贷机构与P2P平台的合作。本文所研究的范本包括笔者承办的多起同类型的成功案例以及检索其他已公开的裁判文书，并在分析既有司法判例中采取的争议解决思路后，结合笔者承办案例提出创新的争议解决思路，以期为金融助贷行业的合规化、不良债权的处置等方面提供更好的帮助。

## 二、金融助贷业务各方法律关系分析

根据实践操作情况，金融助贷业务大致可分为三种模式：(1)助贷机构只为P2P平台以及其他资金方提供小额借款需求的客户，不承担借款风险；(2)助贷机构仍然提供小额借款需求客户资源，同时与P2P平台联合出资、客户共享，并按照出资比例共担借款风险、共享利息收入；(3)助贷机构兜底担保的模式，即助贷机构提供小额借款需求客户资源，同时也对推荐的借款客户的借款债务向平台和出借人承担连带担保的兜底责任。其中，兜底担保模式隐含的风险最大，涉及的法律关系和法律疑难问题也最为复杂，本文所研究讨论的金融助贷业务的法律关系、争议解决问题也主要是针对这一种业务模式。

1. 借款人与出借人之间的民间借贷法律关系

在金融助贷业务的实践操作中，一般是由助贷机构向平台推荐小额借款需求的借款人，并代为在平台发布借款需求(发标)。之后再通过平台的居间撮合，出借人认购借款需求(投标)后，再将款项借出给借款人，出借人、借款人、一般还有平台三方会在平台上签订电子借款合同。因此，借款人与出借人之间形成的是典型的民间借贷法律关系，借款人负有向出借人还款的义务。这一法律关系是整个金融助贷业务的基础，考虑到兜底担保型金融助贷业务的模式，也可称为“主债务”。

2. 平台与助贷机构之间的合同及担保法律关系

首先，平台与助贷机构的业务合作多是基于双方业务合作协议，因此双方的权利义务以合同约定为准，法律关系应归属于合同法律关系。其次，在兜底担保模式下，平台还会要求助贷机构对其推荐的借款客户在平台向出借人的借款债务(主债务)承担连带责任。

但是，对于上述助贷机构向平台作出的连带担保承诺是否在平台和助贷机构之间形成“担保法律关系”，本文认为是存疑的。原因在于：担保法律关系的成立必须由担保人向主债务人作出担保的意思表示。但是正如上文分析，金融助贷业务中涉及的主债务应当是借款人对出借人负有的偿还借款的义务。因此，主债务人应是出借人无疑。然而，实践中，很多助贷机构的连带担保承诺是在与平台的合作协议中向平台作出，而非在借款合同中向出借人作出。因此，从严格意义上来说，助贷机构所作的连带担保承诺并不一定对出借人产生效力，反之亦不对助贷机构产生承担连带责任的强制义务。

3. 助贷机构与借款人之间的服务合同法律关系

一般来说，借款客户找到助贷机构提出借款需求后，助贷机构会与其签订相应的融资/借款服务合同，助贷机构会为借款人提供包括代为发布借款需求、进行贷后管理、还款管理以及逾期后的代偿等服务，并基于所提供的这些服务向借款人收取一定比例的服务费/管理费。基于此，助贷机构与借款人之间形成的是服务合同法律关系，如果发生纠纷，双方均可根据合同约定形成的债权行使请求权。

这里需要特别说明的一点是关于借款人逾期还款时，助贷机构“代偿”的问题，主要涉及“代偿”行为的法律性质及其法律效果。抛开助贷机构向平台作出的连带担保承诺不谈，仅从助贷机构根据与借款人的服务合同的约定进行逾期后的代偿，其法律性质应为基于民事主体约定的“代为清偿”，或者“第三人清偿”。根据法律理论，助贷机构代为清偿后将产生以下几种法律效果：

（1）在出借人与借款人之间产生主债务相对消灭的法律效果，借款人不再负有向出借人还款的义务，转而向代为清偿的助贷机构履行；（2）在出借人与助贷机构之间，则因为代为清偿而使助贷机构法定或自动获得代偿范围内出借人对借款人的主债权以及出借人基于主债权享有的其他从权利，如担保权；（3）在借款人与助贷机构之间，助贷机构基于代为清偿获得对借款人的主债权，同时也享有依据服务合同主张违约责任、损害赔偿请求权等。

4. 平台与出借人、借款人之间的居间合同法律关系

根据原银监会、工信部、公安部和国家互联网信息办公室联合发布的《网络借贷信息中介机构业务活动管理暂行办法》对“网络借贷信息中介机构（P2P 平台）”的定义，其是专门从事网络借贷信息中介业务活动的金融信息中介公司，以互联网为主要渠道，为借款人与出借人实现直接借贷提供信息收集、信息公布、资信评估、信息交互、借贷撮合等服务。而且 P2P 平台不提供增信服务、不归集资金等，其性质就是为出借人和借款人提供交易机会的居间服务商，其与借款人、出借人之间形成的就是居间合同法律关系。

另外需要单独说明的是平台与出借人之间基于委托和授权而产生的特殊法律关系。实践中，不少平台会在与出借人的注册协议或者借款协议中明确约定，当借款人逾期还款时，出借人授权平台代为进行追索，追索方式包括催收、债权转让、债务重组等，而追索回的款项则由平台再分配给出借人。这种情形下，出借人对平台

的授权在双方之间形成的是委托代理法律关系，委托代理的事项则必须由双方提前约定。

## 三、金融助贷业务争议解决的传统思路评析

助贷机构兜底担保业务模式下，当借款人逾期未还款时，助贷机构按照服务合同约定向出借人进行了代为清偿（同时也是确保与平台合作的稳定，履行向平台作出的连带担保承诺）。由此形成的局面是：在出借人和平台这一端，由于助贷机构的代偿，借款债务实际上已按期清偿；但是，在借款人这一端，又真实地发生了逾期，助贷机构代偿的款项因为借款人的逾期而受到损失。因此，助贷机构为收回代偿款项及相应损失而向借款人进行的债务追偿行为或基于此产生的民事诉讼，即本文所指的"金融助贷业务争议解决"。

笔者以"借款服务合同""平台"等为关键词交叉检索的案例中，"追偿权纠纷""服务合同纠纷"为适用比例最高的两种案由；适用"借款合同纠纷"（已排除其中出借人直接起诉借款人的案例）案由的则紧随其后；另外还有极少部分案件适用的案由是"债权转让合同纠纷"、"担保追偿权纠纷"或"其他合同纠纷"。因此，本文所称的金融助贷业务争议解决的传统思路主要是指前述检索结果中适用比例最高的"追偿权纠纷"。下文将以助贷机构的诉讼需求（诉讼目的）为基础，对其进行评析。

1. 追偿权适用于金融助贷业务争议解决的合理性

结合前文的论述，金融助贷业务争议解决的产生基于两个事实：（1）借款人逾期还款；（2）助贷机构代为清偿。助贷机构的代为清偿在其与借款人之间产生的法律效果，除前文已经论述的部分外，还使助贷机构享有在清偿范围内的追偿权——这是各国民法典以及民法理论中均认可的代为清偿的法律效果之一，追偿权同时也被称为"求偿权"。我国《民法典》关于合伙人及连带债务人负有的法定代为清偿责任、保证人的法定代为清偿责任等，都是此类，代为清偿的乙方享有法定的追偿权。而且，基于追偿权产生的债权请求权是独立于主债权之外的法定请求权。因此，金融助贷业务争议解决适用"追偿权纠纷"的案由当然地具有合理性。

2. 从助贷机构诉讼目的角度看追偿权思路的不足之处

一般来说，助贷机构代为清偿的债务包括借款本金以及支付给出借人的利息，但是助贷机构在借款人逾期之后的一段期间内实际上为借款人提供了对应的还款管理、代偿债务等服务。因此，助贷机构代偿后向借款人进行追偿时，除代偿本息金额之外，一般都会有按照服务合同的约定主张违约金、逾期利息、管理费等诉讼请求。但是，根据《民法典》关于追偿权的规定以及法律理论，助贷机构行使追偿权的

范围应当只限于代为清偿的债务,超出部分无法主张。这样一来,助贷机构依据服务协议主张代偿债务之外的费用的诉讼请求也将落空,因借款人逾期还款给助贷机构造成的损失也将无法获得弥补。

## 四、金融助贷业务争议解决的创新思路

本文所讨论的金融助贷业务争议解决创新思路,实质是为了解决助贷机构希望依据服务合同约定向借款人主张逾期还款的本息以及其他费用的诉讼请求。在诉讼思路上的创新主要是摒弃以追偿权为请求权基础,转而以主债权转让(代位权)为基础行使服务合同约定的债权请求权,债权转让(代位权)更多则是为了强化请求权基础的合理性。笔者从以下经办的众多成功案例对创新思路的合理性及如何适用予以说明。

1. 案情简介

助贷机构 A 与借款人 B 签订《小额借款服务合同》,约定由助贷机构为借款人提供借款咨询、借款匹配(代为在平台发标)、还款管理、还款提醒等服务。如果借款人逾期还款,助贷机构有权向平台和出借人代偿,借款人需自代偿之日起向助贷机构还款,并承担约定的违约责任、支付管理费等。同时,助贷机构在与平台的合作协议中承诺,对借款人的借款债务承担连带责任。放款成功后,借款人出现逾期还款情况,为此,在借款实际未到期的情况下,助贷机构为控制风险,垫付资金向出借人进行了代为清偿,但因为借款人长期逾期,由此导致助贷机构出现不良债权。

在笔者代理助贷机构前,其已向法院自行提起诉讼,案由为“追偿权纠纷”,但是诉讼请求是依据“服务合同”约定的违约责任拟定,所举证据也不充分,诉讼过程不甚理想。笔者接受委托介入案件后,了解到当事人希望按照“服务合同”主张合法权益的诉讼需求后,摒弃了以“追偿权”为请求权基础的诉讼思路,转而采用以债权转让(代位权)为基础行使合同约定的债权请求权这一请求权基础,获得法院胜诉判决。

2. 以债权转让(代位权)为基础行使合同约定的债权请求权的合法性及合理性分析

所谓合法性及合理性分析包括两方面问题:第一,助贷机构以服务合同约定向借款人进行债务追偿的权利基础来源?——合法性问题。第二,助贷机构的追偿是否会损害出借人利益?是否加重借款人的责任?——合理性问题。以下详细论述:

(1)助贷机构以服务合同约定向借款人进行债务追偿的权利基础来源及合法性分析

讨论合法性问题的实质是:助贷机构以服务合同约定向借款人进行的债务追偿,是建立在助贷机构代为清偿后而自动产生的法律效果——主债权转让的基础之上,基于代为清偿而产生的债权转让,法律理论称为"代位权"或"清偿代位"。根据王轶教授在《代为清偿制度论纲》一文中的论述,第三人代为清偿后,"常发生清偿代位,即债务人以外的第三人因为清偿债务,于其求偿权(追偿权)的范围内,当然地取代债权人的地位,得对债务人行使债权人所享有的权利。此处的代位是指代债权人的位……"[①]代为清偿后,代为清偿的第三人获得的代位权性质,法国、日本和我国台湾地区的通说认为是"债权转移"[②]。对此,2020 年出台的《民法典》第 524 条规定的"第三人代为履行"实质上就是本文所讨论的代位权。另外需要说明的是,基于代为清偿这一事实产生的两种法律效果——追偿权和代位权,二者是请求权的并存(竞合),清偿的第三人可以选择其一行使。

根据代为清偿的第三人与债务的履行有无利害关系,代位权(清偿代位)也可分为法定的代位权和约定的代位权:前者一般是基于法律规定的负有代为清偿义务或责任的第三人清偿产生,我国《民法典》关于合伙人的代为清偿以及保证人的代为清偿等都属于此类;而后者则是依据第三人与债务人的约定代为清偿、且债权人没有拒绝受领给付的情况下产生。在前文所列举的案例中,助贷机构与借款人约定了发生逾期还款情况时,助贷机构有权向出借人和平台代偿——代为清偿,因此在助贷机构代偿且出借人受领后,助贷机构基于代偿的法律事实当然地享有代位权,并在其清偿的范围内获得出借人对借款人的债权。助贷机构基于代位权获得出借人对借款人的债权后,从根本上解决了债权权利来源合法性的问题,助贷机构当然可以基于其与借款人的服务合同约定,向借款人主张包括借款本息、违约责任、逾期利息、管理费、服务费等费用。

(2)助贷机构以服务合同约定向借款人进行追偿的合理性分析

解决上述权利基础来源及合法权利问题后,还需要关注助贷机构追偿的合理性问题——是否会损害出借人利益、加重借款人责任?就第一个问题而言,只要举证证明助贷机构已实际代为清偿的法律事实,出借人对借款人的债权就相对地消灭并转让给助贷机构,出借人的实际受偿也表明其利益已得到保障,不存在其利益被损害的情况,也不会使助贷机构获得不当利益。就第二个问题而言,主要是指:助

---

① 王轶:《代为清偿制度论纲》,载《法学评论》1995 年第 1 期。

② 史尚宽:《债法总论》,中国政法大学出版社 2000 年版,第 837－838 页。

贷机构向借款人追偿后,如果出借人向借款人再次主张还款,可能造成借款人的重复还款,加重其责任。但是,在助贷机构已实际代为清偿的事实得到证明,出借人的债权已实际转让至助贷机构,出借人无权再向借款人主张还款。即便出借人向借款人重复主张,借款人也可以债权已转让给助贷机构以及其向助贷机构清偿的事实对抗出借人的重复主张,不会加重其责任。

3. 以债权转让(代位权)为基础行使服务合同项下的债权请求权需要注意的其他问题

(1)列明诉讼请求时应在合法范围内

因为适用代位权并以此为基础行使服务合同项下的债权请求权,所以案由应是“服务合同纠纷”,或者采用大类案由“合同纠纷”。诉讼请求则应以代为清偿的借款本金为限额,根据服务合同约定的利率、服务费、逾期违约金标准予以列明。但是,需要注意的是,根据最高人民法院《关于审理民间借贷案件适用法律若干问题的规定》中所作的说明以及审判指导意见等的司法精神,《关于审理民间借贷案件适用法律若干问题的规定》所规定的利率的“红线”不仅是针对借款合同约定的利率,更应当包括借款人在借贷过程中所负担的全部成本,包括服务费、管理费、违约金等。因此,前述诉讼请求中主张的利息(当然包括已经代偿给出借人的利息)、服务费、逾期违约金等综合费率必须确保不能超过4倍一年期贷款市场报价利率LPR,否则超出部分将无法得到支持。

另外,对于服务合同中约定的律师费能否得到支持的问题,在于如何定性律师费——是否认定律师费为借款人为借款所支出的综合成本的一部分。对此,笔者认为,律师费属于借款人违约行为发生之后,助贷机构主张债权时所支出的成本,双方在签订合同时,律师费属于不确定是否发生的费用。如果借款人正常履行合同,根本不产生律师费承担的问题,借款人应当为其逾期还款的违约行为承担相应的违约责任。因此不能将律师费认定为借款综合成本而不予支持。但是,如果实际发生的律师费过高,基于公平原则,法院也可以酌情调整。

(2)助贷机构行使代位权获得出借人转让的借款债权后涉及的通知借款人问题

根据《民法典》第546条的规定:“债权人转让债权的未通知债务人的,该转让对债务人不发生效力。”代位权的效果是助贷机构代出借人之位,享有对借款人的债权,其实质就是债权转移,按照前述规定应当向借款人进行通知。但是,在助贷机构按照与借款人事先约定可以代偿的情况下,是否仍要求行使代位权后通知借款人代为清偿及债权转让的事实?笔者认为,如果助贷机构与借款人在服务合同中明确约定“一旦借款人逾期还款，助贷机构有权向出借人代为清偿；出借人代为清偿后，有权行使代位权，获得出借人对借款人的债权，借款人应向助贷机构承担偿还逾期借款并承担逾期利息的违约责任”，则应当视为借款人已事先知悉代为清偿和代位权的事实，当借款人逾期后（自己应当了解和知悉自己的违约行为），无论是出借人、平台还是助贷机构，均无须再向借款人履行通知义务。

（3）借款尚未全部到期情况下，助贷机构主张全部借款债权的合理性

实践中，由于借款人的逾期还款可能刚发生或者发生一段时间但还未到全部借款期限届满，很多助贷机构为了控制风险都会提前代为清偿。由此出现的问题就是：借款期限尚未届满，助贷机构是否可以提前代为清偿？是否可以代偿后要求借款人全部还款？如果可以，其依据与合理性应如何解释？对此，笔者认为，考虑到很多通过平台借款的借款合同中都会有类似“提前还款”的约定，因此，助贷机构在借款人已实际逾期的情况下提前向出借人清偿是有合同依据的，只是同时还要根据合同约定承担提前还款相对应的责任。助贷机构对借款人要求的全部还款，则有两方面的依据以说明其合理性：

其一，基于借款人与助贷机构在服务合同中有关逾期还款时视为全部借款提前到期、借款人应偿还全部借款的约定，助贷机构可以要求借款人在借款期限未届满时偿还全部借款。其二，借款人出现逾期还款的违约行为后，尤其是逾期时间长或者自始开始逾期的借款人，其以实际行为表示将不继续履行借款合同和服务合同，构成根本违约，出借人和助贷机构享有法定解除权，要求解除合同并要求借款人立即清偿全部借款。

## 五、结语

随着 2018 年以来 P2P 平台金融法律风险的逐步爆发，金融助贷业务以及其争议解决也受到了很大的冲击。通过梳理金融助贷业务各方参与者之间的法律关系，律师、司法审判机关都能对金融助贷业务有一个更客观的认识，所涉及的金融法律风险也可在法律关系的分析、界定中得到体现和预见。笔者在承办的众多涉及金融助贷业务的争议解决案件中所提出的以“代位权”为基础的服务合同债权请求权诉讼思路，较之传统“追偿权”诉讼思路，更能保障助贷机构的合法权益，同时也能在合法性、合理性方面找到根源。笔者希望这一创新诉讼思路能为金融助贷业务的合规（从诉讼风险反向预防业务风险）、债务追偿等带来有效的帮助。

# 专题五　涉公司类犯罪研究

# 浅议贪污罪、职务侵占罪与盗窃罪、诈骗罪的竞合问题

沈　忠*

北京德和衡(长沙)律师事务所段启俊律师在其“职务犯罪常见疑难问题的司法认定”的专题演讲中列举了两个案例,第一个案例:某村民委员会会计张某某利用该村进行新农村建设之机,采取造假账、虚报宅基地数量的方式骗取国家补偿款人民币3.6万元,并据为己有。问题:张某某的行为是构成贪污罪、职务侵占罪还是诈骗罪?第二个案例:某快递公司员工杨某利用负责分拣包裹工作的便利,盗窃价值1999元的手机一部,公诉机关以盗窃罪提起公诉,经过一审和两次抗诉审理,四川某中级人民法院和四川省高级人民法院将该案由盗窃罪改判为职务侵占罪,并因侵占的财物价值未达到“数额较大”的定罪起点,依法宣告被告人杨某无罪。对上述两个案例,有律师同人提出了想象竞合和法条竞合的问题,并产生了不同意见。在我国《刑法》中罪名竞合关系非常普遍,认定何种竞合关系对案件的审理结果有一定影响,刑法理论界存在较多争议,有些司法人员也存在模糊认识,笔者最近办理了一起过失致人死亡案件也存在类似问题。厘清上述罪名之间是否存在竞合关系和存在何种竞合关系,对于准确定罪、正确适用刑罚、罚当其罪具有重要意义。下面,笔者就上述问题发表一下自己的一些看法,供同人参考。

## 一、法条竞合

法条竞合,又称为法规竞合,指的是规定不同罪名的数个法条,因其规定的构成要件在内容上具有从属或者交叉关系,当适用于某一行为时,只适用其中某一法

---

* 北京德和衡大湾区法律适用研究院刑事法律适用研究中心顾问,擅长疑难复杂刑事辩护、控告、民刑交叉、行刑交叉、涉刑财产处置、企业合规等专业领域。

条而排斥其他法条适用的情形。[1] 现实社会中的犯罪现象千姿百态,反映在刑事立法上便是错综复杂的规定,此一法条规定的犯罪可能是另一法条规定犯罪的一部分,或者此一法条的犯罪可能包含其他几个法条的犯罪,由此产生了法条竞合的情况。

按照我国刑法通说,法条竞合有四种情况。

1. 独立竞合,又称包含竞合、特别竞合。其是指一个罪名的外延被另一个罪名的外延包含,在两罪名之间形成种属关系,即普通法包含特别法的关系。最典型的是诈骗罪与合同诈骗罪、集资诈骗罪、信用卡诈骗罪等诈骗罪名之间,诈骗罪是其他诈骗罪名的种法条,即普通法;其他类型的诈骗罪均是从诈骗罪分离出去的属法条,即特别法。还有《刑法》第 140 条生产、销售伪劣产品罪与第 141 条至第 148 条规定的生产、销售假药罪至生产销售不符合卫生标准的化妆品罪之间,滥用职权罪、玩忽职守罪与执行判决、裁定失职罪,执行判决、裁定滥用职权罪,滥用管理公司、证券职权罪等罪名之间,形成独立竞合。对于独立竞合,一般采取“特别法优于普通法”的适用原则,法律有特别规定的除外(如《刑法》第 149 条)。

2. 包容竞合。其指一个罪名是另一个罪名的组成部分,在两罪名之间形成部分法与整体法关系的情形。包容竞合在我国《刑法》罪名中十分常见,如放火罪、决水罪、爆炸罪、投放危险物质罪、以危险方法危害公共安全罪、破坏交通设施罪、绑架罪、抢劫罪的罪名之中,分别包容了故意杀人罪、故意伤害罪、故意毁坏财物罪;交通肇事罪、重大责任事故罪包容了过失致人死亡罪、过失致人重伤罪,还将过失造成财产损失的民事侵权行为也纳入犯罪之中;等等。对于包容竞合,一般采取“整体法优于部分法”的适用原则,如重大责任事故罪(致人死亡)与过失致人死亡罪,后罪重于前罪,但仍按前罪处理。

3. 交叉竞合。其指两个地位平等的罪名的构成要件存在部分重叠的情况。当事实行为落入两罪的交叠区间时,既符合此罪的构成又符合彼罪的构成,产生了必须选择一个法条适用的问题,交叉竞合也被称为择一关系。在我国《刑法》条文中,交叉竞合的情况较少,最典型的是诈骗罪与招摇撞骗罪之间形成交叉竞合。对于交叉竞合采取“重法优于轻法”的适用原则。如在招摇撞骗时骗取财物数额特别巨大或者有其他特别严重情节,应当以诈骗罪定罪处罚。要注意的是,产生交叉竞合的罪名彼此之间处于平等地位,而独立竞合中普通法罪名与特别法罪名之间、包容竞合中整体法罪名与部分法罪名之间地位是不平等的。

---

① 参见陈兴良主编:《刑法总论精释(下)》,人民法院出版社 2011 年版,第 614 页。

4. 偏一竞合。其是指两个罪名的外延有交叠而形成基本法与补充关系的情形。适用“基本法优于补充法”的原则，如拐卖儿童罪与拐骗儿童罪竞合，优先适用拐卖儿童罪。我国《刑法》中偏一竞合较少。

## 二、想象竞合

想象竞合，是指一个行为触犯数个罪名，择一重罪处断的情形。表面上看，想象竞合与法条竞合都是一个行为同时触犯数个罪名，区别在于想象竞合触犯的数个罪名分别都是典型的一罪，罪名之间没有重叠关系。在法条竞合情况下，行为人实施的行为只有一个犯罪构成，只不过需要厘清适用何种罪名而已，因此法条竞合不是真正的竞合而是假想竞合。想象竞合是一个行为同时符合数个犯罪构成，按哪一个犯罪构成认定都是成立的，实际上是一个行为构成数罪，为了避免被重复评价而适用一个罪名。例如，行为人盗窃正在使用的电力设备，构成盗窃罪的同时又触犯了《刑法》第118条破坏电力设备罪，而盗窃罪与破坏电力设备罪之间没有法条竞合关系，行为人同时具有盗窃和破坏电力设备的故意，符合两罪的犯罪构成，构成想象竞合犯。对于想象竞合犯，采用“择一重处断”的适用原则。

## 三、贪污罪、职务侵占罪与盗窃罪、诈骗罪竞合问题分析

上述两个案例中，职务侵占罪的处罚轻于贪污罪、盗窃罪、诈骗罪，后一个案例还是经检察机关抗诉由中级人民法院和高级人民法院审理，将重罪盗窃罪改为轻罪职务侵占罪并宣告无罪，如果按照想象竞合犯处理，就违背了“从一重处断”的原则，存在法律适用错误的问题。如果不是想象竞合犯，贪污罪、职务侵占罪与盗窃罪、诈骗罪之间又是一种什么关系呢？这是值得研究的问题。

1. 贪污罪、职务侵占罪与盗窃罪、诈骗罪是否存在法条竞合关系？

法条竞合要求犯罪构成上每一个构成要件都要有重叠关系，有一个要件没有重叠关系则不构成法条竞合。从犯罪主体看，盗窃罪、诈骗罪是一般主体，贪污罪、职务侵占罪是特殊主体，特殊主体是从一般主体分离出来的，二者存在重叠关系。国家机关、国有企业、事业单位可以视为包含在一般单位中，故贪污罪与职务侵占罪的主体之间也存在重叠关系。从侵犯的法益看，盗窃罪、职务侵占罪、诈骗罪、贪污罪都侵犯财物权利，法益上存在重叠关系。在主观方面，都有非法占有公私财物的故意。在客观行为上，都含有窃取或者骗取的手段，贪污、职务侵占还有其他行为，如国家机关、国有企业、事业单位的领导召开会议私分公共财产的行为等。因此，贪污罪、职务侵占罪与盗窃罪、诈骗罪之间在犯罪构成上均存在重叠关系，存在

法条竞合关系。

2. 贪污罪、职务侵占罪与盗窃罪、诈骗罪之间形成何种法条竞合？

首先，贪污罪、职务侵占罪与盗窃罪、诈骗罪之间不形成独立竞合。贪污罪、职务侵占罪不是从盗窃罪、诈骗罪中派生出来的，盗窃罪、诈骗罪不能包含贪污罪、职务侵占罪，他们之间不是普通法与特别法的关系。

其次，贪污罪、职务侵占罪与盗窃罪、诈骗罪之间不形成交叉竞合和偏一竞合。贪污罪、职务侵占罪是将特殊领域的盗窃罪、诈骗罪纳入一个罪名中作为一个整体进行评价，与交叉竞合中平等地位的数个法条之间的竞合关系不同。而且贪污罪、职务侵占罪是特殊主体，盗窃罪、诈骗罪是一般主体，一般情况下二者不能同时适用，所以不能形成交叉关系。贪污罪、职务侵占罪与盗窃罪、诈骗罪之间显然不存在偏一竞合，在此不再赘述。

因此，贪污罪、职务侵占罪与盗窃罪、诈骗罪之间形成包容竞合关系。

3. 对包容竞合及“整体法优于部分法”适用原则的认识和理解。

包容竞合在刑法理论界存在争议，有的学者认为不存在这种竞合关系，也有学者认为包容竞合实际包括了独立竞合与交叉竞合。笔者结合上述罪名作如下探讨：

首先，从立法角度分析，包容竞合反映了我国刑法立法的客观情况，应当尊重这种现实。盗窃罪、诈骗罪属于传统犯罪和自然犯罪，随着社会的发展，传统或者旧的罪名已经不能满足对新制度环境下新型犯罪行为的全面、准确评价。立法机关根据需要对新型犯罪行为进行专门讨论和评估，通过立法程序设立新罪名，将数个传统旧罪名中的犯罪行为吸收到新罪名中进行整体评价（包容关系在大陆法系亦称吸收关系）。如贪污罪、职务侵占罪的行为中包含传统的盗窃、诈骗行为，贪污罪、职务侵占罪成为整体法，而盗窃罪、诈骗罪成为部分法，由此产生了整体法罪名与部分法罪名之间的包容竞合。如前所述，我国《刑法》大量存在包容关系的法条竞合，应当做出合理解释。

笔者认为，正是因为整体法罪名反映特殊社会领域新型犯罪行为特征，形成了具有内在逻辑关系、体系完整的全新犯罪构成，其包容（或者吸收）其他部分法犯罪行为已经成为其不可分割的有机组成部分。因此，在具体案件法律适用时，不能再将整体法罪名中的各种犯罪行为拆分成其他部分法罪名的犯罪行为进行分别评价，按照想象竞合处理，否则就破坏了立法的内在逻辑关系，将特殊领域与一般领域犯罪混淆，违背了立法的初衷，也使立法机关处于尴尬的境地。那么，当整体法罪名与部分法罪名产生法条竞合即包容竞合时，采取整体法优于部分法的适用原则就显而易见。

其次,从社会危害性角度分析,整体法罪名与部分法罪名的社会危害性孰大孰小应当进行综合判断。我国《刑法》中,绝大部分整体法罪名比部分法罪名的处罚要重或者相当,但也有少数整体法罪名比部分法罪名处罚轻。例如,根据现行司法解释,盗窃罪以人民币 1000 元至 3000 元为“数额较大”,3 万元至 10 万元为“数额巨大”,30 万元至 50 万元为“数额特别巨大”;诈骗罪以 3000 元至 1 万元为“数额较大”,3 万元至 10 万元为“数额巨大”,50 万元以上为“数额特别巨大”。贪污罪以 3 万元至 20 万元为“数额较大”,20 万元至 300 万元为“数额巨大”,300 万元以上为“数额特别巨大”;职务侵占罪以 6 万元以上为“数额较大”,100 万元以上为“数额巨大”,且最高刑为有期徒刑 15 年。许多人认为,国家工作人员利用职务之便盗窃或者诈骗公共财物,与普通盗窃、诈骗并无实质区别,其侵犯多重客体危害性更大,犯罪数额标准设定明显不公,而职务侵占罪数额标准设定就更加有失公平。笔者认为,对此问题必须进行综合比较分析,才能得出合理结论,否则有失偏颇。从犯罪数量上看,根据全国法院裁判文书网的公示,2014 年至 2019 年全国发生盗窃案件平均每年 34 万余件,诈骗案件平均每年 12.1 万余件。2014 年至 2019 年发生贪污罪平均每年 1.66 万余件,职务侵占罪平均每年 1.3 万余件,贪污罪和职务侵占罪案件数量远小于一般盗窃罪和诈骗罪的数量,从整体上看社会危害性相对较小。从治理角度上看,盗窃罪和诈骗罪属于传统犯罪,治理难度较大,加大处罚力度更有必要,贪污罪和职务侵占罪与国家和单位的管理制度有关,通过制度完善和教育可以予以控制,当前有关国家和地区的廉洁情况可以印证这种观点。从主观恶性上看,盗窃罪、诈骗罪惯犯、有组织犯罪较为常见,主观恶性较大。贪污罪、职务侵占罪一般是行为人利用管理的漏洞和缺陷或者法律观念淡漠造成,主观恶性相对较小。从犯罪后果和民众感受上看,盗窃罪、诈骗罪有时犯罪数额不大,但很多是救命钱、治病钱、家庭储蓄及生活必需费用等,对普通民众造成的损害后果更大,民众对之深恶痛绝。贪污罪、职务侵占主要是侵犯国家、单位的财产权利,影响较小,民众直接感受不深刻。从社会秩序和权利恢复的角度看,盗窃罪、诈骗罪造成社会秩序的破坏和财产损失一般难以挽回,赃款物一般都被挥霍殆尽。贪污罪、职务侵占罪一般可以挽回财产损失,对社会秩序破坏较小。总之,我国立法机关和司法机关在制定相关法律和司法解释时,确有不尽如人意之处,但总体来说已经通盘考虑了各种因素,某些整体法罪名比部分法罪名处理较轻并非不合理,总体是平衡的。

## 四、结语

笔者认为,我国刑法理论认为法条竞合存在独立、包容、交叉、偏一四种竞合关系,适用“特别法优于普通法”“整体法优于部分法”“重法优于轻法”“基本法优于补充法”的原则,比较符合当前我国刑法的立法现状和司法机关对案件的具体法律适用,基本上能够解释具体案件中出现的法条竞合疑难问题。贪污罪、职务侵占罪与盗窃罪、诈骗罪之间存在包容竞合关系,上述两个案例以职务侵占罪定罪处罚适用法律正确。笔者近期办理一件过失致人死亡案件,实际上是工人生产过程中致人死亡的安全事故,应当以重大责任事故罪处理,但当地司法机关对以往类似案件大部分按照过失致人死亡罪处理,在法律适用上存在错误。

# “关于郭某不构成骗取贷款罪”的辩护意见

苏明飞[*]

**案件摘要：**本案案发地为内蒙古某市，系全国扫黑办督办的重大涉黑案件，涉案人数接近30人，涉案房产一百多套。一审期间公诉机关指控，自1999年以来，安某、秦某等人组织多名社会闲散人员，有组织地进行寻衅滋事、故意伤害、非法拘禁、敲诈勒索、诈骗、骗取贷款等违法犯罪活动。多年来，安某、秦某以包头市某酒店有限公司为据点和依托，通过吸纳刑事违法犯罪、行政违法人员、网罗社会闲散人员等方式逐步扩充黑社会性质组织成员，发展非法势力，形成了不成文的规矩和惯例。以安某、秦某为组织者、领导者的黑社会性质组织共实施了24起犯罪、涉嫌10个罪名，其中包括9起敲诈勒索犯罪、6起寻衅滋事犯罪、1起故意伤害犯罪、1起非法拘禁犯罪、3起诈骗犯罪，此外，还实施强迫交易、骗取贷款、高利转贷、职务侵占犯罪各1起。该黑社会性质组织层级分明、人数较多，结构相对稳定。在共同犯罪过程中，由于郭某、黄某等人较其他积极参加人员在共同犯罪中所起的作用要轻，故成为参加该黑社会性质组织犯罪的一般成员。在案件的审查起诉阶段，公诉机关指控郭某犯参加黑社会性质组织罪、骗取贷款罪、高利转贷罪与职务侵占罪且为犯罪行为的主要实施者。尽管作者介入案件后从案件事实、证据出发，在一审程序中无比坚定地为郭某做了无罪辩护，但遗憾的是，一审法院无视证据、事实及相关法律规定，完全采信了控方对郭某的指控内容，判决郭某犯有上述四罪。从收到一审判决书那一刻起，作者先后向二审法院提交了上诉状、开庭申请书、证人出庭及各种调取证据申请，并多次与法官进行了各种形式的据理力争，最终二审法院在没有开庭审理的情况下，直接改判郭某不构成骗取贷

* 德和衡高级联席合伙人，擅长诈骗犯罪辩护、有组织犯罪案件辩护及职务犯罪案件辩护。

款罪，对高利转贷罪也作从轻处罚，并在判决书中大篇幅援引作者关于郭某不构成骗取贷款罪的辩护意见。

**关键词：**骗取贷款　重大损失

尊敬的审判长、审判员：

北京德和衡（深圳）律师事务所受上诉人郭某丈夫卢某某委托，指定我本人继续担任上诉人郭某被控涉黑一案二审阶段的辩护人。遗憾的是，虽经本辩护人依法一再申请，但你院还是决定不开庭审理。为维护上诉人的合法权益，辩护人只有根据事实、证据和法律，再结合错误的一审判决，发表如下辩护意见。希望合议庭有所担当，最终能给上诉人一个公平公正的判决。

本辩护人认为：郭某不构成犯罪，郭某是无辜的！一审判决郭某犯参加黑社会性质组织罪、骗取贷款罪、高利转贷罪及职务侵占罪，属事实不清，证据不足，且本案一审审判程序严重违法（控方该向法庭出示的某些重要指控证据并没有出示）。二审应改判郭某无罪，或将案件发回重审，否则将产生严重后果和恶劣影响！

今天，我要发表的辩护意见大体上分为四个部分：第一个部分是上诉人郭某不构成参加黑社会性质组织罪的辩护意见；第二部分是上诉人郭某不构成骗取贷款罪的辩护意见；第三部分是上诉人郭某不构成高利转贷罪的辩护意见；第四部分是上诉人郭某不构成职务侵占罪的辩护意见。

## 一、上诉人郭某不构成参加黑社会性质组织罪

一审法院错误地认定以安某、秦某为首的违法犯罪组织具有黑社会性质犯罪组织所具有的四个特征。事实上，被控涉案组织不具有黑社会性质组织的四个特征，尤其不具有组织特征与危害性特征。

1. 涉案组织不具有黑社会性质组织的组织特征

（1）按照一审审理查明的所谓犯罪事实，以安某、秦某为组织者、领导者的涉黑组织自成立以来实施了多起违法犯罪行为，严重影响到了当地的经济和社会生活秩序。但是，在所有证据中，没有证据可以证明以安某、秦某为组织者、领导者的涉黑组织是在什么时间成立的，没有证据可以证明此涉黑组织所实施的哪一起违法犯罪行为标志着黑社会性质组织已经成立，也没有证据可以证明该组织于什么时间、什么地点首次实施了有组织的犯罪。

（2）作为一个被控是涉黑性质的组织，如果没有比较明确的成立时间段，那么，它就不是一个黑社会性质的犯罪组织。根据相关法律规定，黑社会性质犯罪组织

的成立和发展是一个渐进的过程,不可能在短时间内形成,更不可能一蹴而就,也就是说,必须经历一个由量变到质变的过程。具体而言,根据黑恶势力犯罪案件中所体现出来的规律,一个涉黑性质的犯罪组织,必须经历由涉恶犯罪团伙到涉恶犯罪集团,再到黑社会性质犯罪组织的过程。

(3)具体到本案,一审法院没有查清以安某、秦某为首的涉黑组织的大概成立时间,没有搞清有没有标志性事件,没有搞清首次组织犯罪是哪起犯罪,就草率地认定此组织为涉黑性质的犯罪组织。这与事实严重不符,在证据上得不到支持,在法律上也没有依据。

(4)根据2009年“两高一部”关于黑社会性质组织犯罪的“会议纪要”、2015年全国部分法院关于黑社会性质组织犯罪的“会议纪要”,以及2018年“两高两部”《关于办理黑恶势力犯罪案件若干问题的指导意见》中的相关规定,黑社会性质犯罪组织组织性的重要体现就在于有没有组织纪律及帮规,成员是否固定,上下级之间有无明显的等级关系。然而,辩护人通过会见上诉人郭某、阅卷、参加庭审后发现,被控涉黑组织根本就没有什么所谓的组织纪律或者是帮规,这是其一。其二,在被控的28名组织成员中,绝大多数的成员是不固定的,被安某叫去“帮忙”的所谓成员,都是随机组成的,而且每次也都不一样。其三,安某虽然给刘某某、关某、迟某某三人发放工资,但这些人中刘某某是某酒店的员工,关某与迟某某先后给安某做过司机,发工资是名正言顺的,不发工资才是不正常。事实说明,其他人从没有在安某处不劳而获,又怎能说涉黑组织为其成员发放工资。关于本案,一审判决罔顾事实,错误地认定秦某为黑社会性质组织的组织者与领导者,认定的理由之一是秦某曾为李某、胡某某、窦某发放过生活费与奖金。但是,在一审庭审中,三被告人均对此予以了否认,而秦某的说法与三被告人一致。由此可见,一审法院并没有客观性证据来支持自己的判决。其四,按照秦某的供述,自2010年以后,自己基本上不再与安某来往。安某也在供述中称,2012年自己与秦某发生争执,此后不再与秦某来往。可是,按照一审法院的错误认定,安某与秦某却是同一犯罪组织中的组织者与领导者,这属于明显的“拼凑”。其五,一审法院认为,涉案黑社会组织有明确的组织者与领导者,积极参加者基本固定,一般参与者随时参与犯罪活动。在案证据证明,与安某走得比较近的人,比如说刘某某、关某、王某某等,与跟秦某走得近的人(李某、胡某某、窦某)并无什么交集,相互之间甚至都不认识,何谈涉黑组织具有稳定性?其六,在被控黑社会性质的犯罪组织内部,一审法院认为已形成结构相对稳定、层级分明、等级森严的上下级关系。但是,依据全案所有被告人的供述看,除安某外,没有一个被告人承认安某是被控黑社会性质犯罪组织中的组织者与领导者,更没有一个人说安某就是所有成员中的“老大”。也就是说，在被控涉黑组织中，并不能看出谁是真正的“老大”，谁是真正的“小马仔”。所以，被指控黑社会性质犯罪组织不具有黑社会性质犯罪组织所应有的组织特征。

2. 涉案组织不具有黑社会性质组织的经济特征

（1）某酒店有限公司与某煤炭有限公司均有合法手续、经营正当生意且并未涉案，并不存在所谓的“以商养黑”的犯罪模式。

（2）某酒店有限公司系安某与刘某某以自有资金从王某某手中购买得来，并非来自违法犯罪所得。

（3）某煤炭公司的成立目的是经营煤炭业务，并非为了从事违法犯罪活动。关于这一点，安某与上诉人郭某的供述可以相互印证，没有相反证据可以推翻这一事实。

（4）在案所有证据都无法证明安某的一系列行为是为了使某酒店有限公司及某煤炭公司更好更快地发展业务从而挤压竞争对手，最大限度地攫取非法经济利益，所以，也就不存在所谓的“以黑护商”的犯罪模式。

（5）没有证据可以证明所有被查封、冻结的财产系用违法犯罪所得的财产所购买并用于黑社会性质组织。

3. 涉案组织不具有黑社会性质组织的行为特征

在全案指控的多起犯罪中，绝大多数由民间借贷引发，被害人相对比较固定且与被告人存在借贷关系或合作关系，不符合黑社会性质组织犯罪侵犯不特定多数人的人身权利、民主权利、财产权利，严重破坏经济秩序、社会秩序的认定标准。此外，全案没有一起重伤害案件的存在，更别说枪案、命案了。所以，一审认定的犯罪组织不符合黑社会性质组织的行为特征。

4. 涉案组织不具有黑社会性质组织的危害性特征（非法控制或重大影响力）

（1）根据2009年“两高一部”《办理黑社会性质组织犯罪案件座谈会纪要》相关规定，认定一个组织是否涉黑，其中一个重要的关键点就是看它有没有危害性特征。而危害性特征有无的考量，要看此组织是否在一定区域或行业内形成非法控制或重大影响，严重破坏经济、社会生活秩序。

具体而言，是指犯罪组织通过实施违法犯罪活动，或者利用国家工作人员的包庇、纵容，称霸一方，并具有以下情形之一的，可认定为“在一定区域或行业内，形成非法控制或者重大影响，严重破坏经济、社会生活秩序”：①对在一定区域内生活或者在一定行业内从事生产、经营的群众形成心理强制、威慑，致使合法利益受损的群众不敢举报、控告的；②对一定行业的生产、经营形成垄断，或者对涉及一定行业的准入、经营、竞争等经济活动形成重要影响的;③插手民间纠纷、经济纠纷,在相关区域或者行业内造成严重影响的;④干扰、破坏他人正常生产、经营,生活,并在相关区域或者行业内造成严重影响的;⑤干扰、破坏公司、企业、事业单位及社会团体的正常生产、经营、工作秩序,在相关区域或者行业内造成严重影响,或者致使其不能正常生产、经营、工作的;⑥多次干扰、破坏国家机关、行业管理部门以及村委会、居委会等基层群众自治组织的工作秩序,或者致使上述单位、组织的职能不能正常行使的;⑦利用组织的势力、影响,使组织成员获取政治地位,或者在党政机关、基层群众自治组织中担任一定职务的;⑧其他形成非法控制或者重大影响,严重破坏经济、社会工作生活秩序的情形。

辩护人认为,依据在案证据,只有三起事实看似比较符合八种表现形式之中的"①"、"⑤"和"⑦",但是,一审判决所称的证据确实、充分,事实上根本没有达到确实、充分的证明标准。

第一起指控犯罪事实,也就是闫某被秦某等人打伤后,被害人闫某由于害怕被告人秦某,在较长时间内不敢向公安机关报案的事实。但是,在指控的多起违法犯罪事实中,像闫某这样在受到非法打击后不敢报案的被害人少之又少,并没有达到一定的数量。法律规定是一定区域或行业内的群众被侵害后不敢报案。按照汉语释义,群众的意思是人民大众或居民的大多数,不是指一人、两人,而是许多人。

第二起指控犯罪事实,也就是安某为了向王某某要回房本,几次带人去王某某所在公司(某机械公司),长时间与王某某等人交涉,尽管其中出现了一些不和谐的现象,尽管王某某也曾报过警,但是,依据2015年10月13日最高人民法院《全国部分法院审理黑社会性质组织犯罪案件工作座谈会纪要》中的相关规定,在事关王某某公司的寻衅滋事案中,一是没有造成人员伤亡,二是没有因此造成直接的经济损失,何来重大影响?

第三起指控犯罪事实,也就是安某曾经是包头市某区三届政协(三届15年)委员的事实。但是,没有任何证据可以证明安某曾经利用涉黑组织的势力和影响谋取了这一职位。

(2)一个真正的涉黑组织,必须同时具备四个特征,特别是危害性特征,如果没有对一定区域或行业形成非法控制或重大影响,那么,这个组织就不是一个涉黑性质的犯罪组织,而极有可能是涉恶犯罪集团或涉恶犯罪团伙。一审庭审证实,安某并没有控制某区的酒店服务行业,秦某也没有控制某区的手机与摩托车的市场销售,怎能说以他们为首的黑社会组织对一定区域的一定行业实现了非法控制或产生了重大影响。一审法院错误地认定安某、秦某为首的涉黑犯罪组织具备经济特征与行为特征，甚至还可以认定具备了组织特征。但是，没有任何证据可以认定被控组织具备危害性特征。所以，辩护人认为，一审法院认定安某、秦某为组织者、领导者的黑社会性质犯罪组织存在，属于严重的事实认定错误，证据不确实、不充分。被控黑社会性质犯罪组织根本就不存在。

## 二、一审法院认定上诉人郭某构成参加黑社会性质组织罪事实不清，证据不确实、不充分，不符合主客观相统一原则

从客观方面来讲，上诉人在什么时间加入以安某、秦某为首的黑社会性质组织？是由谁介绍或引荐的？加入时举办了哪些仪式？在场的都有哪些人？加入后参与了哪些违法犯罪行为？上诉人参与的这些所谓的违法犯罪行为与先前行为存在哪些本质区别？上诉人是什么时候知道某酒店有限公司是一个以实施违法犯罪为主要目的的涉黑组织依托的？一审法院没有查清，在案证据也无法证实。

（1）一审法院认定上诉人郭某是黑社会性质组织中的一般成员，严重违背社会大众的正常认知。按常理，黑社会性质组织中应该有等级森严的管理制度，上诉人除了接受包括被告人安某、秦某的组织、领导外，还须接受其他积极参加者的领导。可是，综观本案全部证据，上诉人自 2007 年到某酒店有限公司上班起就一直受安某一人领导，从未接受过任何一个被控涉案人员向其发出的关于进行违法犯罪的具体指示。事实一再证明，上诉人郭某的被指控身份与其在日常工作中所扮演的角色严重不符。

（2）判断上诉人郭某是否构成参加黑社会性质组织罪，还应重点审查上诉人郭某入职某酒店有限公司后所从事的工作内容有哪些变化。辩护人注意到，上诉人郭某自从入职后一直从事公司的出纳工作，从入职到抓捕前的十几年期间内工作内容几无变化。在如此之长的时间内，让一个普通的出纳（工资从每月 1600 元到 3500 元）意识到这是一个涉黑的犯罪组织，法律也太强人所难了。上诉人郭某没有也不可能意识到这是一个犯罪组织，她怎么能够构成参加黑社会性质组织罪？

令人遗憾的是，一审判决只是说被告人安某、秦某为获取巨额经济利益，吸收和网罗了上诉人郭某等人，实施了一系列违法犯罪行为，并由此严重破坏了社会经济、管理、金融、生活秩序，造成了非常恶劣的社会影响。但是，一审判决却没有回答上诉人郭某是何时加入的，其是否具有加入涉黑组织的主观愿望，是否知道有一个以实施违法犯罪行为为主要目的的犯罪组织存在。为什么一审判决没有回答？在辩护人看来，一审判决没法回答，因为没有相应证据支持。

此外，一审判决书中（第 115 页）还提到，被告人黄某某、郭某某、郭某参与案件

较少,未从中获取经济利益,不宜认定为该组织的积极参加者,应以一般参加者予以认定。辩护人认为,一审法院在对涉黑组织的事实认定方面存在重大错误。不言自明,黑社会性质组织成员也需要生活,需要开销。在案证据并不能证明上诉人在以安某、秦某为首的黑社会性质组织内存在获利事实。那么,上诉人参加被指控黑社会性质犯罪组织的目的到底何在?一不图财二不图名,上诉人到底为何要参加被指控的黑社会性质犯罪组织?一审判决不能回答。

### 三、上诉人郭某不构成骗取贷款罪

一审法院认定上诉人构成骗取贷款罪不符合骗取贷款罪的犯罪构成,属于严重事实不清,法律适用错误。某煤炭有限公司在包头市某信用联社的贷款一来没有给包头市某信用联社造成直接损失,二来没有其他严重情节,安某与上诉人郭某不构成骗取贷款罪。

1. 骗取贷款罪是结果犯而不是行为犯,只有在给银行或其他金融机构造成特别重大损失或者有其他特别严重情节的,才构成犯罪。尽管某煤炭有限公司在申请贷款过程中存在弄虚作假行为,但弄虚作假行为只是符合骗取贷款罪的形式要件,还不具备骗取贷款罪的实质要件,只有在给银行或其他金融机构造成重大损失或有其他严重情节的才构成犯罪。

在本案中,本案的报案人并不是包头市某信用联社,本案的起因在于某市公安局的"主动为之"。本来,在包头市某信用联社作为"被害人"主动向侦查机关报案,要求追究相关责任人的刑事责任的情况下,侦查机关才可以立案。但是,根据侦查机关的立案登记表,某市公安局某分局对于此案采取了主动为之的侦查措施,理由是在侦查其他犯罪中发现安某、上诉人郭某职务侵占的犯罪线索。

可是,一审法院对有利于上诉人的事实视而不见。某煤炭有限公司在向包头市某信用联社申请贷款过程中,尽管向银行提供了部分虚假申报资料,但是,安某、刘某某夫妇以其自有房产向包头市某信用联社提供了合法足额的抵押担保(7024万元)。某煤炭有限公司向包头市某信用联社申请贷款3800万元,所有本息有价值7024万元的房产做抵押,充分说明包头市某信用联社贷给某煤炭公司巨额款项的回收有充分保障,没有后顾之忧。而且,事实也充分证明是这样的,因为某煤炭公司得到贷款后,一直按时向包头市某信用联社支付利息,甚至,在上诉人郭某被抓后的一段时间,某煤炭公司还在向某信用联社支付利息,只是由于某酒店公司的账号被冻结导致无法对外转款后,才被迫停止。更为重要的是,某煤炭有限公司2017年在包头市某信用联社3800万元额度的三年期贷款已于2020年7月到期。非常明显,包头市某信用联社向某煤炭有限公司贷出的款项的回收不存在任何问题。既然没有问题,何来重大损失?

2. 也许,按照一审法院的裁判逻辑,某煤炭有限公司几次“以新还旧”的贷款行为已经构成了骗取贷款的严重情节,如果真是这样,相关责任人一样构成犯罪。辩护人认为,认定骗取贷款情节是否严重,不能仅看申请贷款的次数以及新贷还旧贷的频率,而应看是否符合法律规定。根据公安部经济犯罪侦查局《关于骗取贷款罪和违法发放贷款罪立案追诉标准问题的批复》第 3 条的规定,也就是关于骗取贷款具有“其他严重情节”的认定问题。批复中提到,骗取贷款是否具有“其他严重情节”,应当是其社会危害性与最高人民检察院、公安部《关于公安机关管辖的刑事案件立案追诉标准的规定(二)》中已经列明的各具体情节大体相关的情节,可根据此原则,结合案件具体情况分析,依法办理。但是,通过持续“借新还旧”以及民间借贷方式偿还贷款的行为,不能简单认定为“其他严重情节”。辩护人清晰地记得,在一审庭审期间,辩护人曾专门向合议庭书面提交了上述批复。然而,一审法院却置这些法律规定与不顾,只是说“情节严重”,至于情节严重到何种地步,认定“严重”的法律依据在哪里?一审法院则语焉不详,这种“犹抱琵琶半遮面”的判决说理态度实在让人费解。然后径行对上诉人下一个入罪判决,不得不说,这是对法治的极大漠视,这是对人权的极端不尊重。

3. 根据最高人民法院“关于被告人陈岩骗取贷款请示一案的批复”精神(2011)刑他字第 53 号,骗取贷款罪,应以危害金融安全为要件,相关行为人虽有骗贷行为,但没有危害到金融安全,不能认定行为人构成骗取贷款罪。被告人安某虽然用欺骗手段从银行获取贷款的数额特别巨大,但是,由于提供了足额真实的抵押且未给银行造成损失,所以,不会危及金融安全。因此,辩护人认为,安某与上诉人郭某的行为不属于《刑法》第 175 条之一规定的“有其他严重情节”,所以上诉人不构成犯罪。

4. 在案证据证明,上诉人郭某只向某信用联社提供了合法的证件,其他虚假资料,如煤炭买卖合同(证据证明,安某不知道某煤业有限公司与鄂尔多斯某煤业有限公司),不是上诉人郭某提供给银行的,而是由王某某所在公司的一个文员提供的。为什么这样讲,一是因为王某某与包头某信用联社领导关系好,安某不认识某信用联社的人,某煤炭公司向包头市某信用联社申请贷款的事都是王某某提前疏通好的。二是上诉人郭某每次去包头市某信用联社提交贷款资料的时候,王某某公司的人也在场,由于申请贷款的主体是某煤炭公司,其他被调查人就说是上诉人郭某提供的假材料(但安某没有这样讲,郭某也予以否认)。三是安某、上诉人郭某、证人王某某、证人高某众口一词,完全可以证明虚假材料的提供者是王某某及其公司员工。在此,辩护人想要表达的是:亲手伪造材料并提交给某信用联社的行为人没有被追究刑事责任,提交真实公司资料的反而被提起公诉,这是一种典型的“选择性”执法。四是安某与上诉人郭某从没有骗取贷款的犯罪故意,没有一起就如何骗取贷款进行共谋过,安某也从没有指示上诉人郭某伪造并提交虚假的贷款申请资料。关于这一点,安某与上诉人郭某的供述完全一致,可以说已经形成了合理的证据链。

5. 根据刑法通说,由于骗取贷款罪与高利转贷罪均设置在《刑法》的同一条中,两罪在主观上均没有非法占有贷款的目的,但在客观行为上存在一定相似性。如果行为人在骗取贷款后再高利转贷给他人,其行为就可能同时符合骗取贷款罪与高利转贷罪,这属于想象竞合,最终选择适用哪一罪名,要综合考虑行为人的违法所得、银行或其他金融机构的损失等情节。对于造成银行或其他金融机构重大损失的,一般选择认定骗取贷款罪,以突出犯罪行为的欺骗性和对金融秩序的严重危害性;如果没有造成银行或其他金融机构重大损失,行为人通过转贷牟利,一般倾向于认定为高利转贷罪。

在本案中,虽然某煤炭有限公司在向包头某信用联社申请贷款的过程中使用了一定的欺骗手段,但是依据在案证据可以证明,某煤炭公司在获得贷款后,没有给包头市某信用联社造成重大损失,也不具有其他严重情节。所以,上诉人郭某不构成骗取贷款罪。

## 四、上诉人郭某不构成高利转贷罪

一审法院认定上诉人构成高利转贷罪,属于事实不清,证据不足,法律适用错误。

1. 对现金运动轨迹作出认定不具有科学性,指控逻辑错误。一审法院主观猜测对公账户现金的减少与其他账户现金的等额增加为同一笔资金或同一笔资金的组成部分,不具有科学性,现金运动规律是无法鉴定的(4000 万元中的 1009.2 万元,1009.2 万元中的 257.4 万元)。在本案中,一审法院根据包头市某信用联社发放到包头市某煤业有限公司账户上的 4000 万元款项流动轨迹,由此推定某煤业公司转给安某个人的 1009.2 万元属于 4000 万元贷款的组成部分,安某转给程某某的 257.4 万元属于 1009.2 万元的组成部分,不具有科学性与合理性。这是因为,一是钱属于种类物而不是特定物,大额贷款转入他人账户后再由他人账户转出的钱,理论上不能认为具有同一性;二是一审法院只是从一定时期关注了安某个人账户中 1009.2

万元的具体去向,但是没有关注在这一时期安某个人账户中有多少钱,也没有关注再有无其他进账,如果其账户中原有余额有 260 万元,或者原有余额与新的进账合计达 260 万元左右,在这种情况下,是否完全可以认为安某借给程某某的 257.4 万元不属于贷来的资金?辩护人认为,具有很大的可能性。在刑事诉讼中,对被告人有罪、罪重的证据的证明标准是事实清楚,证据确实充分,排除合理怀疑。辩护人认为,一审法院据以认定上诉人构成高利转贷罪的证明标准不能达到应该达到的程度。

2. 上诉人郭某不认识程某某,不知道安某转账给程某某 257.4 万元的事实,没有帮安某给程某某打过催息电话,也没有帮安某从程某某那里收到过任何现金。一审法院“简单粗暴”地认定上诉人郭某犯有高利转贷罪。但是,从现有证据看,上诉人郭某一来无帮助安某犯罪的故意,二来无实施帮助高利转贷的具体犯罪行为,上诉人郭某何罪之有?

3. 尽管被告人安某在 2019 年 7 月 23 日的讯问笔录中说上诉人郭某帮其向程某某催要过两次利息,但是上诉人郭某在庭审中对安某的这一说法予以了否认。上诉人郭某说她本人并不认识程某某更没有给程某某打过电话,更没有代安某收到过程某某还来的借款本息。依据程某某的说法,程某某曾经当面给付过上诉人郭某现金,按照情理,程某某若真的给上诉人郭某支付过现金,上诉人郭某应相应地给付其收据,但是,控方却拿不出相应的书证,只是出具了“情况说明”,而“情况说明”不能取代控方的证明责任。在刑事诉讼中,证明犯罪事实存在的责任在于控方,如果控方证明不了犯罪事实到底有无发生,就应当承担举证不能甚至是败诉的后果。表面看来,被告人安某的部分供述与证人程某某部分证言均对上诉人郭某构成了不利指控。但是,辩护人发现,此二人的言词证据又相互矛盾,无法相互补强。安某说:“催完之后,程某某到某酒店找到上诉人郭某一起把钱连本带息打到我的账上,第二次程某某还钱的时候我也在场”。而程某某说部分还款是以现金形式还款。两种说法明显存在严重矛盾,分不清哪一个是真,哪一个是假。在《刑事诉讼法》上,属于事实不清,指控证据不足。

4. 退一万步讲,即使安某真的给上诉人郭某嘱咐过每月代其向程某某催要利息,即使上诉人郭某真给程某某打过电话,但这些看似故意的行为在高利转贷罪的犯罪构成中属于过失而不是故意。因为高利转贷罪只能由故意构成,过失是不构成犯罪的。上诉人郭某的行为是履行职务的行为而不是帮助他人犯罪的行为,因为没有共同犯罪的故意。

## 五、上诉人郭某不构成职务侵占罪

一审法院认定上诉人郭某构成职务侵占罪,无非是上诉人郭某个人构成职务侵占罪或者是上诉人郭某与安某构成职务侵占的共同犯罪。然而,一审法院的判决认定犹如空中楼阁,是完全站不住脚的。

辩护人注意到,一审判决书(第118页)提到,被告人安某、秦某、郭某利用职务上的便利,将包头市某酒店的财物非法占为己有,数额巨大,三被告人的行为均已构成职务侵占罪。辩护人还注意到,一审判决(第115页)还提到,被告人黄某某、郭某某、郭某参与案件较少,未从中获取经济利益,不宜认定为该组织的积极参加者这样的说辞。辩护人想要向二审法院表达的是:一审法院的认知存在自相矛盾的严重错误,一边说上诉人郭某没有从中获取经济利益,另一边又说上诉人利用职务之便,将包头市某酒店的财物非法占为己有,且数额巨大。一边说上诉人非法侵占了包头市某酒店数额巨大的财物,另一边又不能证明被侵占财物的具体去向。辩护人不知道一审法院对此问题如何作出解释?辩护人认为一审法院没有真正贯彻证据裁判原则,没有真正做到以庭审为中心。请二审法院依法明查。

1. 无证据可以证明,上诉人郭某基于个人职务侵占的犯罪故意侵吞、骗取过某酒店公司的任何财物。

2. 无证据可以证明上诉人郭某与安某之间存在共同侵占某酒店公司的财物的故意或行为,上诉人郭某给安某、安某乙、安某丙与某煤炭有限公司转款只是遵照安某指示的一种履行职务的行为。在案所有指控证据中,既没有安某与上诉人郭某关于共同实施侵占公司财物的言词证据,也没有安某给予郭某任何好处的证据。没有一点好处,让一个一月仅仅领取3500元工资的出纳甘愿冒这么大的风险,严重不符合情理。这充分说明,上诉人郭某没有共同犯罪的故意。

3. 控方的审计报告不能当作证据使用,审计报告断章取义,无法客观地说明某公司整体的财务状况,无法看出某酒店公司与安某某之间的真实的债权债务关系,更不能由此得出安某与上诉人郭某"共同侵占"某酒店的2000多万元(有些钱是别人打给了上诉人郭某,然后上诉人郭某再转给安某)就是某酒店的收入。

4. 某酒店公司是否欠安某个人的钱?欠多少?某酒店公司有具体的财务账,但是这些账册均被侦查机关扣押,控方持有这方面的证据但没有出示(有提供证据证明的义务,证明不了就要承担相应的后果)。控方更没有依据原始的、综合的财务凭证去做一个专业的、比较客观的司法会计鉴定意见,而是试图通过一个十分简单的、断章取义的审核报告来认定被告人安某与上诉人郭某构成职务侵占罪。辩护人认为,按照存疑有利于被告人原则,应该认定被告人安某与上诉人郭某不构成职务侵占罪。

综上所述,辩护人认为,上诉人郭某不构成参加黑社会性质组织罪、骗取贷款罪、高利转贷罪、职务侵占罪,恳请二审法院在充分尊重事实、尊重法律的基础上,依法对上诉人郭某作出无罪判决。

此致

包头市中级人民法院

北京德和衡(深圳)律师事务所

苏明飞　律师

2020 年 12 月 10 日

# 侵犯商业秘密罪中司法鉴定的采信

## ——非公知性、同一性和重大损失鉴定

黄　斌*

侵犯商业秘密罪，是指自然人或单位以盗窃、贿赂、欺诈、胁迫、电子侵入或者其他不正当手段获取权利人的商业秘密，或擅自披露、使用或者允许他人使用以前项手段获取的权利人的商业秘密，或违反保密义务或者违反权利人有关保守商业秘密的要求，披露、使用或者允许他人使用其所掌握的商业秘密，情节严重的行为。由于商业秘密的“非公知性”和“同一性”属于技术问题，我国法官大都对此不熟悉，因此对此块过度依赖于知识产权鉴定。我国知识产权鉴定刚刚起步，存在诸多问题：鉴定内容不规范，甚至对“是否构成侵犯商业秘密”进行鉴定；鉴定人员不规范，比如机械专家对化工领域商业秘密进行鉴定；鉴定报告形式瑕疵，甚至有鉴定人员不签名或只有一名鉴定人员签名；等等。

### 一、商业秘密的概念及特征

《与贸易有关的知识产权协定》将商业秘密界定为“未披露信息”，具有秘密性、价值性和采取保密措施三个特征。美国《统一商业秘密法》将商业秘密界定为“特定信息”，包括配方、样式、编辑产品、程序、设计、方法、技术或工艺等。美国《侵权行为法重述》将商业秘密界定为“权利人连续使用的信息”，能使权利人获得市场竞争优势的可能性。我国2019年修正的《反不正当竞争法》规定，商业秘密是指不为公众所知悉、具有商业价值并经权利人采取相应保密措施的技术信息、经营信息等

---

* 德和衡高级联席合伙人，专注于数字经济、元宇宙、NFT、虚拟人、虚拟现实、区块链、公司法、建设工程、知识产权等专业领域。

商业信息，具有秘密性、价值性和采取保密措施三个特征。秘密性，又称“非公知性”，是指没有为其所属领域的相关人员普遍知悉和容易获得，即没有在公开出版物或者其他媒体上公开披露，其他公开渠道的公开并不必然导致被不特定的人所知悉，“知悉”应理解为对相关技术原理及使用方法的完全知晓及掌握，“知悉”不能仅仅是一知半解。价值性是指具有现实的或者潜在的商业价值，能为权利人带来竞争优势，商业秘密的价值性一般体现在提高技术等级、生产质量及效率等方面，竞争优势则一般是指权利人相对于同一领域中其他不拥有该项商业秘密的人而享有的领先优势。研发过程的成功成果可直接使用或供下一步研究之用，可带来研发上的领先优势；研发过程的中间体成果同样能够为权利人带来竞争优势，具有一定的经济价值；即使是研发过程的失败教训，虽然无法直接取得现实的经济利益，但能够帮助拓宽研究思路，同样具有价值性。采取保密措施，是指权利人为防止信息泄露所采取的与其商业价值等具体情况相适应的合理保护措施，这里的保密措施，可以是行政措施、技术性措施或法律措施，可采取的形式多种多样，并没有一成不变的标准，通常只要求采取了与商业秘密价值相对应的保密措施如规章、制度、保密协议等，将知情人控制在相对合理的范围之内而已。

## 二、商业秘密鉴定的范围

商业秘密的鉴定属于知识产权司法鉴定，商业秘密鉴定只能对事实问题（如技术信息的非公知性、同一性）进行鉴定，而不能对法律问题（是否构成商业秘密）进行鉴定，只能对技术信息的非公知性、同一性和重大损失进行鉴定，对经营信息的重大损失进行鉴定。司法部《司法鉴定执业分类规定（试行）》第 16 条规定，对被侵权的技术和相关技术的特征是否相同或者等同进行认定；对技术秘密是否构成法定技术条件进行认定。因此，商业秘密鉴定主要包括以下三类：(1)“非公知性鉴定”，是指公众对该技术信息的非知悉性进行鉴定，并不包括经营信息，此处的“公众”是指与特定技术信息的所有人或者使用人具有竞争关系领域的人员，而非普通的社会公众。(2)“同一性鉴定”，是指案涉技术信息与该商业秘密的秘密点是否构成相同或等同进行鉴定。技术信息与专利具有相似性，要求具有新颖性、创造性，但新颖性、创造性标准不如专利标准要求高，即不能用专利的三性去判断是否构成商业秘密。技术信息应当具有秘密点，秘密点相当于专利的技术特征，但不要求秘密点构成一个完整的技术方案。(3)“重大损失鉴定”，是指对通过市场份额的减少出现亏损甚至破产、保密费损失、商业秘密的研制开发成本等进行鉴定。

## 三、商业秘密鉴定的程序和内容

根据《司法鉴定程序通则》(司法部令第132号),以及我国《刑事诉讼法》的规定,商业秘密鉴定应当依照相关法定程序进行:(1)应当由有鉴定资格的鉴定机构进行鉴定。(2)鉴定委托书必须明确鉴定事项、目的、要求,不得对是否构成商业秘密进行鉴定。(3)鉴定材料应当真实、完整、充分且取得方式合法。(4)司法鉴定机构对同一鉴定事项,应当指定或者选择具有该鉴定事项执业资格的两名司法鉴定人进行鉴定。(5)鉴定人应当独立进行鉴定,对鉴定意见负责并在鉴定书上签名或者盖章。多人参加的鉴定,对鉴定意见有不同意见的,应当注明。(6)犯罪嫌疑人和被害人可以就鉴定事项的有关问题向鉴定机构和鉴定人提出自己的意见,鉴定机构和鉴定人应当答复。(7)当事人对鉴定意见有异议且人民法院认为鉴定人有必要出庭的,鉴定人应当出庭作证。商业秘密鉴定书应当具有下列内容:(1)委托人姓名或者名称、委托鉴定的内容;(2)委托鉴定的材料;(3)鉴定的依据及使用的科学技术手段;(4)对鉴定过程的说明;(5)明确的鉴定结论;(6)对鉴定人鉴定资格的说明;(7)鉴定人员及鉴定机构签名盖章。

## 四、"机械装置构成技术秘密"的认定

机械装置要构成技术秘密及形成相关秘密点,不仅应当有系统零部件的位置、结构、配置关系、部件尺寸,还应当有尺寸公差、技术要求等技术信息,还可能有具体工艺在内的工艺程序、试验参数、技术要点处理等具体的技术信息。因为系统零部件的位置、结构、配置关系完全可以在公开出售的机器上直接观察得到,具体的尺寸也可以通过简单的测绘、拆卸方法来获得。在蒋某辉侵犯商业秘密罪案中,法院认为秘密点1、2中涉及的结构类技术特征,一般缺乏可保密性。鉴定意见⑤在总结秘密点1、2时,描述了"可离合移动副"机械活动的现象"往复直线运动""摆动油缸"的"摆动幅度",还描述了尾气进出装置的过程、滤板与所选风机参数相匹配,却未描述实现这些机械运动的具体技术方案,也未涉及工艺原理、理论分析计算方法、实验和排放指标检测等信息、内容。蒋某辉、武某某及辩护人提交的数份鉴定意见提出秘密点所涉的机械活动、设备构造现象等可观察,符合秘密点为结构类技术特征而缺乏保密性的特点,系合理质疑,鉴定意见⑤不应予以采信。

## 五、"单个秘密点不具有非公知性,不等同于多个秘密点构成的技术信息不具有非公知性"的认定

技术信息与专利具有相似性,要求具有新颖性、创造性,但新颖性、创造性标准

不如专利标准要求高，即不能用专利的三性去评价是否构成商业秘密。技术信息应当具有秘密点，秘密点相当于专利的技术特征，但不要求秘密点构成一个完整的技术方案。技术信息中的秘密点单个拿出来不具有非公知性，不等同于多个秘密点构成的技术信息不具有非公知性。在无锡市安迈工程机械有限公司侵犯商业秘密罪案中，受无锡市公安局直属分局委托，上海市知识产权司法鉴定中心对涉案三项技术信息进行了鉴定，分别为：(1) 回转器结构；(2) 回转器齿轮组件的传动比和中心距；(3) 回转器中主轴紧固镶嵌的花键套与芯管外花键的公差配合尺寸。作为具有鉴定资质的鉴定机构鉴定人员，通过文献检索比对，及补充情况说明，对涉案三项技术做出了不为公众所知悉的鉴定意见。法院认为上海市知识产权司法鉴定中心的鉴定方法本身未全面考虑最高人民法院《关于审理不正当竞争民事案件应用法律若干问题的解释》(已失效)第9条对于“不为公众所知悉”所规定的情况；其于2月17日出具的说明，仅补充说明了涉案三项技术信息“不是无需付出一定的代价而容易获得的”；被告单位和被告人提供的相关反向证据已经涉及三个秘密点，其中照片、说明书针对秘密点1，本科毕业设计针对秘密点2，均相近或相似，至于秘密点3的数据则可以在《机械设计手册》第4版第1册、第2册中查询得到。在法院明确要求的情况下，鉴定机构未对上述情况是否影响相关秘密点的非公知性进行说明。法院无法根据该鉴定意见得出唯一的、排他性的结论，故认为该鉴定意见应当不予采信。

## 六、“程序缺失导致鉴定结论不成立”的认定

根据《司法鉴定程序通则》(司法部令第132号)的规定，商业秘密鉴定应当依照相关法定程序进行，程序正义是保障实体正义的关键。在马某某等侵犯商业秘密罪案中，法院认为：其一，科技评估中心作为浙江省科技信息研究院的内设机构，不能以其名义接受司法机关委托而作出司法鉴定报告，故该两份材料就性质而言并非具有独立性的司法鉴定报告；其二，从内容而言，该两份材料仅是对查新报告结论的进一步说明，体现了出具人对受托事项在技术层面的个人看法，但因程序缺失其结论不具备司法鉴定的法律效力；其三，对于技术信息的新颖性问题，法院作为审判机关可以径行认定，本院对涉案两项技术信息具有新颖性的认定与该两份材料的相关认定内容一致。

## 七、“鉴定结论内容不符合法律形式要件，导致鉴定结论不成立”的认定

根据《司法鉴定程序通则》(司法部令第132号)的规定，商业秘密鉴定书应当

具有下列内容:(1)委托人姓名或者名称、委托鉴定的内容;(2)委托鉴定的材料;(3)鉴定的依据及使用的科学技术手段;(4)对鉴定过程的说明;(5)明确的鉴定结论;(6)对鉴定人鉴定资格的说明;(7)鉴定人员及鉴定机构签名盖章。在王某某、刘某、秦某某侵犯商业秘密罪案中,法院认为辩护人提出公诉机关的鉴定报告上没有鉴定人的签名,不能作为证据使用。但公诉机关在提交国科知鉴字[2003]10 号和国科知鉴字[2003]12 号技术鉴定报告书的同时,还向本院提交了其他的相关鉴定文件,包括附件一:公安部和深圳市公安局经济犯罪侦查局的鉴定委托函、鉴定聘请书;附件二:科学技术部知识产权事务中心关于参加鉴定的各位专家的姓名、工作单位、职务、从事的专业工作及成果等个人情况的说明;附件三:各专家签名的接受邀请的函;附件四:有专家签名的专家签到单、专家鉴定会议纪要;附件五:关于补充《技术鉴定报告书》专家签名。上述材料说明,各专家依法参加鉴定,召开了鉴定专家会议,形成了结论性意见后即有签名,该意见与此后形成的技术鉴定报告书的结论相一致,并且公诉机关提交的《关于补充〈技术鉴定报告书〉专家签名函》,亦证实当中的六名参加鉴定的专家再次签名对国科知鉴字[2003]10 号和国科知鉴字[2003]12 号技术鉴定报告书予以了确认,到庭参加庭审的其中两名鉴定专家同样对此予以确认。因此,辩护人认为在国科知鉴字[2003]10 号和国科知鉴字[2003]12 号技术鉴定报告书上无鉴定人签名而否认其效力的意见与实际情况不符合,本院不予采纳。但由于公诉机关提交的国科知鉴字[2003]36 号技术鉴定报告书上既无鉴定专家的签名,亦无其他有专家签名的相关文件予以确认,不符合鉴定结论的法律形式要件,故本院采纳辩护人的意见,对公诉机关提交的国科知鉴字[2003]36 号技术鉴定报告书不予采信。该鉴定报告书的内容仅是对国科知鉴字[2003]10 号技术鉴定报告书的内容进行补充。因此,该技术鉴定报告书的法律形式要件不完善,并不能否定国科知鉴字[2003]10 号和国科知鉴字[2003]12 号两份技术鉴定报告书所形成的鉴定意见。

### 八、“鉴定人的专业背景与本案涉及的专业技术领域无关,导致鉴定结论不成立”的认定

鉴定机构及鉴定人员不仅要求具有知识产权司法鉴定这一执业类别的鉴定资质,鉴定机构还要求具有案涉相关行业专业鉴定资质,鉴定人员还要求其专业背景与案涉行业专业领域有相关性,并且鉴定人员还要求对案涉行业专业领域非常熟悉,也就是我们通常所说的“专家”。在吴某侵犯商业秘密罪案中,法院认为:关于硅鉴定所的鉴定意见,出具该鉴定意见的三名鉴定人虽具有知识产权司法鉴定这

一执业类别的鉴定资质,但二名鉴定人的专业背景与本案涉及的专业技术领域无关,一名鉴定人虽具有材料物理与化学专业的博士学位,但其在当庭质询过程中就涉案技术相关基本问题的回答情况,反映出其对涉案领域的问题并不十分熟悉。故该鉴定意见及鉴定人的质询意见难以作为本案定案的依据。

## 九、"未排除合理怀疑,不构成犯罪"的认定

要认定被告人构成犯罪,案件事实应清楚,证据要确实、充分。证据要确实、充分,应对所认定事实已排除合理怀疑。当有多份鉴定意见相互冲突时,如果不能排除合理怀疑,按照"疑罪从无"应当判定被告人不构成犯罪。在浙江福瑞德化工有限公司(以下简称福瑞德公司)、张某某等侵犯商业秘密罪案中,法院认为京洲司法鉴定中心001号司法鉴定书认定联力公司生产三乙基铝的技术信息为非公众知悉的信息时均加注了"没有反证"的前提。紫图司法鉴定中心出具的鉴定意见书将福瑞德公司的上述五项技术信息从技术特征的角度与公开文献中的相关技术信息进行比对得出了与京洲司法鉴定书完全相反的意见,足以使京洲司法鉴定书产生"合理怀疑"。该意见能否成为京洲司法鉴定书的反证关键在于判断紫图鉴定意见书所引用的公开文献中的技术信息与福瑞德公司的上述五项技术信息是否具有同一性,而该判断属于技术判断的范畴而非司法判断的范畴,公诉机关应当承担相应的举证责任。京洲司法鉴定中心的鉴定人在出庭接受询问的过程中明确表示不进行上述判断,公诉机关亦未出示其他证据排除紫图鉴定意见书提出的"合理怀疑"。故依据京洲司法鉴定中心出具的司法鉴定书无法认定联力公司与福瑞德公司在三乙基铝生产工艺中具有同一性的五项技术信息为非公众知悉的技术信息。

# 论虚开增值税专用发票犯罪的有效辩护

胡　海　吴泽宇*

自1995年10月30日全国人民代表大会常务委员会《关于惩治虚开、伪造和非法出售增值税专用发票犯罪的决定》首次将虚开增值税专用发票行为规定为犯罪以来，虚开增值税专用发票一直以来是我国严厉打击的违法犯罪行为。据公开报道，2018年8月至2021年4月，国家税务总局会同公安部、海关总署、人民银行联合组织开展了打击虚开骗税违法犯罪专项行动，共查处涉嫌虚开骗税企业37.83万户，配合公安机关对2.4万余名犯罪嫌疑人采取强制措施。其中，仅2018年，全国共查处涉嫌虚开增值税发票企业10.897万户，定性对外、接受虚开增值税专用发票及其他可抵扣凭证582.5万份，涉案税额1108.93亿元，查处涉嫌骗取出口退税企业3545户。

虚开增值税专用发票罪这一罪名常牵涉企业和企业家，该罪起刑金额目前为5万元，在当前经济社会中并不算高，企业应注意合法经营、规范管理，防范此类刑事法律风险。从刑事辩护视角来看，如何准确界定虚开增值税专用发票行为的行政违法性和刑事违法性，如何通过犯罪参与程度、自首等情节的认定来实现从轻、减轻处罚甚至免予刑事处罚等，实现良好的辩护效果，是值得重点关注并予以研究的问题。

## 一、虚开增值税专用发票相关概念

【增值税】是国家对销售货物、提供劳务过程中产生的增值部分进行收税的税种。①

---

* 德和衡执业律师，深圳大学法律硕士，擅长职务犯罪类、经济类犯罪案件辩护等专业领域。

① 参见《增值税暂行条例》(2017年)第1条。

【增值税专用发票】是增值税一般纳税人(以下简称一般纳税人)销售货物或者提供应税劳务开具的发票,是购买方支付增值税额并可按照增值税有关规定据以抵扣增值税进项税额的凭证。专用发票由基本联次或者基本联次附加其他联次构成,基本联次为三联:发票联、抵扣联和记账联。发票联,作为购买方核算采购成本和增值税进项税额的记账凭证;抵扣联,作为购买方报送主管税务机关认证和留存备查的凭证;记账联,作为销售方核算销售收入和增值税销项税额的记账凭证。其他联次用途,由一般纳税人自行确定。①

【虚开增值税专用发票罪】《刑法》第 205 条规定,虚开增值税专用发票或者虚开用于骗取出口退税、抵扣税款的其他发票的,处 3 年以下有期徒刑或者拘役,并处 2 万元以上 20 万元以下罚金;虚开的税款数额较大或者有其他严重情节的,处 3 年以上 10 年以下有期徒刑,并处 5 万元以上 50 万元以下罚金;虚开的税款数额巨大或者有其他特别严重情节的,处 10 年以上有期徒刑或者无期徒刑,并处 5 万元以上 50 万元以下罚金或者没收财产。

单位犯本条规定之罪的,对单位判处罚金,并对其直接负责的主管人员和其他直接责任人员,处 3 年以下有期徒刑或者拘役;虚开的税款数额较大或者有其他严重情节的,处 3 年以上 10 年以下有期徒刑;虚开的税款数额巨大或者有其他特别严重情节的,处 10 年以上有期徒刑或者无期徒刑。

虚开增值税专用发票或者虚开用于骗取出口退税、抵扣税款的其他发票,是指有为他人虚开、为自己虚开、让他人为自己虚开、介绍他人虚开行为之一的。

## 二、常见的虚开增值税专用发票行为类型

虚开增值税专用发票常见行为类型包括:

1. 没有货物购销或者没有提供或接受应税劳务而为他人、为自己、让他人为自己、介绍他人开具增值税专用发票;

2. 有货物购销或者提供或接受了应税劳务但为他人、为自己、让他人为自己、介绍他人开具数量或者金额不实的增值税专用发票;

3. 进行了实际经营活动,但让他人为自己代开增值税专用发票。②

虚开增值税专用发票行为本身并不会造成国家税款的损失,但因增值税专用发票具有抵扣增值税进项税额的作用,因此只有将增值税专用发票用于抵扣税款

---

① 参见国家税务总局《增值税专用发票使用规定》(2006 年)第 2 条、第 4 条。

② 参见最高人民法院《关于适用〈全国人民代表大会常务委员会关于惩治虚开、伪造和非法出售增值税专用发票犯罪的决定〉的若干问题的解释》(1996 年)第 1 条。

的时候,才会造成国家税款损失。

## 三、虚开增值税专用发票罪的辩护要点

### (一)主体之辩:单位行为和个人行为的界限

单位和自然人均是构成虚开增值税专用发票罪的主体,如不符合相应的主体要件,则不构成此罪。区分条件主要包括:

1. 行为以个人名义还是以单位名义实施;
2. 单位集体研究决定还是由个人决定实施;
3. 为了单位整体利益还是为了部分人利益实施;
4. 所得归个人所有还是归单位所有;
5. 行为人在单位是否任有职务;
6. 行为人和单位之间的依附性。

根据《全国法院审理金融犯罪案件工作座谈会纪要》(法〔2001〕8 号)的规定,以单位名义实施犯罪,违法所得归单位所有的,是单位犯罪。单位犯罪直接负责的主管人员和其他直接责任人员的认定:直接负责的主管人员,是在单位实施的犯罪中起决定、批准、授意、纵容、指挥等作用的人员,一般是单位的主管负责人,包括法定代表人。其他直接责任人员,是在单位犯罪中具体实施犯罪并起较大作用的人员,既可以是单位的经营管理人员,也可以是单位的职工,包括聘任、雇佣的人员。应当注意的是,在单位犯罪中,对于受单位领导指派或奉命而参与实施了一定犯罪行为的人员,一般不宜作为直接责任人员追究刑事责任。对单位犯罪中的直接负责的主管人员和其他直接责任人员,应根据其在单位犯罪中的地位、作用和犯罪情节,分别处以相应的刑罚,主管人员与直接责任人员,在个案中,不是当然的主犯、从犯关系,有的案件,主管人员与直接责任人员在实施犯罪行为的主从关系不明显的,可不分主犯、从犯。但具体案件可以分清主犯、从犯,且不分清主犯、从犯,在同一法定刑档次、幅度内量刑无法做到罪刑相适应的,应当分清主犯、从犯,依法处罚。

根据《刑法》第 31 条的规定,单位犯罪的,对单位判处罚金,并对其直接负责的主管人员和其他直接责任人员判处刑罚。

证据方面,通过审查单位集体决策的会议纪要、责任人员的职务证明(包括劳动合同或任免文件等)、证人证言等,可以判断行为属于单位行为还是个人行为。

### (二)客体之辩:该罪客体是复杂客体

根据 2004 年全国法院经济犯罪案件审判工作座谈会综述,倾向性观点认为虚

开增值税专用发票罪的客体是复杂客体,包括增值税专用发票管理秩序和国家税收征管制度,二者缺一不可,且因虚开增值税专用发票罪属《刑法》分则第三章第六节“危害税收征管罪”中的罪名,因此国家税收征管制度是该罪名的主要客体。若虚开行为仅仅破坏了增值税专用发票管理秩序,但未实际危及国家正常的税收活动,则属于一般的行政违法行为,不构成犯罪。因此,多数观点认为下列几种虚开行为一般不属于虚开增值税专用发票犯罪,包括:

1. 为虚增营业额、扩大销售收入或者制造虚假繁荣,相互对开或环开增值税专用发票的行为;

2. 在货物销售过程中,一般纳税人为夸大销售业绩,虚增货物的销售环节,虚开进项增值税专用发票和销项增值税专用发票,但依法缴纳增值税并未造成国家税款损失的行为;

3. 为夸大企业经济实力,通过虚开进项增值税专用发票虚增企业的固定资产、但并未利用增值税专用发票抵扣税款,国家税款亦未受到损失的行为。①

2018 年 12 月 4 日,最高人民法院发布第二批人民法院充分发挥审判职能作用保护产权和企业家合法权益典型案例,张某强虚开增值税专用发票案入选。该案经最高人民法院复核,认为“被告人张某强以其他单位名义对外签订销售合同,由该单位收取货款、开具增值税专用发票,不具有骗取国家税款的目的,未造成国家税款损失,其行为不构成虚开增值税专用发票罪,某州市人民法院认定张某强构成虚开增值税专用发票罪属适用法律错误”。按此判例,如实代开、挂靠开票、变名销售、善意受领增值税专用发票等不以骗取国家税款为目的的情形也不构成虚开增值税专用发票罪。

综上,虚开增值税专用发票罪的客体是增值税专用发票管理秩序和国家税收征管制度,若行为人未侵害其中之一,则不构成该罪。

### (三)主观方面:主观故意和行为目的的判断

在司法实践中,存在行为人无逃税、骗税故意,未造成国家税款损失,但审判机关认定其行为扰乱发票管理秩序,判决其犯虚开增值税专用发票罪,而免予刑事处罚的案例,如(2016)辽 01 刑终 718 号案例。

随着经济社会的发展,不仅最高人民法院在上述“第二批人民法院充分发挥审判职能作用保护产权和企业家合法权益典型案例”中将张某强虚开增值税专用发

---

① 参见 2004 年全国法院经济犯罪案件审判工作座谈会综述。

票案纳入其中,传达出“不具有骗取国家税款且未造成国家税款损失的,不构成虚开增值税专用发票罪”这一强烈的裁判取向信号。2020 年 7 月 22 日,最高人民检察院发布《关于充分发挥检察职能服务保障“六稳”“六保”的意见》,提出“依法慎重处理企业涉税案件。注意把握一般涉税违法行为与以骗取国家税款为目的的涉税犯罪的界限,对于有实际生产经营活动的企业为虚增业绩、融资、贷款等非骗税目的且没有造成税款损失的虚开增值税专用发票行为,不以虚开增值税专用发票罪定性处理,依法作出不起诉决定的,移送税务机关给予行政处罚”。

由上可见,司法机关在虚开增值税专用发票罪主观方面认定上的价值取向,也在发展和变化中。当前,可以认为,主观上不以逃避缴交或骗取国家税款为目的,且未造成国家税款流失、破坏税收管理秩序的,不应构成此罪。

证据方面,通过审查行为人的供述及辩解,同案犯罪嫌疑人、被告人的供述及辩解,证人证言,与案件相关的视听资料等,可以判断行为人的主观故意和行为目的。

### (四)客观方面

实践中,虚开增值税专用发票罪的辩护一般主要围绕税款数额的认定展开,应注意以下几个方面的问题:

1. 案涉全部发票必须三联一致。

2. 刑事诉讼过程中,税务机关必须对涉案税款金额是否属于“虚开”予以书面认定,实践中存在开票金额、税款金额、价税合计金额等各种不一的金额认定,应予仔细甄别。

3. 涉案金额不应重复计算。同一案件中同一行为人涉及为他人虚开、让他人为自己虚开、为自己虚开及介绍他人虚开等多种情况时,应扣除真实交易部分金额,否则极容易导致刑期升档。

4. 证据方面。通过审查和比对涉案的增值税专用发票、合同、销售单据、付款凭证、银行账户明细,及搜查笔录、扣押清单、证人证言、犯罪嫌疑人供述、同案犯供述、税务机关抵扣证明、税务机关涉税事项调查报告、司法会计鉴定意见等证据,可以准确认定行为是否属于为他人虚开、为自己虚开、让他人为自己虚开、介绍他人虚开,以及计算出准确的涉案金额。

### (五)自首

根据《刑法》第 67 条的规定,犯罪以后自动投案,如实供述自己的罪行的,是自首。对于自首的犯罪分子,可以从轻或者减轻处罚。常见的,在接到公安机关电话传唤后主动到案并如实供述的,属于2010年12月22日最高人民法院《关于处理自首和立功若干具体问题的意见》中对"自动投案"的具体认定的"其他符合立法本意,应当视为自动报案的情形"。根据2021年最高人民法院、最高人民检察院《关于常见犯罪的量刑指导意见(试行)》之规定,犯罪较轻的,可以免除处罚。对于自首情节,综合考虑自首的动机、时间、方式、罪行轻重、如实供述罪行的程度以及悔罪表现等情况,可以减少基准刑的40%以下;犯罪较轻的,可以减少基准刑的40%以上或者依法免除处罚。恶意利用自首规避法律制裁等不足以从宽处罚的除外。

(六)从犯

在案件中参与程度极低的,如非财务开票人员、收寄发票的行政人员等,不应直接按共犯金额予以处罚,而应认定其在共同犯罪中起次要或者辅助作用,依据《刑法》第27条的规定,对于从犯,应当从轻、减轻处罚或者免除处罚。证据方面,通过审查行为人及同案犯罪嫌疑人、被告人的供述,分析行为人在共同犯罪中的地位和作用,判断是否属于从犯。

根据《刑法》第27条及2021年最高人民法院、最高人民检察院《关于常见犯罪的量刑指导意见(试行)》的规定,对于从犯,应当从轻、减轻处罚或者免除处罚,从宽处罚的幅度为:综合考虑行为人在共同犯罪中的地位、作用等情况,应当予以从宽处罚,减少基准刑的20%至50%;犯罪较轻的,减少基准刑的50%以上或者依法免除处罚。

(七)补缴情况

在司法实践中,全额补缴税款的,一般会被考虑给予较轻量刑。因此,在全额补缴税款后,应当妥善保存相关补税凭证,并视诉讼阶段主动向公安机关或司法机关提交缴费凭证及税务机关出具的完税证明。

(八)企业合规改革试点

2020年3月起,最高人民检察院在上海浦东、金山,江苏张家港,山东郯城,广东深圳南山、宝安等6家基层检察院开展企业合规改革第一期试点工作。试点检察院对民营企业负责人涉经营类犯罪,依法能不捕的不捕、能不诉的不诉、能不判实刑的提出适用缓刑的量刑建议。2021年4月起,最高人民检察院启动了第二期企业合规改革试点工作,扩大改革试点范围,涉及北京、辽宁、上海、江苏、浙江、福建、山东、湖北、湖南、广东 10 个省(直辖市)。

2021 年 6 月,最高人民检察院发布企业合规改革试点典型案例,上海市 A 公司、B 公司、关某某虚开增值税专用发票案入选。在涉案企业系某技术领域领军企业,对地方经济发展和增进就业贡献较大,企业员工学历普遍较高,对合规管理的接受度高、执行力强,企业合规具有可行性,涉案税额补缴情况得到核实等条件下,检察机关决定督促涉案企业作出合规承诺并开展合规建设,最终提出对涉案企业判处罚金刑,对企业主要负责人判处缓刑的量刑建议,被审判机关采纳。

由此可见,在当前国家刑事政策和检察机关"少捕慎诉慎押"理念下,涉企虚开增值税专用发票犯罪行为可以在法律允许的范围内获得宽严相济(依法从宽)的处理,这值得相关企业、企业家以及此类案件的辩护人高度重视。

# 专题六　私募基金退出研究

# 坚持“风险共享、利益共担”原则下，私募基金“名股实债”探究

孙　晶　苏琳琳　陆　佳

## 一、名股实债的概念

1. 定义

名股实债，又称明股实债，是广泛应用于投融资领域的融资模式。

目前尚无统一定义界定名股实债，但该名词已频繁用于官方文件，如《关于加强固定资产投资项目资本金管理的通知》《关于加强非金融企业投资金融机构监管的指导意见》等。2017 年 2 月 13 日，由中国证券投资基金业协会发布并生效的《证券期货经营机构私募资产管理计划备案管理规范第 4 号——私募资产管理计划投资 房地产开发企业、项目》文件中，名股实债被定义为“投资回报不与被投资企业的经营业绩挂钩，不是根据企业的投资收益或亏损进行分配，而是向投资者提供保本保收益承诺，根据约定定期向投资者支付固定收益，并在满足特定条件后由被投资企业赎回股权或者偿还本息的投资方式，常见形式包括回购、第三方收购、对赌、定期分红等”。对于对赌是否属于名股实债的下位概念，我们在此不作详细探讨，但实务中，普遍将两个问题分开讨论。

结合中国证券投资基金业协会、国务院国有资产监督管理委员会①等发布的文件，以及行业从业人员的实践经验，名股实债模式的特征可以从以下两点把握：第一，投资方与融资方一般会签订股权转让协议或对目标公司进行增资，以此达成投资目的。第二，融资方向投资方承诺保本保收益，并约定定期支付固定收益，在达到特定条件后，由融资方回购相应股权或偿还本息。

---

① 国务院国有资产监督管理委员会《关于中央企业加强参股管理有关事项的通知》，2019 年 12 月 12 日生效。

名股实债之所以在司法实践中存在诸多争议，主要原因在于当投资方与融资方甚至是与第三人之间产生纠纷时，当事人针对股权转让、增资扩股交易性质的不同主张，将直接影响投资协议的效力认定，从而影响当事人回购股权、固定收益支付等利益。

2. 法律规定

目前，有关名股实债的法律规定主要集中在部门规章、地方性法规和行业规范。

在政府出资产业投资基金管理层面，名股实债受到重点监督、严格管理。例如，2021 年 7 月至 8 月，北京市财政局、浙江省财政厅等地方财政部门发布通知明确指出应重点监督检查政府投融资平台是否有名股实债的行为。

在私募基金领域，中国证券监督管理委员会于 2020 年 12 月 30 日发布并生效的《关于加强私募投资基金监管的若干规定》中提出，私募基金管理人不得直接或者间接将私募基金财产用于名股实债等非私募基金投资活动，但是私募基金以股权投资为目的，按照合同约定为被投企业提供 1 年期限以内借款、担保除外。

从政策规定上来看，名股实债在政府出资基金层面属于“红线”不可碰，在私募基金层面属于“黄线”谨慎碰。

## 二、关于名股实债性质认定的问题

1. 影响名股实债性质认定的因素

鉴于针对名股实债尚无明确定义与构成要件，实践中，主要从以下三个方面考量案涉交易是“股”还是“债”。

（1）投资人是否具有“取得公司股权、参与公司经营管理”的投资目的

关于案涉交易是“股”还是“债”，2018 年《最高人民法院民事审判第二庭法官会议纪要——追寻裁判背后的法理》曾给出一个相对清晰的判断标准。[①] 该会议纪要认为应根据当事人的投资目的、实际权利义务等因素综合认定交易性质。投资人目的在于取得目标公司股权，且享有参与公司经营管理权利的，应认定为股权投资。反之，投资人目的仅为获取固定收益，且不享有参与公司经营管理权利的，应认定为债权投资。

目前，上述观点仍为司法裁判中的主流观点，法院多以此考量当事人投资协议的性质。常见情形包括，投资人首先以股权投资参与目标公司投资，但投资完成后

---

① 参见贺小荣主编：《最高人民法院民事审判第二庭法官会议纪要——追寻裁判背后的法理》，人民法院出版社 2018 年版，第 64 页。

并不参与目标公司实际运营,对其后续经营情况也不予关注,更不承担目标公司的经营风险。如果存在此类情形,法院一般会认定投资人的目的并非取得目标公司股权,案涉交易属于债权投资(如表1所示)。

**表1　法院认定案涉交易属于债权投资的案例**

| 案件信息 | 要点提炼 |
|---|---|
| (2021)湘03民终274号<br>湘潭市中级人民法院<br>2021年8月6日 | 上诉人投资10万元,其目的就是在×××公司正常运营期间每年获得65,000元的固定回报,同时在×××公司转让或解散时获得公司原始资产10%的权利,其对公司的运营及公司的后续投入均不参与 |
| (2021)黑01民终431号<br>哈尔滨市中级人民法院<br>2021年4月28日 | 《投资协议》明确约定,投资公司投资后按照年收益率5%收取固定股息,不参与目标公司经营,不承担经营风险,并约定3年投资期限及回购条款等内容。上述约定明确表明,投资人的目的并非取得目标公司股权 |
| (2018)最高法民终785号<br>最高人民法院<br>2018年12月25日 | 法院认为,合同的性质不能仅依据书面协议的名称以及形式内容进行判定,还应当结合当事人的缔约过程、各方权利义务安排以及实际履行情况综合确定……综合判断本案所涉系列协议的签订背景、目的和内容,在当事人之间形成"名股实债"法律关系 |

(2)当事人是否约定固定收益

除了看投资人是否有实际参与目标公司经营及承担经营风险的投资目的外,当事人是否有约定固定收益条款同样是判断案涉交易性质的重要因素。具体体现为,投资方与融资方在签订投资协议时,是否约定投资人从原股东或目标公司处获得固定收益,以及该项固定收益是否已经实际履行。

值得注意的是,法院在认定案涉交易性质时不会孤立地看待有关因素,一定是结合投资方与融资方投资合作后的整体商业往来进行判断。例如,在(2021)青民终74号[①]一案中,法院认为融资方如期向投资方支付利息及投资方自愿接受等行为,表明双方在履行合作、增资、股权转让协议期间并没有实际将投资方作为股东对待(如表2所示)。

---

① 青海华鑫水电开发有限公司与中融国际信托有限公司破产债权确认纠纷二审民事判决书,青海省高级人民法院,裁判日期:2021年3月30日

**表2 法院结合整体商业往来认定案涉交易性质的案例**

| 案件信息 | 要点提炼 |
| --- | --- |
| (2021)粤1202民初1422号<br>肇庆市端州区人民法院<br>2021年6月17日 | 原告与被告签订《×××公司增资扩股协议书》,是双方的真实意思表示,但双方在合同中约定了被告在未能履行约定时原价回购股份并支付固定的利息及赔偿金,即原告与被告×××公司的经营盈利、亏损脱钩。法院最终将涉案交易认定为债权投资 |
| (2021)辽01民初217号<br>沈阳市中级人民法院<br>2021年5月20日 | 投资人所获收益与目标公司的实际经营状态、分红情况均无联系,系固定收益,且固定收益均由目标公司向投资人支付或补足,符合借贷合同的法律特征 |

除了协议约定的固定收益条款,收益利率高低在最高人民法院的一则案例中同样作为了考量因素,具体为通联资本管理有限公司与中国农发重点建设基金有限公司股权转让纠纷①一案。本案中,法院认为虽然案涉协议约定了固定收益,但固定收益仅为年1.2%,远低于一般借款利息,明显不属于通过借贷获取利息收益的情形,本质仍是投资方以股权投资方式注入资金帮助企业脱困的投资行为。

(3)目标公司是否履行股东工商登记手续

目标公司是否有为投资人的股权投资办理股东工商登记同样是考量因素之一。在(2021)粤1202民初1422号一案中,法院将目标公司未进行股东工商登记手续变更与双方协议约定固定收益行为相结合进行综合考量,得出了案涉交易属于名股实债的结论(如表3所示)。

**表3 法院结合股东工商手续履行情况认定名股实债的案例**

| 案件信息 | 要点提炼 |
| --- | --- |
| (2021)粤1202民初1422号<br>肇庆市端州区人民法院<br>2021年6月17日 | 被告×××公司亦未实际进行股东的工商登记手续,双方的增资扩股协议属名股实债 |
| (2021)辽01民初217号<br>沈阳市中级人民法院<br>2021年5月20日 | 对于目标公司与任意外部第三人之间的外部关系而言,为保护第三人对于工商登记信息中股权投资关系的信赖,维护交易安全,不论投融资双方之间是真实股权投资还是名股实债,均应当认定投资方对于目标公司是真实的股权投资 |

简单来说,如果投资人的投资目的是获取目标公司股权和参与公司经营,是否办理工商登记将直接影响其是否可以参与公司决策、行使股东权利。如果投资人只是看重目标公司能否定期如约足额支付利息,那么工商登记对其权益实现的帮

① (2019)最高法民终355号,裁判时间:2019年6月26日。

助则有限。

虽然部分投资人在名股实债交易中并不看重工商登记,但需要注意的是当投资纠纷涉及第三人时,根据商事外观主义原则、第三人信赖利益保护,如果第三人主张案涉交易为股权投资,法院一般会支持其主张以维护交易安全。

2. 把握名股实债性质认定的原则

除了以上三个影响名股实债性质认定的因素,以下三个原则同样是考量名股实债问题的重点。

(1)意思自治原则

通过梳理有关裁判案例,可以发现法院在认定名股实债性质过程中,对于投资方与融资方的内部关系,主要根据当事人的合同约定、合同实际履行情况以及当事人间的缔约真意进行综合判断,探寻当事人真实意思表示。

例如,在(2021)辽01民初217号[①]一案中法院认为,应当采取“内外有别”的认定标准。对于投资方、融资方之间的内部关系而言,是股权投资还是名股实债,应当根据双方的真实意思表示确定借贷关系。同样,在(2021)沪74民终133号一案中,法院认为当事人之间虽约定了股票交割规则,在表象上具有股权转让的意思表示,但并未约定股权交割与变更登记的履行时间。与此同时,当事人在可以办理登记的情况下,仍合意选择违规股权代持方式。法院由此认定股权投资并非双方的真实意思,其目的在于隐藏各方之间借贷法律关系的真实效果意思,当事人间的表面意思系虚假意思表示。

(2)信赖利益保护原则

在投资方、融资方与第三人的外部关系上,法院主要遵循商事外观主义原则、信赖利益保护原则,以保护善意第三人的利益。还是在(2021)辽01民初217号一案中,对于投资方与融资方的内部关系,法院遵从双方意思自治,对于涉及第三人的外部关系,则为保护善意第三人。法院认为,为保护第三人对工商登记信息中股权投资关系的信赖,维护交易安全,无论投融资双方之间是真实股权投资还是名股实债,均应当认定投资方对于目标公司是真实的股权投资。也因此,目标公司是否进行股东信息工商变更登记在涉及第三人利益保护时至关重要。

(3)需有充分证据证明或“股权”或“债权”主张

在案例研究过程中,我们发现存在大量案件当事人以名股实债为理由提出主张或提出抗辩的情形,然而法院在审理过程中,却未对此进行进一步的判断。该类

---

① 鞍山激光产业股权投资基金合伙企业中心与王某波、航天云网科技发展有限责任公司股权转让纠纷一审民事判决书,辽宁省沈阳市中级人民法院,裁判日期:2021年5月20日。

案件多以民间借贷纠纷为案由。主要原因是当事人无法提供充分证据证明自己的主张。

如果当事人主张案涉交易是股权投资，投资人以获得公司股权、参与公司经营为目的，就应该提供参与公司治理、行使股东权利的有关材料，比如参与股东会决议、参与公司分红、处分公司股份等。即使当事人主张债权交易，但却有证据证明其认可了股东身份、参与了公司经营，法院也不会支持其债权主张。在（2021）津02民终235号[①]一案中，法院就通过投资人自行与案外人签订股权转让协议、处分其持有股权的行为认定其行使了股东权利，因为法院认为该行为能够表明投资人对其股东身份的认可。

## 三、关于名股实债的效力认定的问题

讨论名股实债的效力问题应在其性质认定的基础上进行，因此我们仍从名股实债案涉交易被认定为债权投资、股权投资两方面探讨。

1. 案涉交易被认定为债权投资

（1）效力认定有效需满足一般民事法律行为要件

韩世远教授在《合同法总论》中认为，"有效"与"无效"中的"效"指的是法律行为或合同依意思表示所追求发生的法律上的效果。那么在名股实债交易中，当事人在投资交易时的真实意思表示和追求的投资效果是判断其效力的重要依托。关于此，《最高人民法院民事审判第二庭法官会议纪要——追寻裁判背后的法理》中有观点认为，投资人通过增资扩股的方式取得目标公司股权，但由于其目的不在于取得股权，而在于获取固定收益，当事人关于增资扩股和股权回购的约定是虚假意思表示。

如果当事人之间增资扩股和股权回购的约定是虚假意思表示，依据《民法典》第146条[②]的规定，当事人名义上的股权转让行为，因虚假通谋应予无效。

而交易背后的真实意思，即债权投资的真意合意，则应符合民事法律行为的有效要件，具体应依据《民法典》第143条，从具有民事行为能力，意思表示真实，不违反法律、行政法规的强制性规定，以及不违背公序良俗进行判断。

---

① 郑某芝、成长动力医药股份有限公司合同纠纷二审民事判决书，天津市第二中级人民法院，裁判日期：2021年1月29日。

② 《民法典》第146条规定，行为人与相对人以虚假的意思表示实施的民事法律行为无效。以虚假的意思表示隐藏的民事法律行为的效力，依照有关法律规定处理。

(2)效力认定有效需符合民间借贷有关规定

与此同时,因债权性质认定下当事人之间的资金融通行为属于民间借贷,受包括最高人民法院《关于审理民间借贷案件适用法律若干问题的规定》在内有关民间借贷规定的限制。需重点关注针对职业放贷人、4 倍贷款基础利率司法保护上限的规定。

《全国法院民商事审判工作会议纪要》(以下简称《九民纪要》)提出,同一出借人在一定期间内多次反复从事有偿民间借贷行为的,一般可以认定为职业放贷人。认定职业放贷行为无效的主要原因是该行为违反了《银行业监督管理法》等法律。因私募基金并非持有金融许可证等金融牌照,在进行与名股实债的有关资金出借的问题上更应谨慎。

2. 案涉交易被认定为股权投资

当案涉交易被认定为股权投资时,与此有关的争议往往发生在当事人与第三人产生股权转让纠纷或股权回购违背资本维持原则等问题上。至于虚假通谋行为无效的问题,当投资方与融资方表面的股权投资行为与其背后的真意合意一致时,法院一般倾向于认定案涉交易协议有效(如表 4 所示)。

**表 4　认定名股实债有效的案例**

| 案件信息 | 要点提炼 |
|---|---|
| (2020)冀 01 民终 1927 号<br>石家庄市中级人民法院<br>2020 年 6 月 28 日 | 案涉《增资协议》及《补充协议》实质上是投资人为保护资金安全和降低风险、目标公司和其他股东为引入资金和促成交易,约定对投资人的投资收益和投资款安全提供保障,以回购方式自愿承担未来可能发生的潜在亏损,因此,该协议合法有效 |
| (2020)渝 0112 民初 1469 号<br>重庆市渝北区人民法院<br>2020 年 6 月 8 日 | 被告作为目标公司的股东,自愿以个人名义而非目标公司名义签订《股份转让协议书》,约定收购原告持有的股权,并未使目标公司成为原告的债务人,不会导致股东抽逃出资等法律禁止情形,同时也无证据证明被告与原告之间签订的《股份转让协议书》存在隐瞒真实意思的情况,不存在虚假意思表示的无效情形 |

当案涉交易属于股权投资时,我们需要回到《公司法》的有关原则和规定,遵循公司资本维持原则、不损害公司债权人利益、不得抽逃出资等均是关注重点。

值得注意的是,股权回购同样需要满足《公司法》减资程序履行要求。在(2020)浙 0282 民初 6720 号①一案中,法院根据投资人代持目标公司股份期间,享有了股东权益、承担了股东义务,认定案涉款项的投资性质是股权投资。但是,由于

① 孙某丽与宁波世捷新能源科技有限公司破产债权确认纠纷一审民事判决书,浙江省慈溪市人民法院,裁判日期:2020 年 9 月 3 日。

案涉公司的经营情况已经不能完成减资，故投资人要求目标公司履行回购条款的请求被法院驳回。因为投资人享有案涉投资收益和利息的前提是目标公司对其股权进行股权回购，但目标公司在股权回购时不能违背资本维持的基本原则，更不得损害公司债权人利益。

## 四、名股实债与股权让与担保的区别

1. 二者区别

在个别复杂的情况下，案涉交易性质为名股实债，却具有和股权让与担保相似的外观和属性。尽管两者具有相似的外观和属性，但是在法律关系、交易目的上，有学者认为二者仍具有一定差异。首先，名股实债仅有股权转让关系这一对法律关系，而股权让与担保存在两对法律关系，即债权债务关系、让与担保关系。其次，关于转让标的物权利的目的，名股实债主要是融资，而股权让与担保的目的在于保障债权实现。①

2. 最高人民法院《关于适用〈中华人民共和国民法典〉有关担保制度的解释》的有关规定

因让与担保本身存有争议，在法律规定层面上，目前让与担保仅在司法解释中有所涉及，并无法律规定。与名股实债交易特点有关的规定具体体现在最高人民法院《关于适用〈中华人民共和国民法典〉有关担保制度的解释》第 68 条②第 3 款中，即债务人与债权人约定将财产转移至债权人名下，在一定期间后再由债务人或者其指定的第三人以交易本金加上溢价款回购，债务人到期不履行回购义务，财产

---

① 参见葛伟军：《股权让与担保的内外关系与权利界分》，载《财经法学》2020 年第 6 期。

② 最高人民法院《关于适用〈中华人民共和国民法典〉有关担保制度的解释》第 68 条规定，债务人或者第三人与债权人约定将财产形式上转移至债权人名下，债务人不履行到期债务，债权人有权对财产折价或者以拍卖、变卖该财产所得价款偿还债务的，人民法院应当认定该约定有效。当事人已经完成财产权利变动的公示，债务人不履行到期债务，债权人请求参照《民法典》关于担保物权的有关规定就该财产优先受偿的，人民法院应予支持。

债务人或者第三人与债权人约定将财产形式上转移至债权人名下，债务人不履行到期债务，财产归债权人所有的，人民法院应当认定该约定无效，但是不影响当事人有关提供担保的意思表示的效力。当事人已经完成财产权利变动的公示，债务人不履行到期债务，债权人请求对该财产享有所有权的，人民法院不予支持；债权人请求参照《民法典》关于担保物权的规定对财产折价或者以拍卖、变卖该财产所得的价款优先受偿的，人民法院应予支持；债务人履行债务后请求返还财产，或者请求对财产折价或者以拍卖、变卖所得的价款清偿债务的，人民法院应予支持。

债务人与债权人约定将财产转移至债权人名下，在一定期间后再由债务人或者其指定的第三人以交易本金加上溢价款回购，债务人到期不履行回购义务，财产归债权人所有的，人民法院应当参照第 2 款规定处理。回购对象自始不存在的，人民法院应当依照《民法典》第 146 条第 2 款的规定，按照其实际构成的法律关系处理。

归债权人所有的，应当参照本解释第68条第2款（关于让与担保的）有关规定处理。

3. 司法实践观点

在司法裁判中，以(2021)京01民终176号一案[①]为例，可以发现法院主要从以下三个方面递进分析。

(1)案涉交易的法律关系

本案中，投资方与目标公司之间的交易方式是这样设计的，即投资方设立信托计划募集信托资金，以入股目标公司的形式向目标公司的房地产开发项目投资，并约定投资方有权于信托计划期满前要求目标公司股东回购股权，继而收回信托资金并获取溢价收益。

鉴于双方签订的协议中明确阐明"名股实债"法律关系的实质，签订信托计划相关协议的真实意图是目标公司股东为目标公司房地产开发项目引资，投资方投入资金获取收益。法院据此认定，投资方实际是以其受让的股权作为其到期收回信托资金及收益的担保，投资方与目标公司股东之间的股权转让实为股权让与担保的法律关系。

(2)让与担保与财产权转让的实质区别

让与担保与财产权转让在法律性质上存有实质性区别。财产权转让的受让人是以获得财产权利为目的，而让与担保的债权人受让财产的目的在于为主债权提供担保，在主债权不能实现时可以就受让的财产权价值优先受偿，且债权人通常无须支付受让财产权的对价。

(3)股权让与担保的特殊之处

股权让与担保因是兼具财产权和人身权属性的复合型权利，更具有特殊性。公司股东可就其享有的股权参与公司分红，亦通过其股东表决权参与公司的经营管理。而股权让与担保的债权人以受让或增资的方式取得股权，是期待以股权价值担保其债权未来可以实现，债权人并非以成为公司股东，参与管理、获取分红为目的。因此，债权人虽在形式上为公司名义股东，但其并不享有股东的实质性权利。

## 五、总结：如何从实质上把握名股实债问题

1. 在法律适用层面，应全面把握与名股实债有关的法律法规、行政规章、司法解释等

在名股实债的交易模式下，对交易性质的不同判断直接影响其效力认定，因此

---

① 中融国际信托有限公司与北京家全基业物业管理有限公司等公司决议效力确认纠纷二审民事判决书，北京市第一中级人民法院，裁判日期：2021年4月26日。

准确把握不同性质背景下的法律问题非常重要。当投资方与融资方之间的交易被认定为债权投资,需要结合民间借贷的有关问题一起探讨。如果双方交易被认定为股权投资,则需要满足公司程序等规定。《公司法》、最高人民法院《关于审理民间借贷案件适用法律若干问题的规定》、最高人民法院《关于适用〈中华人民共和国民法典〉有关担保制度的解释》等法律法规、司法解释,都是探讨名股实债的根基。

2. 在交易原则层面,应始终紧跟与坚持“风险共享、利益共担”原则

2020 年 9 月 11 日,中国证券监督管理委员会在《关于加强私募投资基金监管的若干规定(征求意见稿)》的起草说明中明确指出,要引导私募基金回归投资本质。不论投资模式、投资方式如何千变万化,时刻保持对“风险共享、利益共担”原则的高度认识,就是从根本上理解名股实债问题。

3. 公序良俗是投资交易的底线

2019 年《九民纪要》多次强调公序良俗等民商事审判基本原则。在违反规章的合同效力问题上,《九民纪要》第 31 条指出,“违反规章一般情况下不影响合同效力,但该规章的内容涉及金融安全、市场秩序、国家宏观政策等公序良俗的,应当认定合同无效”。而在法院认定规章是否涉及公序良俗的考量因素时,《九民纪要》则提出了兼顾监管强度、交易安全保护以及社会影响等要求。正如前文介绍所言,由于名股实债尚未有统一定义及要件,公序良俗作为法院裁量合同效力问题的重要考量因素,同样应作为投资交易过程中各方坚守的底线。

# 私募基金应如何应对投资人的退出?

孙　晶　苏琳琳　康桂芳*　陆　佳

在私募投资活动中,如果投资人能够在获取一定利润回报后,顺利退出私募基金,则是圆满完成投资目标。而实践中,投资人无法顺利退出私募基金,或与私募基金、私募基金管理人产生纠纷的情形常有发生。面对这种情况,私募基金及私募基金管理人该如何应对?投资人又该通过何种方式退出私募基金?我们将结合案件代理经验及司法裁判案例,介绍私募基金退出的有关问题。

## 一、投资人退出私募基金的常见方式

私募基金的组织形式包括契约型、合伙型和公司型。根据不同的私募基金类型,投资者存在多样的退出方式,总体而言,有转让退出、减资退出、强制退出、清算退出以及其他常见退出方式(如表1所示)。

**表1　投资人退出私募基金的常见方式**

| 退出方式 | 契约型 | 合伙型 | 公司型 |
|---|---|---|---|
| 转让退出 | 转让基金份额 | 转让合伙份额 | 转让公司股权 |
| 减资退出 | — | — | 公司减资 |
| 强制退出 | 基金合同特殊约定 | 构成当然退伙 | 基金合同特殊约定 |
| 清算退出 | 进行到期清算 | 进行解散清算 | 进行破产清算 |
| 其他 | 赎回/解除基金合同 | 退伙/解除合伙协议 | — |

1. 转让退出

转让退出指投资人可以通过转让其持有的私募基金权益的方式,在基金存续

* 德和衡执业律师,熟悉私募股权和基金投资、商事争议解决、并购重组、公司法律顾问与公司事务等领域。

期间退出，包括向该基金的其他现有投资人转让和向第三方转让[①]。投资人转让私募股权基金的权益后，该基金仍以原有规模继续运营。

契约型、合伙型和公司型私募基金的投资人均可以通过转让方式退出私募基金。具体而言，契约型私募基金的投资人可以转让其持有的基金份额，合伙型私募基金的投资人则可以转让其拥有的合伙份额，公司型私募基金的投资人可以转让其持有的公司股权。

然而，不论是何种类型的私募基金，私募基金投资人在转让基金份额、合伙份额或公司股权时，都需要注意该转让行为必须满足特定的条件。例如：

（1）《证券投资基金法》对合格投资人有明确规定，故受让基金份额的新投资人仍需要符合《证券投资基金法》第 87 条[②]对于合格投资人的有关规定。

（2）合伙型私募基金的投资人在对外转让合伙份额时，需要满足《合伙企业法》第 22 条[③]、第 23 条[④]对于合伙份额转让同意权及优先购买权的有关要求。

（3）公司型私募基金的投资人在进行对外股权转让时，需要满足《公司法》第 71 条[⑤]对于股权转让的程序性要求。

2. 减资退出

减资退出常见于公司型私募基金，投资人可以通过减资的方式退出投资。对

---

① 参见中国证券投资基金业协会：《私募股权投资基金行业合规管理手册 2021》，中国财政经济出版社 2021 年版，第 241 页。

② 《证券投资基金法》第 87 条规定，非公开募集基金应当向合格投资者募集，合格投资者累计不得超过 200 人。

前款所称合格投资者，是指达到规定资产规模或者收入水平，并且具备相应的风险识别能力和风险承担能力、其基金份额认购金额不低于规定限额的单位和个人。

合格投资者的具体标准由国务院证券监督管理机构规定。

③ 《合伙企业法》第 22 条规定，除合伙协议另有约定外，合伙人向合伙人以外的人转让其在合伙企业中的全部或者部分财产份额时，须经其他合伙人一致同意。

合伙人之间转让在合伙企业中的全部或者部分财产份额时，应当通知其他合伙人。

④ 《合伙企业法》第 23 条规定，合伙人向合伙人以外的人转让其在合伙企业中的财产份额的，在同等条件下，其他合伙人有优先购买权；但是，合伙协议另有约定的除外。

⑤ 《公司法》第 71 条规定，有限责任公司的股东之间可以相互转让其全部或者部分股权。

股东向股东以外的人转让股权，应当经其他股东过半数同意。股东应就其股权转让事项书面通知其他股东征求同意，其他股东自接到书面通知之日起满 30 日未答复的，视为同意转让。其他股东半数以上不同意转让的，不同意的股东应当购买该转让的股权；不购买的，视为同意转让。

经股东同意转让的股权，在同等条件下，其他股东有优先购买权。两个以上股东主张行使优先购买权的，协商确定各自的购买比例；协商不成的，按照转让时各自的出资比例行使优先购买权。

公司章程对股权转让另有规定的，从其规定。

于减资退出，投资人需重点关注《公司法》第43条[①]、第177条[②]包括公司决议程序在内的有关要求。除此之外，亦应关注在基金合同中，合同是否就减资退出进行了特别约定，包括特定的批准程序、减资退出的特殊生效条件等。

3. 强制退出

强制退出具体是指在私募基金存续期间，个别投资人因法律法规的规定或基金合同的约定事项而被强制要求退出基金[③]。例如，合伙型私募基金的投资人发生《合伙企业法》第48条[④]规定的当然退伙情形。但此种情况，在实践中较为少见。

4. 清算退出

清算退出是三种类型的私募基金都可能面临的退出方式。例如，契约型私募基金在基金到期后面临到期清算；合伙型私募基金如果产生了《合伙企业法》第85条[⑤]关于解散的事由，则面临合伙企业的解散清算；公司型私募基金如果产生了《公

---

① 《公司法》第43条规定，股东会的议事方式和表决程序，除本法有规定的外，由公司章程规定。

股东会会议作出修改公司章程、增加或者减少注册资本的决议，以及公司合并、分立、解散或者变更公司形式的决议，必须经代表2/3以上表决权的股东通过。

② 《公司法》第177条规定，公司需要减少注册资本时，必须编制资产负债表及财产清单。

公司应当自作出减少注册资本决议之日起10日内通知债权人，并于30日内在报纸上公告。债权人自接到通知书之日起30日内，未接到通知书的自公告之日起45日内，有权要求公司清偿债务或者提供相应的担保。

③ 中国证券投资基金业协会：《私募股权投资基金行业合规管理手册2021》，中国财政经济出版社2021年版，第242页。

④ 《合伙企业法》第48条规定，合伙人有下列情形之一的，当然退伙：

(1)作为合伙人的自然人死亡或者被依法宣告死亡；

(2)个人丧失偿债能力；

(3)作为合伙人的法人或者其他组织依法被吊销营业执照、责令关闭、撤销，或者被宣告破产；

(4)法律规定或者合伙协议约定合伙人必须具有相关资格而丧失该资格；

(5)合伙人在合伙企业中的全部财产份额被人民法院强制执行。

合伙人被依法认定为无民事行为能力人或者限制民事行为能力人的，经其他合伙人一致同意，可以依法转为有限合伙人，普通合伙企业依法转为有限合伙企业。其他合伙人未能一致同意的，该无民事行为能力或者限制民事行为能力的合伙人退伙。

退伙事由实际发生之日为退伙生效日。

⑤ 《合伙企业法》第85条规定，合伙企业有下列情形之一的，应当解散：

(1)合伙期限届满，合伙人决定不再经营；

(2)合伙协议约定的解散事由出现；

(3)全体合伙人决定解散；

(4)合伙人已不具备法定人数满30日；

(5)合伙协议约定的合伙目的已经实现或者无法实现；

(6)依法被吊销营业执照、责令关闭或者被撤销；

(7)法律、行政法规规定的其他原因。

司法》第180条①、第182条②关于公司的解散事由或由于资不抵债进入破产清算程序，则投资者需要通过清算方式退出私募基金。

5. 其他常见退出方式

除了上述退出方式，契约型私募基金还可能面临投资人要求赎回或解除基金合同的要求，合伙型私募基金则可能面临投资人退伙或解除合伙协议的要求，以此退出基金。

## 二、契约型私募基金常见退出方式

契约型私募基金是指通过契约形式设立的私募基金，当基金管理人与投资人签订基金合同，双方之间即确立相互的权利义务关系。也因此，当想要退出契约型私募基金时，投资人经常以解除基金合同作为请求依据，常见的解除理由包括管理人未履行信息披露义务、管理人未履行适当性义务、管理人存在过错导致基金合同目的不能实现等。

1. 投资人以管理人未履行信息披露义务为由，主张解除基金合同

2016年，中国证券投资基金业协会发布《私募投资基金信息披露管理办法》，对私募基金管理人、私募基金托管人等的信息披露义务进行了详细规定。但是，由于信息披露义务的内容、范围等存在一定模糊边界，其也往往成为投资人与私募基金管理人等的纷争之处。

私募基金管理人在法院诉讼、仲裁程序中，面对投资人向其主张的管理人未履行信息披露义务并请求解除基金合同，管理人应注重加强对基金合同应予披露内容的阐释，以向裁判机构示明自己的披露义务及披露范围。而更为重要的是，私募基金管理人在募集之初，即管理人在与投资人签订基金合同时，就应加强对投资者进行投资风险的提示与解释，积极履行信息披露义务，并对签署的相关协议、宣传手册等文件进行原件及电子扫描件留存。

在司法实践中，有投资人主张：管理人未向其披露基金合同交易对象与管理人

---

① 《公司法》第180条规定，公司因下列原因解散：
(1)公司章程规定的营业期限届满或者公司章程规定的其他解散事由出现；
(2)股东会或者股东大会决议解散；
(3)因公司合并或者分立需要解散；
(4)依法被吊销营业执照、责令关闭或者被撤销；
(5)人民法院依照本法第182条的规定予以解散。

② 《公司法》第182条规定，公司经营管理发生严重困难，继续存续会使股东利益受到重大损失，通过其他途径不能解决的，持有公司全部股东表决权10%以上的股东，可以请求人民法院解散公司。

之间为关联方,属于关联交易,该行为违背了私募基金管理人的信息披露义务。对此,一审法院认为,基金管理人未在基金合同中向投资者披露合同约定的交易对象系基金管理人的关联企业,两者的实际控制人相同,违反了基金管理人的信义义务。然而,二审法院否定了一审法院关于未披露关联交易即属于未履行信息披露义务的观点。二审法院认为:(1)私募市场产品设计及产品信息无须向公众公开,更多的是当事人之间的意思自治的产物,因此决定了私募市场是面对高净值人士的市场,需要具备风险识别能力和承受能力的合格投资者进入市场。(2)法律并没有禁止关联交易本身,应该避免的是非法的、损害投资者利益的关联交易。因此,二审法院认定上述主张不构成投资者解除合同的充分理由。[参见(2021)粤03民终148号]

值得注意的是,虽然二审法院未支持投资人的主张,但法院仍对私募基金管理人对于关联交易相关的信息披露义务提出了更高的要求和提示,即私募基金管理人在面对关联交易时,应当给予投资人更多的解释和提醒,履行更多的披露义务。

2. 投资人以管理人未履行适当性义务为由,主张解除基金合同

关于卖方机构的适当性义务,2019年《全国法院民商事审判工作会议纪要》(以下简称《九民纪要》)、《证券期货投资者适当性管理办法》均对此进行了明确规定,对卖方机构"卖者尽责"提出了明确要求。根据《九民纪要》第72条,卖方机构必须履行了解客户、了解产品、将适当的产品(或者服务)销售(或者提供)给适合的金融消费者等义务。

私募基金及私募基金管理人在履行适当性义务时,建议关注两个方面:第一,对于基金合同中的重点及强调部分,建议对字体进行标粗、下划线提示等明显的标记,以确保投资人在签订基金合同时可以关注到提示内容。第二,将认购风险揭示书、风险承受能力调查问卷等与风险认知、投资人投资能力有关的文件内容,尽可能编排在基金合同靠前或显眼位置,以在投资人签署时进行尽可能明显的提示。

司法实践中,有法院认为适当性义务的关键为风险告知义务,风险提示的履行形式及风险提示内容至关重要。首先,在风险提示义务的履行形式上,案涉基金合同针对如下部分进行了提示:(1)认购风险揭示书部分,字体格式进行了加粗,并附有投资人签字;(2)投资人填写了风险承受能力调查问卷;(3)案涉基金合同声明与承诺部分,采用加粗字体告知了相应风险;(4)案涉基金合同包含了风险揭示部分。法院根据以上四点认为,认购风险揭示书在案涉基金合同的第一部分且有单独签名,加之基金合同有单独一节阐释风险揭示,可以认定投资人的签字起到了提示效果。其次,关于风险提示的内容,基金管理人在风险提示的相关文件中多次写明可

能存在的风险及不承诺保本的字样，故法院认定其有详尽的信息披露材料，明示了风险收益特征。最终，法院从风险提示义务的履行形式、风险提示内容两方面进行综合判断，认为卖方机构履行了适当性义务。[参见（2020）京0101民初5626号]

3. 投资人以管理人存在过错导致基金合同目的不能实现为由，主张解除基金合同

投资人常以管理人存在过错导致基金合同目的不能实现为由，向法院主张解除基金合同。但司法实践中，投资人亦因未能举证证明基金公司或基金管理人存在违约行为，故其诉请被驳回。[参见（2020）京0101民初18054号]

而对于法院支持投资人该项主张的情形，例如投资人向基金管理人主张分配私募基金相应收益，但基金管理人未履行约定义务。在该案例中，基金管理人在投资人向其催告要求分配私募基金项下的相应收益之后，迟迟未履行合同约定义务，也未向基金的底层资产的相对人以诉讼形式行使到期债权回购及相应的担保权利，属于怠于履行基金合同的管理人义务。法院认为投资人作为合同守约方，在基金管理人迟延履行义务并致使合同目的不能实现的情形下，其可以依据原《合同法》第94条第4项，解除其与基金管理人之间的基金合同法律关系。[参见（2019）沪74民初2841号]

面对上述情形，私募基金管理人在私募基金管理中应切实履行管理人职责与义务，对于投资人提出的合理询问、利益分配请求等要求，应积极予以回应、妥善处理相关事务，尽可能将有关争议把握在可控范围内，取得投资人的信任与配合。

### 三、合伙型私募基金常见退出方式

目前，合伙型私募基金是私募基金中最为常见的组织形式，其由基金管理人和基金投资人共同出资设立，其中基金管理人担任普通合伙人（GP）承担无限责任，基金投资人作为有限合伙人（LP）以其出资为限承担有限责任，基金管理人和基金投资人通过合伙协议约定投资收益分成方式①，将基金管理人和基金投资人的风险与收益紧紧捆绑在一起，以利于私募基金目的顺利实现。故而合伙型私募基金具有设立门槛低、税收优势等特点，为管理人进行基金的募资、投资、管理等提供了一定便利，但是，合伙型私募基金在退伙等问题上亦面临一定难题。

1. 投资人根据《合伙企业法》或合伙协议中与退伙有关的规定，退出私募基金

当投资人希望根据《合伙企业法》中与退伙有关的法律规定，退出私募基金时，

---

① 参见中华全国律师协会：《中华全国律师协会律师办理保障性住房为主的房地产投融资非诉讼法律业务操作指引》。

投资人往往面临两个难题。第一,由于合伙型私募基金的特殊形式,其受《合伙企业法》和《证券投资基金法》的双重“管理”,在退伙财产纠纷等问题的法律适用上,应该适用《合伙企业法》还是《证券投资基金法》,存在争议。第二,《合伙企业法》对退伙的规定颇为严格,若合伙协议未对退伙条件进行另行约定,实践中仅根据《合伙企业法》的规定退出合伙企业,具有较大难度。

(1)合伙型私募基金有限合伙人退伙财产之争应优先适用《证券投资基金法》

关于合伙型私募基金有限合伙人退伙财产纠纷等问题的法律适用上,有观点认为应优先适用《证券投资基金法》。中国人民大学刘俊海教授在《论合伙型私募基金有限合伙人的退伙财产请求权》一文中表示,合伙型私募基金虽登记为合伙企业,但核心本质是基金产品而非实体企业。此外,刘俊海教授认为,基于我国《立法法》第92条确定的特别规定优先适用、一般规定补充适用的原则,在两部法律均有规定时,优先适用我国《证券投资基金法》;在我国《证券投资基金法》无规定时,可补充适用我国《合伙企业法》的一般规则,充分发挥其作为一般法、通用法的拾遗补阙功能。

(2)若合伙协议未对退伙条件进行约定,仅依据《合伙企业法》退伙具有较大难度

如果合伙协议未对退伙条件进行特殊约定,有限合伙人仅根据《合伙企业法》关于退伙的规定退出合伙企业,具有较大难度。根据《合伙企业法》第45条,在合伙企业存续期间,有下列情形之一的,合伙人可以退伙:①合伙协议约定的退伙事由出现;②经全体合伙人一致同意;③发生合伙人难以继续参加合伙的事由;④其他合伙人严重违反合伙协议约定的义务。

实践中,若合伙协议未对退伙条件进行另行约定,由于投资人与私募基金管理人在处理利益关系等问题上并非处于同一立场,投资人提前退出私募基金势必会给私募基金的运营等造成不利影响,故无论是通过寻求全体合伙人一致同意,还是以发生合伙人难以继续参加合伙的事由等作为退伙条件,都并非易事。

(3)投资人可以根据合伙协议中与退伙有关的约定,退出私募基金

在仅依据《合伙企业法》中与退伙有关的规定退出合伙企业存在难度的情况下,在合伙协议中对退伙条件进行约定,可以作为私募基金管理人与投资人重点关注的方式。建议根据私募基金的运作情况以及各方需要,拟定恰当的退伙条件以便为日后任何一方退出合伙企业提供选择。例如,私募基金管理人可以与投资人约定,若基金累计亏损达到一定比例,投资人有权选择退伙或将其在合伙企业(基金)中的财产份额转让给第三方,以便为投资人的退出提供较为便利的途径。[参

见(2019)鲁0812民初3424号]

值得注意的是,在拟定合伙企业的退出条件时,不仅应注意退出条款需要符合《合伙企业法》等有关法律规定,也要关注是否有来自特殊类型基金的资金,如政府引导基金。在一则案例中,投资入伙的资金系Y省股权投资政府引导基金,是由Y省人民政府出资设立,并按照市场化方式运作的政策性基金,Y省人民政府对政府引导基金制定了实施管理办法,对于政府引导基金的投资使用可以在政府规定引导基金管理办法的限定范围内,由当事人约定进行政府引导基金的使用、投资和退出。故基于政府引导基金的特殊性,退出条件亦需要符合政府规定引导基金的有关管理办法。[参见(2020)云民终1372号]

2. 投资人通过解除合伙协议,退出私募基金

在合伙型私募基金的争议案件中,亦有投资人以基金管理人或私募基金违反合伙协议为由,主张解除合伙协议,以此退出对私募基金的投资。

(1)投资人主张解除合伙协议的事由

司法实践中,投资人可以主张私募基金管理人未按合伙协议约定将投资款投资于约定的特定项目,违反了合伙协议约定,以此主张解除合伙协议。例如,有法院认为管理人未按约定投资项目的行为改变了各投资人的信赖基础和可期待利益,属于对合伙协议的实质性、根本性变更,违反了合伙人在订立合伙协议时的合意。对于管理人的转投行为,法院指出,管理人应当根据《合伙企业法》第19条第2款关于"修改或者补充合伙协议,应当经全体合伙人一致同意"的规定,按合伙协议约定召开合伙人会议或采取有效方式将转投事项向全体合伙人提前披露并取得其一致同意,或者在事后取得各合伙人的一致追认。而该案中,管理人在既未履行《合伙企业法》规定的变更合伙协议的程序、也未满足全体合伙人一致同意之实质要件的情况下,擅自将投资款项转投其他项目,违反了合伙协议订立时签订人意思表示合意,构成根本违约。[参见(2017)粤03民终22174号]

(2)投资人不可以仅以《民法典》解除请求权退出合伙企业

当事人是否可以仅依据《民法典》之合同编解除请求权退出合伙企业,司法实践中具有争议。在最高人民法院的一则案例中,法院认为退伙应适用《合伙企业法》,而非原《合同法》(现为《民法典》合同编)的解除规定,并驳回了当事人要求解除协议、返还投资款的诉讼请求。具体而言,法院认为"《合同法》没有规定其他合伙人不同意解散合伙企业时如何处理,也没有规定合伙企业存续期间的债权债务如何分担,将会产生一系列遗留问题,损害其他合伙人、合伙企业的合法权益。相反,如适用《合伙企业法》,因该法对退伙、解散后合伙企业的存续、合伙财产的清算

等问题作出了详细的规定,可解决退伙或解散后产生的诸多问题。就涉案纠纷,审视两法的规范目的、调整范围和法律后果,《合伙企业法》显然较《合同法》更为细致、周密,是调整合伙企业经营管理活动的特别法,也应当优先适用”。[参见(2018)沪民终558号、(2019)最高法民申5588号]

## 四、公司型私募基金常见退出方式

对于公司型私募基金,无论是股权转让、减资还是清算退出,均应关注该等退出行为需要符合《公司法》等法律法规对股权转让、减资等程序性要求。如果投资人希望通过减资方式退出投资,在私募基金内部及外部程序上均需要严格依照《公司法》有关规定进行,其操作流程实质上与公司减资程序一致。

首先,基金公司的董事会应制定减少注册资本的方案,具体依据《公司法》第46条。其次,基金公司的股东会应作出股东会决议,具体依据《公司法》第37条和第43条,但需要提醒的是,关于定向减资的股东会决议是多数决还是一致决的问题,司法实践中尚有争议。再次,基金公司应编制资产负债表及财产清单、通知债权人并进行报纸公告,具体依据《公司法》第177条,以及值得关注的是基金公司的债权人在有效期限内,有权要求公司清偿债务或者提供相应的担保,基金公司对于债权人的要求应予以积极回应。最后,基金公司应办理公司工商变更登记。

值得注意的是,如果私募基金股东含国有出资,在办理股权转让、减资等程序时,该等手续亦应满足《企业国有资产交易监督管理办法》(国有资产监督管理委员会、财政部令第32号)等法律法规关于国有资产的特殊规定。具体而言,应重点关注是否需要进场交易、是否需要上级主管部门批准等。

## 五、小结

私募基金具有多样的退出方式,不同方式亦各面临不同的司法实践争议或者较为复杂的程序,投资人希望顺利退出私募基金的投资并非易事,而私募基金管理人同样需要采取合理方式以应对投资人的退出。对此,建议私募基金及私募基金管理人、投资人在募集阶段就加强对私募基金退出方式约定的重视,在签订基金合同或合伙协议时,就退出方式进行恰当的约定,尽可能降低退出私募基金给各方带来的不利。

# 私募股权投资基金的项目退出

## ——以“对赌协议”的实践运用分析为视角

赖挺进[*]　黄钊洋[**]

### 一、我国私募基金近十年的发展情况

1. 2012 年至 2021 年,我国私募基金资金募集情况如图 1 所示:

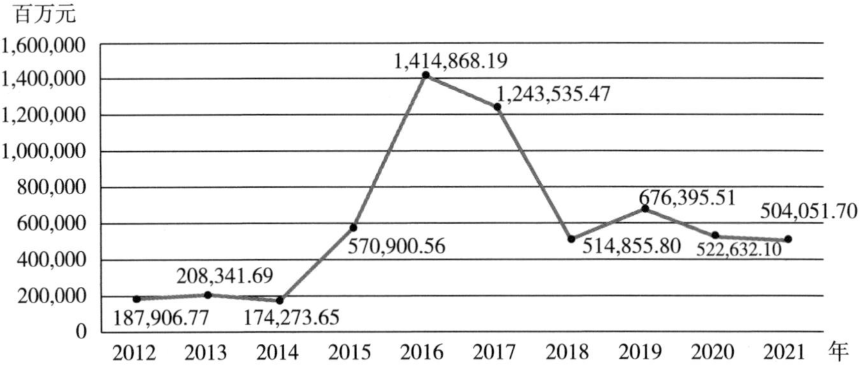


**图 1　2012 年至 2021 年我国私募基金募集情况**

资料来源:私募通。

2008 年金融危机过后,在 2012 年至 2016 年,私募基金募集金额总体呈增长趋势,尤其在 2016 年达国内募资顶峰。但是,2016 年起开始出现逐年下滑现象,且 2017 年至 2018 年募资情况下滑幅度较大,相关资管新规的出台以及国内首次公开募股(IPO)审核政策的日渐趋严是私募基金募集总金额下降的主要原因。[①]

---

* 德和衡合伙人,擅长私募基金、公司投融资与并购、城市更新与房地产开发等业务领域。
** 德和衡执业律师,擅长私募基金、破产清算、民商事诉讼。

① 参见朱赛月:《Q 公司私募股权投资案例研究》,南华大学 2020 年硕士学位论文,第 15—18 页。

2. 2012 年至 2021 年，我国私募基金投资情况如图 2 所示：

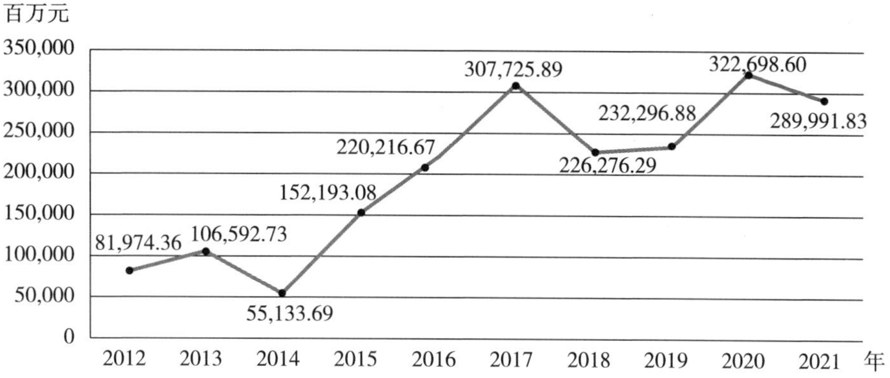


**图 2 2012 年至 2021 年我国私募基金投资情况**

资料来源：私募通。

2012 年至 2014 年因主板的低迷状态，国内私募基金投资情况并不理想。随着 2014 年国内 IPO 趋势的逐渐升温，私募基金的投资总量也与募集总金额于 2015 年一同呈爆发式增长趋势。但在 2018 年至 2019 年，私募基金投资金额总量有所下滑，直至 2020 年投资情况才有所恢复。

3. 2012 年至 2021 年，我国私募基金退出情况如图 3 所示：

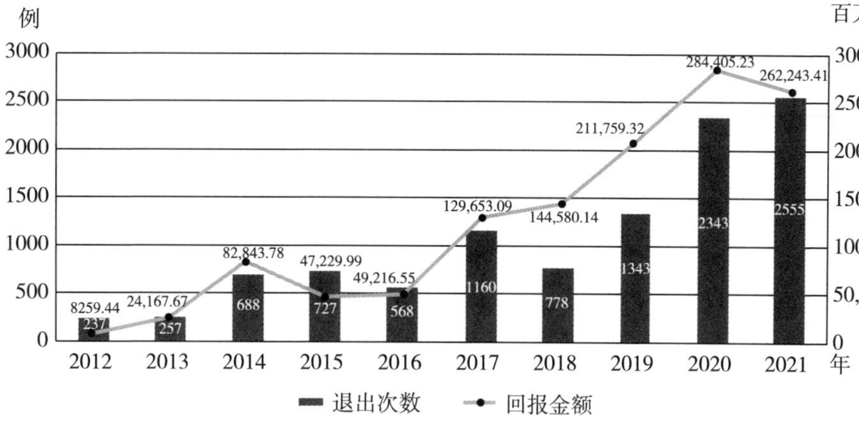


**图 3 2012 年至 2021 年我国私募基金退出情况**

资料来源：私募通。

随着科创板于 2018 年 11 月的宣布设立、2019 年 6 月的正式开板，我国私募基金的退出渠道得到了较大改善，2019 年至 2020 年，私募基金的退出次数呈大幅增长趋势。截至2021年,国内私募基金退出案例数量总体仍呈继续增长趋势。

4.2012年至2021年,我国私募基金退出方式如图4所示:

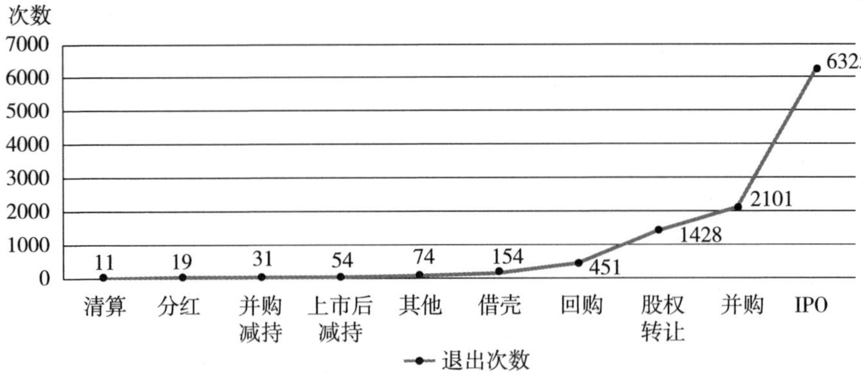


**图4　2012年至2021年我国私募基金退出方式**

资料来源:私募通。

2012年至2021年,上市转让退出(IPO退出)是我国私募基金选择退出的主要方式,上市转让退出达6325例,占总退出次数的59.74%,其次是并购退出,占总退出次数的19.85%,股权转让退出,占总退出次数的13.49%。

5.上述数据显示,目前我国私募基金仍承受较大融资压力,私募基金的退出回报金额总体仍小于私募基金投资金额,未来私募基金的退出将面临较大阻力,私募基金项目退出的艰难,未来必将引起多类法律纠纷。

## 二、私募基金项目的退出

私募基金的项目退出是私募基金有效实现投资收益、控制投资风险、实现资金再投资的核心流程,正确的退出决策能够帮助私募基金获得高额资金回报并有效维持基金的继续发展。随着近十年资本市场的飞速发展,我国私募基金在退出渠道上已呈现多样选择,笔者对我国私募基金退出的总体情况进行梳理后,结合资本市场的发展状况,对私募基金的退出方式归纳为如下三类:上市转让退出(IPO退出)、协议转让退出以及清算退出。

1.上市转让退出(IPO退出)

上市转让退出是指目标公司在成功上市后,私募基金根据投资协议的约定,将持有的目标公司股权在满足一定条件后(如限售股转流通股)进行出售,进而实现投资收益的一种退出方式。对于私募基金而言,上市转让退出的收益相较于其他退出方式而言是最高的,上市转让退出的成功也能为基金带来良好的业界声誉,而对于目标公司而言，通过上市能进一步提高目标公司的自身价值，大幅提高目标公司融资方面的补给，因此该退出方式在选择上倍受投融资双方青睐。但是该退出方式同时也存在一定限制，例如，近年来国内资管文件、法律法规的相继推出，上市转让退出的门槛已逐渐提高，目标公司实现上市难度较大。又如，上市转让需要支付给承销商、市场服务机构较高的服务费用，转让成本较高。再如，目标公司上市后由于限售期内股价可能受经济环境的影响，限售期届满再进行转让可能降低基金的退出回报。

2. 协议转让退出

协议转让退出是指交易双方就股权交易价格达成一致，由私募基金将其持有的目标公司股权向第三方进行出售或由目标公司、目标公司的股东以及目标公司的管理人员进行回购以实现投资收益的一种退出方式，该退出方式通常发生在目标公司无法上市的情形中。

其中向第三方进行出售，通常包含挂牌转让、私下协议转让、目标公司被兼并以及目标公司被收购等情形。而回购则通常发生在投融资双方进行对赌的情形中，如目标公司未能达到对赌协议的业绩要求或行为要求时，私募基金进而要求目标公司、目标公司股东或管理人员按照对赌协议的约定进行回购。相较于上市转让退出而言，协议转让退出一般耗时稍短，只需交易双方就交易价格达成意思自治或投资协议（对赌协议）有明确约定即可，通常无须聘请专业市场服务机构进行协助，因此退出成本相对较低，可实现快速退出。但也存在一定劣势，例如，向第三方进行出售时，因交易信息的不对称，股权价值可能被低估，交易价格可能不公允。又如，投融资双方对赌失败，触发回购情形时，因与对赌协议相关的法律法规在国内尚未完善，可能存在回购受阻，无法收回资金的可能。

3. 清算退出

清算退出实际上是一种强制退出的方式，当目标公司发生经营困难，存在解散、破产等情形时，私募基金无法通过上市转让、协议转让等方式进行退出，迫不得已而采取的一种退出方式。清算退出能够及时防止私募基金投资损失的扩大化，有助于私募基金及时进行止损。但是，当目标公司面临解散、破产等情形时，意味着目标公司早已经营困难、资不抵债，而根据笔者此前办理的破产管理人案件，即使最后目标公司能够顺利完成清算，因目标公司的债务清偿率往往较低或根本无法清偿，基金投资金额很大可能已无法收回。另外，清算、破产等过程涉及法律程序较为复杂且周期较长，需要花费大量的时间、金钱成本。

## 三、对赌协议

自2004年蒙牛乳业与摩根士丹利等三家私募机构对赌成功，对赌协议在国内资本市场被得到广泛应用，现如今已成为私募基金投资合同的重要组成部分。

1. 对赌协议的概念

实践中俗称的“对赌协议”，又称估值调整协议，是指投资方与融资方在达成股权性融资协议时，为解决交易双方对融资方未来发展的不确定性、信息不对称而设计的包含了股权回购、金钱补偿等对未来融资方的估值进行调整的协议。[①] 实践中，投融资双方往往会在对赌协议中对某些指标进行约定，如目标公司净利润、收入等业绩指标，目标公司在规定期限内完成上市等行为指标，如融资方达到前述指标，投资方将对融资方进行追加投资或给予融资方其他有利条件，如融资方未能达到前述指标，融资方或其他人员需要进行股权回购、现金补偿等。[②]

私募股权投资市场作为新兴资本市场，具有不完全竞争性，作为投资方的私募基金，在选择目标公司进行投资时，因市场信息的不对称，仅能对目标公司的未来前景形成一定预期，而作为融资方的目标公司，对自身经营情况却已有深刻认识，因此在投融资过程中，目标公司通常拥有绝对的信息优势以及资源优势，这种信息以及资源的不对称，将使私募基金进行投资时，无法准确对目标公司进行价值评估，无法准确确定投资额度，而对赌协议的引进，便能有效解决投融资双方的信息及资源的不对称差异。本质上，对赌协议是一种平衡投资方与融资方的利益及风险的调整机制，能够通过投融资双方的意思自治，调整投融资双方的估值差异，解决融资方的资金融通、降低投资方的投资风险。

2. 对赌协议的订立主体

对赌协议主要发生在投资方、目标公司以及目标公司股东或实际控制人之间，根据订立主体的不同，对赌协议主要分为以下三类主体间的对赌：第一，投资方与目标公司间进行对赌；第二，投资方与目标公司的股东或者实际控制人间进行对赌；第三，投资方与目标公司以及目标公司的股东或者实际控制人间同时进行对赌。[③]

---

① 参见《全国法院民商事审判工作会议纪要》（以下简称《九民纪要》）。

② 参见陈胜男：《对赌协议在企业私募股权融资中的实践分析》，西南财经大学2016年硕士学位论文，第1页。

③ 参见《九民纪要》。

3. 对赌协议的分类

综合国内裁判文书、优秀学者的学术文章以及笔者实务参与情况，对赌协议在实务中主要分为股权调整型、股权稀释型、控制权转移型、现金补偿型、股权回购型、股权激励型、股权优先型、综合型对赌协议等。[①] 因本文篇幅所限，在后文中笔者主要以股权回购型对赌协议、现金补偿型对赌协议作为本文的研究重点。

股权回购型对赌协议，指目标公司未能达成业绩条件、行为条件等对赌条件时，由目标公司、目标公司股东或目标公司实际管理人员对投资方所持有的目标公司股权以对赌协议约定的价格进行回购的协议。

现金补偿型对赌协议，指目标公司未能达成业绩条件、行为条件等对赌条件时，由目标公司、目标公司股东或目标公司实际管理人员对投资方以对赌协议约定数量的货币进行补偿的协议。

4. 对赌协议的效力

对赌协议的效力问题，曾在学术界引起较大争议，司法实践中已历经从最初的认定无效到如今认定有效的变化。2019 年 11 月 8 日《九民纪要》的出台，首次明确对赌协议的效力，同时也对国内法院的裁判思路作出如下指引。

（1）对于投资方与目标公司的股东或实际控制人进行对赌的情形

《九民纪要》释明：对于投资方与目标公司的股东或者实际控制人订立的“对赌协议”，如无其他无效事由，认定有效并支持实际履行。

（2）对于投资方与目标公司进行对赌、投资方与目标公司以及目标公司的股东或实际控制人同时进行对赌的情形

《九民纪要》第 5 条第 1 款释明：投资方与目标公司订立的“对赌协议”在不存在法定无效事由的情况下，目标公司仅以存在股权回购或者金钱补偿约定为由，主张“对赌协议”无效的，人民法院不予支持，但投资方主张实际履行的，人民法院应当审查是否符合《公司法》关于“股东不得抽逃出资”及股份回购的强制性规定，判决是否支持其诉讼请求。

《九民纪要》第 5 条第 2 款释明：投资方请求目标公司回购股权的，人民法院应当依据《公司法》第 35 条关于“股东不得抽逃出资”或者第 142 条关于股份回购的强制性规定进行审查。经审查，目标公司未完成减资程序的，人民法院应当驳回其诉讼请求。

《九民纪要》第 5 条第 3 款释明：投资方请求目标公司承担金钱补偿义务的，人

① 参见陈庭鹭：《论私募股权投资中的对赌协议》，华东政法大学 2013 年硕士学位论文，第 5 页。

民法院应当依据《公司法》第 35 条关于“股东不得抽逃出资”和第 166 条关于利润分配的强制性规定进行审查。经审查，目标公司没有利润或者虽有利润但不足以补偿投资方的，人民法院应当驳回或者部分支持其诉讼请求。今后目标公司有利润时，投资方还可以依据该事实另行提起诉讼。

对于《九民纪要》的上述条文进行文义解释，可以理解并归纳为如下三点：

①无论订立主体如何，对赌协议在不存在法定无效事由的情形下，应当认定有效。

②对于投资方与目标公司的股东或实际控制人员进行对赌的情形，支持对赌协议关于股权回购或金钱补偿的履行。

③对于涉及与目标公司进行对赌的情形，在符合“股东不得抽逃出资”的情形下：目标公司完成减资程序是投资方诉请目标公司回购股权的前提，如目标公司未能完成减资程序的，回购诉请将不被支持。目标公司存有利润，且该利润能够足额补偿投资方为投资方诉请支付金钱补偿的前提，如目标公司没有利润或利润不足以补偿投资方的，金钱补偿诉请将不被支持，但今后如目标公司有利润时，投资方还可以依据该事实重新提起诉讼。

可以看出，《九民纪要》对对赌协议多年来的效力之争已提供明确裁判指引，一定程度上充分体现了司法尊重商事主体活动的意思自治。

## 四、实际操作存在的困难

如前文所述，在认定对赌协议效力的问题上，司法实践已无争议，现如今对赌协议的裁判核心重点已从效力问题转到对赌协议履行的可能性上。而值得注意的是，《九民纪要》并未对诸如无法减资、无盈余利润等情形投资方如何进行权利救济等问题进行实质回应。

《九民纪要》规定，诉请目标公司进行股权回购的前提是完成减资程序。诉请目标公司进行金钱补偿的前提是目标公司存有利润且利润足以补偿投资方。而实践中，投资方往往以溢价方式认购目标公司股权，为了平衡投融资双方估值差异、控制投资方投资风险，投资方才与目标公司签订对赌协议进行对赌，但当对赌失败时，往往意味着目标公司经营情况已恶化、已经无法完成对赌协议中所约定的业绩要求或上市承诺，此时如要求目标公司对投资方进行金钱补偿已根本无法实现。而要求目标公司对投资方持有的目标股权进行回购，依照《九民纪要》的规定，必然需要进行股东决议，而当目标公司经营恶化，股东很大可能不会出席股东会议或达成有效减资决议。即使通过了减资决议，因减资后需将减资事宜向债权人进行通知，债权人很可能要求目标公司提前清偿债务或提供担保，如目标公司未能对债权人进行前述保证，必然也将引起目标公司承受更多系列诉讼。因此在与目标公司进行对赌时，当对赌失败，投资方诉请目标公司履行对赌安排面临极大困难，《九民纪要》的规定一定程度上也否定了前述对赌失败情形的履行可行性。

## 五、对赌协议中目标公司提供担保的效力认定

鉴于当投融资双方对赌失败时，要求目标公司履行减资程序或期待目标公司仍有盈余等情形已如煎水作冰，因此逐渐出现在对赌协议中趋向于与目标公司的股东或管理人员进行对赌，同时要求目标公司提供担保的商业安排，以此来保障投资方收回资金的可能。而事实上，在对赌协议中，无论是对赌条款还是担保条款，本质上都是通过提升对赌相对方履行能力而产生的一种保证机制，加之《九民纪要》也未对担保情形进行释明，因此二者在性质上可能难以进行区分，如目标公司提供担保被认定为对赌，诉请其履行担保义务将因被认定为对赌而面临较大履行障碍。[①] 在实践中，不同法院在担保情形的效力认定上也存在较大差异。

## 六、对赌协议效力的实证分析

鉴于投资方与目标公司股东或实际管理人员对赌，要求履行对赌安排的情形在司法实践中并无过多争议，因此本文仅就投资方与目标公司对赌以及在对赌中提供担保的情形专门深入探讨。因本文篇幅所限，经笔者检索并筛选后，本文仅展示少部分生效裁判文书（均为公报案例、典型案例、优秀判例）就前述情形进行实证分析。

**案例一：投资方与目标公司以及目标公司的股东同时进行对赌——海富投资案（2012 年，最高人民法院再审）**[②]

该案审结时《九民纪要》尚未出台，作为国内对赌裁判第一案，最高人民法院以与目标公司的对赌约定将损害公司以及债权人利益为由认定“与目标公司对赌无效，与目标公司的股东对赌有效”的裁判思路为后续全国各地法院提供了开拓性指引，体现司法平等保护投资方的合法权益，对鼓励投资方向目标公司进行投资具有重要意义。

2007 年，甘肃众星锌业有限公司（甘肃世恒有色资源再利用有限公司曾用名，

---

① 参见唐玉蕾：《对赌协议法律效力问题研究——兼对〈九民纪要〉第 5 条的解读》，上海师范大学 2021 年硕士学位论文，第 46—47 页。

② 最高人民法院民事判决书，(2012)民提字第 11 号。

为便于理解，下文统称众星公司）、苏州工业园区海富投资有限公司（以下简称海富公司）、香港迪亚有限公司（以下简称迪亚公司）以及陆某共同签订《甘肃众星锌业有限公司增资协议书》（以下简称《增资协议书》）。其中《增资协议书》约定：(1)海富公司以2000万元对众星公司进行增资，增资后海富公司占众星公司增资后注册资本的3.85%，迪亚公司占96.15%。(2)众星公司2008年净利润不低于3000万元，如果众星公司2008年实际净利润未达3000万元，海富公司有权要求众星公司予以金钱补偿，如果众星公司未能履行金钱补偿义务，海富公司有权要求迪亚公司履行金钱补偿义务。(3)如果至2010年10月20日，由于众星公司的原因造成无法完成上市，则海富公司有权要求迪亚公司以约定价格回购其持有的众星公司全部股权。

2007年11月1日，海富公司、迪亚公司签订《中外合资经营甘肃众星锌业有限公司合同》（以下简称《合资经营合同》）。其中《合资经营合同》约定：如果至2010年10月20日，由于众星公司自身的原因造成无法完成上市，则海富公司有权要求迪亚公司以约定价格回购其持有的众星公司的全部股权。

因众星公司2008年实际净利润未达3000万元，2009年海富公司诉至法院请求判令众星公司、迪亚公司和陆某向其支付协议约定金钱补偿款（当事人关系如图5所示）。

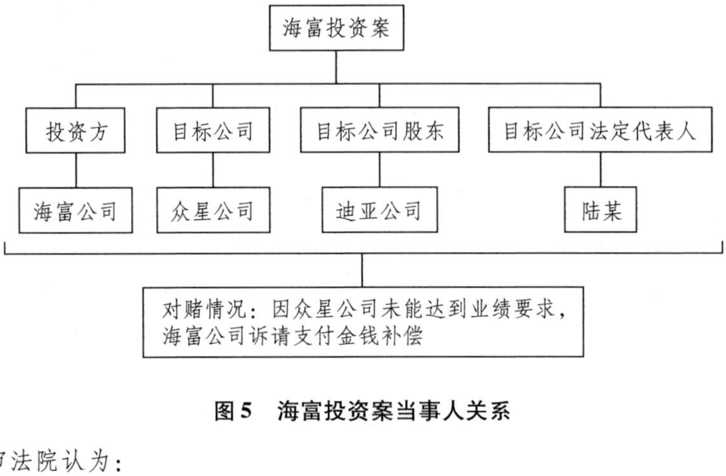


**图5　海富投资案当事人关系**

一审法院认为：

1. 对于海富公司要求众星公司进行金钱补偿的诉求：

《增资协议书》中关于众星公司2008年实际净利润完不成3000万元，海富公司有权要求众星公司补偿的约定，不符合2001年修正的《中外合资经营企业法》（已失效）第8条关于企业利润根据合营各方注册资本的比例进行分配的规定，同时，

《增资协议书》中该条约定与众星公司公司章程的有关条款不一致，也损害公司利益及公司债权人的利益，因此该条约定因违反了法律、行政法规的强制性规定而无效，故对海富公司依据该条款要求众星公司承担金钱补偿的诉请，不予支持。

2. 对于海富公司要求迪亚公司进行金钱补偿的诉求：

《增资协议书》第 7 条第 2 项（约定海富公司有权要求迪亚公司进行金钱补偿）内容与《合资经营合同》中相关约定内容（约定海富公司有权要求迪亚公司进行股权回购）不一致，依据 2011 年修订的《中外合资经营企业法实施条例》（已失效）第 10 条第 2 款的规定，应以《合资经营合同》内容为准，故海富公司要求迪亚公司承担金钱补偿责任的依据不足，不予支持。

3. 对于海富公司要求陆某进行金钱补偿的诉求：

《增资协议书》第 7 条第 2 项内容中，并没有关于由陆某个人承担金钱补偿义务的约定，故海富公司要求陆某个人承担金钱补偿责任的诉请无合同及法律依据，不予支持。

二审法院认为：

四方当事人就众星公司 2008 年实际净利润完不成 3000 万元，海富公司有权要求众星公司及迪亚公司以一定方式予以补偿的约定，违反了投资领域风险共担的原则，使海富公司作为投资者不论众星公司经营业绩如何，均能取得约定收益而不承担任何风险。

参照最高人民法院《关于审理联营合同纠纷案件若干问题的解答》（已失效）第 4 条第 2 项关于"企业法人、事业法人作为联营一方向联营体投资，但不参加共同经营，也不承担联营的风险责任，不论盈亏均按期收回本息，或者按期收取固定利润的，是明为联营，实为借贷，违反了有关金融法规，应当确认合同无效"的规定，《增资协议书》第 7 条第 2 项部分约定内容，因违反原《合同法》第 52 条第 5 项之规定应认定无效。海富公司除已计入众星公司注册资本的 114.771 万元外，其余 1885.2283 万元资金性质应属名为投资，实为借贷。虽然众星公司与迪亚公司的补偿承诺亦归于无效，但海富公司基于对其承诺的合理依赖而缔约，故众星公司、迪亚公司对无效的法律后果应负主要过错责任。根据原《合同法》第 58 条之规定，众星公司与迪亚公司应共同返还海富公司 1885.2283 万元及占用期间的利息，因海富公司对于无效的法律后果亦有一定过错，如按同期银行贷款利率支付利息不能体现其应承担的过错责任，故众星公司与迪亚公司应按同期银行定期存款利率计付利息。

因陆某个人并未就《增资协议书》第 7 条第 2 项所涉补偿问题向海富公司作出过承诺。故海富公司要求陆某承担补偿责任的诉请无事实及法律依据，依法不予支持。

再审法院认为：

1. 2009 年 12 月，海富公司向一审法院提起诉讼时的诉讼请求是请求判令众星公司、迪亚公司、陆某向其支付协议补偿款并没有请求返还投资款。因此二审判决判令众星公司、迪亚公司共同返还投资款及利息超出了海富公司的诉讼请求。

2. 众星公司、海富公司、迪亚公司、陆某在《增资协议书》中约定，如果众星公司实际净利润低于 3000 万元，则海富公司有权从众星公司处获得补偿。这一约定使海富公司的投资可以取得相对固定的收益，该收益脱离了众星公司的经营业绩，损害了公司利益和公司债权人利益，一审法院、二审法院认定《增资协议书》中的这部分条款无效是正确的。

3. 二审法院认定海富公司的投资款名为联营，实为借贷，并判决众星公司和迪亚公司向海富公司返还该笔投资款，没有法律依据。

4.《增资协议书》中并无由陆某对海富公司进行补偿的约定，海富公司请求陆某进行补偿，没有合同依据。

5.《增资协议书》中，迪亚公司对于海富公司的补偿承诺并不损害公司及公司债权人的利益，不违反法律法规的禁止性规定，是当事人的真实意思表示，是有效的。在众星公司 2008 年的利润未达到约定目标的情况下，迪亚公司应当依约应海富公司的请求对其进行补偿。

**案例二：投资方与目标公司进行对赌，目标公司的股东提供担保——银海通投资案（2020 年，最高人民法院再审）**①

该案审结时《九民纪要》已出台，最高人民法院基于《九民纪要》的相关释明，认定与目标公司签订的对赌协议合法有效，因目标公司未能完成减资程序，因此投资方诉请目标公司履行回购义务不被支持。同时，基于担保合同义务的从属性，因目标公司未能完成减资程序，因此认定目标公司的股东担保义务尚未成就，不予支持投资方要求该股东承担担保义务的诉请。

2011 年 8 月 11 日，北京银海通投资中心（有限合伙）（以下简称银海通合伙）作为投资方与目标公司新疆西龙土工新材料股份有限公司（以下简称新疆西龙公司）签订《增资扩股协议》，同日，银海通合伙、新疆西龙公司及奎屯西龙无纺土工制品有限公司（以下简称奎屯西龙公司）签订《补充协议》，约定：(1) 如果截至 2012 年 9 月 30 日新疆西龙公司仍未实现在国内证券交易所公开发行股票并上市，则银海通

---

① 最高人民法院民事裁定书，(2020) 最高法民申 2957 号。

合伙有权要求新疆西龙公司以约定的价格回购其持有的股份。(2)如新疆西龙公司不能履行上述回购义务,则奎屯西龙公司同意按照上述条款的约定收购银海通合伙持有的股份,以保障银海通合伙的投资退出。

2011 年 8 月 16 日,银海通合伙将投资款900 万元支付给新疆西龙公司,但新疆西龙公司至本案诉讼时并未公开发行股票并上市(当事人关系如图6 所示)。

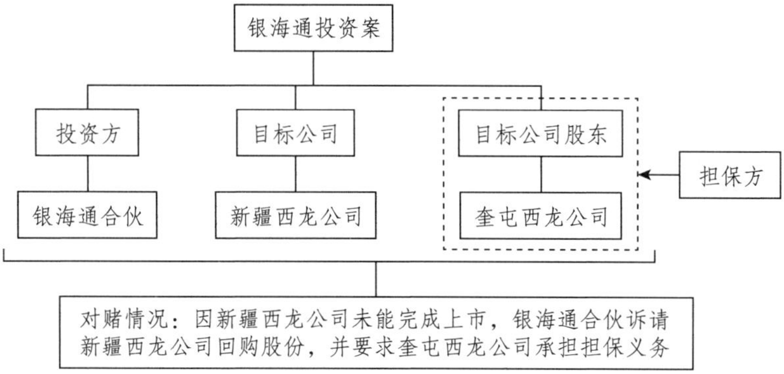


**图6　银海通投资案当事人关系**

再审法院认为:

首先,新疆西龙公司与银海通合伙签订的《增资扩股协议》,与奎屯西龙公司、银海通合伙三方共同签订的具有股权回购、担保内容的《补充协议》,均系各方当事人的真实意思表示,不违反法律、行政法规的强制性规定,不存在原《合同法》第 52 条所规定的合同无效的情形,应属合法有效。

其次,投资方银海通合伙与目标公司新疆西龙公司的对赌失败,请求新疆西龙公司回购股份,不得违反"股东抽逃出资"的强制性规定。新疆西龙公司为股份有限公司,其回购股份属减少公司注册资本的情形,须经股东大会决议,并依据《公司法》第 177 条的规定完成减资程序。现新疆西龙公司未完成前述程序,故原判决驳回银海通合伙的诉讼请求并无不当,银海通合伙的再审申请理由不成立,法院不予支持。

最后,银海通合伙针对奎屯西龙公司的诉讼请求为"在新疆西龙公司不能履行回购义务时向银海通投资中心支付股权回购价款 13,275,000 元",其诉求的该义务属于担保合同义务,而担保合同义务具有从属性,即履行担保合同义务的前提条件是主合同义务履行条件已成就。现新疆西龙公司的减资程序尚未完成,股份回购的主合同义务尚未成就,故奎屯西龙公司的担保义务未成就,银海通合伙要求判令奎屯西龙公司承担责任的再审申请理由不成立。

**案例三:投资方与目标公司的股东进行对赌,目标公司提供担保——瀚霖投资案(2018年,最高人民法院再审)**[①]

该案审结时《九民纪要》未出台,最高人民法院认定与目标公司的股东签订的对赌协议合法有效。因投资方已对目标公司提供担保经过股东会决议尽到审慎注意和形式审查义务且投资方投资全部用于目标公司经营发展,目标公司全体股东因而受益,因此认定目标公司应当承担担保义务并对二审判决予以改判。值得注意的是,该案二审时,二审法院便基于海富投资案(本文案例一)的裁判思路,未对目标公司是提供担保还是对赌的情形进行区分,间接将目标公司提供担保的情形认定为与目标公司进行对赌,不予支持目标公司承担担保义务。

2011年4月26日,山东瀚霖生物技术有限公司(以下简称瀚霖公司)作为甲方,强某延作为乙方,曹某波作为丙方,三方共同签订了《增资协议书》及《补充协议书》。其中《增资协议书》约定:(1)强某延向瀚霖公司增资3000万元,增资后强某延持有瀚霖公司0.86%的股权。《补充协议书》约定:曹某波承诺争取目标公司于2013年6月30日前在国内主板或创业板证券交易所上市(以下简称合格IPO);如果目标公司未能在2013年6月30日前完成合格IPO,强某延有权要求曹某波以约定价格购回强某延所持的目标公司股权。(2)瀚霖公司为曹某波的回购提供连带责任担保。

上述协议签订后,因瀚霖公司未能完成对赌要求,2012年5月31日,强某延与曹某波签订了《股权转让协议》,约定:曹某波按《补充协议书》约定的价格计算方式回购。《股权转让协议》签订后,曹某波未履行支付义务。后强某延向法院提起诉讼。(当事人关系如图7所示)

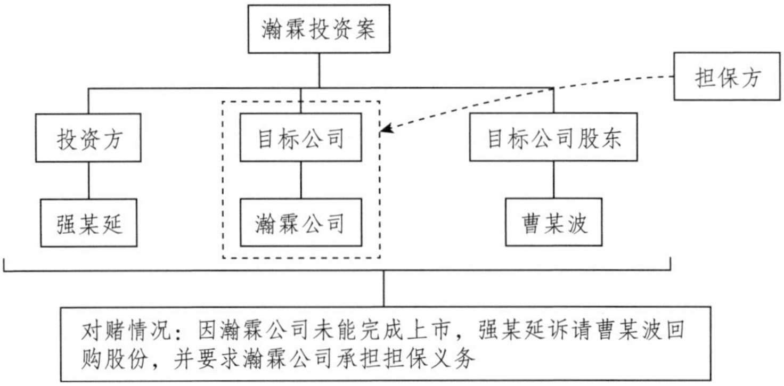


**图7 瀚霖投资案当事人关系**

---

① 最高人民法院民事判决书,(2016)最高法民再128号。

二审法院认为：

强某延、曹某波关于股权回购的约定是其真实意思表示，亦不违反法律、行政法规的禁止性规定，属合法有效。对于瀚霖公司提供担保行为的效力问题，瀚霖公司为曹某波回购强某延股权的股权转让款支付提供担保，其实质是不管瀚霖公司经营业绩如何，股东强某延均可以从瀚霖公司获取收益。该约定使股东获益脱离了公司的经营业绩，背离了公司法法理精神，最终使股东强某延规避了交易风险，将瀚霖公司可能存在的经营不善及业绩不佳的风险转嫁给瀚霖公司及其债权人，严重损害了瀚霖公司其他股东和债权人的合法利益。应当认定《增资协议书》《补充协议书》约定的瀚霖公司为曹某波回购强某延股权产生的责任承担担保责任无效。

再审法院认为：

案涉《补充协议书》所约定担保条款合法有效，瀚霖公司应当依法承担担保责任，理由如下：第一，强某延已对瀚霖公司提供担保经过股东会决议尽到审慎注意和形式审查义务。曹某波已取得瀚霖公司授权代公司对外签订担保条款，且瀚霖公司在本案审理中亦没有提交其他相反证据证明该公司未对担保事项通过股东会决议，故应当认定强某延对担保事项经过股东会决议已尽到审慎注意和形式审查义务，因而案涉《补充协议书》所约定担保条款对瀚霖公司已发生法律效力。第二，强某延投资全部用于公司经营发展，瀚霖公司全体股东因而受益，故应当承担担保责任。《公司法》(2013 年修正)第 16 条之立法目的，系防止公司大股东滥用控制地位，出于个人需要、为其个人债务而由公司提供担保，从而损害公司及公司中小股东权益。本案中，案涉担保条款虽系曹某波代表瀚霖公司与强某延签订，但是 3000 万元款项并未供曹某波个人投资或消费使用，亦并非完全出于曹某波个人需要，而是全部投入瀚霖公司资金账户，供瀚霖公司经营发展使用，有利于瀚霖公司提升持续盈利能力。这不仅符合公司新股东强某延的个人利益，也符合公司全体股东的利益，瀚霖公司本身是最终的受益者。即使确如瀚霖公司所述并未对担保事项进行股东会决议，但是该担保行为有利于瀚霖公司的自身经营发展需要，并未损害公司及公司中小股东权益，不违反《公司法》(2013 年修正)第 16 条之立法目的。因此，认定瀚霖公司承担担保责任。

**案例四：投资方与目标公司的股东进行对赌，目标公司提供担保——粤之商投资案(2020 年，广东省东莞市中级人民法院)**①

该案审结时《九民纪要》已出台，广东省东莞市中级人民法院基于《九民纪要》

---

① 广东省东莞市中级人民法院民事判决书，(2019)粤 19 民终 14952 号。

的相关释明，认定与目标公司的股东签订的对赌协议合法有效，因投资方对目标公司提供担保未能尽到基本的形式审查义务，因此关于目标公司承担担保义务的约定应为无效条款。但根据最高人民法院《关于适用〈中华人民共和国担保法〉若干问题的解释》（已失效）第7条的规定（现该条款已转为最高人民法院《关于适用〈中华人民共和国民法典〉有关担保制度的解释》第17条第1款），因目标公司对担保条款无效存有过错，因此目标公司需在目标公司股东不能清偿部分的1/2范围内承担连带责任，该案的裁判思路近年来受各地法院多次沿用，其他类似优秀案例在本文中不再赘述。

2012年2月23日，深圳粤之商投资合伙企业（有限合伙）（以下简称粤之商合伙）、吴某海和东莞市凯昶德电子科技股份有限公司（以下简称凯昶德公司）签订《股权转让协议》，约定吴某海将其所持有的凯昶德公司200万股作价2000万元转让给粤之商合伙，该部分股权仍由吴某海代持，直至凯昶德公司公开发行、上市并将上述股份变现完毕之日止。《股权转让协议》约定：(1)凯昶德公司2012年净利润不低于5000万元，2013年净利润不低于7000万元。如2014年12月31日之前，凯昶德公司未能在中国境内实现IPO上市，或凯昶德公司净利润低于上述约定，则粤之商合伙有权要求吴某海以约定的价格回购其持有的凯昶德公司的全部或部分股份。(2)凯昶德公司作为担保方，为吴某海在本协议中的权利义务承担连带保证责任。

因凯昶德公司2012年、2013年的净利润未达到《股权转让协议》中的约定，2019年3月14日，粤之商合伙提起本案诉讼，要求吴某海支付股权回购款并要求凯昶德公司承担连带责任（本案当事人关系如图8所示）。

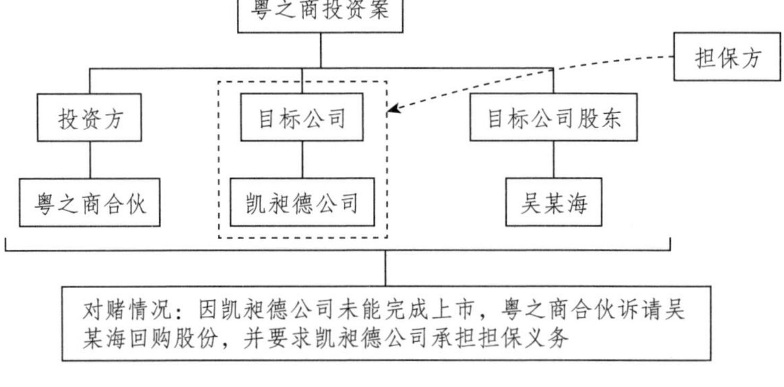


**图8　粤之商投资案当事人关系**

一审法院认为：

1. 粤之商合伙与吴某海直接签订的《股权转让协议》合法有效，粤之商合伙要求吴某海回购股权合法有据,应予支持。

2. 凯袘德公司的担保责任问题。《公司法》第16条规定:“公司为公司股东或者实际控制人提供担保的,必须经股东会或者股东大会决议。前款规定的股东或者受前款规定的实际控制人支配的股东,不得参加前款规定事项的表决。该项表决由出席会议的其他股东所持表决权的过半数通过。”吴某海是凯袘德公司的股东,凯袘德公司为吴某海提供担保,应经凯袘德公司除吴某海以外的半数股东表决通过。《股权转让协议》中,凯袘德公司虽然作为担保方加盖了公章,但按公司担保的法定程序,粤之商合伙仍应负有基本的形式审查义务,即审查凯袘德公司是否有关于本次担保的股东会决议。但事实上,粤之商合伙无证据证明凯袘德公司对本次担保有作出股东会决议,在粤之商合伙未尽到应有的审慎义务的情况下,《股权转让协议》中担保条款的约定,不对凯袘德公司发生效力,凯袘德公司无须对吴某海的债务承担保证责任。

二审法院认为:

依照《公司法》第16条第2款的规定:“公司为公司股东或者实际控制人提供担保的,必须经股东会或者股东大会决议。”凯袘德公司未向粤之商合伙提供相关的股东会决议,亦未得到股东会决议追认,而粤之商合伙对此未能尽到基本的形式审查义务,不属于善意相对人,因此关于凯袘德公司为吴某海的股权回购义务承担连带保证责任的约定应为无效条款。粤之商合伙请求凯袘德公司承担担保责任,于法无据,本院不予支持。前述担保条款虽为无效,但法定代表人作为公司机关,其意志代表公司意志,凯袘德公司法定代表人吴某海越权在《股权转让协议》上签字并加盖公章,凯袘德公司对担保条款无效存在过错。依照最高人民法院《关于适用〈中华人民共和国担保法〉若干问题的解释》第7条“主合同有效而担保合同无效,债权人无过错的,担保人与债务人对主合同债权人的经济损失,承担连带赔偿责任;债权人、担保人有过错的,担保人承担民事责任的部分,不应超过债务人不能清偿部分的二分之一”的规定,凯袘德公司应在吴某海所负因《股权转让协议》产生的债务的不能清偿部分的1/2范围内承担连带赔偿责任。粤之商合伙对此上诉有理,本院予以支持。

## 七、私募基金进行投资选择时,如何有效进行对赌

为有效促进基金回报、维持基金市场声誉,综合本文关于对赌协议效力及其履行相关问题的研究,私募基金在进行投资选择并签订对赌协议时,应当尽到如下审慎义务:

1. 对目标公司进行充分尽职调查。

因市场信息的不对称，私募基金在对目标公司进行选择时，应当对目标公司进行充分尽职调查，应对目标公司的经营状况、发展前景作出充分了解，形成可靠预期，并合理进行估值，计算拟投金额。

2. 尽量选择目标公司股东或实际控制人作为对赌相对方。

在对赌失败的情况下，如对赌相对方为目标公司，因实践上对赌失败时能够履行减资程序或仍有盈余利润的目标公司少之又少，诉请目标公司回购股权或进行金钱补偿已困难重重。因此建议选择目标公司股东或实际控制人作为对赌相对方。如果确需与目标公司进行对赌，建议在对赌协议中，对减资程序、利润分配程序等进行明确约定，保证后续该等程序能够正常进行以促成投资方诉请目标公司实际履行。

3. 合理选择担保方。

为降低对赌失败时产生的相关风险，在进行对赌时可约定目标公司或其他第三人提供相关担保。在约定目标公司提供担保时，应当审查目标公司作出承担担保义务的相关股东会决议，同时审查授权签字代表的相关权限是否属实，避免后续未能对目标公司诉请履行担保责任。

在法律人看来，用规则和制度夯实基础，用综合风控措施筑起防范风险的堤坝，才能为公司的美好前景铺好繁花似锦的道路。

# 信托业务受托人是否应当承担损害赔偿责任?

## ——基于司法实务的思考与观察

杨光明

在金融资管业务领域,信托是典型的资管产品之一。根据《信托法》的规定,信托是指委托人基于对受托人的信任,将其财产权委托给受托人,由受托人按委托人的意愿以自己的名义,为受益人的利益或特定目的,进行管理或者处分。受托人应当履行哪些义务?受托人未尽忠诚勤勉义务时如何承担责任?通道业务中受托人是否承担赔偿责任?这些问题都是信托纠纷中的常见问题。本文从法律规范出发,考察司法实践现状,结合具体办案经验,对信托业务中受托人责任承担问题进行研究,以期对各方当事人的争议解决与风险管控有所裨益。

### 一、受托人的信义义务

《信托法》第25条规定:"受托人应当遵守信托文件的规定,为受益人的最大利益处理信托事务。受托人管理信托财产,必须恪尽职守,履行诚实、信用、谨慎、有效管理的义务。"司法实践中习惯性地将受托人的上述义务归纳为受托人的信义义务。和其他资管产品一样,信托也存在募、投、管、退4个阶段。按照信托产品所处阶段进行划分,受托人的信义义务主要包含以下内容。

1. 信托产品设立阶段

受托人应当审查信托目的是否合法正当、信托财产是否合法确定、交易架构是否可行,以及对信托产品所涉关键信息进行尽职调查。

2. 销售阶段

受托人应当履行适当性义务,即建立信托产品风险评估及管理制度,对金融消费者的风险认知、风险偏好和风险承受能力进行测试,将适当的产品销售给适合的金融消费者。

受托人应当履行风险告知义务，即充分全面地披露产品可能存在的风险。

3. 管理阶段

受托人应当按照信托合同的约定忠实执行信托事务。

受托人应当及时履行信息披露义务，定期披露事项一般包括信托资金管理报告、信托资金运用及收益情况表；临时披露事项一般包括信托财产可能遭受重大损失、信托资金使用方财务状况严重恶化、信托计划担保方不能继续提供有效担保等。信息披露的具体内容、时间、方式应当根据法律法规、信托合同约定来确定。

4. 清算阶段

受托人应在信托终止后作出清算报告，并且按照信托合同约定的分配方式（原状分配或现金分配）、分配顺序、信托利益的计算方法等进行分配。

## 二、受托人应当对其履行信义义务进行举证，但并不因此当然免除委托人的举证责任

### （一）信托纠纷适用举证责任倒置

《全国法院民商事审判工作会议纪要》（以下简称《九民纪要》）第 94 条规定："资产管理产品的委托人以受托人未履行勤勉尽责、公平对待客户等义务损害其合法权益为由，请求受托人承担损害赔偿责任的，应当由受托人举证证明其已经履行了义务。受托人不能举证证明，委托人请求其承担相应赔偿责任的，人民法院依法予以支持。"因此，信托纠纷适用举证责任倒置规则，受托人应当首先对其履行了法定义务、信托合同约定义务进行举证。

在司法实践中，受托人能够提供充足证据证明其忠实履行受托职责、并不存在违反法律规定和合同约定情形，往往是受托人免于承担责任的主要原因。在卢某江、山西信托股份有限公司（以下简称山西信托公司）营业信托纠纷案[（2019）最高法民申 6857 号]中，对于一审、二审是否存在举证责任分配不当的情形，最高人民法院认为，一审、二审过程中山西信托公司提交了《山西信托·信裕 15 号（第一期）集合资金信托合同》、《信托产品资金代理转账委托书》、《信裕·15 号（第一期）集合资金信托计划收益分配清单》、《债权转让协议》及《债权转让通知书》（含回执）、《债权回购协议》及对应强制执行公证书、《山西信托·信裕 15 号集合资金信托计划保证合同》及对应强制执行公证书、《山西信托·信裕 15 号集合资金信托计划股权质押担保合同》及对应强制执行公证书、《山西信托·信裕 15 号（第一期）集合资金信托计划财务顾问协议》、《关于提请履行合同义务的函》、关于《山西信托·信裕 15 号集合资金信托计划》有关情况的报告、吕梁市中级人民法院裁定受理重整案件

公告、山西联盛能源投资有限公司《破产重整债权申报表》(编号036)、山西省高级人民法院(2015)晋执字第19号执行裁定书、吕梁市中级人民法院(2015)吕破字第(1－23、25－31)之五号民事裁定书、吕梁市中级人民法院(2015)吕破字第(1－23、25－31)之六号民事裁定书等71份证据。可以认定山西信托公司就履行信托合同以及管理义务,进行了较为充分的举证。最终本案认定山西信托公司并不存在未尽管理义务的情形,对投资者的损失无须承担赔偿责任。

### (二)举证责任倒置并非免除委托人的举证责任,委托人仍需提供证据证明受托人存在过错、未尽信义义务,对于受托人责任的认定是综合判断的结果

虽然信托纠纷适用举证责任倒置的规则,但这并不意味着委托人无须提供任何证据材料。在司法实践中,当受托人提供证据材料证明其忠实履行受托职责后,举证责任就会转移到委托人一边,如果委托人不能举证证明受托人存在过错,则很难要求受托人承担赔偿责任。归根结底,法院基于整体案件材料的把握进行判断,无论委托人还是受托人,都应尽可能提供于己有利的证据材料,以影响法官心证。

在曹某、吉林省信托有限责任公司(以下简称吉林信托公司)合同纠纷案[(2020)最高法民申4151号]中,吉林信托公司已举证证明对信托项目进行尽职调查、向曹某充分告知投资风险、通过网站披露信托资金管理报告等信托事项处理报告。最高人民法院认为,其一,曹某主张吉林信托公司在不看好案涉信托项目情形下与建设银行山西分行共同违规设立案涉信托计划、尽职调查存在重大过错以及未评估案涉项目收益权等情形,但并未达到认定吉林信托公司存在恶意磋商订立案涉信托计划、故意隐瞒或者提供虚假情况的证明标准,故对曹某提出的该项主张不予支持。其二,曹某主张受吉林信托公司、建设银行山西分行欺诈签订案涉信托文件,提出的证据和理由不能认定吉林信托公司存在欺诈。其三,曹某在二审中提交的截图不能证明吉林信托公司存在违反案涉信托文件中约定的信托公司信息披露义务的行为。曹某提出吉林信托公司未按照案涉《项目收益权转让及受让合同》约定对资金和项目进行情况进行有效监督。但曹某仅是提出相关合同约定了吉林信托公司的监督职责,并未提交吉林信托公司未履行相关合同约定的监督职责的证据材料。故对曹某的该项主张不予支持。

综上,对于受托人而言,应当注重保存执行信托事务过程中形成的重要文件与资料,避免在产生纠纷时,因缺乏证据材料而无法证明己方忠实履行受托职责。对于委托人来说,也应当充分搜集与保存受托人存在过错、给己方造成损失的证据材料,只有充分举证,要求受托人承担损害赔偿责任的要求才能得到支持。

## 三、在信托产品已经清算、投资损失已然确定的前提下，委托人才能要求受托人承担损害赔偿责任

委托人主张受托人存在过错、未尽信义义务，从而导致己方损失，要求受托人承担损害赔偿责任，其前提是已经发生实际损失。在信托财产尚未完成清算和分配，不确定是否存在实际损失的情况下，委托人能否要求受托人承担损害赔偿责任，实践中存在分歧。

一方面，司法实践中倾向性裁判观点认为，在信托计划尚未终止，或者信托计划已经终止，但信托财产尚未清算与分配的情况下，委托人是否存在投资损失、投资损失的具体数额等都处于不确定状态时，委托人不能要求受托人承担赔偿责任。在曹某、吉林信托公司合同纠纷案[（2020）最高法民申4151号]中，关于曹某在案涉信托投资中是否发生了实际损失，吉林信托公司、建设银行山西分行是否应承担赔偿责任的问题，最高人民法院认为，信托计划终止后应当对信托事务进行清算并按照合同约定分配信托财产。根据一审法院查明的事实，2016年7月8日，山西省吕梁市中级人民法院裁定包括融资人在内的32家联盛系企业合并重整。此后，吉林信托公司根据法院批准的《山西联盛能源有限公司等三十二家公司重整计划》《重整计划（修正案）》确定的普通债权清偿方案A、B，通过发布以通讯方式召开受益人会议等程序，最终选择B清偿方案。故吉林信托公司就案涉信托财产形成的普通债权1,264,827,335.93元中的91.18%转变为出资份额，剩余8.82%留作债权。案涉信托计划终止后，信托财产尚未完成清算和分配，曹某在案涉信托投资中的损失尚未确定。故一审判决驳回曹某损害赔偿的请求，有事实根据，二审法院予以维持。

另一方面，理论界存在不同看法，中国政法大学副教授赵廉慧就认为，《信托法》规定的损害赔偿并没有以信托清算为条件，按照“预期收益+投资金额+逾期利息-回收的信托财产”是一个合理的计算标准。特别是在把信托财产以债权（贷款）的方式运用的场合，如果受托人对投资项目履行了完全的尽职调查义务和合理增信措施，除了出现较大的市场风险等，预期收益反映了委托人应受保护的投资期待，按照此计算委托人的损失具有一定的合理性。在晋城银行股份有限公司（以下简称晋城银行）与中国金谷国际信托有限责任公司（以下简称金谷信托）合同纠纷案[（2019）晋民初28号]中，山西省高级人民法院就采用了上述方法来认定受托人的损害赔偿责任。关于晋城银行的损失是否实际发生、金谷信托应否承担赔偿责任及赔偿数额的问题，山西省高级人民法院认为，根据《资金信托合同》第21条第3

款的约定,信托终止后,受托人应按本合同的约定返还信托财产。现信托终止后,金谷信托未按合同约定向晋城银行返还信托财产,故晋城银行的损失已实际发生。金谷信托违反合同规定的管理义务,致使晋城银行信托财产受到损失,故金谷信托应承担赔偿责任。2013 年 7 月 9 日晋城银行向金谷信托支付信托资金 2 亿元,经过计算,截至目前,信托期限内的信托收益晋城银行已获分配,未返还的信托资金为 99,137,033.33 元。据此,金谷信托应承担赔偿的数额为 99,137,033.33 元。在金谷信托承担赔偿责任后,根据合同相对性原则,有权向与其签订《信托贷款合同》《质押合同》《保证合同》《资金监管协议》等一系列合同的相对方主张权利或追究违约责任。但是此类案例很少,主流裁判观点依然是在信托财产已经清算并且完成分配、投资损失已经确定的前提下,委托人才能要求受托人承担损害赔偿责任。

## 四、信托合同中受托人承诺保本保收益的保底条款无效,保底条款无效后,法院会根据委托人与受托人的过错对投资损失进行酌情分担

《九民纪要》第 92 条规定:"信托公司、商业银行等金融机构作为资产管理产品的受托人与受益人订立的含有保证本息固定回报、保证本金不受损失等保底或者刚兑条款的合同,人民法院应当认定该条款无效。受益人请求受托人对其损失承担与过错相适应的赔偿责任的,人民法院依法予以支持。"因此,信托合同中的保底条款应当认定为无效,那么保底条款无效后的法律后果是什么、责任又该如何承担? 司法实践中此类案例较少,而且存在不同做法。

在达州银行股份有限公司(以下简称达州银行)与山西平遥农村商业银行股份有限公司(以下简称平遥农商行)委托理财合同纠纷案[(2019)川民初 36 号]中,本案虽为委托理财纠纷而非信托纠纷,但《九民纪要》规定保底条款无效时,是对整体资管产品的规范,并未区分信托和其他资管产品,因此本案对信托纠纷仍具有参考价值。四川省高级人民法院认为,案涉理财产品协议书、承诺函关于保本保收益的内容,违反了《信托法》第 34 条关于"受托人以信托财产为限向受益人承担支付信托利益的义务"的规定,违背了信托法律关系中信托财产具有独立性的基本特点,也不符合对金融机构作为资产管理产品受托人不得承诺保底或刚兑的一贯监管政策要求,故其应当被认定为无效。就达州银行与平遥农商行之间的委托理财法律关系而言,根据本案当事人签订两套协议的事实足以判定,若没有保底约定的存在,本案当事人尤其是作为委托人的达州银行应该不会签订案涉协议;在保底约定被确认无效后,其缔约目的几乎丧失,相关收益条款应属协议的目的条款和核心条款。因此,该部分约定不能成为相对独立的无效部分,其应导致协议整体无效。根

据原《合同法》第58条的内容,平遥农商行应当返还达州银行已支付的理财本金5亿元,并支付因实际占用该部分资金而给达州银行造成的资金利息损失,利息应从达州银行支付理财本金的次日起,按照中国人民银行发布的同期同类贷款基准利率计算。本案中法院秉持的态度是,包括信托在内的资管产品,保底条款的无效导致整体合同无效,资管产品的受托人应当向委托人返还投资本金,并按同期贷款利率或贷款市场报价利率计算资金占用利息。

在赖某静、广州财大投资管理有限公司(以下简称财大公司)委托理财合同纠纷案[(2019)粤01民终23878号]中,广州市中级人民法院认为,案涉《补充协议》中承诺本金不受损属于法律法规所禁止的保底条款,应当认定该保底条款无效,进而认定《补充协议》属无效协议。财大公司作为专业的投资机构,向投资者承诺本金不受损失,对于《补充协议》的无效存在过错。赖某静作为该基金的合格投资者,理应知晓投资机构不得向投资者承诺投资本金不受损失或者承诺最低收益。况且,涉案主合同明确约定"基金管理者承诺依照恪守职守、诚实信用、谨慎勤勉的原则管理和运用基金财产,不保证基金财产一定盈利,也不保证最低收益",赖某静在签署主合同时显然已知晓,因此其对于涉案《补充协议》的无效亦存在过错。双方均属于明知或应知法律所禁止的事项而签订涉案《补充协议》,对此均负有相当的过错,一审法院根据主合同约定的业绩报酬比例认定财大公司应就赖某静投资全部本金亏损的20%承担赔偿责任并无不当。本案中法院秉持的态度是,保底条款的无效并不导致整体合同的无效,委托人与受托人均对保底条款无效存在过错,受托人应当按照一定比例对委托人的投资损失承担赔偿责任,本案中法院是根据信托公司的业绩报酬比例来确定受托人的责任范围。

## 五、通道业务中受托人一般不承担赔偿责任,但受托人仍需尽到基本管理义务,否则同样可能承担损害赔偿责任

### (一)通道业务中受托人一般不承担赔偿责任

按照受托人职责范围的不同,营业信托可以分为事务管理型信托和主动管理型信托。事务管理型信托又称为通道业务,是指当事人在信托文件中约定,委托人自主决定信托设立、信托财产运用对象、信托财产管理运用处分方式等事宜,自行承担信托资产的风险管理责任和相应风险损失,受托人仅提供必要的事务协助或者服务,不承担主动管理职责。《关于规范金融机构资产管理业务的指导意见》第22条明确规定:"金融机构不得为其他金融机构的资产管理产品提供规避投资范围、杠杆约束等监管要求的通道服务。"因此以规避监管为目的的通道业务已明确

被监管部门所禁止，通道业务的效力也应被认定无效。但是，为了确保平稳过渡，监管部门按照“新老划断”原则，将过渡期设置为截至2020年年底，最高人民法院在《九民纪要》第93条中也指出，在过渡期内认可通道业务的效力。2020年7月31日，中国人民银行等部门发布通知，将《关于规范金融机构资产管理业务的指导意见》过渡期延长至2021年年底。也就是说，截至2021年12月31日以前，通道业务的效力依然得到肯定，因此暂无关于通道业务无效以及无效之后的责任承担的案例。

在目前的司法实践中，法院认可通道业务的有效性，并根据信托合同的约定来判断双方的权利义务关系，因为受托人往往只负责有限的协助义务，受托人一般都无须承担赔偿责任。在北京中金信融资产管理中心（以下简称中金信融中心）、光大兴陇信托有限责任公司（以下简称光大信托公司）合同纠纷案[（2020）最高法民终488号]，最高人民法院认为，在认定信托公司是否违反谨慎义务的同时应结合信托管理类型进行判断，光大信托公司在该信托关系中系依照中金信融中心的指示，被动地管理信托财产。案涉信托业务是中金信融中心与光大信托公司达成的信托合意，光大信托公司按照中金信融中心的指示以自己为纽带向山东赫鑫利机械制造有限公司（以下简称赫鑫利公司）借款，并遵照中金信融中心的指示对赫鑫利公司进行考察、监督、调查，收取少量报酬，属于被动型的信托管理模式。中金信融中心负责对赫鑫利公司进行调查，光大信托公司所负的仅是有限的审慎注意义务，即对信托项目的合法合规性进行独立的尽职调查。在这种管理模式下，中金信融中心要求光大信托公司对赫鑫利公司的抵押权落空承担赔偿责任，有违公平。

### （二）通道业务并不当然免除受托人的责任，通道业务中受托人也存在承担赔偿责任的可能

在绝大部分关于通道业务的案例中，受托人都无须承担赔偿责任。但在《九民纪要》出台之后，依然存在两起通道业务判赔的案件。通过对这两起案件的考察，可以简要分析通道业务中受托人是否承担责任的判断标准。

在华澳国际信托有限公司（以下简称华澳信托）、吴某财产损害赔偿纠纷案[（2020）沪74民终29号]中，上海金融法院认为，在被动管理型信托业务中，信托公司虽主要依据信托合同约定履行相应义务，但其在以自身名义独立从事信托管理事务时，仍应尽到合理注意义务。本案中，虽然华澳信托系依据委托人指令履行后续管理义务，自身并无主动调查的义务，但并不代表其可以在未经调查的情况下出具没有任何事实依据的项目风险排查报告。华澳信托作为专业的金融机构，在

明知委托资金系属私募募集资金的情况下，更应当审慎回应委托人提出的明显不合理的要求。华澳信托出具的项目风险排查报告虽为内部资料，但被犯罪分子利用。华澳信托出具虚假调查报告的行为客观上起到了蒙骗投资者的作用，应对吴某等投资者投资被骗受损负有一定责任。最终酌情认定华澳信托对吴某的涉案损失承担20%的补充赔偿责任。

在陈某与天津大业亨通资产管理有限公司（以下简称大业亨通）、光大兴陇信托（以下简称光大信托）侵权责任纠纷案[（2019）京0105民初87359号]中，北京市朝阳区人民法院认为，光大信托在相关信托计划成立时，未按照《关于印发信托登记管理办法的通知》的要求对该信托产品进行登记，也未按要求补办信托登记，违反了有关规定，大业亨通、光大信托没有向陈某送达过《光大·大通阳明18号集合资金信托计划之信托合同》和《股权收益权转让及回购合同》，陈某并不知晓信托文件及交易文件的具体约定，光大信托又未按有关规定办理信托登记，使陈某无法通过公开途径查询信托计划详细信息。而且在股权收益权转让及回购交易中仅由哈尔滨工业大学高新技术开发总公司办理了账户限制单及具有强制执行力的债权文书公证，该信托产品风险较高。在此情况下，光大信托未按《信托公司集合资金信托计划管理办法》第9条的规定，事前进行尽职调查，就可行性分析、合法性、风险评估、有无关联方交易等事项出具尽职调查报告，仍与大业亨通签订事务管理信托合同，约定光大信托不做尽职调查、不盯市、不承担主动管理职责。如此情况下，光大信托作为信托公司，在信托合同履行过程中更应按照法律规定恪尽职守，履行诚实信用、谨慎勤勉的义务，为受益人的最大利益处理信托事务，但在发生哈尔滨工大高新技术产业开发股份有限公司股价触及警戒线、哈尔滨工业大学高新技术开发总公司发生对其经营或财产状况产生重大不利后果的诉讼以及哈尔滨工业大学高新技术开发总公司不按约支付回购款的情况时，光大信托不及时商请、催促大业亨通指令其要求股票质押、申请强制执行，不采取措施防止损失发生、扩大，仅以本信托系通道业务，其不应主动管理为由，对投资人的资金损失持放任态度，未尽到其作为受托人应尽的谨慎有效管理并维护受益人最大利益的法律义务。值得注意的是，法院还认为，虽然资管计划尚未清算，但是陈某已确定不能收回其投资本金及收益，即陈某的损失已经确定发生，大业亨通和光大信托应赔偿陈某的损失。最终判令光大信托对陈某的投资本金损失及资金占用损失承担100%的赔偿责任。

从上述两起案件可以看出，即使是通道业务，受托人也应当尽到最基本的注意义务，包括对信托资金的来源合法性进行审查、对己方出具文件的真实性负责、在信托产品涉及关联交易时负有更高的注意义务、在信托财产可能遭受重大损失时及时通知并采取相应措施等。否则,受托人依然可能需要承担损害赔偿责任。

## 六、结语

资管产品种类繁多、交易结构多样,其涉及的法律问题远不止本文所提及的内容。本文聚焦于信托纠纷中的受托人责任承担,当委托人能够证明受托人存在未履行信义义务的情形、且造成己方损失时,有权要求受托人承担相应损害赔偿责任,赔偿实际损失。而通道业务作为特殊的信托类型,虽然一般难以追究受托人的责任,但在受托人未履行基本注意义务的情况下,依然有承担损害赔偿责任的可能。在强监管时代已然来临之际,资管领域争议解决将迎来新发展、新变化,需要我们持续观察与研究。

# 企业常见投融资法律风险识别与防范

吴乐芸[*]　张志国[**]

企业发展到一定阶段，需要进行投融资以扩大经营规模、提升核心竞争力、获取跳跃式发展与竞争优势。在投融资过程中需要防范哪些风险呢？

## 一、抵押贷款投融资中的法律风险

### （一）风险识别

1. 抵押财产应为符合法律规定的动产或不动产

抵押财产应是符合《民法典》第395条规定且不存在《民法典》第399条规定的情形，即下列财产不得抵押：(1)土地所有权；(2)宅基地、自留地、自留山等集体所有的土地使用权，但法律规定可以抵押的除外；(3)学校、幼儿园、医疗机构等为公益目的成立的非营利法人的教育设施、医疗卫生设施和其他公益设施；(4)所有权、使用权不明或者有争议的财产；(5)依法被查封、扣押、监管的财产；(6)法律、行政法规规定不得抵押的其他财产。最高人民法院《关于适用〈中华人民共和国民法典〉有关担保制度的解释》第6条规定：以公益为目的的非营利性学校、幼儿园、医疗机构、养老机构等提供担保的，人民法院应当认定担保合同无效，但是有下列情形之一的除外：(1)在购入或者以融资租赁方式承租教育设施、医疗卫生设施、养老服务设施和其他公益设施时，出卖人、出租人为担保价款或者租金实现而在该公益设施上保留所有权；(2)以教育设施、医疗卫生设施、养老服务设施和其他公益设施以外的不动产、动产或者财产权利设立担保物权。登记为营利法人的学校、幼儿园、

---

[*] 德和衡合伙人。曾担任公职律师，拥有公安部高级执法资格。拥有并购交易师资格，基金、证券从业资格，上市公司独立董事资格。专注公司治理，擅长各类商事争议解决、复杂刑民交叉案件等。

[**] 德和衡执业律师，擅长商事行政争议、刑事辩护、劳动人事争议等领域。

医疗机构、养老机构等提供担保，当事人以其不具有担保资格为由主张担保合同无效的，人民法院不予支持。

2. 抵押担保程序存在瑕疵

（1）公司决议的瑕疵

《公司法》第16条规定，公司向其他企业投资或者为他人提供担保，依照公司章程的规定，由董事会或者股东会、股东大会决议；公司为公司股东或者实际控制人提供担保的，必须经股东会或者股东大会出席会议的其他股东所持表决权的过半数通过。

在以往的审判实践中，公司对外担保未经内部程序、公司为其他股东或实际控制人提供担保时未经公司股东（大）会决议的效力如何认定，存在不同的裁判意见。有的认为《公司法》第16条属于效力性规定，并且是强制性规定，具有普遍约束力，违反法律强制性规定的合同无效；有的认为上述规定是公司对内的程序性规定，不属于效力强制性规范，公司是否召开股东会以及是否形成决议，是公司内部控制程序，不能约束与公司进行交易的第三人，故而此类担保有效。《全国法院民商事审判工作会议纪要》（以下简称《九民纪要》）针对公司为他人提供担保的合同效力问题在审判实践中的裁判尺度作出了规范：法定代表人未经授权擅自为他人提供担保的，构成越权代表，人民法院应当根据《合同法》（已失效）第50条（现规定于《民法典》第504条）关于法定代表人越权代表的规定，区分订立合同时债权人是否善意分别认定合同效力：债权人善意的，合同有效；反之，合同无效。债权人对公司机构决议内容的审查应当尽到必要的注意义务。

（2）抵押登记程序存在瑕疵

抵押权的设立方式有两类：一是登记设立，即以该等抵押财产设立抵押权必须办理抵押登记，抵押合同自签订之日起生效，但抵押权自登记之日起设立，未经登记，抵押权不生效。该种方式主要适用于不动产抵押，如建筑物及其他土地附着物、建设用地使用权、在建工程等。二是登记对抗，即抵押权自抵押合同生效时设立，不登记不影响抵押权设立，但未经登记，不得对抗善意第三人。主要适用于动产抵押，如生产设备，交通运输工具，正在建造的船舶、航空器等。

3. 无形资产质押

无形资产质押是指债务人或第三人将其可依法转让的商标权、专利权、著作权、特许权等知识产权中的财产权出质，作为债权的担保，以督促债务人履行义务，保障债权人实现权利的一种担保制度。无形资产质押属于权力质押，它是出质人将无形资产所有权之外的、可用于转让的财产权交由质权人占有，充当债权担保标的的担保方式。目前我国主要对专利和商标的登记管理作了规定，而对品牌、软件使用权、可转让的特许权等其他无形资产的质押没有相应的规定。

(1)价值难以评价

在我国，目前对无形资产的评估方式，缺乏一定的权威性，同时还存在很多有待完善的因素。同时，因为信息不对称，企业对自身无形资产的价值或许有所评判，但投资者很难对企业的无形资产进行准确评价。企业拿自己的无形资产进行投资时也面临类似的问题，在无形资产转化为现实财富之前，绝大多数股东对无形资产的实际价值持怀疑态度。

(2)价值不稳定，变形难度大

例如专利权，即使企业当下掌握的专利技术处于行业尖端，但也存在被其他企业的技术赶超，导致无形资产贬值的可能。特许权、商标权等的价值也会受到企业的经营行为或商誉变化的影响。另外，接受质押的一方实现质押权的方式也存在一定困难，变现的难度较大。

(3)质押登记制度不完善，相关法律法规不健全

我国目前仅针对专利和商标的登记管理作了规定，而品牌、可转让的特许权等其他无形资产的质押，并没有相应的管理规定，出现"一女二嫁"即一项无形资产质押给多方的情况如何解决争议没有明确依据。就无形资产质押的条件和范围、质押合同的管理、质押的操作方式等内容有待进一步明确。

### (二)风险控制

首先，公司应当在章程中明确向其他企业投资或者为他人提供担保时的决策机关及决策程序，加强对为公司股东或实际控制人提供担保的决策监督，防止公司实际控制人或者高级管理人员损害公司、小股东或者其他债权人的利益。其次，在接受抵押担保时，公司应当严格审查抵押人的资格、抵押物的类型及性质、抵押物的权属关系、抵押担保的决策程序等，确保抵押人主体适格、抵押物符合法律规定、抵押合同有效、抵押权依法设立；为确保抵押物的价值，公司可以要求抵押人或者自行委托专业评估机构对抵押物价值进行评估确保抵押物足值。最后，应当要求债权人、抵押人提供应用范围广、通用性强、变现能力强的抵押物进行抵押担保。

## 二、私募股权投融资的法律风险

### (一)风险识别

私募股权投资(Private Equtity，PE)，指采用非公开发行的方式，向具有特定资

格的投资者募集资金,并将募集资金投向未上市企业股权,通过被投资企业上市、投资企业管理层回购、并购股权或者清算等方式退出被投资企业从而实现资本增值的一种投资组织形式。根据组织形式划分,私募股权投资可以分为公司制、信托制和有限合伙制私募股权投资。

私募股权投资兴起于20世纪50年代,目前已经发展成资本市场上不可或缺的投资方式,在拓宽中小企业融资渠道、孵化高新技术企业、促进产业结构转型升级等方面发挥着重要作用。但是股权融资也存在一定的风险,需要提高警惕。因为企业的原始股东或经营管理者或二者的结合体有可能不够自律,利用股权融资对外筹集资金滥用、挪用等,为了自己的利益而损害投资方利益。同时,作为"硬币"的另一面,企业的原始股东或经营者也可能被恶意投资、虚假投资、"对赌"条款等风险所困扰。

1. 刚性兑付

所谓刚性兑付,一般指私募基金的募集、销售机构或者管理人及其实际控制人、股东、关联方向投资者承诺最低收益、承诺本金不受损失,或限定损失金额和比例的行为。

中国证券监督管理委员会于2014年发布的《私募投资基金监督管理暂行办法》第15条规定,私募基金管理人、私募基金销售机构不得向投资者承诺投资本金不受损失或者承诺最低收益。中国人民银行、中国银行保险监督管理委员会、中国证券监督管理委员会、国家外汇管理局于2018年联合发布《关于规范金融机构资产管理业务的指导意见》第2条第2款规定,金融机构开展资产管理业务时不得承诺保本保收益。出现兑付困难时,金融机构不得以任何形式垫资兑付。该意见第19条规定,以下行为视为刚性兑付:(1)资产管理产品的发行人或者管理人违反真实公允确定净值原则,对产品进行保本保收益。(2)采取滚动发行等方式,使资产管理产品的本金、收益、风险在不同投资者之间发生转移,实现产品保本保收益。(3)资产管理产品不能如期兑付或者兑付困难时,发行或者管理该产品的金融机构自行筹集资金偿付或者委托其他机构代为偿付。(4)金融管理部门认定的其他情形。2019年12月,中国证券投资基金业协会发布《私募投资基金备案须知》将不得作出刚性兑付承诺的主体扩大为管理人及其实际控制人、股东、关联方以及募集机构,并明确投资者获得的收益应当与投资标的实际收益相匹配,管理人不得按照类似存款计息的方法计提并支付投资者收益。

刚性兑付的法律后果,一是会使私募基金管理人、私募基金托管人、私募基金销售机构以及其他私募服务机构及其从业人员遭受严厉的行政处罚,包括警告、罚款、加入黑名单、取消从业资格甚至移送证券监督管理委员会处理等。二是会影响相关协议的效力,使之被认定为无效条款或者借款合同。

例如,在魏某丽与北京睿高资本管理有限公司(以下简称睿高公司)委托理财合同纠纷中,法院认为魏某丽与睿高公司签订《睿高资本九州方园定增投资私募基金2号份额回购协议》在保证了投资本息最低回报的同时亦对超出部分的收益进行了约定,应属“保证本息最低回报条款”,即委托理财合同中的保底条款。该保底条款免除了委托人应承担的投资风险,致使当事人民事权利义务失衡,违背了委托理财法律关系和私募基金“利益共享、风险共担”的基本原则,亦违反了金融市场的基本规律和交易原则,应属无效。保底条款属委托理财合同的目的条款及核心条款,不能成为相对独立的合同无效部分,故保底条款无效导致魏某丽与睿高公司之间存在的委托理财合同关系无效。魏某丽与睿高公司之间存在的委托理财合同关系无效后,睿高公司因此而取得的财产应向魏某丽返还,对魏某丽超出部分的投资本金请求,不予支持。

又如,在颜某光与成都市鸿程股权投资基金管理有限公司、中誉远发国际建设集团有限公司金融委托理财合同纠纷案中,法院认为颜某光、鸿程股权投资公司、中信银行成都分行签订的《基金合同》,名为委托购买私募基金,但从合同约定的内容看,双方约定投资人将资产交由管理人进行投资管理,无论盈亏均保证投资人获得固定本息回报,超额投资收益归管理人所有,即约定保证本息固定回报积极条款(保底条款),属于名为委托理财实为借贷关系的情形。故应当认定颜某光与鸿程股权投资公司之间系借贷关系。该借贷所涉法律关系的内容不违反法律及行政法规的强制性规定合法有效。

再如,在励琛(上海)投资管理有限公司(以下简称励琛公司)与刘某证券投资基金回购合同纠纷案中,法院认为《股权回购协议》中励琛公司承诺以年化率8%收益回购被上诉人股权份额,可以视为普通合伙人自愿以自有资金对其他有限合伙人在投资目的不能实现时进行补偿的意思表示,既没有损害合伙企业的权益也没有损害其他人的利益,应属合法有效,上诉人理应按约履行。现上诉人以其系私募基金管理人的身份为由,辩称不能违反银发〔2018〕106号指导意见中禁止刚性兑付的规定,并提供了之前中国证券监督管理委员会上海监管局对其作出的责令其改正措施的行政监管措施决定书。显然,上诉人励琛公司混淆了概念。法院并未否认其应受证券监督管理委员会管理的私募基金管理人身份,证券监督管理委员会对其进行处罚是行政管理监督的措施,即使进行行政处罚也并不必然导致合同无效,更与其自愿以合伙人身份对其他合伙人进行补偿的承诺无关。故上诉人励琛公司要求确认《股权回购协议》无效的上诉理由，不能成立。

2. 控制权风险

私募投资者的引入，往往伴随而来的是股权稀释、董监高调等，投资者对财务状况的监督与约束、对发展规划的参与、对企业管理及决策的影响以及投资协议中对投资人权利的约定等都可能造成企业控制权旁落，因企业运营及有关决策导致投融资双方产生不一致意见时，常常会有对峙情况发生。

3. 刑事风险

自 2017 年 P2P“爆雷”潮发生以来，私募基金“爆雷”“跑路”事件也日益频繁，成为“新雷区”，特别是部分私募机构打着“私募基金”的旗号从事非法集资类、诈骗类等刑事犯罪活动，更是加剧私募基金行业性危机。与“公募”基金相比，“私募”基金的资金募集和运作更加隐秘。“私募”基金不能通过电视、电台等媒体进行公开方式募集，只能采用个人之间推荐、投行推荐等非公开方式募集资金，信息披露方面也不像“公募”基金那样严格。私募股权投资基金这种隐秘的特性，使基金管理人、基金投资者、社会公众之间存在严重的信息不对称，基金管理人之外的主体难以了解基金的真实运作情况。基金管理人利用私募股权投资基金的私募特性，开展非法吸收公众存款、集资诈骗、洗钱等犯罪活动的情况层出不穷。

### （二）风险控制

1. 根据融资目的，谨慎选择投资方

私募股权融资的目的大致分为 4 种：一是单纯为了融资，二是为了将部分股权套现，三是为了引入战略伙伴，四是为了境内外上市。私募股权的目的不同，所选择的投资者也不同。中小企业私募股权融资中企业和投资人是双向选择的，投融资双方都应在股权融资前对交易对象进行细致的尽职调查，防止信息不对称的法律风险并且做好刑事风险的防范。

2. 不承诺或轻信刚性兑付

为合规经营，也为减少和避免不必要的法律风险，普通合伙人、私募基金管理人、私募基金销售机构应避免承诺固定收益与保底条款。作为投资人，亦应做好尽职调查，不能仅以存在固定收益与保底条款而作出投资的决策，否则最终即使获得胜诉判决或裁决，也可能会因项目失败而无法真正兑现本金与收益。

3. 完善投资协议

私募股权投资基金设立，并完成对拟投资项目的尽职调查后，在各方谈判的基础上形成相应的投资协议。投资方与目标企业谈判的核心成果是投资协议的订立，该项协议是双方未来履行相关权利义务的重要保证，也是在未来出现诉讼风险时追究违约责任的重要依据。投资协议一般包括增资扩股（股权转让）的股权比例及对价条款、增资（价款支付）方式和期限条款、未分配利润归属条款、资金用途条款、新股东地位条款、组织结构变动条款、特别条款、声明和保证条款、保密条款、违约责任条款、不可抗力条款、生效条款等。双方应当对投资协议内容进行充分沟通和完善。

4. 建立多元退出机制

目前，私募股权投资主要的退出方式包括上市、并购、股权回购以及清算等。最有效的退出方式应根据退出时企业的实际情况进行选择。

5. 融资款项专款专用，避免挪用或侵占

企业法定代表人、股东及其实际控制人应当正确认识公司与个人的关系，严格按照投资协议等关于资金用途的约定使用融资款项，切不可擅自挪用或侵占，避免后期可能涉及挪用资金或职务侵占等刑事罪名。

## 三、股权众筹的法律风险

股权众筹融资主要是指通过互联网形式进行公开小额股权融资的活动。股权众筹为解决中小微初创企业的融资难、融资贵问题开辟了一条新途径，然而，这一新生事物在我国的发展并非如人所愿，其合法性问题、投融资者合法利益保护问题、投资者退出机制优化等一系列问题制约着股权众筹的发展。

### （一）风险识别

1. 法律规制尚需完善

现阶段我国立法上尚未对股权众筹作出明确而清晰的界定，即便有相关规定捎带作了些说明，由于没有正式的专项立法对股权众筹作出统一规定，在立法上的空白是相当明显的。目前对于股权众筹的规定主要见于《证券法》、《公司法》、《刑法》和《民法典》等传统法律以及中国证券业协会的行业规范。这些法律规范对于股权众筹行业的健康发展起着重要作用，但监管之立法仍然存在不足。

2. 信息不对称

主要体现在融资方、众筹平台、投资者之间的信息不对称。虽然现行规范要求众筹平台对投融资双方身份的真实性进行必要审核，但众筹平台审核真实性的能力毕竟有限，融资者为了达成融资目标往往会隐匿对其不利的信息，投资者信息弱势地位使其无法获取充分信息从而很难做出正确的投资判断。不能排除有不合规的融资企业滥竽充数，隐瞒重大信息或编造虚假事实，导致投资人基于错误的投资信息而作出投资决策，因而利益受损。

信息不对称还表现在投资者的股东权利上。由于股权众筹多为小额投资，控制权和经营权相分离的特征十分明显，投资者对公司治理的介入程度不够，没有充足的渠道和信息来源对管理层的行为进行监督和跟踪。

再者，众筹平台在利益驱使下，放任融资方过分包装项目或者误导性地描述投资回报，甚至领投人和融资平台或融资方恶意串通，损害投资者利益。

例如，在龙某等与北京原始会投资管理有限公司（以下简称原始会投资公司）居间合同纠纷一案中，法院认为除媒介义务、如实报告义务外，对于投资人而言，股权众筹平台的义务范围还应包括投资风险提示、融资方及融资项目的信息披露、融资方的资质及融资项目的合法性审查、对融资项目真实性进行必要的审查以及忠实勤勉对待投资人，等等。

首先，原始会投资公司未尽到风险提示义务。原始会投资公司虽辩称通过《用户注册服务协议》《风险揭示书》履行了告知义务，但其作为电子格式文本的提供方和电子数据的保管方，未能就提交的《用户注册服务协议》《风险揭示书》与龙某注册时勾选或公示的文件内容一致进行举证，应当依法承担不利后果。同时，从原始会投资公司平台"投资者手册"所处的页面位置来看，《用户注册服务协议》《风险揭示书》未处于页面显著位置，如果不刻意查阅，投资人很难看到以上内容。而对于上述内容，原始会投资公司理应通过足以引起投资人注意的特别方式使龙某知晓相关投资风险。其次，原始会投资公司未尽到对融资项目信息的真实性进行必要的审查的义务。原始会投资公司作为居间人，负有如实报告的义务，该报告并非将项目宣传的信息直接向投资人转述，而应确保其具备客观性、真实性。原始会投资公司在承诺有专业的投资团队及风控团队对项目进行全面分析和严格审核的同时，并未对《巨峰竹木业公司融资计划书》载明的项目在新三板挂牌、大股东承诺、资源优势、企业资质、核心团队等方面的投资亮点的真实性进行必要审查，现融资计划书中森林资源的内容涉嫌虚假陈述，巨峰竹木业公司融资成功后不久即被人民法院列为失信被执行人，项目宣传与其实际情况相差甚远，原始会投资公司却未发现并予以披露，可以看出原始会投资公司对融资项目未尽到必要的审查义务。最后，原始会投资公司未尽到忠实勤勉义务。如前所述，股权众筹平台与融资人和投资人之间均构成居间合同关系，在此种关系下，股权众筹平台作为居间人应忠实、勤勉地对待融资人和投资人，融资人与投资人追逐的利益有所不同，甚至在存在冲突的情况下，居间人必须要顾及双方当事人的权益，尽其所能使双方利益达到最大化，故应采取较为中立的立场，而不能仅站在一方立场上，只考虑一方的利益。

本案中,虽现有证据不足以证明龙某所主张的原始会投资公司、网信众筹公司存在欺诈诱导行为,但原始会投资公司是网信众筹公司的全资子公司,领投人金枫创投公司与网信众筹公司存在协议关系,且曾以“众筹网江苏站”名义经营,上述事实亦可认定原始会投资公司并未站在中立的立场,有违对于投资人的忠实勤勉义务。

原始会投资公司应就其责任部分赔偿投资者的投资损失,损失具体金额的确定应结合可预见性规则、各方过错程度以及金融秩序的维护与金融市场的发展等因素综合确定:原始会投资公司在现有法律规章制度下,无法预见其因融资方存在虚假陈述的情况下应当赔偿投资者的全部投资损失,若能预见该后果,从一般理性人角度出发,居间人亦不会从事该媒介服务;股权众筹属于新兴的金融投资活动,具有较高的风险,无论原始会投资公司是否完全尽到风险提示义务,作为投资者亦应知晓金融投资存在的风险,本案中,龙某在投资巨峰竹木业公司之前,没有要求平台或融资企业披露林权有关信息,未对融资企业情况进行调查核实,即在金枫创投公司作为领投人的情况下,与其他投资人成立有限合伙的形式向巨峰竹木业公司进行投资,其自身亦存在一定过错,在最终导致投资款的损失发生的原因力上,龙某自身亦承担较强的比重;股权众筹作为一种新型的金融业态,其对于发展互联网金融,服务创新创业企业,服务实体经济具有重要意义,在维护金融稳定,保障投资者合法权益的同时,亦应注重股权众筹平台在股权众筹活动中的重要地位,做到各方利益的衡平,在此基础上,确定股权众筹平台对于其过错部分承担赔偿责任无疑是符合维护金融秩序与促进金融市场发展要求的。

3. 刑事风险

即众筹平台及其工作人员,利用职务上的便利,将投资者资金非法占为己有,或挪用归个人使用、借贷给他人、进行营利或非法活动。

(二)风险控制

1. 及时关注相关法律法规、行业规范的出台

如前所述,现行关于股权众筹的法律法规及行业规范相对不完善,对融资方、众筹平台、投资者的管理不够清晰明确。各方应当及时关注相关规范的出台与更新,特别是主体准入、信息披露、投后管理、退出机制等,确保投融资行为合法合规。

2. 谨慎选择众筹平台及融资项目

投资者应当对众筹平台进行一定的背景调查和了解,对融资项目进行相应的尽职调查,不轻信众筹平台、融资方对融资项目的宣传。

3. 加强信息披露工作

作为众筹平台和融资方，应当严格履行信息披露义务，做到信息公开、真实、充分。对融资者提供的信息，众筹平台应当在审慎审核之后，将该信息真实、全面地传达给投资人，并且履行风险提示义务。

## 四、企业并购的法律风险

企业并购指某家企业通过现金、证券或其他形式购买获得其他企业的部分或全部资产、股权，取得企业经营控制权的经济行为。从法律角度来看，公司并购可划分为两种，分别是股权并购与资产并购。股权并购指个体公司作为并购方与目标公司的股东进行公司权益交易，让并购公司成为被购公司的控股人。这种投资行为具体表现为股权受让、公司合并以及增资入股等模式。资产并购是指并购公司收购被并购公司的资产，以获取被并购公司的业务，并取代该公司市场地位，以实现并购目标的投资模式。

### （一）风险识别

1. 价值预测风险

标的企业的评估价值是并购交易的基础，如果对标的企业的价值评估与实际偏离，并购企业接受高于标的企业价值的收购价格，则会导致并购企业要支付更多的成本，最终导致收益率下降甚至是陷入财务危机。

2. 融资风险

一是对并购成本估算不足，包括并购过程中即期发生的相应成本以及并购完成后整合与运营所需成本。二是融资比例及方式的选择，即自有资金以及债务资金二者的融资比例以及采用何种方式融资。融资比例及方式设置不合理将加剧经营风险，使企业发展陷入被动，甚至因为并购将企业拖垮。

3. 整合风险

当企业并购进入到后期阶段，并购方企业就需要对被并购标的企业进行资产、财务等的整合利用。管理方式、经营模式、经营理念、企业文化等多种因素都会对并购之后的整合工作产生影响，整合工作不能高效的完成将会对被并购标的企业资产的综合利用造成直接的影响，使并购的效果与预期不能相符。

### (二)风险控制

1. 做好并购前的尽职调查工作

在并购之前,委托律师事务所对目标公司的资产和负债情况、经营和财务情况、法律关系以及目标企业所面临的各种法律风险进行一系列调查。一是充分掌握公司当前的经营规模和经营状态;二是有效了解公司未来的发展规划;三是深入了解企业当前或者未来可能发生的涉及公司重大利益的法律纠纷等。只有翔实地调查所有问题,才能避免并购失败。除此之外,尽职调查完成后,公司决策层应当根据尽职调查的结果,决定是否对目标公司实施并购。而决定实施并购后,公司决策层还应当对并购方式进行利弊分析,从而选择一种最佳的并购方式。

2. 完善并购协议

详尽完善的并购协议对保障并购双方的合法权益,规避法律风险具有非常重要的意义。根据项目具体情况,制定并购协议,明确双方权利与义务,尤其在支付条款、交割条款、现状维持条款、违约责任条款等关键内容上进行周密的考虑以期更加全面地实现并购目的,维护和平衡各方利益。

3. 合理融资

一是对并购完成成本进行合理控制,并对整合与营运成本进行科学预测。二是根据资金的需求,确定融资规模,合理安排融资方式,避免对债务融资的过度依赖,降低融资风险。

4. 做好整合工作

根据目标公司的行业类型、所处环境以及企业文化的差异性等内容,制定合理、科学的整合方案,从企业战略、组织框架、资产和薪酬体系等方面进行整合,对被并购企业原有的制度进行客观的评价,整合过程中应当加强与管理人员及员工的沟通,关注企业文化的冲突。安排专业管理人员与管理团队积极开展各项业务、管理活动,确保目标公司经营管理能够快速步入正轨。

## 五、结语

本文通过对企业投融资过程中的常见法律风险进行分析并提出防范风险的建议,希望能对企业经营管理者规避风险有所帮助。但需要强调的是,投资有风险,融资须合法,企业在进行投融资的过程中必须依法合规,在充分了解投融资风险的基础上开展相关活动。

# 专题七　公司高管合规研究

# 企业竞业限制管理的合规要点

甘永辉　冯　莎*

人才是企业核心竞争力，对企业经营发展起到举足轻重的作用。为保护自身的核心竞争力，防止掌握公司核心技术的高管、技术骨干跳槽、被挖墙脚等现象的发生，越来越多的企业与劳动者在劳动合同中约定竞业限制条款或签订竞业限制协议。上海市第一中级人民法院判决腾讯前高级研发人员徐某华因违反竞业限制义务应向腾讯公司赔偿1900多万元。合肥市中级人民法院判决科大讯飞前高管陆某离职后加入腾讯的行为违反了竞业限制义务，应向科大讯飞支付违约金1200万元。竞业限制已被企业当作人才攻防的"武器"。近几年宁德时代向多名普通员工索赔百万元赔偿金的事件又引起了社会对竞业限制的热议。

竞业限制是指用人单位对负有保密义务的劳动者，约定劳动者在与用人单位终止或解除劳动关系后的一定期限内不得在生产同类产品、经营同类业务或有其他竞争关系的用人单位任职，也不得自己生产与原单位有竞争关系的同类产品或经营同类业务。竞业限制的设立在保护用人单位秘密的同时限制了劳动者的自主择业权，用人单位通过支付经济补偿金的方式补偿劳动者因此遭受的损失。

实践中，企业由于人员及经验所限，竞业限制协议签订和履行存在瑕疵的情形数见不鲜，由此导致竞业限制的目的不能实现并产生其他风险。竞业限制条款的实施需要平衡劳动者与企业之间的利益。企业如果设置过于严格的竞业限制条款或者泛用竞业限制条款，可能会直接侵害劳动者的择业自由权；企业如果疏于对负有保密义务的劳动者进行竞业限制或者约定的竞业限制条款过于宽松，可能会导致企业的秘密泄露，影响企

---

* 德和衡执业律师，擅长公司、并购重组等。

业的健康发展,同时也破坏了市场的良性竞争秩序。企业作为劳动关系中相对具有主动权的一方,在与劳动者签订相关协议时需要格外重视竞业限制条款的合规审查。本文结合案例总结了企业在竞业限制管理中的主要法律风险,希望企业能关注这些风险并实现合规目的,避免风险带来的不利后果。

## 一、竞业限制的对象

《劳动合同法》对竞业限制适用的对象范围进行了规定,即“两高一秘”。《劳动合同法》第 24 条规定:“竞业限制的人员限于用人单位的高级管理人员、高级技术人员和其他负有保密义务的人员……”由此可见,“竞业限制”限制的是掌握、接触和知悉用人单位商业秘密或技术秘密的劳动者,该条款中“其他负有保密义务的人员”属于兜底性的规定,实践中需要结合具体情况认定是否属于“两高”之外其他负有保密义务的人员。

如清谊汇(北京)科技有限公司(以下简称清谊汇公司)诉金某劳动争议纠纷一案[案号:(2019)京 0108 民初 6243 号]中,法院认为虽然金某并非清谊汇公司高级管理人员、也非核心人才,但清谊汇公司提交的项目交接清单及电子邮件均可佐证金某在职期间负责部分咨询项目工作,确实掌握和了解清谊汇公司的咨询服务客户信息,故认定金某属于负有保密义务的人员,对竞业限制协议的效力予以确认。浙江旷智科技有限公司(以下简称旷智公司)诉揣某宇竞业限制纠纷一案[案号:(2017)苏 0211 民初 7784 号]中,法院认为本案中双方签订有竞业限制协议,揣某宇在旷智公司工作期间从事的是人脸识别相关的技术工作,揣某宇从旷智公司离职后,仍然从事与人脸识别相关的工作,因此属于负有竞业限制义务的人员。部分案例中,法院认为企业虽然与员工签署了竞业限制协议,但员工所处的工作岗位明显不会接触企业的商业秘密,故员工不属于负有保密义务的人员,双方签署的竞业限制协议因违法限制员工自主择业权而无效。故从司法实践来看,高级管理人员和技术人员的范围相对较为容易界定,认定员工是否属于“其他负有保密义务的人员”是实务中的一大难题,且证明责任通常是在用人单位一方。

因此,为达到竞业限制约定有效的合规目的,建议企业在与劳动者签订竞业限制协议前明确竞业限制对象,避免滥用竞业限制。滥用竞业限制一方面会侵犯劳动者的自主择业权,另一方面也会大大提高企业的用工成本。在界定竞业限制的适用对象时,需要综合分析劳动者的工作性质,对于企业商业秘密的接触情况,离职后可能对企业造成的不利影响等内容。在明确了竞业限制适用的人员范围后,企业应当在劳动合同的履行过程中,注意收集能够证明劳动者接触了企业商业秘密的关键证据,以便在发生纠纷时能够从容应对。

## 二、竞业限制的约定方式

《劳动合同法》第23条规定:“……对负有保密义务的劳动者,用人单位可以在劳动合同或者保密协议中与劳动者约定竞业限制条款……”根据该条法律规定,企业约定竞业限制条款的方式有两种,通过劳动合同约定或在保密协议中约定。实践中,部分企业为了规避竞业限制补偿金,直接在员工手册或公司的规章制度中约定竞业限制条款,以谋求法律规定的竞业限制效果。此种做法并非法律意义上的竞业限制约定,不能据此追究劳动者竞业限制的违约责任。

无锡市中级人民法院发布的劳动争议审判典型案例——某继电公司诉方某劳动合同纠纷案件中,某继电公司与方某签订了劳动合同,并约定将《规章制度及劳动生产纪律》作为合同附件,在附件中对劳动者设定了竞业限制义务。法院认为劳动规章制度是指由用人单位制定的非针对个别事务处理的各种制度的总称,不具有劳动合同的属性,而竞业限制条款属于劳动合同约定内容,应由用人单位与劳动者进行协商,除非法律有专门规定或当事人双方依法作出约定,原则上不允许用人单位以规章制度的方式规定竞业限制条款。2019年北京市第一中级人民法院发布的涉竞业限制劳动争议十大典型案例中,在沈某与某公司竞业限制纠纷案件中,某公司在员工手册中载明员工的竞业限制义务。法院认为员工手册属于用人单位规章制度的一种,不具有劳动合同的属性,制定员工手册主要是用人单位单方行为,虽然在制定的过程中会有很多程序上的限制,但用人单位仍享有比较大的自主权,竞业限制条款属于劳动合同约定内容,且竞业限制的对象、地点、补偿等事项因劳动者的个体差异而不同,不应通过一般的方式来事先约定,因此,用人单位依据公司规章制度的方式规定的竞业限制条款对劳动者不具有拘束力。

竞业限制的核心在于侧重保护用人单位商业秘密的同时给予劳动者限制自主择业权的经济补偿,在《劳动合同法》已经明确了竞业限制条款约定方式的情况下,企业应当严格遵守法律规定,通过劳动合同、保密协议等合法方式限制劳动者的择业。若为了规避经济补偿金,在用人单位规章制度中规定竞业限制,不仅无法起到节约用工成本的作用,反而可能因为竞业限制条款的无效,使负有保密义务的劳动者不受竞业限制约束,对企业的经营造成更加严重的打击。需要注意的是,除了约定竞业限制条款,企业也可以在与劳动者协商一致后签订竞业限制协议,同样具有法律效力。

## 三、解除竞业限制的通知义务

根据《劳动合同法》的规定，竞业限制的期限最长不得超过2年，但未明确规定一般情况下用人单位要求员工开始履行竞业限制义务，以及通知员工解除竞业限制义务时的通知时限及方式。《深圳经济特区企业技术秘密保护条例》（以下简称《深圳保护条例》）第23条规定：“……竞业限制协议中没有约定期限或者约定不明确的，视为无固定期限协议，可以随时解除协议，但是应当提前至少一个月通知对方。”实践中普遍认为企业在解除或终止竞业限制时应当向劳动者履行通知义务，否则视为竞业限制关系在法律规定范围内存续。

在深圳市佰瑞兴实业有限公司（以下简称佰瑞兴公司）诉陈某平劳动争议纠纷一案［案号：(2015)深中法劳终字第4742号］中，佰瑞兴公司不能证明其在与陈某平解除劳动关系时将《解除〈保密及竞业禁止协议〉通知函》送达给陈某平。法院认为劳动合同中约定员工在离职后2年内负有竞业限制业务，在企业未通知劳动者解除竞业限制义务，员工已经履行竞业限制义务的情况下，企业应继续履行支付竞业限制补偿金的义务。上海市静安区人民法院发布的2018年度劳动争议审判十大典型案例中，在葛某诉某日用品有限公司竞业限制纠纷案件中，双方签署的《竞业限制协议》约定了如合同终止，用人单位有权选择是否要求员工在限制期内履行禁止竞争义务。法院认为在《竞业限制协议》已明确葛某在整个聘用期以及聘用期终止后18个月内均需履行竞业限制义务的前提下，某日用品公司若免除葛某的竞业限制义务，应以明示行为作出明确的意思表示，公司未在解除劳动关系时依法通知葛某无须履行竞业限制义务，葛某离职后已经履行竞业限制义务，公司应依法支付竞业限制补偿金。

因此，为规范管理，避免不必要之风险及损失，企业在员工办理离职手续时即明确告知其是否需要履行竞业限制义务。建议企业通过书面方式明确告知员工。如需员工履行竞业限制义务，书面通知其需要履行竞业限制义务的同时可要求其提供竞业限制履约报告、提交证明材料，明确公司支付的经济补偿金数额及期限等事项。竞业限制解除时的专门通知在实践中并不常见，也往往被企业所忽略。若有解除竞业限制的必要，企业应当积极地履行解除竞业限制的通知义务，并最好通过书面通知的形式通知劳动者解除。一方面可以避免支出不必要的经济补偿金，另一方面也有利于及时恢复劳动者的自主择业权。此外还需要注意，最高人民法院《关于审理劳动争议案件适用法律问题的解释（一）》（以下简称《劳动争议解释（一）》）第39条规定：“在竞业限制期限内，用人单位请求解除竞业限制协议的，人民法院应予支持,在解除竞业限制协议时,劳动者请求用人单位额外支付劳动者三个月的竞业限制经济补偿的,人民法院应予支持。”结合前述《深圳保护条例》的规定来看,法律实际上是赋予了用人单位随时解除的权利,只是需要注意提前通知并给予合适补偿即可。

## 四、竞业限制补偿金

竞业限制补偿金是用人单位在限制劳动者自主择业权的同时,向劳动者支付的对价。竞业限制补偿金的支付标准、支付时限以及是否进行明确的约定都与企业的利益息息相关,企业需要在合法合规地约定竞业限制补偿金的同时,尽量节省用工成本,避免不必要的纠纷。

### (一)竞业限制补偿金的最低标准

《劳动争议解释(一)》第36条规定:“当事人在劳动合同或者保密协议中约定了竞业限制,但未约定解除或者终止劳动合同后给予劳动者经济补偿,劳动者履行了竞业限制义务,要求用人单位按照劳动者在劳动合同解除或者终止前十二个月平均工资的30%按月支付经济补偿的,人民法院应予支持。前款规定的月平均工资的30%低于劳动合同履行地最低工资标准的,按照劳动合同履行地最低工资标准支付。”该规定直接明确竞业限制补偿金不得低于上述最低标准,至于具体数额则由用人单位根据实际情况与劳动者在不低于最低标准的前提下约定即可。

《深圳保护条例》第24条规定:“竞业限制协议约定的补偿费,按月计算不得少于该员工离开企业前最后十二个月月平均工资的二分之一。约定补偿费少于上述标准或者没有约定补偿费的,补偿费按照该员工离开企业前最后十二个月月平均工资的二分之一计算。”根据该经济特区立法,在深圳地区,月竞业限制补偿费不得少于该员工离开企业前最后12个月月平均工资的1/2。该规定的补偿金标准明显高于司法解释所规定的标准,而且按照该规定,劳动者可以约定补偿金标准低于最低标准要求用人单位补足,但不得以此主张协议无效或解除竞业限制协议。

安徽省高级人民法院发布的安徽省职工劳动权利司法保护典型案例(2013—2016年)中,在合肥某康复中心与许某劳动争议纠纷案件中,法院认为许某与某康复中心虽然签订了《保密及竞业禁止协议》,但在该协议中约定的竞业限制期内某康复中心给予许某的经济补偿金仅为300元,违反了相关法律关于竞业限制补偿金应按劳动合同履行地最低工资标准支付的规定,无法满足许某离职以后的基本生活保障。竞业限制协议约定的竞业限制补偿金数额低于法律规定标准的,协议不发生法律效力。

结合司法实践，出于对劳动者基本生存权利的保障，除另有规定外，法院一般会支持竞业限制补偿金不得低于最低工资标准的主张，建议企业在约定竞业限制补偿金时按照相关法律法规规定合理约定竞业限制补偿金，以保证竞业限制的约定能够得到法院支持。

### （二）竞业限制补偿金的支付时限

《劳动合同法》第 23 条规定："……对负有保密义务的劳动者，用人单位可以在劳动合同或者保密协议中与劳动者约定竞业限制条款，并约定在解除或者终止劳动合同后，在竞业限制期限内按月给予劳动者经济补偿。"《劳动争议解释（一）》第 38 条规定："当事人在劳动合同或者保密协议中约定了竞业限制和经济补偿，劳动合同解除或者终止后，因用人单位的原因导致三个月未支付经济补偿，劳动者请求解除竞业限制约定的，人民法院应予支持。"《深圳保护条例》第 25 条规定："竞业限制补偿费应当在员工离开企业后按月支付。用人单位未按月支付的，劳动者自用人单位违反约定之日起三十日内，可以要求用人单位一次性支付尚未支付的经济补偿，并继续履行协议；劳动者未在三十日内要求一次性支付的，可以通知用人单位解除竞业限制协议。"

2020 年人力资源和社会保障部、最高人民法院联合发布的第一批劳动人事争议典型案例中，在乐某与某银行竞业限制纠纷案件中，某银行在未支付竞业限制补偿的情况下要求乐某履行竞业限制义务并支付违约金。仲裁委认为劳动合同解除或终止后，因用人单位原因未支付经济补偿达 3 个月，劳动者此后实施了竞业行为，应视为劳动者以其行为提出解除竞业限制约定，用人单位要求劳动者承担违反竞业限制违约责任的不予支持，故依法驳回某银行的仲裁请求。

为确保竞业限制约定的法律效力，保障企业的商业秘密不受侵犯，建议企业依法在负有竞业限制义务的劳动者离开企业后按月支付经济补偿金。特殊情况下需要延期支付的，应当与劳动者协商一致签订书面协议，明确延期的原因以及具体延期的时间。避免因支付周期不合法、超过期限未支付经济补偿金等原因导致竞业限制无法发挥应有的作用。

### （三）竞业限制补偿金未约定或约定不明

《劳动争议解释（一）》第 36 条规定："当事人在劳动合同或者保密协议中约定了竞业限制，但未约定解除或者终止劳动合同后给予劳动者经济补偿，劳动者履行了竞业限制义务,要求用人单位按照劳动者在劳动合同解除或者终止前十二个月平均工资的30%按月支付经济补偿的,人民法院应予支持。前款规定的月平均工资的30%低于劳动合同履行地最低工资标准的,按照劳动合同履行地最低工资标准支付。"

上海市虹口区人民法院和虹口区劳动人事争议仲裁院联合发布的虹口区竞业限制劳动争议仲裁与审判六大典型案例(2017—2019年)中,在钱某与某网络科技公司竞业限制纠纷案件中,法院认为钱某与某网络科技公司在竞业限制协议中未约定经济补偿金标准,钱某履行了竞业限制义务,某网络科技公司应按照钱某劳动合同终止或解除前12个月平均工资的30%标准支付经济补偿金。

未约定竞业限制补偿金或约定不明不影响劳动者履行竞业限制义务,但可能导致企业需要支付的补偿金过高,加重企业的用工成本。实务中,有的企业约定"竞业限制补偿金的个人所得税由员工自行负担",这个一般问题不大。对于管理人员,有的企业在计算基数上做文章,约定"竞业限制补偿金的计算基数,也就是月平均工资中不包括相关的分红、股权、期权以及其他福利性收入"。这样在员工"工资(收入)架构"上做一些优化就很容易控制竞业限制补偿金的成本。建议企业根据自身实际情况采取不同对策,确保竞业限制补偿费标准合法合规。

### (四)竞业限制补偿金的支付

企业除了自身需要注意按照法律法规的要求发放经济补偿金外,还需要防止劳动者故意不领取经济补偿金从而解除竞业限制。建议企业与劳动者具体约定经济补偿金的领取方式,明确劳动者提供真实有效账户信息的义务以及未按照约定领取经济补偿金的责任,在支付经济补偿金时需要注意留存支付凭证,以货币支付,不得用实物、有价证券等代替。

### (五)工资中已包含离职后竞业限制经济补偿的约定是否有效

实务中,有些企业约定在员工劳动合同履行过程中的工资已包含离职后竞业限制经济补偿。这一约定与《劳动合同法》第23条"在解除或者终止劳动合同后,在竞业限制期限内按月给予劳动者经济补偿"的规定存在明显差异。此种约定是否合法有效,司法实践中存在不同的看法。目前多数观点认为企业限制员工在离职后的劳动权利,可能会造成员工生活上的困难,此时企业应当按月支付相应经济补偿费用,保障员工渡过该限制期间,故法律规定离职后按月发放竞业限制补偿金。劳动合同履行过程中的工资已包含离职后竞业限制经济补偿这类约定与法律规定不符，应属无效。

因此，通常情况下，企业应当约定劳动合同解除或终止后，在员工履行竞业限制义务的前提下按月支付竞业限制补偿金。建议企业应当尽量避免将竞业限制经济补偿随员工工资一起混同发放，否则将面临员工再次主张竞业限制经济补偿、员工提出解除竞业限制协议的风险。如企业确因员工个人请求，需要将竞业限制经济补偿与员工在职期间工资同时支付的，一定要分开制表、分别纳税，要求员工本人申请、确认，公司妥善保留支付凭证。

## 五、结语

近年来，市场上对人才的竞争愈加激烈，不少企业不止于竞业限制对商业秘密的保护，而是将竞业限制当做人才竞争的武器，希望达到“用竞业限制锁死人才，让竞争对手无人可用”的目标。企业按照这种思路运用竞业限制，不免会脱离竞业限制的本来目的，而且带来负面影响。我们希望企业关注竞业限制管理中的法律风险，做到合法合规，在维护企业利益的同时兼顾社会公平及劳动者个人权益。也希望国家层面关注并在后续立法方面对竞业限制进行一些突破创新，以适应新时代发展的具体要求。

# 国企中的“间接委派型”国家工作人员身份认定探析

胡　海　吴泽宇

在常见的贪污、贿赂、挪用公款等职务犯罪案件中，不乏国企工作人员涉案，认定国企工作人员是否属于国家工作人员身份，是明确罪与非罪、此罪与彼罪内容的重要问题。如何认定国企工作人员是否属于国家工作人员，需要根据公司、企业的不同类型确定。对于国有控股或参股的公司、企业内部直接任命的人员，或者行为人是由国有控股、参股的公司、企业委派至国有控股、参股的公司、企业的，如何把握其是否属于国家工作人员，即“间接委派型”国家工作人员的认定问题，在司法实务中存在一定的争议。本文根据相关法律法规和司法解释的规定，并结合有关判例，对涉及该问题的一些基本概念、具体的认定要点进行梳理和探析，以期为实务提供参考。

## 一、“间接委派型”国家工作人员的概念

《刑法》第93条规定：“本法所称国家工作人员，是指国家机关中从事公务的人员。国有公司、企业、事业单位、人民团体中从事公务的人员和国家机关、国有公司、企业、事业单位委派到非国有公司、企业、事业单位、社会团体从事公务的人员，以及其他依照法律从事公务的人员，以国家工作人员论。”因此，可以将国家工作人员分为两大类，一类是指国家机关中从事公务的人员，即国家机关工作人员，另一类是国有公司、企业、事业单位、人民团体中从事公务的人员和国家机关、国有公司、企业、事业单位委派到非国有公司、企业、事业单位、社会团体从事公务的人员，以及其他依照法律从事公务的人员，即准国家工作人员。其中，“国家机关、国有公司、企业、事业单位委派到非国有公司、企业、事业单位、社会团体从事公务的人员”即属

于“委派型”国家工作人员,一般称之为“直接委派型”国家工作人员。

实践中,随着经济社会发展和国企反腐败的深入,对国有控股、参股的非国有公司、企业委派至另一非国有公司、企业,或者国有控股、参股的非国有公司、企业内部自行任命的人员,即“间接委派型”国家工作人员的身份认定存在一定争议。对此,本文做以下梳理。

## (一)相关规定

1.2001 年 5 月 26 日实施的最高人民法院《关于在国有资本控股、参股的股份有限公司中从事管理工作的人员利用职务便利非法占有本公司财物如何定罪问题的批复》(以下简称《定罪问题批复》)规定:“在国有资本控股、参股的股份有限公司中从事管理工作的人员,除受国家机关、国有公司、企业、事业单位委派从事公务的以外,不属于国家工作人员。”

2.2005 年 8 月 11 日施行的最高人民法院《关于如何认定国有控股、参股股份有限公司中的国有公司、企业人员的解释》规定:“国有公司、企业委派到国有控股、参股公司从事公务的人员,以国有公司、企业人员论。”

3.2009 年 5 月 1 日施行的《企业国有资产法》对“国家出资企业”这一概念进行了规定,该法第 5 条规定:“本法所称国家出资企业,是指国家出资的国有独资企业、国有独资公司,以及国有资本控股公司、国有资本参股公司。”

4.2010 年 11 月 26 日施行的最高人民法院、最高人民检察院《关于办理国家出资企业中职务犯罪案件具体应用法律若干问题的意见》(以下简称《办理国家出资企业中职务犯罪案件的意见》)第 6 条第 1 款规定:“经国家机关、国有公司、企业、事业单位提名、推荐、任命、批准等,在国有控股、参股公司及其分支机构中从事公务的人员,应当认定为国家工作人员。具体的任命机构和程序,不影响国家工作人员的认定。”

5.《办理国家出资企业中职务犯罪案件的意见》第 6 条第 2 款规定:“经国家出资企业中负有管理、监督国有资产职责的组织批准或者研究决定,代表其在国有控股、参股公司及其分支机构中从事组织、领导、监督、经营、管理工作的人员,应当认定为国家工作人员。”

6.《办理国家出资企业中职务犯罪案件的意见》第 7 条第 1 款规定:“本意见所称‘国家出资企业’,包括国家出资的国有独资公司、国有独资企业,以及国有资本控股公司、国有资本参股公司。”

### (二)《刑法》中的国有公司、企业的范围

通过上述文件,特别是《定罪问题批复》的规定可见,刑法意义上的国有公司、企业仅指国有独资公司、企业。根据最高人民法院 2004 年 11 月《全国法院经济犯罪案件审判工作座谈会综述》所载,与会代表同持这一观点,一致认为,国有公司仅指国有独资公司或两个以上国有投资主体出资成立的有限责任公司以及其他全部股份属于国家所有的股份公司。

根据《企业国有资产法》和《办理国家出资企业中职务犯罪案件的意见》的规定,国家出资企业包括国有全资、国有控股、国有参股企业和公司,只要企业或公司含有国有资本成分,不论国有资本在企业或公司中所占份额大小,均属于国家出资企业。由此可见,《办理国家出资企业中职务犯罪案件的意见》是一条分水岭,规定了国家出资企业中的"以国家工作人员论"的情形。至《办理国家出资企业中职务犯罪案件的意见》出台后,国有公司、企业,国有控股公司、企业,国有参股公司、企业之间在刑法意义上的关系可归纳如下:

1. 刑法意义上的国有公司、企业仅包括国有独资公司、企业。

2. 刑法意义上的非国有公司、企业包括国有控股公司、企业和国有参股公司、企业。

3. 国家出资企业,即包括国有公司、企业,也包括非国有公司、企业。

### (三)"间接委派型"国家工作人员的界定

通过上述司法解释和规范性文件可以看出,《办理国家出资企业中职务犯罪案件的意见》出台前的相关文件实际上直接或间接地将国有控股或参股的公司、企业排除在《刑法》中的国有公司、企业概念之外,且《定罪问题批复》直接规定了"在国有资本控股、参股的股份有限公司中从事管理工作的人员,除受国家机关、国有公司、企业、事业单位委派从事公务的以外,不属于国家工作人员",也就是说《定罪问题批复》认为只有国家机关或国有独资公司、企业委派到国有控股、参股的公司、企业从事公务的人员,才属于国家工作人员。而《办理国家出资企业中职务犯罪案件的意见》第 6 条第 2 款,则是司法机关通过准司法解释文件对"间接委派"情形下认定国家工作人员予以明确,将部分国有控股、参股公司、企业的工作人员认定在国家工作人员的范围内。因此,实务界一般将"委派型"国家工作人员,细分为"直接委派型"国家工作人员和"间接委派型"国家工作人员。直接委派型,即国家机关、国有公司、企业(国有独资)委派到非国有公司、企业(国有控股、参股)的工作人员。

间接委派型,即国有控股、参股的非国有公司、企业委派至非国有公司,或者国有控股、参股的非国有公司、企业内部自行任命的工作人员。

关于"间接委派"的主体。《办理国家出资企业中职务犯罪案件的意见》第6条第2款将"国家出资企业中负有管理、监督国有资产职责的组织"规定为有权"间接委派"的主体。相较于《刑法》条文文义和《办理国家出资企业中职务犯罪案件的意见》出台前的相关司法解释和规范性文件,显然是对有权委派主体进行了扩张解释,将"委派"主体从国家出资企业之外突破至其内,实质上扩大了有权委派主体的范围。但是,该条款也未明确国家出资企业中的哪一组织负有管理、监督国有资产职责,这一问题在实务中存在一定的争议。

关于委派的形式。2003年11月13日施行的《全国法院审理经济犯罪案件工作座谈会纪要》规定:"所谓委派,即委任、派遣,其形式多种多样,如任命、指派、提名、批准等。不论被委派的人身份如何,只要是接受国家机关、国有公司、企业、事业单位委派,代表国家机关、国有公司、企业、事业单位在非国有公司、企业、事业单位、社会团体中从事组织、领导、监督、管理等工作,都可以认定为国家机关、国有公司、企业、事业单位委派到非国有公司、企业、事业单位、社会团体从事公务的人员。"《办理国家出资企业中职务犯罪案件的意见》第6条第1款沿用了上述纪要对委派形式的规定,同时规定"具体的任命机构和程序,不影响国家工作人员的认定"。

## 二、"间接委派型"国家工作人员的构成要件

对于国家出资企业中的工作人员,要判断其是否属于国家工作人员身份,无论是直接委派还是间接委派,一般认为需具备两个要件,一是代表性,二是公务性。代表性,即委派主体作出的任命,代表着上级或本级国有资产监督管理组织的意志。公务性,即国企工作人员在国企中从事的工作应具备公务属性,而非单纯的技术属性、业务属性或劳务属性。

### (一)代表性

代表性,是认定"间接委派型"国家工作人员身份的关键。《办理国家出资企业中职务犯罪案件的意见》第6条第2款赋予国家出资企业内部组织或机构具有"间接委派"的权力,但是该条款并未指明国家出资企业中的哪一组织或机构可以代表国有资产监督管理组织的意志,使其对企业内部工作人员作出的任命具有"代表性"。因此,本文通过梳理《刑事审判参考》案例及相关判例,对认定要点予以归纳。

1.《刑事审判参考》

《刑事审判参考》第959号认为,作为授权方的负有管理、监督国有资产职责的组织,与作为被授权方的国家工作人员,通过批准、研究决定等方式,产生一种委托法律关系。换言之,在国家出资企业中,国家工作人员系代表国有资产的监督、管理组织从事工作,这种代表性是认定国家工作人员身份的首要特征。对这里的“组织”如何理解,实践中存在不同认识。有观点认为,这里的“组织”不仅包括国家出资企业中的领导部门与联席会,还包括公司股东会、董事会、监事会。这种观点值得商榷。国有控股、参股公司的股东会、董事会、监事会是整个公司的管理、决策和执行机构,代表了包括非国有资产在内的全公司的利益,而非单纯的管理、监督国有资产的组织。《办理国家出资企业中职务犯罪案件的意见》第6条已对《刑法》的规定有了突破,对其理解应当从严把握,否则将导致国家工作人员认定的宽泛化。

《刑事审判参考》第974号认为,在认定国家工作人员身份时,“党委任命”属于形式要件,行为人是否具有“代表性”属于实质要件,行为人必须对任命其的组织具有一定的“代表性”,行为人虽经有关组织研究决定任命,但是如果该任职与委派组织没有必然的联系,行为人对委派组织亦无职责义务关系,则不应认定为国家工作人员。根据《办理国家出资企业中职务犯罪案件的意见》的精神,这里所谓的“组织”,除国家资产监督管理机构,国有公司、企业、事业单位外,主要是指上级或者本级国家出资企业内部的党委、党政联席会。因为,根据党管干部的组织原则,国家出资企业中一般设有党委,以国家出资企业中负有管理、监督国有资产职责的组织作为委派主体,既反映了当前国家出资企业的经营管理实际,又体现了从事公务活动这一认定国家工作人员的实质要求,可以保证认定范围的正当性、确定性和内敛性。

《刑事审判参考》第1016号认为,作为授权方的负有管理、监督国有资产职责的组织,与作为被授权方的国家工作人员,通过批准、研究决定等政治授权行为方式,产生一种认可被授权方法律行为所建立的法律关系的效果,并将这种法律关系最终归属于国家。也即在国有出资企业中,国家工作人员系代表国有资产的监督、管理组织从事工作,这种代表性是认定国家工作人员身份的首要特征。从形式要件分析,认定国家出资企业中的国家工作人员一般要求行为人的职务系经党政联席会等形式批准、任命。从实质要件分析,国家出资企业中的国家工作人员代表负有管理、监督国有资产职责的组织在国有控股、参股公司及其分支机构中从事组织、领导、监督、经营、管理工作。

《刑事审判参考》第1055号认为,应当从以下两个方面进行认定:一是形式要件，即经国家出资企业中负有管理、监督国有资产职责的组织批准或者研究决定。这里的“组织”主要是指上级或者本级国家出资企业内部的党委、党政联席会。二是实质要件，即代表负有管理、监督国有资产职责的组织在国有控股、参股公司及其分支机构中从事组织、领导、监督、经营、管理工作，实质要件具有“代表性”和“公务性”两个特征。在判断层次上，对于形式要件、实质要件的判断分别属于形式判断和实质判断，首先要进行形式判断，形式判断是进行实质判断的重要前提和依据。

2. 相关判例

（2017）浙 0106 刑初 302 号刑事判决。该案中，行为人的任命虽然是董事会作出的决议，进而交由党委办下达任命，该决议被认为等同于党委的决议，理由是董事会成员结构与党委会议成员结构高度一致，且董事会决议直接交由党委办下达，董事会决议代表了党委的意志。

（2016）沪 0112 刑初 1333 号刑事判决。该案中，即使公司党委出具相关任职证明，但缺乏原始相关任职审核程序的会议纪要等批准文件，以及缺乏相关党委成员的证言加以印证，法院也未认定行为人在国有出资企业中从事的工作具有“代表性”。

综上，实践中审判机关在对国家出资企业工作人员是否具有“代表性”的认定上，主要考量其职务在形式上是否由上级或者本级国家出资企业内部的党委、党政联席会议所决定或批准。若是，在具备任职证明、原始相关任职审核程序的会议纪要、党委成员的证言等证据的情况下，可以认定具有“代表性”。若否，其职务为董事会或股东会所批准，则要看党委会议、党政联席会议与董事会、股东会在成员结构上是否具有高度一致性，如果成员结构高度一致，也可能会被视为具有“代表性”。需要说明的是，实际上股东会、董事会、监事会是公司法意义上公司的权力、决策和执行机构，代表包含有非国有资产利益在内的完整的公司利益，不能完全代表国家对国有资产的管理、监督意志。但是，如果董事会或股东会的成员与党委会议、党政联席会议的成员高度一致，审判机关可能会认为由于二者具有高度的同一性，可以将董事会或股东会的决议视为党委会议或党政联席会议的决议。

### （二）公务性

公务性，是指《刑法》第 93 条所规定的“从事公务”。根据《全国法院审理经济犯罪案件工作座谈会纪要》的规定，从事公务，是指代表国家机关、国有公司、企业、事业单位、人民团体等履行组织、领导、监督、管理等职责。公务主要表现为与职权相联系的公共事务以及监督、管理国有财产的职务活动。如国家机关工作人员依法履行职责，国有公司的董事、经理、监事、会计、出纳人员等管理、监督国有财产等活动，属于从事公务。那些不具备职权内容的劳务活动、技术服务工作，如售货员、售票员等所从事的工作，一般不认为是公务。

《刑事审判参考》第 399 号认为，被告人虽是以工人身份借调、聘用至指挥部工作，不是国家机关的正式在编人员，但根据全国人民代表大会常务委员会《关于〈中华人民共和国刑法〉第九章渎职罪主体适用问题的解释》"虽未列入国家机关人员编制但在国家机关中从事公务的人员，在代表国家机关行使职权时，有渎职行为，构成犯罪的，依照《刑法》关于渎职罪的规定追究刑事责任"的规定，认定是否属于"在国家机关中从事公务的人员"，并不要求行为人具有国家机关在编人员的身份，而是重点强调是否在国家机关中从事公务。只要在国家机关中从事公务，即使是工人、农民身份，亦应认定为《刑法》第 93 条第 1 款规定的"国家工作人员"。

《刑事审判参考》第 693 号认为，国有企业在改制期间仍然是国有企业，其资产仍然是国有资产，其中从事监督、管理国有资产等公务的人员依然应被认定为国家工作人员。认为签订了解除劳动关系协议，办理了失业登记，行为人就不能再被认定为国家工作人员的观点，过于看重形式，忽视了国家工作人员的本质特征，因而不可取。20 世纪 90 年代后期，关于国家工作人员的认定，曾经存在"身份论"和"职责论"的激烈争论。1997 年《刑法》修订后，理论界和实务界的主流观点均认为，国家工作人员的认定，应采纳"职责论"，即不是单纯通过被告人的"身份"（一般是审查有无干部履历表）来认定，而应结合被告人是否从事公务来判断其是否属于国家工作人员。因此，行为人是否为国家工作人员，不是取决于其形式上是否与国有企业解除劳动关系，而是取决于其实质上是否仍然在国有企业从事监督、管理国有资产等公务。行为人作为改制期间的留守人员之一，其仍在电表厂领取薪酬，对国有资产仍负有监督、管理等职责，应认定其为国家工作人员。

《刑事审判参考》第 959 号认为，在国家出资企业中，公务有公司性的公务和国家性的公务之分，前者是代表公司整体利益的行为，而后者仅是代表国有资产的监督、管理组织进行管理的行为。实践中，一般做法是，行为人的身份如果符合形式要件，即经国家出资企业中负有管理、监督国有资产职责的组织批准或者研究决定，即使从事的是公司性的公务，也应以国家工作人员从事公务论。因为在国家出资企业中，国家性的公务必然包含在公司性的公务中。比较难处理的是，如果行为人的身份不符合形式要件，但从事本质上属于国家性的公务，是否以国家工作人员从事公务论。这种情况较少，如果出现，原则上也应以国家工作人员从事公务论。刑事实体法,对犯罪概念的界定更强调实质原则。强调这一原则的主要考虑是为了防止行为人规避法律。如果行为人实质从事国有资产的监督、管理,仅因为缺少形式要件或者故意使形式要件不成就,就不以国家工作人员从事公务论,则必然助长国家出资企业中的犯罪之风,不利于国有资产的保护。

《刑事审判参考》第1016号认为,对于经党政联席会等形式批准、任命的人员,实践中把握的原则是,只要从事的是公务,一般都认定为国家工作人员。但对于未经党政联席会等形式批准、任命的人员,还要区分是从事公司整体的公务,还是代表国有资产管理、监督部门从事公务,只有代表国有投资主体行使监督、管理国有资产的职权,才能认定为国家工作人员。

由上可见,只要行为人在国有出资企业中从事监督、管理国有财产的职务活动,即符合"公务性"的要件,其与国有出资企业之间是否属于劳动关系、是否属于劳务派遣、是否属于管理岗位等均在所不问。本文认为,行为人在国有出资企业中从事监督、管理国有财产的职务活动实际上也是一种劳务。因此,明确刑法意义上的劳务和公务之间的区别,关键在于行为人的劳务与其职权是否存在联系,是不是一种职务活动,是不是一种监督、管理的行为。单纯的劳务与职权、职务无关,不具有监督、管理等公共事务性质。而从事公务则是在从事劳务时亦同时从事公务,或者该劳务本身就是一种监督、管理等公共事务活动。此外,需要注意的是,从《刑事审判参考》第959号可以看出,相比"代表性"要件而言,审判机关更倾向于将"公务性"要件作为认定"间接委派型"国家工作人员的实质要件,即使缺乏经党政联席会议等形式批准或任命的形式要件,也可能会被直接认定为国家工作人员。

## 三、结语

"间接委派型"国家工作人员身份的认定问题,是国家在国企改制过程中加强对国有资产保护、防止国有资产遭受损失的相关举措的反映。刑事规制作为法律的最后一道防线,对此确应予以规制,但仍应恪守罪刑法定原则,严格把握犯罪主体认定标准,确保司法公正。具体到个案中,要准确辨析国家出资企业中的工作人员是否属于国家工作人员,可首先分析是否具有代表性,其次分析是否具有公务性。

代表性方面,应明确行为人所在的国有出资企业的国资比例,即国企属性,涉及多层级的母子公司关系的,应将各层级的公司、企业的国企属性予以一一明确,明确其是国有独资,还是国有控股,还是国有参股。同时,还要明确行为人的职务获得形式,是民主选举产生,还是竞岗上任,还是任命产生,明确职务获得的过程中的组织程序,以及由何组织或机构予以批准或任命,再对该组织或机构是否负有国有资产管理监督职责,批准或任命是否合乎组织程序等予以考量。

公务性方面,要把握公务性活动和劳务性、技术性活动的区别,还应充分认识到,在委派型国家工作人员的认定上,基于保护国有资产的目的,实践中更倾向于将公务性要件作为认定的实质要件,将代表性要件作为形式要件,因此对于公务性,应着重对行为人所从事的工作予以剖析,通过工作汇报、事务决策等工作中的具体环节,考量其工作是否具有监督、管理公共事务的属性。

# 上市公司股权代持协议效力及法律后果

许惠茹*

## 一、上市公司股权代持协议以无效为原则，以有效为例外

### （一）上市公司股权代持协议无效的理由

按照最高人民法院及各地法院的判例观点，上市公司股权代持协议无效的理由有两点：其一，上市公司股权代持协议违反了法律、行政法规的强制性规定而无效；其二，上市公司股权代持协议损害社会公众利益，违背社会公序良俗故而无效。主要理由是第二点。

原《合同法》第52条规定："有下列情形之一的，合同无效：（一）一方以欺诈、胁迫的手段订立合同，损害国家利益；（二）恶意串通，损害国家、集体或者第三人利益；（三）以合法形式掩盖非法目的；（四）损害社会公共利益；（五）违反法律、行政法规的强制性规定。"《民法典》第153条规定："违反法律、行政法规的强制性规定的民事法律行为无效。但是，该强制性规定不导致该民事法律行为无效的除外。违背公序良俗的民事法律行为无效。"

1. 上市公司股权代持协议违反了法律、行政法规的强制性规定而无效

最高人民法院在杨某国、林某坤股权转让纠纷再审审查与审判监督民事裁定书——（2017）最高法民申2454号中有详尽论述，"首先，中国证券监督管理委员会于2006年5月17日颁布的《首次公开发行股票并上市管理办法》第十三条规定：'发行人的股权清晰，控股股东和受控股股东、实际控制人支配的股东持有的发行人股份不存在重大权属纠纷。'《中华人民共和国证券法》第十二条规定：'设立股份有限公司公开发行股票，应当符合《中华人民共和国公司法》规定的条件和经国务

* 德和衡联席合伙人，专注土地开发、信用证与保函、金融与担保、公司股权、商事争议解决等业务领域。

院批准的国务院证券监督管理机构规定的其他条件……’第六十三条规定：‘发行人、上市公司依法披露的信息，必须真实、准确、完整，不得有虚假记载、误导性陈述或者重大遗漏。’中国证券监督管理委员会于2007年1月30日颁布的《上市公司信息披露管理办法》第三条规定：‘发行人、上市公司的董事、监事、高级管理人员应当忠实、勤勉地履行职责，保证披露信息的真实、准确、完整、及时、公平。’根据上述规定等可以看出，公司上市发行人必须股权清晰，且股份不存在重大权属纠纷，并公司上市需遵守如实披露的义务，披露的信息必须真实、准确、完整，这是证券行业监管的基本要求，也是证券行业的基本共识。由此可见，上市公司发行人必须真实，并不允许发行过程中隐匿真实股东，否则公司股票不得上市发行，通俗而言，即上市公司股权不得隐名代持”。最高人民法院认为虽然前述公司上市系列监管规定大多属于部门规章性质，但因经法律授权且与法律并不冲突，并属于证券行业监管基本要求与业内共识，且前述监管规定中《公司法》《证券法》属于法律性质，因此综合判断属于违反法律、行政法规的强制性规定而无效。当然了，最高人民法院虽然以此说理，但最终引用的法条依然是原《合同法》第52条第4款，所以认定上市公司股权代持协议无效的关键理由仍需进一步探讨。

2. 上市公司股权代持协议违背公序良俗、损害社会公共利益而无效

最高人民法院在前述案例中继续论证说理，其认为上市公司股权代持损害社会公共利益的理由如下：中国证券监督管理委员会根据《证券法》授权对证券行业进行监督管理，是为保护广大非特定投资者的合法权益。要求拟上市公司股权必须清晰，约束上市公司不得隐名代持股权，系对上市公司监管的基本要求，否则如上市公司真实股东都不清晰的话，其他对于上市公司系列信息披露要求、关联交易审查、高管人员任职回避等监管举措必然落空，必然损害到广大非特定投资者的合法权益，从而损害到资本市场基本交易秩序与基本交易安全，损害到金融安全与社会稳定，进而损害到社会公共利益。前述杨某国、林某坤股权转让纠纷再审审查与审判监督案是最高人民法院认定上市公司股权代持协议无效的经典案例，此后各地法院纷纷效仿，裁判思路趋于统一，除了前述论证理由外，深圳市中级人民法院在李某、唐某确认合同效力纠纷二审民事判决书——(2019)粤03民终781号中补充了新的观点，其认为上市公司股权代持损害了社会公共利益的理由系上市公司披露的信息是影响股票价格的基本因素，信息披露不真实损害了广大投资者的合法利益。具体说理如下：上市公司披露的信息是影响股票价格的基本因素，要求上市公司在股票发行上市的过程中保证信息的真实、准确、完整，是维护证券市场有效运行的基本准则，也是广大投资者合法利益的基本保障。发行人的股权结构是

影响公司经营状况的重要因素，属于发行人应当披露的重要信息。为此，《证券法》（2014 年修正）第 63 条规定："发行人、上市公司依法披露的信息，必须真实、准确、完整，不得有虚假记载、误导性陈述或者重大遗漏。"第 68 条第 3 款规定："上市公司董事、监事、高级管理人员应当保证上市公司所披露的信息真实、准确、完整。"中国证券监督管理委员会 2007 年颁布的《上市公司信息披露管理办法》（现已失效）第 3 条规定："发行人、上市公司的董事、监事、高级管理人员应当忠实、勤勉地履行职责，保证披露信息的真实、准确、完整、及时、公平。"

3. 小结

上市公司股权代持协议的效力之所以区别于非上市公司股权代持协议的效力，表面原因在于公司上市后有大量的监管规定需要遵守，本质原因在于公司上市后股权结构发生重大变化，股东范围扩大至公开市场上潜在的广大投资者。虽然法律仅规定合同违反"法律、行政法规的效力强制性规定"才无效，但主张上市公司股权代持协议无效的真实理由为"违反公序良俗、社会公共利益"。《全国法院民商事审判工作会议纪要》（以下简称《九民纪要》）规定："31.【违反规章的合同效力】 违反规章一般情况下不影响合同效力，但该规章的内容涉及金融安全、市场秩序、国家宏观政策等公序良俗的，应当认定合同无效。人民法院在认定规章是否涉及公序良俗时，要在考察规范对象基础上，兼顾监管强度、交易安全保护以及社会影响等方面进行慎重考量，并在裁判文书中进行充分说理。"最高人民法院及各地法院论证上市公司股权代持协议无效的路径与《九民纪要》观点不谋而合。

### （二）上市公司股权代持协议无效例外情形

上市公司股权代持协议以无效为原则，以有效为例外，例外情形分两种。

1. 上市公司股权代持情况已经公告披露的，代持合法有效

最高人民法院在深圳市兴云信投资发展有限公司、广州市华美丰收资产管理有限公司信托纠纷二审民事判决书——（2018）最高法民终 359 号中认为："关于案涉《协议书》及《补充协议》的效力认定。由于《协议书》及《补充协议》性质不属于信托协议，兴云信公司以其缺乏营业信托资质、信托财产不能确定且系不能设立信托的财产、信托目的非法等为由，主张依据《中华人民共和国信托法》认定《协议书》及《补充协议》无效的上诉理由不能成立，本院不予支持。由于我国法律和行政法规没有直接对委托代持股合同作出效力性强制性规定，故委托代持股行为本身不是否定合同效力的理由，具体应看合同是否存在《中华人民共和国合同法》第五十

二条规定的无效情形。《中华人民共和国合同法》第五十二条规定：‘有下列情形之一的，合同无效：（一）一方以欺诈、胁迫的手段订立合同，损害国家利益；（二）恶意串通，损害国家、集体或者第三人利益；（三）以合法形式掩盖非法目的；（四）损害社会公共利益；（五）违反法律、行政法规的强制性规定。’兴云信公司上诉主张案涉《协议书》以合法形式掩盖非法目的，利用兴云信公司国有企业的身份谋取国有股权，违反法律法规的强制性规定。……《协议书》约定委托代持股的目的尚不构成违反法律法规强制性规定的‘非法目的’，不具有以合法形式掩盖非法目的的情形。因此，兴云信公司关于《协议书》以合法形式掩盖非法目的以及违反我国法律、行政法规强制性规定的上诉理由不能成立。兴云信公司上诉主张《协议书》恶意串通，损害国家、集体、第三人的利益。本案华美公司、王某虹、禾之禾公司通过委托代持股方式收购盐湖工业公司国有股权，而从盐湖工业公司上市公告看，其于2008年6月3日发布《简式权益变动报告书（修正）》，由信息披露义务人兴云信公司依法披露了所涉的隐名持股情况，表明盐湖工业公司对委托代持股事实并没有异议，其亦不认为案涉委托代持股方式收购国有股权造成了国家和集体利益的损失。兴云信公司该项上诉理由不能成立。……综上，案涉《协议书》是各方当事人真实意思表示，不违反我国法律法规的强制性规定，其合法有效。”

2. 执行案件中不否认上市公司股权代持协议的效力

最高人民法院在林某青、林某全案外人执行异议之诉再审审查与审判监督民事裁定书——（2019）最高法民申2978号中认为：“本案中，根据一审、二审法院查明的事实，登记在吴某雄名下×××××××股山鹰股份股票实际系由林某全出资购买，且林某全亦实际享受该股票分红，故该股票名义为吴某雄所有，但实际权利人应为林某全。《中华人民共和国公司法》第三十二条第三款规定‘公司应当将股东的姓名或者名称向公司登记机关登记；登记事项发生变更的，应当办理变更登记。未经登记或者变更登记的，不得对抗第三人’。《中华人民共和国民法总则》第六十五条规定：‘法人的实际情况与登记的事项不一致的，不得对抗善意相对人’。上述两条规定均源于商事外观主义基本原则，即相对人基于登记外观的信任所作出的交易决定，即便该权利外观与实际权利不一致，亦应推定该权利外观真实有效，以保证相对人的信赖利益，维持交易安全。故上述规定中的‘第三人’以及‘善意相对人’均应是指基于对登记外观信任而作出交易决定的第三人。本案中，林某青系案涉股票登记权利人吴某雄的金钱债权的执行人，并不是以案涉股票为交易标的的相对人。虽然林某青申请再审称，其是基于对吴某雄持有案涉股票的信赖，才接受吴某雄提供担保。但林某青对此并未提交证据证明，故该项主张不能成立。

此外,上市公司隐名持股本身并不为法律、行政法规所明文禁止,林某全作为隐名股东持有山鹰股份的权利,不能被剥夺。因此,一审、二审判决林某全对案涉股票享有能够排除林某青申请执行的权益,并无不当。”该案在前文杨某国、林某坤股权转让纠纷再审审查与审判监督一案之后作出裁判。

## 二、上市公司股权代持协议无效的法律后果

### (一)请求股权过户的主张不能得到支持

在杨某国、林某坤股权转让纠纷再审审查与审判监督一案中,最高人民法院认为股权代持协议无效后,隐名股东请求返还股权,变更登记的请求属于原《合同法》第58条中“不能返还或者没有必要返还”的情况,因此请求股权过户的主张不能得到支持。具体说理如下:原《合同法》第58条规定:“合同无效或者被撤销后,因该合同取得的财产,应当予以返还;不能返还或者没有必要返还的,应当折价补偿。有过错的一方应当赔偿对方因此所受到的损失,双方都有过错的,应当各自承担相应的责任。”本案中双方协议因涉及上市公司隐名持股而无效,但这并不意味着否认杨某国与林某坤之间委托投资关系的效力,更不意味着否认双方之间委托投资的事实;同样,也不意味着否认林某坤依法持有上市公司股权的效力,更不意味着否认林某坤与亚玛顿公司股东之间围绕公司上市及其运行所实施的一系列行为之效力。据此,本案双方协议虽被认定为无效,但属于“不能返还或者没有必要返还的”情形,故杨某国要求将诉争股权过户至其名下的请求难以得到支持,但杨某国可依进一步查明事实所对应的股权数量请求公平分割相关委托投资利益。

### (二)股权投资收益按双方过错及贡献大小等情况公平合理分割

1. 股权投资收益裁判结果之一:判决返还投资款及法定孳息

广东省深圳市中级人民法院在梁某敏、徐某委托合同纠纷二审民事判决书——(2020)粤03民终20684号中分析认为:原《合同法》第58条规定:“合同无效或者被撤销后,因该合同取得的财产,应当予以返还;不能返还或者没有必要返还的,应当折价补偿。有过错的一方应当赔偿对方因此所受到的损失,双方都有过错的,应当各自承担相应的责任。”鉴于梁某敏与许某明的身份,应推定二者均系有相当的商业经验以及专业知识的人员,双方对于案涉收条无效均存在过错,应当各自承担相应的责任。一审认定因案涉收条无效后应返还的财产,包括梁某敏已付的投资款100万元及法定孳息并无不当,法院予以确认。

2. 股权投资收益裁判结果之二：法院以公积金转增或派发现金红利后增大后的股份数为基础，自由裁量返还投资收益的比例

上海金融法院在涉外金融典型案例——杉浦某某诉龚某股权转让纠纷案[（2018）沪74民初585号]中判决："一、龚某向杉浦某某支付2017年现金红利人民币352,000元（扣除应缴纳税费）的70%；二、杉浦某某可与龚某协商，对龚某名下123.2万股甲公司股票进行出售，若协商不成，杉浦某某可申请对上述股票进行拍卖、变卖，上述股票出售、拍卖、变卖所得款项中优先支付杉浦某某投资款人民币3,836,800元，若所得款项金额超过投资款金额，超过部分的70%归杉浦某某所有，剩余部分归龚某所有。宣判后，双方当事人均未上诉，判决已发生法律效力。"

3. 股权投资收益裁判结果之三：判决以股价进行补偿，以当事人主张且股票已解禁时的股价为补偿标准

广东省深圳市中级人民法院在易思博网络系统（深圳）有限公司（以下简称易思博公司）、赵某辉委托合同纠纷二审民事判决书——（2020）粤03民终729号中分析认为：对于赵某辉认购股份的补偿，一审庭审时，双方均确认按照股价进行补偿。赵某辉要求按其起诉之日（2019年9月26日）的收盘价格来计算折价补偿金额，易思博公司则主张按实际出售之日的收盘价格来补偿。一审时易思博公司自认2013年5月至2016年5月29日为限售期，因易思博公司的实际控制人兰某兵是新海宜科技集团股份有限公司的董事，所以每年可转让的股份不能超过25%，所持股份要分4年才能完成解禁。二审时易思博公司又主张由于承诺延长限售期，赵某辉的60%股份的解禁期延长至2019年5月29日，且因上市公司未办理解除限售手续，目前该部分股份并未能上市交易。其余40%的股份也因赵某辉未要求上市交易而办理解禁，相关配额已由他人使用。故赵某辉所持的全部股份现均处于未解禁状态，不能交易，应以实际解禁之日的价格折价补偿。本院经审理认为，易思博公司二审提交的《案件受理通知书》《民事起诉状》赵某辉不持异议，根据该证据，赵某辉的60%的股份目前确实未能上市交易。但《民事起诉状》显示：易思博公司因经营需要已于2016年8月26日将其名下的未解禁的12,648,690股中的12,464,350股进行质押融资，质押融资的部分占了其所持股份的绝大部分，根据本案事实，并无法分清质押融资的部分是否包含赵某辉的部分。且易思博公司已就其名下的股票未能按规定的2019年5月29日解禁对新海宜科技集团股份有限公司提出诉讼，要求其及时办理解禁并赔偿相关损失。结合赵某辉所持的40%的股份早已可以解禁，二审时易思博公司也确认该部份股份分别于2016年、2018年可以办理解禁。易思博公司主张系因赵某辉未要求上市交易而办理解禁，赵某辉不予确认，易思博

公司未能进一步提交证据证明其曾征得赵某辉的同意。结合当时赵某辉已提出解除代持关系的事实,按常理易思博公司应尽早办理解禁,以解决双方的争议,易思博公司主张系赵某辉不愿上市交易无相应证据证实,且与常理不符,本院不予采信。根据涉案股票的走势,2016 年、2018 年的价格远远高于赵某辉起诉之日 2019 年 9 月 26 日的价格,赵某辉当时可办理解禁的股票达 40% 。结合易思博公司所持股份数量巨大,并未将赵某辉的股票单独管理,易思博公司存在将其名下的未解禁的绝大部分股票用于质押融资的事实,且赵某辉与易思博公司签订的《股权代持协议》已经本院生效判决认定无效,本案所涉股票应认定为易思博公司所有。一审认定易思博公司应就 75% 的股份即 193,756 股以 2019 年 9 月 26 日当天股票收盘价格折价补偿于赵某辉,剩余 25% 的部分即 64,586 股以实际股份解禁后的第一个交易日当天股票收盘价格折价补偿于赵某辉并不存在不公平的情形。易思博公司上诉主张予以改判法院不予支持。

## 三、结论

上市公司股权代持协议原则上均无效,执行案件或代持情况依法披露的除外。上市公司股权代持协议无效后,隐名股东主张股权过户或确权的请求不能得到支持,但可以主张股权投资收益。股权投资收益各地法院支持程度不一,底线思维是可以主张投资本金及法定孳息,对于股价增值部分,有法院自由裁量分割比例,也有法院按照解禁当日收盘价标准予以支持。

# 建筑设计企业 IPO 面临的主要法律问题概览

甘永辉　代琪蕾*

建筑设计行业是国民经济的基础产业之一。建筑设计(Architectural Design)作为建筑工程从投资到最终实现的承前启后的核心环节,是将固定资产投资、工程建设科技成果转化为现实生产力的主要途径,是提高建设项目投资效益、社会效益和保障工程质量安全的重要保证,对传承优秀历史文化、促进城乡协调科学发展、推动经济转型升级、建设创新型国家起着十分重要的作用。近年来,在加快建设创新型国家、实施区域协调发展战略与乡村振兴战略等背景下,基于建筑设计企业的竞争格局及对其提升资本化能力等方面的需求,已有十多家建筑设计企业顺利登陆 A 股市场,从国企央企到纯民营企业,从园林设计企业到"装配式建筑行业企业",呈现企业性质、细分领域多元化的特点。

本文结合近年来建筑设计行业 A 股首次公开募股(IPO)成功案例以及笔者服务建筑设计行业企业的相关项目经验,归纳了建筑设计企业境内 IPO 过程中关注的主要法律问题审核要点,旨在促进建筑设计企业的规范化经营并为其成功 IPO 提供借鉴。

## 一、建筑设计行业监管概览

### (一)建筑设计行业公司的分类

建筑设计行业公司主要从事建筑设计、咨询、研发及其延伸业务,根据中国证券监督管理委员会(以下简称证监会)2012 年修订的《上市公司行业分类指引》(已失效),该行业属于专业技术服务业(代码 M74)。根据国家统计局 2017 年 6 月发

---

* 德和衡执业律师,擅长公司治理并购重组、基金、信托等专业领域。

布的《国民经济行业分类》(GB/T 4754—2017),该行业隶属于“专业技术服务业”大类中的“工程技术与设计服务”。根据国家发展和改革委员会颁布的《产业结构调整指导目录(2019 年本)》(2021 年修订),该行业属于鼓励类行业“商务服务业”中的“工程咨询服务”。

### (二)建筑设计行业监管适用的主要法律法规概览

建筑设计行业实行资质分级、市场准入制度,不具备相应资质的企业不能承接相应业务。建筑设计行业监管适用的主要法律法规如表 1 所示。

**表 1　建筑设计行业监管的主要法律法规**

| 序号 | 法规名称 | 适用范围 | 规范主体/涉及资质 |
|---|---|---|---|
| 1 | 《建筑法》 | 在中华人民共和国境内从事建筑活动,实施对建筑活动的监督管理,应当遵守本法。<br>本法所称建筑活动,是指各类房屋建筑及其附属设施的建造和与其配套的线路、管道、设备的安装活动 | 从事建筑活动的建筑施工企业、勘察单位、设计单位和工程监理单位,按照其拥有的注册资本、专业技术人员、技术装备和已完成的建筑工程业绩等资质条件,划分为不同的资质等级,经资质审查合格,取得相应等级的资质证书后,方可在其资质等级许可的范围内从事建筑活动 |
| 2 | 《建设工程勘察设计管理条例》 | 从事建设工程勘察、设计活动,必须遵守本条例。<br>本条例所称建设工程勘察,是指根据建设工程的要求,查明、分析、评价建设场地的地质地理环境特征和岩土工程条件,编制建设工程勘察文件的活动。<br>本条例所称建设工程设计,是指根据建设工程的要求,对建设工程所需的技术、经济、资源、环境等条件进行综合分析、论证,编制建设工程设计文件的活动 | 建设工程勘察、设计单位应当在其资质等级许可的范围内承揽建设工程勘察、设计业务 |
| 3 | 《建设工程质量管理条例》 | 凡在中华人民共和国境内从事建设工程的新建、扩建、改建等有关活动及实施对建设工程质量监督管理的,必须遵守本条例。本条例所称建设工程,是指土木工程、建筑工程、线路管道和设备安装工程及装修工程 | 建设单位、勘察单位、设计单位、施工单位、工程监理单位依法对建设工程质量负责 |

续表

| 序号 | 法规名称 | 适用范围 | 规范主体/涉及资质 |
|---|---|---|---|
| 4 | 《建设工程安全生产管理条例》 | 在中华人民共和国境内从事建设工程的新建、扩建、改建和拆除等有关活动及实施对建设工程安全生产的监督管理，必须遵守本条例。<br>本条例所称建设工程，是指土木工程、建筑工程、线路管道和设备安装工程及装修工程 | 建设单位、勘察单位、设计单位、施工单位、工程监理单位及其他与建设工程安全生产有关的单位，必须遵守安全生产法律、法规的规定，保证建设工程安全生产，依法承担建设工程安全生产责任 |
| 5 | 《建设工程勘察设计资质管理规定》 | 在中华人民共和国境内申请建设工程勘察、工程设计资质，实施对建设工程勘察、工程设计资质的监督管理，适用本规定 | 从事建设工程勘察、工程设计活动的企业，应当按照其拥有的资产、专业技术人员、技术装备和勘察设计业绩等条件申请资质，经审查合格，取得建设工程勘察、工程设计资质证书后，方可在资质许可的范围内从事建设工程勘察、工程设计活动 |

## 二、业务资质问题

根据《建筑法》《建设工程勘察设计管理条例》等法律法规的规定，我国对建筑设计行业实行资质分级、市场准入制度，不具备相应资质的企业不能承接相应业务。建设工程设计单位应当在其资质等级许可的范围内承揽建设工程设计业务。禁止建设工程设计单位超越其资质等级许可的范围或者以其他建设工程设计单位的名义承揽建设工程设计业务；禁止建设工程设计单位允许其他单位或者个人以本单位的名义承揽建设工程设计业务。建筑设计行业对从业人员实行执业资格注册管理制度，目前与建筑设计业务相关的注册资格主要包括注册建筑师、注册结构工程师、注册公用设备工程师、注册电气工程师等。

对于建筑设计企业的资质，监管部门的思路是精简企业资质类别、简化资质标准、优化审批方式，长远来看倾向于放宽建筑设计行业的市场准入限制，降低制度性交易成本，从而加快推动行业的转型升级。目前实践中，建筑设计企业可能存在无资质、超越资质、资质过期以及出借和挂靠资质等违法违规的情形。

例如，奥雅设计（股票代码：300949）被问及报告期内，子公司上海奥雅超越资质，子公司成都奥雅、青岛奥雅不具备资质开展景观设计业务的问题。对此，发行人律师结合发行人的主要业务，即景观设计及以创意设计为主导的EPC总承包业务，对发行人及其子公司所获得的全部资质及其有效期进行了详细的列示和论证，说明上海奥雅不具备资质和超越资质等级承接景观设计业务，成都奥雅、青岛奥雅不具备资质开展景观设计业务违反了《建设工程勘察设计管理条例》的规定，存在受到相应行政处罚的风险。整改方式为注销相关的子公司，并最终得出发行人子公司在报告期内曾经存在的超越资质等级、不具备资质从事相关业务的情形不会对本次发行构成实质障碍的结论。

此外，山水比德（股票代码：300844）则被关注其取得资质过程的合法合规性，是否存在人员挂靠行为，以及是否具备维持资质的相关要素等。发行人律师在回答前述反馈问题时，通过对比发行人持有的资质的申请条件及发行人申请前述资质时的条件，并辅以发证部门出具的证明文件来论证发行人取得资质的合法合规性；发行人律师还横向对比了杭州园林（股票代码：300649）、奥雅设计与发行人持有的资质，论证可比公司与发行人系因主营业务差异导致所需的资质有所不同。

建科院（股票代码：300675）则因存在分包行为，被问及报告期前五大分包商的名称是否具有相应业务资质、是否存在违反相关法律法规规定或者业务合同约定将工作进行分包的情况。发行人律师回答了发行人存在部分非公核心能力的业务分包情形：其中，对于机电工程施工、工程勘察等应取得相关资质的分包工程或服务，发行人均要求分包商应具备相应的分包资质；设计咨询等工程咨询、会务、展览服务无须取得许可资质。发行人律师还进一步披露了发行人子公司迪赛恩报告期内加固工程业务的劳务分包商尚未取得劳务资质的情况，鉴于该分包业务已经结算完毕，没有产生纠纷，发行人已对此进行了整改规范，因此不会对发行人上市构成实质障碍。

因此，企业开展的业务与其已获得的资质许可是否一致系建筑设计企业 IPO 审核中重点关注的法律问题，通常需要关注如下方面：

1. 企业是否具备开展主营业务的全部必备资质，取得过程是否合法合规，是否持续满足相关法律法规规定的注册资本、专业技术人员、技术装备和业绩等要求，是否存在续期的实质性障碍。包括是否存在利用兼职人员或挂靠人员注册资质申请业务资质的情形。

2. 是否存在超出资质规定范围开展业务的情形，是否存在将项目全部业务转让或挂靠从事经营活动的情形。

## 三、挂靠经营与分包、外协合作

建筑设计行业存在严格的资质管理要求，故行业中可能存在没有相应资质或资质较低的设计企业等主体借用其他具备相应建筑设计资质或者以资质较高的设计企业的名义承揽业务的行为，即挂靠经营行为。挂靠经营行为本质上是规避资质管理的违法行为。

分包、外协合作在建筑工程设计、规划、咨询等环节属于普遍存在的现象。出于资质要求、人员规模、专业分工、成本效益等考量，建筑设计企业一般会外协采购前期考察、辅助设计等基础性、劳务含量高的工作。根据《民法典》和《建设工程勘察设计管理条例》的相关规定，分包主要指承包人按照合同约定或者经发包人同意，将建设工程设计的部分非主体、非关键性工作交由第三人完成，并由第三人就其完成的工作成果与承包人向发包人承担连带责任。接受分包的人应当具备相应的资格条件，并不得再次分包，承包人应当就分包项目向发包人负责。

就以上问题，通常需要关注如下方面：

1. 分包、外协合作的原因、必要性及合理性；分包方是否均具备相关业务资质，外协合作是否符合资质管理要求。

2. 是否需要取得发包方同意，是否存在违法分包、转包情形；是否构成企业违约或将产生其他法律风险；是否因分包方或外协公司发生质量事件或安全事故。

## 四、招投标问题

建筑设计企业主营业务收入源于获取项目。实践中，建筑设计企业的业务模式通常包括招投标模式和直接接受委托模式。《招标投标法》(2017 年修正)第 3 条规定："在中华人民共和国境内进行下列工程建设项目包括项目的勘察、设计、施工、监理以及与工程建设有关的重要设备、材料等的采购，必须进行招标：(一)大型基础设施、公用事业等关系社会公共利益、公众安全的项目；(二)全部或者部分使用国有资金投资或者国家融资的项目；(三)使用国际组织或者外国政府贷款、援助资金的项目。前款所列项目的具体范围和规模标准，由国务院发展计划部门会同国务院有关部门制订，报国务院批准。法律或者国务院对必须进行招标的其他项目的范围有规定的，依照其规定。"

汉嘉设计(股票代码:300746)的部分项目需要通过招标方式承揽，适用法律包括《招标投标法》、《建筑法》及《城乡规划法》等。证监会要求其说明承揽项目的过程是否合法合规，是否存在商业贿赂等情形，要求保荐机构、律师核查并发表意见。发行人律师通过查询发行人的管理、重大业务合同、收入确认单、银行流水、访谈及走访等方式，了解到发行人在招投标模式下承揽项目的过程为：获取项目信息、项目评价审议、组织项目投标、项目中标、项目组织事实、项目验收及费用结算、协议验证存档。发行人及其相关人员与业主(招标方)或招标代理机构不存在任何形式的商业往来。项目组织实施和验收阶段由专门项目组负责，费用结算阶段则由财务部门负责催收。各阶段分工清晰,相互配合和监督,共同完成投标承揽项目,全程不存在商业贿赂等情况。

深水规院(股票代码:301038)就曾因招投标过程中的违法行为受到处罚。2014年11月深圳市财政委员会因发行人参加政府采购活动时存在“串通投标”行为,对发行人处以罚款、3年内禁止参与深圳市政府采购活动等处罚并将公司列入不良行为记录名单。但深圳市水务局、深圳市水务工程建设管理中心、深圳市南山区水务局、深圳市宝安区水务局均为2017年发行人主要客户。因此,证监会要求发行人:(1)补充披露被处罚后,2017年度发行人主要客户中仍存在深圳市、区水务局、水务建设中心等深圳市、区政府部门的原因及合理性,是否违反了深圳市财政委员会的行政处罚指令,是否构成重大违法违规,是否对本次发行构成实质性障碍。(2)补充披露该处罚措施对发行人业务开展、承揽业务及各期经营业绩的不利影响;结合报告期内发行人招投标、承揽深圳市政府项目情况,披露该不良诚信档案记录是否对发行人持续经营构成重大不利影响。(3)收到该处罚后发行人内控制度的完善过程,目前发行人内控制度是否健全有效;报告期内发行人是否存在围标、串标等违法违规行为。

蕾奥规划(股票代码:300989)则被问及招投标和直接委托在客户、业务类型上的差异,直接委托占比与同行业可比公司是否存在差异。对此,蕾奥规划的发行人律师将发行人报告期内招投标及直接委托的收入占比进行对比,并列明新城市(股票代码:300778)、建科院、中设股份(股票代码:002883)、筑博设计(股票代码:300564)及奥雅设计等同行业可比公司的招投标业务收入占比情况,说明发行人招投标和直接委托方式取得收入的占比与同行业可比公司虽存在一定差异,该差异系细分业务类型和客户结构的不同所导致,具有商业合理性。

IPO过程中需要重点核查关注企业订单获取通过依法招投标获得的合规性,主要包括:

1. 企业通过招投标获取业务的比例、是否合法合规,实际履行的重大合同与招投标文件是否存在差异、是否影响招投标的法律效力。

2. 企业是否存在应履行公开招投标程序而未履行的情形,如存在,需说明相关金额和占比情况、未履行相关程序的原因,是否会有合同被撤销风险,是否对业绩存在重大影响。

3. 是否存在联合投标、串通投标、围标、流标、投标失败的情形,联合投标各方权利义务关系及执行内容、收入分配是否合理,对联合体其他成员或其他合作方是否存在市场开拓、资金投入、工程实施、技术落地等方面的依赖。

4. 企业及其关联方、主要经办人员与客户及其关联方是否存在关联关系或利益安排,报告期内是否存在不正当竞争或商业贿赂等违法违规行为,是否受到相关行政处罚。

## 五、劳动用工问题

建筑设计行业属劳动密集型行业,因此其劳动用工问题也常常成为证监会的关注要点。除前述资质问题部分内容提及的劳务外包资质之外,华阳国际(股票代码:002949)、筑博设计、尤安设计(股票代码:300983)及深城交(股票代码:301091)等企业还涉及劳务派遣是否超过法定比例、是否为全体员工依法缴纳社保,以及是否因劳动用工问题受到行政处罚等问题,本文以华阳国际为例具体进行分析。

1. 就劳务外包问题,证监会专门以一个单独的问题对此进行详细提问,关于劳务外包,请中介机构核查:(1)该等劳务公司的经营合法合规性,如是否具备必要的专业资质,是否遵循国家环保、税务、劳动保障等法律法规的相关规定;(2)劳务公司是否专门或主要为发行人服务,如存在主要为发行人服务的情形,应关注其合理性及必要性,关联关系的认定及披露是否真实、准确、完整;(3)劳务公司的构成及变动情况,劳务外包合同的主要内容、劳务数量费用变动是否与发行人经营业绩相匹配,劳务费定价是否公允,是否存在跨期核算情形。与建科院等企业类似的是,华阳国际也存在将劳务分包给没有资质的分包商的情形,就前述问题,其解释口径为该在建工程系发行人内部工程,并非对外承接的施工项目,工期较短且合同金额较小,施工过程中也受公司严格监控和管理,该项分包已经结算完毕,未产生任何纠纷。

2. 就行政处罚问题,华阳国际广州分公司在2014年曾因使用61名员工延长工作时间超过36小时违反劳动保障法律法规被广州市人力资源和社会保障局处以警告并处罚款15,250元,证监会要求发行人补充核查披露临时用工的性质,是否属于劳务派遣,是否存在违反劳动法律法规的情形,上述处罚是否属于重大违法违规行为。对此,发行人律师的解释口径为被处罚行为不属于重大违法行为,受到的行政处罚不属于情节严重的行政处罚。

3. 除此之外,华阳国际还被问及员工的变动情况,包括员工人数、结构、职工薪酬的变动,该等变动是否与发行人业务发展及业绩的变动趋势一致,并要求补充说明并披露报告期各期未缴纳社会保险和住房公积金的人数及未缴纳的原因。对此,发行人律师通过说明设计人员、销售人员、管理人员的职工薪酬总体保持持续稳定增长,从而论证员工薪酬的变动与公司的业务发展变动趋势基本匹配。

就劳动用工问题，审核主要关注外包模式、核心人员稳定性及其薪酬情况。

## 六、审核关注的个性问题

除前述建筑设计企业典型的共性问题之外，笔者发现已上市的建筑设计企业也有相对特殊的个性化问题，此类问题既具有建筑设计行业的行业特性，又具有发行人的自身特性。笔者以其中的筑博设计、建科院及霍普股份（股票代码：301024）为例进行解读。

### （一）筑博设计

1. 曾被股票发行审核委员会否决

发行人前次申报因收入确认问题、诉讼问题及2015年营业收入减少而净利润上升的问题被股票发行审核委员会否决。因此在反馈意见中，证监会要求发行人说明前次否决原因及相关否决意见的落实情况，说明本次申报和前次申报的主要变化情况，并请保荐机构、律师核查并发表意见。

对于发行人已中止、终止项目相关事项，发行人律师认为报告期内不存在大额已收设计费退款的情况，已确认收入不存在退款风险，确认收入符合原《企业会计准则》规定；对于发行人与柏某红诉讼事项，发行人律师认为柏某红已经撤回对发行人的上诉，该诉讼案件已经完结，发行人对该案的会计处理符合原《企业会计准则》；对于发行人营业收入与净利润匹配情况，发行人前次申报时净利润波动的主要原因为员工薪酬的核算存在错期，对中高层员工，存在实际计提金额和次年实发金额差异，由此导致净利润与收入变动不一致的情形。本次申报，发行人按照原《企业会计准则》的要求，对薪酬计提政策进行了调整，发行人营业收入与净利润情况相匹配。

2. 员工人数较前次申报大幅下降

证监会认为，报告期内，发行人员工人数较前次申报相比下降人数较多。因此要求发行人充分分析人员结构，说明报告期内人员数量、人均薪酬和人均收入利润贡献情况，并说明相关数据与同行业公司的差异，以及相关情况是否与发行人的收入规模变化情况匹配。

发行人律师的核查方式主要包括查阅发行人花名册、分析人员结构、查询工资单、访谈高管人均创收提高的原因及查询同行业上市公司人员相关情况等，并据此解释受宏观经济环境下行、房地产调控政策影响，2015年员工人数有所下降，劳务服务人数增长。人均收入贡献提高则是因为全国性战略布局、系统更迭及内部管理提升。

（二）建科院

发行人与其原员工卜某文签订了《员工保密协议》，卜某文离职后拒不接受发行人支付的竞业限制补偿费，发行人进一步核查确认其离职后违反了竞业限制的约定，在同行业公司筑博设计开展合作并使用了发行人的商业秘密，发行人报案，后法院判决被告人卜某文构成侵犯商业秘密罪，判处其有期徒刑2年，并处罚金人民币10万元。据此，证监会要求发行人详细说明公司曾发生的离职人员侵犯公司商业秘密事件的具体产生原因、内容、侵犯何种商业秘密、涉及哪些项目及金额、诉讼过程、诉讼结果，卜某文撤回上诉的原因，发行人如何发现上述商业秘密被侵犯的事实，上述事项对发行人相关项目及生产经营的影响，报告期内是否存在其他类似事件。发行人律师则分析说明了上述侵犯商业秘密事件已经处理完毕，且处理结果达到了发行人的预期和目的。报告期内，发行人业绩稳定增长，上述事项对发行人相关项目及生产经营未产生重大不利影响，并且发行人报告期内不存在其他类似事件，因此前述事件不会对发行人生产经营产生不利影响。

（三）霍普股份

证监会关注到，发行人持有文字商标"霍普"，发行人与深圳市霍普建筑设计有限公司（以下简称深圳霍普）报告期内存在交易，发行人实际控制人龚某与深圳市霍普建筑控股股东欧某颖曾共同创立上海海摩建筑设计咨询有限公司。证监会请发行人补充披露：(1)相关公司使用"霍普"商号是否经过发行人的授权；(2)如未授权使用，在知悉被使用的情况下，发行人未维护商标独占、排他使用权的原因，发行人知识产权是否受到侵害，是否存在纠纷或潜在纠纷；(3)实际控制人龚某与欧某颖曾共同创业的基本情况。

发行人律师回答为：(1)深圳霍普使用"霍普"商号未经过发行人授权。且根据相关法律规定，也无须取得发行人授权；(2)发行人与深圳霍普的商号虽然中文均为"霍普"，但发行人的商标字样为"HYP"，深圳霍普的商标字样为"HOOP"，二者显著不同，注册商标的文字要素"霍普"重合不属于侵犯发行人注册商标的行为；(3)龚某和欧某颖原为重庆建筑大学校友，历史上二人共同创业，后续二人因职业规划不同，逐步停止业务合作，报告期内，相关公司已经注销。

## 七、对拟IPO的建筑设计企业的启示

通过前述建筑设计企业涉及的法律规定、相关资质，境内上市审核过程中的共

性与个性问题的梳理,拟 IPO 的建筑设计企业至少有如下启示。

### (一)合法合规经营

首先,应当依法申请从事主营业务所应当取得的资质,避免无资质、超越资质、与关联公司的人员和资质挂靠等行为。就资质挂靠问题,具体包括但不限于借用其他主体的资质承揽业务,或允许、配合、帮助其他主体借用自有资质承揽业务等。对于公司已取得的资质,应当由专人进行管理,在资质到期之前及时续期,避免资质到期所可能导致的行政处罚及其他上市的实质性障碍问题。

其次,对于《招标投标法》《政府采购法》等法律法规明确规定需通过招投标、政府采购程序获取的项目,应当依法履行相应的程序;在获取项目的过程中,不能有私下承诺回扣等可能涉及商业贿赂或不正当竞争的行为;通过招投标程序获取的项目,不得违法直接或变相地向他人转包、分包。

最后,对于业务外包、外协采购等不同模式,应当从定义、特性及模式等方面进行区分,控制外包、外协在业务模式中的占比,公平合理定价并按照合同约定支付价款。就定价是否公平合理的问题,一方面应当关注是否遵循《工程勘察设计收费标准》的规定,另一方面应当考虑外包、外协采购的项目难度及所在地区的建筑设计市场收费平均水平,该项目所需耗费的时间和精力等。

### (二)保护知识产权

建筑设计企业不仅是劳动密集型企业,还是技术密集型、智力密集型企业,因此企业更应当注重对知识产权的保护。一方面,要及时申请专利(对于建筑设计企业而言尤其是外观设计等)、及时注册商标并及时进行著作权的登记;另一方面,对于继受取得的或者共有的知识产权,要考虑潜在的纠纷或者争议。

### (三)规范劳动用工

第一,应当尽量与员工签署正式的劳动合同并为其足额缴纳社保。基于公司的自身特殊需求,可以进行一定数量和比例的劳务派遣或劳务外包,但前提是应当符合相关法律法规的规定。

第二,建立科学合理、流程规范的人员管理、绩效管理和薪酬管理等流程,规范公司的人力资源管理体系,提高员工的保密意识,控制员工的离职率,避免因为人员大幅度变动等极端事件阻碍公司未来可能的上市进程。

本文主要结合相关 IPO 案例及项目服务经验,对建筑设计行业 IPO 审核中重点关注的法律问题进行梳理。建筑设计行业本身相对复杂，实践中，律师需要结合每个企业的具体业务模式、历史沿革等因素，全面、深入地核查法律合规问题，并结合企业自身情况提出具有针对性并切实可行的整改方案，以符合 IPO 审核要求。

# 中国A股公开市场股份回购浅论

## ——在中性监管中实践潜行

郭恩颖*

### 一、引言

截至2022年夏，无情的“新型冠状病毒肺炎”①全球疫情已经肆虐人类世界近3年，有感历史的进程不自由地掺入这一利空因素，加之或然性并发的经济、战争进而文化层面的冲突，种种不利因素犹如看不见的“第二双手”②深刻影响风险资产的定价与估值，也影响证券市场监管者的思索与市场主体实践的勇气。资本市场可以说是矛盾与对立关系时刻呈现的虚拟现实场景，想象力、执行力、互斥力、监管力、服务力等各种力量在全球资本市场开辟了除物理学之外的另一个“力场”。其中，就像政府补贴之于政府税收，处于首次公开发行（Initial Public Offering，IPO）等发行类行为彼岸地位的股票回购（Share Repurchase/ Buyback）行为又一次定格在2022年年初集中力量爆发。股票回购为涉及公司治理、财务管理、投资价值发现、金融监管、委托代理关系、证券法涉法风险、市场博弈、利益相关者时空交错等多维

* 德和衡高级联席合伙人，擅长资本市场融资（以IPO为主）、投资并购等专业领域。

① 国家卫生健康委《关于修订新型冠状病毒肺炎英文命名事宜的通知》（国卫医函〔2020〕70号）规定：现决定将“新型冠状病毒肺炎”英文名称修订为“COVID－19”，与世界卫生组织命名保持一致，中文名称保持不变。

② 借用19世纪英国经济学家亚当·斯密《国富论》中的“看不见的手”，笔者将因无先验突然爆发的全球性“新型冠状病毒肺炎”叠加各种轻重因果因素下的市场自动调节比作看不见的“第二双手”。

度的一种制度性安排,站在现今世界新格局下重新审视A股公开市场股份回购①,可以为监管层中性监管提供监督服务思路,也可以为市场主体提供提升其战略与实践相融合的策略,同时也提示投资者拨开云雾洞见其回购背后的机理。

## 二、回顾

笔者曾怀着对首次公开发行同样的研究热情对A股公开市场股份回购(以2006年至2016年之10年历程为时间背景)进行了粗浅的分析②,并提出了回归中性监管的结论意见,时隔若干年后,由于内外部市场环境及心理因素等影响,继2018年A股回购潮后,2022年又一次掀起了A股回购潮。股份回购在我国资本市场经历了规则演变及实践应用的交融历程,其属于基础性制度安排,市场参与者或曰利益相关者对其的认识与体会也逐渐日新月异,从规则回归中性到运用及效果皆有了明显的积极进展。

1. 规则演变

在规则演变方面,法律等级如《公司法》《证券法》占据我国法域最高立法地位,证券监督管理委员会与证券交易所的规章、规则处于解释、操作、应用指引地位,其有机结合为股份回购提供了从严至中性的路径,给监管层、回购实施方和投资者越来越多的选择空间,其法规演变图谱如表1所示。

**表1 回购公司股份涉及的法律法规及主要规章原则**

| 时间轴 | 法律、行政法规演变轴 | 规章、规则演变轴 | 法理简评 |
| --- | --- | --- | --- |
| 1992 | — | 原国家经济体制改革委员会《关于印发〈股份有限公司规范意见〉和〈有限责任公司规范意见〉的通知》(体改生〔1992〕31号)(现已废止) | 条款链接《股份有限公司规范意见》第32条——原则禁止、特殊例外,特殊情况需审批 |

---

① 《上市公司股份回购规则》(2022年1月5日实施)全部废止了《上市公司回购社会公众股份管理办法(试行)》(2005年6月16日生效)。《上市公司回购社会公众股份管理办法(试行)》首次阐明了A股上市公司采取公开市场回购股份形式为"证券交易所集中竞价交易方式",《上市公司股份回购规则》也顺延了这一规定,并明确规定上市公司采用要约方式回购股份的,参照《上市公司收购管理办法》关于要约收购的规定执行。尽管存在不同学界说法,笔者作为法律实践者认为要约方式(Tender Offer)股份回购与其他方式诸如定向协议方式股份回购属于私下交易(Private Transactions),与公开市场(Open Market)股份回购方式迥异。由于我国A股市场普遍适用的仍然为公开市场股份回购模式,其在证券市场中的作用机理是一种立体的、多层次的。

② 参见郭恩颖:《A股公开市场股份回购问题研究》,中国财政科学研究院2016年硕士学位论文。

续表

| 时间轴 | 法律、行政法规演变轴 | 规章、规则演变轴 | 法理简评 |
|---|---|---|---|
| 1993 | 《股票发行与交易管理暂行条例》(国务院令第112号) | — | 条款链接第41条、第70条——原则禁止,购回发行在外股票需经批准 |
| 1993/1999/2004 | 1993版、1999版、2004版《公司法》(现已修正、修订) | — | 条款链接1993版、1999版、2004版《公司法》第149条——原则禁止、特殊例外,特殊情形2例为减资或与股东合并 |
| 2005 | 2005版《公司法》(现已修正、修订) | 中国证券监督管理委员会《关于发布〈上市公司回购社会公众股份管理办法(试行)〉的通知》(证监发〔2005〕51号)(现已废止)(以下简称《05回购办法(试行)》)<br>中国证券监督管理委员会《上市公司股权分置改革管理办法》(证监发〔2005〕86号)(以下简称《股权分置改革办法》) | 条款链接2005版《公司法》第143条——原则禁止、特殊例外,特殊情形4例为减资、与股东合并、奖励员工、对公司合并分立持异议者要求救济<br>条款链接《05回购办法(试行)》——不以终止上市为目的的社会公众股回购操作性办法,奠定了上市公司股份回购监管结构基调<br>条款链接《股权分置改革办法》第22条——方案中回购股份视为稳定股价方式之一 |
| 2007 | — | 中国证券监督管理委员会《上市公司信息披露管理办法》(中国证券监督管理委员会令第40号)(现已废止) | 条款链接第34条——回购股份导致信息披露义务人重大变化的信息披露监管制度确立 |
| 2008 | — | 中国证券监督管理委员会《关于上市公司以集中竞价交易方式回购股份的补充规定》(中国证券监督管理委员会公告〔2008〕39号)(现已废止)(以下简称《05回购办法(试行)补充规定》) | 条款链接《05回购办法(试行)补充规定》——集中竞价交易方式回购股份的公开市场回购股份模式得到强化与推动,程序更为便利化 |
| 2013 | 国务院办公厅《关于进一步加强资本市场中小投资者合法权益保护工作的意见》(国办发〔2013〕110号) | — | 条款链接第2条——(1)建立多元化投资回报体系。完善股份回购制度,引导上市公司承诺在出现股价低于每股净资产等情形时回购股份。(2)行政指导,宣告其分红回报、财务管理、市值维护功能 |

续表

| 时间轴 | 法律、行政法规演变轴 | 规章、规则演变轴 | 法理简评 |
| --- | --- | --- | --- |
| 2015 | — | 中国证券监督管理委员会、财政部、国务院国有资产监督管理委员会、中国银行业监督管理委员会(已撤销)《关于鼓励上市公司兼并重组、现金分红及回购股份的通知》(证监发〔2015〕61 号) | 条款链接第 3 条——增加引导市场主体主动回购股份的前提场景,鼓励国有股东回购及提供回购资金支持 |
| 2018 | 全国人民代表大会常务委员会《关于修改〈中华人民共和国公司法〉的决定》(中华人民共和国主席令第 15 号)<br>2018 版《公司法》 | 《关于认真学习贯彻〈全国人民代表大会常务委员会关于修改《中华人民共和国公司法》的决定〉的通知》(中国证券监督管理委员会公告〔2018〕37 号)(现已废止)(以下简称《贯彻 18 修法通知》)<br>中国证券监督管理委员会、财政部、国务院国有资产监督管理委员会《关于支持上市公司回购股份的意见》(中国证券监督管理委员会公告〔2018〕35 号)(以下简称《支持意见》)<br>国务院国有资产监督管理委员会、财政部、中国证券监督管理委员会《上市公司国有股权监督管理办法》(国务院国有资产监督管理委员会、中华人民共和国财政部、中国证券监督管理委员会令第 36 号)(以下简称《国有股监督办法》) | 条款链接 2018 版《公司法》第 142 条——特殊例外增加至 6 例,设两层决策制(增董事会决策),此次专项关于回购股份的修正案充分体现了监管口径全面回归中性<br>条款链接《贯彻 18 修法通知》与《支持意见》,紧密配套 2018 版《公司法》修正案,为其具体操作的各环节执行奠定规则支持,可称为回购股份证券监管领域"放管服"落地<br>条款链接《国有股监督办法》第 29 条——非公开协议转让方式含上市公司回购国有股股份 |
| 2020 | 2020 版《证券法》<br>国务院《关于进一步提高上市公司质量的意见》(国发〔2020〕14 号) | — | 条款链接《证券法》第 24 条——违法发行下监管机构责令发行人回购证券,以被动回购为罚则<br>条款链接《关于进一步提高上市公司质量的意见》第 7 条——鼓励上市公司通过现金分红、股份回购等方式回报投资者,切实履行社会责任,其进一步确立股份回购具备分红属性 |

续表

| 时间轴 | 法律、行政法规演变轴 | 规章、规则演变轴 | 法理简评 |
|---|---|---|---|
| 2021 | — | 中国证券监督管理委员会《上市公司信息披露管理办法》(中国证券监督管理委员会令第182号) | 条款链接第22条——《证券法》重大事件规章侧扩延,证券监管口径含回购股份 |
| 2022 | — | 《上市公司股份回购规则》(中国证券监督管理委员会公告〔2022〕4号)<br>中国证券监督管理委员会、国务院国有资产监督管理委员会、中华全国工商业联合会《关于进一步支持上市公司健康发展的通知》(证监发〔2022〕36号) | 条款链接《上市公司股份回购规则》——整合完善在先制度,贯彻国务院金融稳定发展委员会"建制度、不干预、零容忍"要求,巩固中性监管下的适用、程序、执法各环节,从而达到鼓励合法合理的股份回购行为的安排目的。但并购重组战略功能与财务优化功能制度安排欠缺 |

综合上述时间轴方式的表达,纵向回顾了回购股份涉及的法律法规及主要规章规则①,可见规则自身持发展的态度,为市场主体等提供更多表达的机会,扩延了执行范围。尽管规则滞后性属于其自身天然属性,但其不足之处也在后来的制度安排中得到了进一步弥补。

2. 实践交融

结合上述规则演变可见,在不考虑其他因素条件下,本文所述的规则演变时间轴基本对称于市场行情周期,而股份回购实践进程也基本契合了规则演变与市场行情的时间轴,其政策效应属于一种正反馈:

A股市场在2001年至2005年指数持续回落,适逢2005年《公司法》《证券法》修法与《05回购办法(试行)》出台,操作面开始迎来第一波数十宗新规指导下的股份回购,市场行情②自2005年低点顺向飙升至2007年的6000点以上③。

随后,2008年上证指数急转直下低至1700点,监管层适时出台了《05回购办法(试行)补充规定》,为"公开市场股份回购"进一步松绑,简化了备案程序,集中竞价

① 与回购股份监管相关配套的还有诸如《上市公司收购管理办法》、《上市公司股权激励管理办法》、《上市公司监管指引第3号——上市公司现金分红》、各类公开发行证券的公司信息披露内容与格式准则、证监会问题解答、交易所规则指引等,在此不再逐一枚举。

② 股票市场行情受到多种因素影响,本文旨在对应分析股份回购单项因素,无以一概全的意思表示。

③ 此处特指上证指数000001,同期的深证成指399001也呈现趋同走势。

方式回购股份被更多市场主体认识和接受,市场行情在随后的2009年上证指数重回3000点。

自2009年至2014年市场行情持续回落至上证指数2000点下方,国务院在2013年12月适时出台国务院办公厅《关于进一步加强资本市场中小投资者合法权益保护工作的意见》(国办发〔2013〕110号),提出引导上市公司承诺在出现股价低于每股净资产情形时回购股份的政策,期间股份回购的实施主体数量呈现温和上升态势。

2014年低点后,上证指数走出熊市,随后冲至2015年6月的5000点,但至2015年8月26日跌至3000点下方,监管层2015年8月31日适逢出台《关于鼓励上市公司兼并重组、现金分红及回购股份的通知》(证监发〔2015〕61号),其中提出"大力支持上市公司回购股份",股份回购市场主体数量稳步高于此前年度达到百家,体现制度安排的学习期已经平稳过渡;

此后,上证指数于2018年10月23日调整至2500点下方,而立法层面全国人民代表大会常务委员会《关于修改〈中华人民共和国公司法〉的决定》及2018版《公司法》于2018年10月26日落地,此次修正案专项完善股份回购条款,旨在赋予公司更多自主权,以简化程序、增加功能、完善公司治理,从而间接起到稳定市场的作用。并于2018年11月9日专门出台《支持意见》(中国证券监督管理委员会公告〔2018〕35号),进一步从制度建设、引导市场主体积极行动、界定回购与再融资关系等方面提出众多支持政策,进而2018年在《公司法》高位阶立法促进下,股份回购随机迎来了真正意义上的第一个浪潮,股份回购市场主体达至500家之多。

自2019年年末至2021年的疫情期间,指数攀升并维持3000点以上行情,疫情期间分别有国务院《关于进一步提高上市公司质量的意见》(国发〔2020〕14号)进一步确定股份回购的分红属性。2021年年底至本文成稿的2022年5月,由于各种叠加因素,股价与指数同时下落,指数最低低至3000点以下,作为规则演变迄今为止集大成者的《上市公司股份回购规则》(中国证券监督管理委员会公告〔2022〕4号)于2022年1月5日生效实施,伴随此版回购新规出台,2022年年初至5月超过300家公司披露了A股回购方案,此次回购浪潮与市场行情低落不无关系,并伴随大股东增持与股份回购同时发声①,这也充分反映了上市公司管理层、股东们对于股价低估的判断。

综上所述,在观察到规则之于市场的政策效应正反馈的同时,也可以印证规则

---

① 前述历次市场低迷时也基本伴随股东增持的证监会与交易所的新规则落地和由此实施的增持救市行为。

演变本身的事件驱动属性，政策制定者适时推出的催化政策与市场反馈共振才是规则得以顺利落地并且继续繁衍的逻辑根本。

## 三、彼岸观察

一个市场主体从筹划到设立、从业务起步到经营获得成就，离不开资金注入。资本注入与负债形式构成了两个充实资金的最初主要渠道。资本注入即公司增加注册资本（如首次发行股份、再融资发行股份等）是容易理解且被惯常应用的，但经营过程中，随着对现金流、所有者权益、市场价值与价格的动态评估考虑，资本收缩的财务管理应用（以注销股份即减资形式的典型公开市场股份回购）并不代表一种经营无能、发展停滞或者是投资需求黯淡，相反，其更应该被认为是一种有利于股东与公司对公司财务状况与经营状况等谙熟的资本运作手段。

众所周知，年过91岁的沃伦·巴菲特（Warren E. Buffett）仍在执掌其著名的伯克希尔·哈撒韦公司（Berkshire Hathaway Inc.），几乎每一年度其都会在《沃伦·巴菲特致伯克希尔股东的信》（Warren Buffett's Letters to Berkshire Shareholders）[①]中娓娓道来对于股份回购的理解与适用，在疫情年度中也不例外地大手笔回购股份。其与查理芒格（Charles Munger）共同执行其普通股回购计划[②]，这个计划准许两人根据谨慎决定在认定回购价格低于伯克希尔股票内在价值（Intrinsic Value）时实施回购，该计划不指定最大回购量、动用金额、限期，但需不至令公司合并口径现金或等价物、美国国债的数额低于其底线[③]。沃伦·巴菲特在其2021年度信中也一并夸奖了其重仓股苹果公司（Apple Inc.）的股份回购战绩。苹果公司在疫情年度中也保持着连续、高额度的股份回购，在其股份回购计划中还涵盖了加速股票回购（Accelerated Share Repurchase，ASR）[④]协议，该计划还包括1934年《证券交易所法》规定的规则的10B5—1计划（“交换法”），“交换法”2021年修正案加强了披露要求和对于内幕交易投资者的保护以及为经常性接近大量内幕信息的董事、发行人提供实质性抗辩[⑤]。

无独有偶，另一家作为伯克希尔·哈撒韦公司间接持续持股的A股公司比亚

---

① https://berkshirehathaway.com/letters/letters.html.

② Berkshire Hathaway Inc. 2021 Annual Report, https://berkshirehathaway.com/2021ar/2021ar.pdf.

③ Ibid.

④ Apple Inc. Annual Reports on Form 10 – K, https://s2.q4cdn.com/470004039/files/doc_financials/2021/q4/_10 – K – 2021 – (As – Filed).pdf.

⑤ Rule 10b5 – 1 under the Securities Exchange Act of 19344, as amended (the“Exchange Act”), https://www.sec.gov/news/press – release/2021 – 256.

迪(证券代码:002594)于2022年4月22日通过了其大额股份回购方案。在其回购目的披露中综合体现了公司的市场地位、发展前景、科技增速、财务韧性、决策与战略的综合实力,对公司市值稳定、投资者信心恢复起到了正向的助推。

可以看到,中美证券资本市场虽然制度不同、市场存在差异,但在股份回购这一优质工具的应用上充分体现了仁者见仁、智者见智的景象。一个能看懂自己公司的真实价值的董事会关键人士、大股东对于公司众多股东利益的实现可谓具有重要的意义。

## 四、展望与建议

1. 中性监管的正面信号

本文所述中性监管整体涵盖了从立法控制到行政监管及交易所、协会补充服务式自治、自律机制,从上至下层层有序融合、结构有机耦合,对营造市场健康生态起到主导作用。监管是一个呈放射性的概念①,而所谓中性并非不作为,相反上文揭示的已经发生的制度变迁很好诠释了中性内涵。监管者在市场参与者中处于关键地位,各面通达是其特征所在。在对待市场主体层面上,其承接了上层立法控制并起到基石作用,具体承担着启蒙、教育、引导、提倡、传导、把控、维护程序公正、违法惩戒等功能。如此,更需要时时刻刻传达正面信号,在需要放手让市场主体自由选择并承担后果的地方放手,在需要维护各方操作秩序、程序把握、违法惩戒的地方科学巧妙地细化规则,从平衡中追求中性。

从以往中性监管回归历程的正反馈效应视角出发,结合公开市场股份回购的6大功能②,即“现金分红替代功能、价值低估信号传递功能、期权行权的管理层补偿功能、并购战略功能、股权激励功能、财务优化功能”,本文提出“中性监管的正面信号”的观点,旨在表达监管其实是一种长期价值传递过程。与其他社会领域的政府监管不同,证券监管有其独特的市场意义,证券市场内含天然创新性。为了与复杂多变的经济需求同步,市场往往在个体选择性极端行为促使下呈现市场极端情形,也有很多规则被“玩坏了”,出现很多“坏孩子”破坏行为的情形。所谓正面信号不是一味追求推动各主体积极行动,而是正面传达制度本意,帮助市场理解和指导其规范操作。其必须在奖励引导端加大科学探求,给予更多功能意义的赋能;在惩罚与告诫端加大防患堵漏,给予更精准的违法打击。持续考虑并改进政策不足与政策烦冗,延伸两端张力方可构成中性监管的正面信号。

---

① 参见马英娟:《监管的概念:国际视野与中国话语》,载《浙江学刊》2018年第4期。

② 参见郭恩颖:《A股公开市场股份回购问题研究》,中国财政科学研究院2016年硕士学位论文。

综上,中性监管正面信号可以在收获监管综合效果的同时,取得被监管者充分发挥潜能的经济与社会效益。

2. 市场主体的正向谋局

市场主体在股票发行阶段为发行人,在回购阶段为回购方,是资本与资金的载体,也是回购股份的交易一方。市场主体决策层级按现行规则可以分为股东大会级别与董事会级别,灵活的决策机制将在未来的股份回购市场现象中起到决定性作用。

鉴于监管惩戒端的关注点为内幕交易、操纵市场、证券欺诈等违法违规活动,加之公司董事、高管天然接触此类事项多于普通中小投资者,公司在选择实施回购计划时着重应该保持合规警惕,并重点注意起意的"正面性",从源头矫正回购目的并且贯穿始终。信息化甚而智能化的现今时代对于任何痕迹追溯都比以往要简单可行得多,正面性的回购计划将为整个计划实施落地带来意想不到的益处,为公司回购计划的全面达成与贴近监管合规奠定了基础。除去资本脆弱性企业[①],对于内外部融资畅通、经营稳健、技术优势明显、自由现金流好的市场主体来说,当身在证券资本市场之中,未获得应有的估值之时,就应予以关注股份回购的制度模式。一方面理解规则变迁与市场节奏,另一方面结合企业特点用好政策,最重要的是主动、提前、积极地对待这一看似"资本收缩"实则"差异化增厚股东利益"的工具。从理论上而言,没有人比公司内部人(同为股东与高层管理者)更能清楚公司的内在价值,实务中公司股价又受到来自各种外部因素的作用,所以回购窗口随时出现,在政策规则给定限定前提下,最大限度用好、用对规则是管理层、决策层的使命。

3. 投资者的正常理解

投资者是证券监管与市场主体共同关注的目标,也是前述两者行为的坐标。投资者利益包含大股东与中小股东利益,其持有证券的期间受到更多外界因素的影响,呈现波动在所难免。投资者参与公司治理根据各地规则与行为习惯也不尽相同,如果参与性更强、成本更低则可能给公司带来治理上的更健全效应,提升积极改进公司经营各个方面的质量。投资者对于股份回购更在意其对于股价的提振作用,对应回购期选择继续持股的,更为看重的是高于现金股利回报的持续增值效应,这也延后了纳税的义务时间,长期主义投资者、持股份额较多的投资者更能适应。正如沃伦·巴菲特经常以"致股东的信"的方式向股东们解释其回购股份的原因与效果,A 股信息披露规则也会指定内容、范围地向投资者预告、公告相关回购涉

---

① 参见王竹泉、槐莹:《制造业企业资本脆弱性评价研究》,载《财会月刊》2022 年第 11 期。

及事项,投资者通过这些公告结合规则、经验来理解构成反馈端,此投资者的"正常理解"意味着其主要表达一种利己主义的处理结果。不难看透,上市公司如果坚持长期主义、计划周详,投资者继续作为公司股东的利益会更为丰厚,并且这是一种超越于其他方式的笃定投资选择,时间是证明一切的试金石。

# 专题八　应收账款清收指引

# 隐名股东能否对抗名义股东债权人的强制执行申请

温贵和[*]　周　敏[**]

股权代持在商事活动中已经很常见,发生的纠纷之多以致在审判实务中形成了一系列的裁判规则。但是关于名义股东的债权人因金钱债权(一般债权,非因案涉股权所产生的债权)申请强制执行名义股东的股权,隐名股东是否享有排除强制执行的民事权益的问题,实务中的裁判结果差异较大。本文通过结合案例研究分析等,以期对该问题的审判思路有所深入了解。

## 一、案例评析

1. 执行异议程序中的审查

最高人民法院《关于人民法院办理执行异议和复议案件若干问题的规定》第25条规定,"对案外人的异议,人民法院应当按照下列标准判断其是否系权利人……(四)股权按照工商行政管理机关的登记和企业信用信息公示系统公示的信息判断……案外人依据另案生效法律文书提出排除执行异议,该法律文书认定的执行标的权利人与依照前款规定得出的判断不一致的,依照本规定第二十六条规定处理"。在执行异议程序中,法院一般仅依照工商登记机关公示的信息认定权利的归属,不认可隐名股东为权利人,不支持其排除强制执行的请求。

最高人民法院《关于人民法院办理执行异议和复议案件若干问题的规定》第26条规定:金钱债权执行中,案外人依据执行标的被查封、扣押、冻结前作出的另案生效法律文书提出排除执行异议,人民法院应当按照下列情形,分别处理:(1)该法律

---

* 德和衡高级合伙人、深圳分所主任,擅长公司治理、并购重组、商事调解等专业领域。

** 德和衡合伙人,中南财经政法大学法学硕士,深圳律协企业破产清算法律专业委员会委员,擅长金融、公司法、破产法等专业领域。

文书系就案外人与被执行人之间的权属纠纷以及租赁、借用、保管等不以转移财产权属为目的的合同纠纷，判决、裁决执行标的归属于案外人或者向其返还执行标的且其权利能够排除执行的，应予支持；(2)该法律文书系就案外人与被执行人之间除前项所列合同之外的债权纠纷，判决、裁决执行标的归属于案外人或者向其交付、返还执行标的的，不予支持；(3)该法律文书系案外人受让执行标的的拍卖、变卖成交裁定或者以物抵债裁定且其权利能够排除执行的，应予支持。金钱债权执行中，案外人依据执行标的被查封、扣押、冻结后作出的另案生效法律文书提出排除执行异议的，人民法院不予支持。

如隐名股东以其在另案的生效法律文书排除执行异议的，还需满足该另案法律文书在执行标的被查封、扣押、冻结之前作出，否则可能不被法院支持。例如，最高人民法院在(2020)最高法民终844号案中认为，一审法院作出执行裁定，于2017年6月8日冻结了付某持有的雨田投资公司10%的股权。2019年1月23日，贵阳仲裁委员会依据贵州雨田公司的仲裁申请，作出(2019)贵仲裁字第0074号裁决书，确认付某持有的雨田投资公司10%股权为贵州雨田公司实际所有。一审法院查封、冻结案涉股权的时间早于贵阳仲裁委员会作出裁决书的时间，由此，驳回了隐名股东的异议申请。

故在执行异议程序中，法院一般只进行形式审查，依照工商登记机关公示的信息认定权利的归属，如隐名股东以其在另案的确权判决提请排除执行异议的，那么该确权判决的时间应当早于案涉股权被冻结之前。

2. 执行异议之诉中的审查

案外人异议审查标准并非对案外人权利的最终确权，而是为适应案外人异议的形式审查要求而采取的技术判断标准，案外人异议是否成立最终还要靠执行异议之诉判断。① 在执行异议之诉的程序中，法院会对实体权利进行实质审查，一般以隐名股东是否享有排除强制执行的权利为争议焦点，围绕着以下几个方面进行审理。

(1)隐名股东对案涉股权享有的是什么权利，实体权利或债权？

权利性质是比较关键的问题，决定隐名股东是否足以对抗债权人的执行。经检索分析案例，主要存在以下两种观点：

第一，最高人民法院在(2016)最高法民再360号案民事判决书中认为，从实际出资人与名义股东的内部代持法律关系的性质分析，代持法律关系其本质属于一

① 参见刘贵祥、范向阳：《〈关于人民法院办理执行异议和复议案件若干问题的规定〉的理解与适用》，载《人民司法》2015年第11期。

种债权债务关系，受合同法相对性原则的约束，隐名股东就该债权仅得以向名义股东主张，对合同当事人以外的第三人不产生效力，进而认定隐名股东所享有的债权并不优先于名义股东债权人的债权。最高人民法院在（2019）最高法民再 99 号民事判决书中也有相同的裁判观点。

第二，最高人民法院在（2019）最高法民申 2978 号民事裁定书中却支持了隐名股东拥有的实体权利，认为上市公司隐名持股本身并不为法律、行政法规所明文禁止，林某全作为隐名股东持有山鹰股份的权利，不能被剥夺，并认定其享有能够排除林某青申请执行的权益。山东省高级人民法院在（2020）鲁民再 239 号民事判决书中认为，通过执行程序以强制执行方式实现申请执行人取得名义股东的名义股权，并没有法律规定应当优于同时存在的实际出资人的财产权而应得到法律的优先保护，支持了隐名股东对作为实际出资人的财产权。辽宁省高级人民法院在（2020）辽民申 2469 号民事裁定书中认为，结合蔺某娟的经济状况、双方所签订的代持股协议、蔺某娟支取 500 万元的时间以及银通公司验资时间认定润霖公司在银通公司所有的 10% 的股份的实际出资人为蔺某娟，并认定申请执行人的债权请求不能优先于实际权利人蔺某娟。

在上述案例中，有的认定隐名股东为实际出资人并对案涉股权享有财产权，有的则认定隐名股东仅对名义股东享有债权。从最高人民法院《关于适用〈中华人民共和国公司法〉若干问题的规定（三）》的规定来看，不能简单以登记状态来认定股权归属，不能因此否认实际出资人的权利。笔者无意在此讨论股权属性的复杂问题，但有限公司股权既有财产属性，也涉及股东资格的人身属性。股权不同于物权，但在对抗力层面似更接近于物权，因此也可以得出股权优先于债权的结论。①

需要注意的是，由于登记制度和是否具有人合性的不同，股份公司在登记公示及认定股权归属方面与有限责任公司存在一定差异，股份公司并未在工商部门登记有全部的股东信息，故是否基于工商登记公示信息所产生的信赖利益需要予以特殊考虑。司法实践中可能会在举证责任分配上予以调整。例如，最高人民法院在（2019）最高法民申 2978 号民事裁定书中认为，虽然林某青申请再审称其是基于对吴某雄持有案涉股票的信赖，才接受吴某雄提供担保，但林某青对此并未提交证据证明，故该项主张不能成立。甘肃省高级人民法院在（2020）甘民终 491 号民事判决书中认为，在股份公司的股权与工商登记机关登记不一致的情形下，不宜直接认定债权人对登记外观有信赖利益从而应当得到法律的优先保护。另外，从公平公

---

① 参见李建伟、罗锦荣：《有限公司股权登记的对抗力研究》，载《法学家》2019 年第 4 期。

正角度讲，倪某基于实际出资获得的权利应予保护。

在上述案例中，并没有明确隐名股东在享受什么程度的股东权利下方能认定为可对抗第三人的实体权益，但笔者认为，隐名股东只有证明其享受更加完整的股东权利的情况下，才能有力佐证其作为实际出资人并实际享有股东权益。

(2)申请执行人是否是《公司法》第32条第3款所规定的“第三人”？

《公司法》第32条第3款规定：“公司应当将股东的姓名或者名称向公司登记机关登记；登记事项发生变更的，应当办理变更登记。未经登记或者变更登记的，不得对抗第三人。”

《民法典》第65条规定：“法人的实际情况与登记的事项不一致的，不得对抗善意相对人。”

名义股东的债权人以上述《公司法》规定作为主张隐名股东不得对抗债权执行的法律依据，但在司法实践中对名义股东的债权人是否能被认定为上述条文中的“第三人”存在不同的认识。

第一，最高人民法院(2016)最高法民申3132号民事裁定书中认为，名义股东的非基于股权处分的债权人亦应属于法律保护的“第三人”范畴；最高人民法院在(2017)最高法民申943号民事裁定书、(2019)最高法民申4710号民事裁定书及广东省高级人民法院在(2017)粤民申158号民事裁定书中也陈述了相同的观点。在(2019)最高法民再45号民事判决书中，最高人民法院认为上述规定中的“第三人”应当是指基于工商登记而信赖公司具有履约能力，从而与公司进行商业交易的善意无过失的第三人，而不应仅限于基于权利外观的信赖与登记股东发生股权交易的第三人，进一步扩展了“第三人”的范畴。

第二，最高人民法院在(2019)最高法民申2978号民事裁定书中认为，上述规定中的“第三人”以及“善意相对人”均应是指基于对登记外观的信任而作出交易决定的第三人；山西省高级人民法院在(2020)晋民终53号民事判决书中认为，上述条文中的“第三人”仅指对诉争股权具有交易基础的买卖交易中的第三人，本案中，被上诉人晋中农行是基于对国瑞轨道公司的一般债权发起诉讼采取的冻结措施，晋中农行并无对诉争股权的买卖交易基础，因此晋中农行并非《公司法》第32条所指向的第三人。山东省高级人民法院在(2020)鲁民再239号民事判决书中也陈述了类似裁判观点。

所以，在司法实践中对名义股东的债权人是否属于《公司法》第32条规定的“第三人”存在不同的认识，我们应当根据案情的情况综合分析“第三人”的范畴。

从上述案例来看，司法实践对隐名股东所享有权利的性质和名义股东债权人是否属于《公司法》第32条所规定的"第三人"的两个问题存在截然不同的裁判观点，对两者的保护也存在完全不同的裁判理念。例如，最高人民法院在(2019)最高法民再46号民事判决书中认为，代持关系本身不是一种正常的持股关系，与公司登记制度、社会诚信体系等制度相背离，股东之间恣意创造权利外观，导致登记权利人和实际权利人不一致，在给实际出资人提供便利的同时，放任显名股东对外释放资产虚假繁荣信号，给公司的法律关系、登记信息带来混乱，增加社会的整体商业风险和成本，该风险和成本应当由实际出资人自行承担。而有些审判者认为，在强制执行股权时，隐含的逻辑前提是"该财产必须是被执行人的"，对于这种争议，不能适用权利外观主义，而是应确认股权的实际权利归属①。

名义股东债权人主要依据商事外观主义要求保护自身的权益；而隐名股东则主张自己作为实际权利人应优先被保护，且对方基于外观主义而发生的债权不应优先于实体权利。在法律的价值上，实际是隐名股东实际权利价值与商事外观主义所体现的交易顺利、可靠、安全的价值权衡，即公平与效率的博弈与平衡。

## 二、相关规定的观点

### (一)《全国法院民商事审判工作会议纪要》关于"商事外观主义"的观点

《全国法院民商事审判工作会议纪要》指明，特别注意外观主义系民商法上的学理概括，并非现行法律规定的原则，现行法律只是规定了体现外观主义的具体规则……审判实务中应当依据有关具体法律规则进行判断，类推适用亦应当以法律规则设定的情形、条件为基础。从现行法律规则看，外观主义是为保护交易安全设置的例外规定，一般适用于因合理信赖权利外观或意思表示外观的交易行为。实际权利人与名义权利人的关系，应注重财产的实质归属，而不单纯地取决于公示外观。总之，审判实务中要准确把握外观主义的适用边界，避免泛化和滥用。最高人民法院在纠正司法实践中对"商事外观主义"的适用，在很多判决书中都将商事外观主义作为原则进行适用。笔者认为，上述意见主张兼顾公平和效率，注重保障实体权利人的权益，避免实体权利被简单适用商事外观主义而侵犯。

在一般交易习惯中，如果一般债权人基于对名义股东的工商登记信赖而进行相关交易，那么债权人有权在交易前要求采取相应的担保措施，如以所信赖的外观登记的股权作为质押等；但债权人并未在交易之初要求提供担保措施，而在执行阶

---

① 参见潘勇锋：《商法外观主义与隐名出资法律问题研究》，载最高人民法院民事审判第二庭编：《商事审判指导》2009年第4辑，人民法院出版社2010年版，第124页。

段主张基于信赖而发生交易，该主张不符合正常的交易习惯，且其应该承担就未采取担保措施的交易行为所产生的风险。故，结合《全国法院民商事审判工作会议纪要》对外观主义的定义和适用要求，在名义股东的一般债权人与隐名股东之间的利益权衡中，应该更加注意对实际权利人的保护，而以"商事外观主义"为例外适用。这也意味着在司法实践中，应当更加注重查明债权人是否是基于对外观登记的合理信赖而发生的交易行为。笔者认为，一般债权人应当就其违背常理的"合理信赖"承担更重的举证责任。

### （二）最高人民法院《关于人民法院强制执行股权若干问题的规定》的观点

最高人民法院 2021 年 12 月 20 日公布《关于人民法院强制执行股权若干问题的规定》（法释〔2021〕20 号），其在第 4 条规定人民法院可以冻结国家企业信用信息公示系统的公示信息载明的属于被执行人的股权，并规定"案外人基于实体权利对被冻结股权提出排除执行异议的，人民法院应当依照《民事诉讼法》第二百二十七条的规定进行审查。"该规定实际上继承了原来的规定，并未就隐名股东能否对抗债权人的执行申请这一复杂问题进行细化规定。

## 三、结语

从上述案例来看，司法实践对隐名股东能否对抗名义股东的一般债权人的执行仍存在较大的争议，但在《全国法院民商事审判工作会议纪要》中，最高人民法院表达了更加注重保护实际权利人的利益，而谨慎泛化和滥用"商事外观主义"的观点。

笔者认为，在目前的司法实践中，确实存在滥用"商事外观主义"的情况，在笔者所搜集的案例中，支持保护隐名股东实际权利人权益的案例也相较更少，很多案例并未深究交易行为是否是基于合理信赖等问题。实际权利人要维护自身权利，不能以隐名股东的身份进行抗辩，而应当重点证明自己对案涉股权享有实体权利和名义股东债权人的交易行为不具有例外保护的特殊性，以期说服裁判者其自身权益更值得保护。笔者认为可以围绕以下几个方面举证和论述：第一，隐名股东的股权与名义股东债权人的债权行程的先后顺序。正如最高人民法院在（2019）最高法民再 45 号民事判决书的观点：根据权利形成的先后时间，如果代为持股形成在先，则根据商事外观主义，债权人的权利应当更为优先地得到保护；如果债权形成在先，则没有商事外观主义的适用条件，隐名股东的实际权利应当得到更为优先的保护。第二，隐名股东对案涉股权享有实体权利，包括但不限于合同、出资证明、内部股东名册、股权行使表决权等权利的证明。第三,名义股东的债权人并非基于股权登记的外观而发生的交易。第四,案涉股权处于代持状态的特殊性,即非因隐名股东的原因而造成的。

# 浅析破产程序中追究相关主体不配合清算导致无法清算的赔偿责任

周　敏　陈健威*

在破产清算案件中，往往会出现破产企业的股东、董事等人员失联的情况，可能相关主体刻意回避配合清算的义务，抑或因其他原因无法履行相关义务或无法取得联系等，造成无法清算的结果。很多债权人或者管理人对相关破产企业股东、董事等提起诉讼主张赔偿，其主张或被支持或被驳回诉请。最高人民法院于2019年发布《全国法院民商事审判工作会议纪要》（以下简称《九民纪要》），强调法院在审理债务人相关人员下落不明或者财产状况不清的破产案件时，应当充分贯彻债权人利益保护原则，避免债务人通过破产程序不当损害债权人利益，同时也要避免不当突破股东有限责任原则。之后，法院对债权人或管理人针对股东等主体提起的相关诉讼的诉请支持变得更加谨慎，出现了较多驳回诉请的案例。本文就债权人、破产企业管理人如何追究相关义务主体的拒不配合清算义务进行梳理，以期有助实操。

## 一、《企业破产法》中配合清算义务的主体

最高人民法院早在2008年就向贵州省高级人民法院作出了《关于债权人对人员下落不明或者财产状况不清的债务人申请破产清算案件如何处理的批复》（以下简称《申请破产清算案件的处理批复》），该批复第3款规定债务人的有关人员不履行法定义务，人民法院可依据有关法律规定追究其相应法律责任；其行为导致无法清算或者造成损失，有关权利人起诉请求其承担相应民事责任的，人民法院应依法予以支持。此后，大量判例根据该批复并结合最高人民法院《关于适用〈中华人民

* 德和衡执业律师，擅长公司法、私募基金、破产清算等专业领域。

共和国公司法〉若干问题的规定(二)》(以下简称《公司法司法解释(二)》)第18条的规定,将有限责任公司的股东界定为“债务人的有关人员”,并判定承担责任,很多破产企业的小股东也承担了远超出资金额的赔偿责任。

但最高人民法院在《九民纪要》中对此予以纠正,明确在适用《申请破产清算案件的处理批复》第3款的规定判定债务人相关人员承担责任时,应当依照《企业破产法》的相关规定来确定相关主体的义务内容和责任范围,不得根据《公司法司法解释(二)》第18条第2款的规定来判定相关主体的责任。《公司法司法解释(二)》第18条第2款所规定的清算义务人仅适用于公司解散清算的情形。在破产清算程序中,不存在清算义务人的概念,而需公司的相关人员配合管理人清算,即根据《企业破产法》的规定履行配合清算义务。

### (一)配合清算义务主体的概念

根据《九民纪要》的阐释,《申请破产清算案件的处理批复》第3款中“债务人的有关人员不履行法定义务,人民法院可依据有关法律规定追究其相应法律责任”,系指债务人的法定代表人、财务管理人员和其他经营管理人员不履行《企业破产法》第15条规定的配合清算义务,人民法院可以根据《企业破产法》第126条、第127条追究其相应法律责任,或者参照《民事诉讼法》(2017年修正)第111条的规定,依法拘留,构成犯罪的,依法追究刑事责任;债务人的法定代表人或者实际控制人不配合清算的,人民法院可以依据《出境入境管理法》第12条的规定,对其作出不准出境的决定,以确保破产程序顺利进行。《企业破产法》中所规定的配合清算义务主体的责任主要是行政强制措施或者刑事责任,而民事责任的承担还需结合《申请破产清算案件的处理批复》第3款的后半句条文的规定。

故在破产清算程序中,配合清算义务主体是法定代表人、财务管理人和其他经营管理人,即主要是公司的经营管理层人员,而非股东。配合清算的义务主要是指:(1)妥善保管其占有和管理的财产、印章和账簿、文书等资料;(2)根据人民法院、管理人的要求进行工作,并如实回答询问;(3)列席债权人会议并如实回答债权人的询问等。

根据《九民纪要》的阐释,《申请破产清算案件的处理批复》第3款后半句规定的“其行为导致无法清算或者造成损失”,系指债务人的有关人员不配合清算的行为导致债务人财产状况不明,或者依法负有清算责任的人未依照《企业破产法》第7条第3款的规定及时履行破产申请义务,导致债务人主要财产、账册、重要文件等灭失,致使管理人无法执行清算职务,给债权人利益造成损害。其中,《企业破产法》

第7条第3款规定,企业法人已解散但未清算或者未清算完毕,资产不足以清偿债务的,依法负有清算责任的人应当向人民法院申请破产清算。该条款规定的负有清算责任的人实际上是指公司解散清算情形下的清算义务人,相关责任适用已解散企业的特殊情形,本文不予讨论。

（二）与普通清算义务人的不同

清算义务人是指基于其与法人之间存在的特定法律关系而在法人解散时对法人负有依法组织清算的义务,并在法人因未及时清算给相关权利人造成损害时依法承担相应责任的民事主体。① 但是,《公司法司法解释(二)》与《民法典》规定并不一致,容易造成理解上的混淆,在实践中应当予以注意。

《公司法司法解释(二)》第18条规定,有限责任公司的股东、股份有限公司的董事和控股股东未在法定期限内成立清算组开始清算……有限责任公司的股东、股份有限公司的董事和控股股东因怠于履行义务,导致公司主要财产、账册、重要文件等灭失,无法进行清算,债权人主张其对公司债务承担连带清偿责任的,人民法院应依法予以支持。故,该司法解释实际上将有限责任公司的股东和股份有限公司的董事、控股股东界定为清算义务人。

而《民法典》的规定则不同,根据《民法典》第70条第2款的规定,法人的董事、理事等执行机构或者决策机构的成员为清算义务人。法律、行政法规另有规定的,依照其规定。

在公司所有权与经营权分离的理念下,公司的董事等高管作为职业经理人负责公司的经营,出资主体承担的是出资义务,要求所有出资主体承担清算义务并不妥当,故《民法典》第70条第2款没有将出资主体作为清算义务人。②

关于两规定不一致的情形,司法实践中如何理解非常重要。深圳市中级人民法院在(2020)粤03民终649号民事判决中认为,原《民法总则》第70条第2款(现《民法典》第70条第2款)第一句只是对法人清算义务人界定的一般性规定,对于特定类型法人的清算义务人,允许法律、行政法规另有规定。对于有限责任公司而言,《公司法》第183条和《公司法司法解释(二)》对清算义务人有专门的规定,并因此认定公司股东为清算义务人。笔者认为这种理解在《公司法》(2018年修正)尚未修改的情况下,保持原来的规定,可以让司法实践有合理预期,避免法律冲突。

---

① 参见最高人民法院民法典贯彻实施工作领导小组主编:《中华人民共和国民法典总则编理解与适用[上]》,人民法院出版社2020年版,第358页。

② 同上。

值得一提的是,《公司法(修订草案)》第 228 条规定,董事为公司清算义务人……清算组由董事组成,但是公司章程另有规定或者股东会决议另选他人的除外。目前虽然相关法律关于清算义务人的范围、清算义务人和配合清算义务的主体还存在差异,但是随着《公司法(修订草案)》的修改完成和法律体系的完善,未来会逐步统一,股东层和经营管理层的分工定位会更加明确。

## 二、相关主体不配合清算的赔偿责任系侵权责任

从《申请破产清算案件的处理批复》的规定上看,破产企业的相关人员未履行配合清算义务所引起的责任属于侵权责任,以消极不作为的行为侵犯他人权益,即因相关人员未履行配合清算的义务最终致使破产债权人的利益遭受损害的结果,应当承担损害赔偿责任。

与《公司法司法解释(二)》第 18 条规定的清算义务人承担连带责任基于侵权责任和法人人格否认理论基础的复杂性不同,《申请破产清算案件的处理批复》中配合清算义务的主体不涉及股东,不存在股东与公司承担连带责任的情形,故也无须探讨是否存在法人人格混同。深圳市中级人民法院在(2021)粤 03 民初 1067 号、(2021)粤 03 民初 2093 号判决中明确未履行配合清算义务的相关人员所承担的责任在性质上属于侵权责任;上海市第三中级人民法院在(2021)沪 03 民初 162 号判决中认为,因拒不配合清算行为而导致损失,在行为性质上属于侵权行为,应当按照侵权责任的构成要件予以认定。

在司法实践中,此类案件的案由主要有与破产有关的纠纷、清算责任纠纷、损害公司利益责任纠纷、损害债务人利益赔偿纠纷、股东损害公司债权人利益责任纠纷等。虽然各类案件的立案案由不同,但并不影响法院对侵权责任的统一认定,从《申请破产清算案件的处理批复》和大量案例的表述上看,在损害结果的论述上还是确认损害了债权人的利益,但由于破产程序关于公平清偿的要求,在判决上仅支持赔偿金额归属于债务人(破产企业),故笔者认为现有案由中,损害债务人利益赔偿纠纷或者与破产有关的纠纷是相对较为合适的案由。

## 三、相关主体不配合清算的赔偿责任构成要件

如前所述,基于侵权责任的法律关系,在司法实践中应按侵权责任的构成要件认定责任,即(1)被告存在不配合清算的行为;(2)被告存在主观过错;(3)原告遭受损失;(4)原告主张的损失与被告不配合清算的行为存在因果关系。

《申请破产清算案件的处理批复》第 3 款规定的“其行为导致无法清算或者造

成损失”，系指债务人的有关人员不配合清算的行为导致债务人财产状况不明，或者依法负有清算责任的人未依照《企业破产法》第7条第3款的规定及时履行破产清算申请义务，导致债务人主要财产、账册、重要文件等灭失，致使管理人无法执行清算职务，给债权人利益造成损害。

1. 不配合清算的行为是消极行为，是特定义务主体不履行义务的不作为。在这类案件中，侵权行为实施主体具有特殊的身份，即前文所述的公司的法定代表人、财务管理人员或者经营管理人员。长期以来，司法实践对此认识较模糊，原告都将破产企业的股东作为被告。在诉讼案件中，原告举证相关人员的特殊身份可能会存在困难，公司的法定代表人、总经理、董事的身份通过工商登记公示信息即可获取，但是公司的财务人员等其职务较难获悉和证明，尤其是在非公众公司且人员失联拒不配合的情况下。深圳市中级人民法院在(2020)粤03民初4131号案件中认为，三被告均非公司的法定代表人，原告亦未举证证明三被告系公司的财务管理人员或经营管理人员，故原告提出的三被告负有配合清算的义务没有事实和法律依据。实践中，原告起诉往往依赖于破产管理人调查信息或者工商登记信息，管理人可充分利用权利，通过调查公司税务情况等方式获悉相关负责人情况。

2. 由于该类侵权行为并非特殊的侵权行为，仍适用一般过错责任原则，但大量司法判例对主观过错的论述并不多，更似适用过错推定原则。上海市第三中级人民法院在(2021)沪03民初162号案件中认为“被告在管理人多次通知其履行配合义务的情形下，仍拒不配合，主观故意明显”，根据行为推断主观故意。实践中也存在被告不具有过错的情形，深圳市中级人民法院在(2021)粤03民初2093号案件中认为，义务人不存在主观过错，公司因拖欠租金与出租方之间产生纠纷，导致办公场所突然被锁，包括财务资料在内的公司物品均未及时取回，各被告在破产程序中无法向管理人提交相应的财务账册、资料、文件等存在客观原因，现有证据无法证明各被告存在主观过错。笔者认为，适用过错推定原则相较而言更有利于保护债权人，也更能合理分配举证责任，但仍缺乏相关具体规定。

3. 关于原告受损的利益，一般理解是债权人在破产程序中未获清偿的部分债权，该部分债权一般经过破产管理人认定。如本不应在破产程序中被认定的债权，比如，不被支持的迟延履行的加倍利息部分等，那么将无法获得法院支持。深圳市中级人民法院在(2020)粤03民初6446号案件中认为原告已经就其损失范围提交了证据，被告作为公司法定代表人，依法可以推定其知悉可瑞亚公司财产状况。而被告王某妹拒不履行配合清算义务，在诉讼过程中经法院合法传唤无正当理由拒不到庭参加诉讼，根据证据规则，对原告主张以其未受偿的本金和利息部分作为认定其损失范围的意见予以认定,但对于原告所主张的迟延履行期间债务利息 123,011 元,因其具有惩罚性质而并非原告遭受的损失范围,不予支持。而关于管理人报酬部分可否认定为损失的问题,深圳市中级人民法院在(2021)粤 03 民初 1067 号案件中以管理人报酬与被告拒不履行配合清算义务造成的损失没有必然关系为由,而予以否定。

4. 对于侵权行为与损害结果之间的因果关系,即相关人员不配合清算行为、债务人财产状况不明与给债权人利益造成损害之间的因果关系,《申请破产清算案件的处理批复》进行了诠释和限制。是否存在因果关系是侵权案件极为重要的争议焦点,与此类似的是关于清算义务人的责任承担的因果关系认定,虽然义务主体和责任承担存在不同,但两者的因果关系表现出的特点相似,最终结果都是损害债权人的利益。

清算义务人的责任,经历了由过分扩大责任主体范围向严格限定因果关系并缩小责任主体范围的过程。已经被废止的最高人民法院 9 号指导案例上海存亮贸易有限公司诉蒋某东、王某明等买卖合同纠纷案,曾经一度扩大了责任主体的范围,该判例认为有限责任公司的股东、股份有限公司的董事和控股股东,应当依法在公司被吊销营业执照后履行清算义务,不能以其不是实际控制人或者未实际参加公司经营管理为由,免除清算义务。最终该判例在《九民纪要》中被推翻,明确小股东未参与公司经营等,与公司无法清算等之间不存在因果关系,不应承担相关责任。与该理念相通,破产程序中关于不配合清算的责任认定,也更加注重因果关系的认定,而不是“一刀切”的定责。

深圳市中级人民法院在(2021)粤 03 民初 2093 号案中认为,铜锣湾公司自 2006 年即出现拖欠员工工资情形,2007 年又出现拖欠供货商货款情形。该公司于 2007 年已经停止经营,其 2008 年审计报告显示所有者权益合计负 34,703,790.55 元,届时已经处于资不抵债的状况,故各被告未能移交财务账册并不必然导致破产财产的减少,亦没有证据显示因为财务资料的缺失致使破产财产减少。法院在该案中以不存在因果关系为由未支持原告诉求。但笔者认为,该案存在其特殊性,法院采信了审计报告记载的内容;即使在这种情形下,也不应免除相关义务人配合清算的义务。因被告未交付财务账册资料,管理人无法准确掌握破产财产,资不抵债与有没有财产没有必然关系,未能掌握破产财产可能导致债权人损失扩大,清偿率降低。故在此情形下,管理人已经举证证明了被告未履行配合清算义务及存在损害结果,应当由掌握财务账册资料的被告来承担相关的举证责任和举证不能的后果。

## 四、破产程序的特殊性

1. 原告起诉所获的赔偿金额应归属于债务人，而不是归属于提起诉讼的个别债权人，这是这类案件区别于一般侵权责任案件的一大特点，具有破产程序坚持公平清偿原则而不得个别清偿的特性。

《申请破产清算案件的处理批复》第 3 款规定“有关权利人起诉请求其承担相应民事责任”，系指管理人请求上述主体承担相应损害赔偿责任并将因此获得的赔偿归入债务人财产。管理人未主张上述赔偿，个别债权人可以代表全体债权人提起上述诉讼。

债权人如果提起相关诉讼，需注意以管理人未提起此类诉讼为前提，并诉请被告赔偿金额归入债务人的财产，而非主张个别清偿，否则可能存在被驳回的风险。例如，深圳市中级人民法院在(2020)粤 03 民终 649 号案件中认为，原告在客来滋公司被宣告破产且破产程序终结后，依据《申请破产清算案件的处理批复》的规定要求被告对客来滋公司承担连带清偿责任以用于清偿其个人债务，于法无据，不予支持。然而实践案例中，也并非债权人起诉要求个别清偿均会被驳回，如果该债权人系破产清算程序中的唯一债权人，其诉求也可能获得支持。例如，深圳市中级人民法院在(2020)粤 03 民初 6446 号案件中认为，原告作为本案的唯一债权人，依法可以提起本案诉讼，并支持了原告关于个别清偿的请求。故，笔者认为通常原告提起该类诉讼时，主要诉讼请求应主张被告(共同连带)赔偿“破产企业”损失××元。

2. 关于在破产程序终结后，能否起诉相关义务主体不配合清算义务，在实践中存在不同的声音。《九民纪要》规定破产清算案件被裁定终结后，相关主体以债务人主要财产、账册、重要文件等重新出现为由，申请对破产清算程序启动审判监督的，人民法院不予受理，这体现了破产终局的理念。有人认为该规定体现了破产终局的理念，故破产程序终结后，不应再受理相关案件。深圳市罗湖区人民法院在(2021)粤 0303 民初 24596 号案件中认为，限定于破产程序中提起诉讼，是发挥破产制度功能的应有之义，有利于在破产程序中“一揽子”解决纠纷。破产程序是概括清偿程序，功能在于终局清理破产企业的债权债务。尽管该判决最终并未生效，但实践中不乏争议，尤其是对破产终局理念的理解。

笔者认为上述深圳市罗湖区人民法院判决的观点不利于保护债权人的利益，有可能促使相关责任主体为逃避债务而拒不配合清算义务。实践中，可能在破产程序终结后发现破产财产，或者发现关于相关义务人员的财产或者责任承担的新证据，这些因素都可能影响债权人关于是否提起诉讼的决策。笔者认为，如果适用一般侵权行为的诉讼时效与破产程序终结前两种期限中更长期限的话,更有利于促进相关义务主体履行配合清算义务,也更有利于保护债权人的利益。

虽然《九民纪要》对破产清算与解散清算情形下适用的法律依据进行了区分和明确,但是《企业破产法》中不配合清算的责任规定仍有待完善,目前不配合清算、无法清算的情形仍然普遍存在,实践中并不能有效约束相关义务主体。具体到实操上,关于过错责任认定、举证责任分配、诉讼时效等规定均有待明确、完善,且《企业破产法》关于无法清算的赔偿责任规定也有待与解散清算制度更加完美地衔接,以免破产程序成为相关责任主体逃避责任的路径。而在现有规定下,管理人或债权人应及时追究相关义务主体的责任,以维护债权人的合法权益,这样破产制度的“牙齿”才可以有力“咬合”。

# 银行小额不良贷款清收的常见风险因素及应对策略

潘　峰[*]　高　田[**]

近年来，随着经济下行压力不断增大以及国内外疫情形势对金融市场的冲击，个人及中小微企业借款群体抗风险能力越显不足，逾期还款、逃废债务等违约行为频发，导致金融借款合同纠纷案件数量激增，使银行等金融机构的债权回收工作面临严峻考验。

本文笔者拟结合近年来为金融机构提供批量贷款清收业务的服务经验，对金融借款合同纠纷的常见风险因素进行类型化梳理，并以贷前、贷中、贷后三个节点为线，对金融机构内部贷款管理流程的优化和完善提出自己的见解。

## 一、金融借款合同纠纷案件的常见风险因素梳理

金融借款合同纠纷是以金融借款合同为基础，结合保证合同、抵押合同等从合同的一系列法律关系产生的纠纷，其作为近年来法院受理的高频案由，往往具有案件数量大、法律关系相对简单、调撤率低、缺席判决率高等典型特征。笔者拟区分信用类贷款和担保类贷款案件，结合相关司法判例和服务经验，类型化梳理两类贷款案件的常见风险因素，以期对金融借款合同纠纷案件的全流程管理要点提供有益启发。

### （一）信用类贷款案件常见风险因素

近年来，网捷贷、微捷贷等信用贷款模式由于高效、便捷、低门槛等优势颇受贷

* 德和衡高级合伙人，擅长金融纠纷、房地产与建筑工程、投资并购、公司治理、信托与基金等。

** 德和衡执业律师，擅长土地征收、拆迁安置、棚户区改造、城中村改造、城市更新、旧城改造、土地租赁合同纠纷等。

款市场的青睐，其最典型的特征之一即贷款人视其对借款企业的信用评级结果决定是否批准借款人的贷款申请，无须借款人或第三人再单独为借款提供担保。从债权回收工作的角度审视，因信用类贷款产生的金融借款合同纠纷常常面临以下风险，这些风险值得引起金融机构的高度重视。

1. 借款关系真实性的认定风险

在大量网捷贷案件中，由于基础借款合同均为线上签订，缺乏债务人本人签字捺印的线下合同文本。法院在审理过程中，往往会对借款关系的真实性进行重点审查。最终能否依据开户申请书、借款凭证、银行流水、银行电子业务系统截图等证据综合确认借款关系的真实性，存在一定的不确定性。

2. 债务人清偿能力不足的风险

以笔者代理的多起微捷贷案件为例，中小微企业及其法定代表人为共同借款人。提起诉讼后，由于不存在专门的担保措施，金融机构能提供的财产线索基本限于贷款行的银行账户信息以及自然人债务人持有的法人债务人的股权。但一般而言，进入诉讼阶段的债务人银行账户余额已经所剩无几、股权价值能否覆盖债权也存在高度的不确定性。在大部分中小微企业及个人抗风险能力本身不足的情况下，加之受到国内外疫情形势的影响，偿债能力普遍受到较大冲击。在无其他高价值财产线索时，即使最后取得胜诉生效判决，最终执行回款效果也不太让人满意。

3. 关于罚息的计算基数认定不统一的风险

司法实践中，关于罚息能否纳入复利的计算基数这一问题一直存在一定争议，甚至最高人民法院的司法判例中也存在分歧。例如，最高人民法院在(2009)民二终字第12号、(2013)民二终字第46号、(2014)民申字第1563号、(2019)最高法民终840号裁判中，对罚息纳入复利计算基数的观点予以支持，认为类似于“合同期内未按期支付的利息，按合同约定利率计收复利，借款逾期后未支付的利息，按罚息利率计收复利”的合同约定并不违反法律法规的禁止性规定，属于有效约定，应当遵守。而在(2016)最高法民终340号、(2015)民二终字第110号裁判中，最高人民法院则持相反意见，认为应当计算复利的利息指的是贷款期内不能按期支付的利息，而并非对贷款逾期后的逾期利息计算复利。《关于人民币贷款利率有关问题的通知》第3条“对逾期或未按合同约定用途使用借款的贷款，从逾期或未按合同约定用途使用贷款之日起，按罚息利率计收利息，直至清偿本息为止。对不能按时支付的利息，按罚息利率计收复利”的规定，只是规定了逾期利息和复利的计算标准，并不能得出对于逾期利息应当计算复利的结论，该主张于法无据。

就广东省内司法环境而言，广东省高级人民法院曾发布《关于审理金融机构借贷纠纷案件的指导意见》(粤高法〔2005〕30 号,已失效),意见明确指出对逾期罚息不再计收复息。这一指导意见虽现已失效,但对于分析广东省辖区内司法机关对于复利计算基数的态度和倾向仍有一定价值。

再聚焦到深圳市内的情况。福田区人民法院曾在《深圳市福田区人民法院金融案件审判状况(2012—2017.8)》白皮书中对将罚息计入复利基数的做法持否定态度。而罗湖区人民法院大约从 2021 年 10 月起,对金融机构主张对罚息计收复利的诉讼请求也普遍不再支持,并要求债权人对诉讼请求中复利的计算标准和过程进行书面说明。如果案件存在对罚息计收复利的情况,还需要金融机构将正常息的复利与罚息的复利计算结果分别明确,以便法院确认能够支持的复利数额。笔者经委托人指示,曾专门将罚息计收复利请求未获支持的个别案件上诉至深圳市中级人民法院,以期对该问题的裁判规则予以明确。最终深圳市中级人民法院均以"将罚息计入复利基数属于双重处罚且于法无据"为由维持一审判决。由此,对于深圳市范围内的金融借款合同纠纷案件,我们建议金融机构内部尽快核实复利的计算基数问题。但对于深圳市范围外司法机关的裁判意见,还存在高度的不确定性,需通过更多案例调研才可有效指导实践工作。

4. 金融机构贷款利率参照民间借贷利率规则认定的风险

最高人民法院《关于新民间借贷司法解释适用范围问题的批复》(法释〔2020〕27 号)出台后,7 类地方金融组织贷款利率不适用《关于审理民间借贷案件适用法律若干问题的规定》(2020 年修正)得到明确。但实践中关于金融机构的贷款利率在发生争议的时候法院能否参照民间借贷的利率规则调整,一直存在较大争议。

最高人民法院《关于进一步加强金融审判工作的若干意见》(法发〔2017〕22 号)第 2 条规定,金融借款合同的借款人以贷款人同时主张的利息、复利、罚息、违约金和其他费用过高,显著背离实际损失为由,请求对总计超过年利率 24% 的部分予以调减的,应予支持。可以看出,旧民间借贷司法解释时代下,虽然金融机构不属于民间借贷司法解释的适用范围,但人民法院在审理金融借款纠纷时,仍可能会参考民间借贷司法解释的利率限制进行调整。

根据笔者近期代理的金融借款合同纠纷案件的情况,法院在裁判主文中往往会增加"正常利息、罚息、复利总计不超过年利率 15.4%"作为限制。因此,金融机构在确定贷款利率前,需要对管辖法院(往往会在合同中约定金融机构所在地法院管辖)的司法判例倾向进行充分了解,否则对于超出民间借贷司法解释利率限制的部分,法院很可能不予支持。

5.共同债务人的认定问题

（1）难以认定为夫妻共同债务的风险

在团队律师代理的部分由企业与其法定代表人共同向银行申请贷款的案件中，自然人借款人在申请借款时还提交结婚证、配偶身份证供银行审查，并在结婚证复印件上加盖法人借款人公章。但该类案件中，虽然借款事实发生时处于婚姻存续期间，但由于借款合同中债务人将贷款目的明确限定为“用于企业生产经营”（配偶亦非企业股东），且债权人未书面固定配偶知情或同意该笔债务事实的证据，法院能否将该笔债务认定为夫妻共同债务，判令配偶对债务人在借款合同项下产生的债务承担连带清偿责任，存在一定的不确定性。

（2）难以锁定法定代表人为共同债务人的风险

同业诉讼中，存在企业与其法定代表人线上向银行申请贷款的模式。而申请过程中，法定代表人未在借款合同上签字捺印，且实际放款时，贷款人也直接将借款汇入公司名下账户，法定代表人常以其不知情案涉贷款，也从未实质经手该笔款项而进行抗辩。司法实践中，部分法官认为该种情况将法定代表人认定为共同债务人的依据尚不充分，存在不支持债权人要求法定代表人对出借款项承担还款责任的风险。

6.债务加速到期日难以确定的风险

宣布借款提前到期是借款人在继续维持借款合同效力的前提下承担逾期还款违约责任的一种方式，它不以解除金融借款合同为前提，且在宣布提前到期后，借款合同约定的还款方式及期限、违约金、利息等条款仍然有效。

需要注意的是，律师代理的部分案件中，由于缺少贷款到期通知书及其回执等证明材料，导致诉讼中对贷款到期时间存在争议。目前，法院既存在按照起诉之日认定的做法，也有将诉状副本送达被告之日认定为到期日的做法。对于这一司法实务差异，也需引起金融机构的关注。

7.公告送达导致债权回收周期延长的风险

金融借款合同纠纷案件常以缺席判决率高而著称，在借款人提供的联系信息不准确或后续单方变更通信方式时，法院很可能无法按照原告提供的送达地址有效送达被告，最终只能适用公告送达程序。而公告送达不仅包括诉讼阶段开庭传票、法院判决的送达，还包括执行阶段中执行通知书、执行裁定书等文书的送达，这些都对高效回收债权造成很大障碍。

### （二）担保类借款案件常见风险因素

个人购房类贷款中，担保人往往以贷款所购房屋或名下其他不动产为该笔借款提供抵押担保。实务中，在贷款资格审批环节，存在大量业务人员一旦见到愿意提供不动产抵押的贷款申请，即默认划定为稳妥型、低风险类业务，从而对借款人其他偿债能力指标的审查就流于形式。事实上，即便是含担保类借款类型，在债权回收阶段也存在种种风险，需要引起金融机构的高度重视。

1. 未及时办理预告抵押登记导致脱保的法律风险

在预售商品房屋买卖中，在暂未满足办理正式抵押登记条件的情况下，金融机构为保障将来抵押权的实现，往往会在借款合同中约定抵押人负有配合债权人办理抵押预告登记的义务。但实践中，仍存在部分金融机构因未及时办理预告抵押登记而直接导致丧失担保，最终导致案涉债权难以完整回收。

以一则经典的最高人民法院公报案例①为例加以说明。该案中，招商银行于2014年1月17日收到担保公司迟延交付的购房预告抵押登记手续后，没有在合理期间及时办理预告抵押登记，直至2015年3月6日案涉房屋因另案被法院查封无法办理后，才于2015年4月22日向法院起诉担保公司主张权利。最高人民法院认为，在一审、二审中招商银行未提供证据证明未办理预告抵押登记是担保公司迟延交付办理预告抵押登记手续所致，亦未提供证据证明其已积极敦促担保公司及借款人配合其办理预告抵押登记。银行怠于履行合同义务是显而易见的，对案涉房屋不能办理预告抵押登记后果的产生存在重大过错。并且，招商银行收到担保公司迟延交付预告抵押登记手续后，不但没有提出异议，而且一年多时间不去办理预告抵押登记，又无合理解释，应视为担保人阶段性担保的保证责任免除条件成就。

可以看出，在金融机构未及时办理预告抵押登记且无法证明未能及时办理预告抵押登记非自身原因所致，法院很可能认定金融机构存在重大过错。并且，为避免无限期延长担保人承担阶段性担保责任的期间，在金融机构无正当理由怠于办理预告抵押登记时，法院确有认定担保人阶段性担保责任免除的可能。这样一来，在无其他高价值财产线索的情况下，债权回收将存在较大的不确定性。

2. 凭借预告抵押登记无法主张优先受偿权的风险

最高人民法院《关于适用〈中华人民共和国民法典〉有关担保制度的解释》（法释〔2020〕28号，以下简称《担保制度司法解释》）出台前，司法机关对于在非因债权人原因致使未能办理正式抵押登记的情形下，债权人仅凭预告抵押登记能否主张优先受偿权这一问题，一直存在较大分歧。该解释出台后，如果已经办理建筑物所有权首次登记，且不存在预告登记失效等情形的，抵押权自预告登记之日

① 招商银行股份有限公司大连分行与大连一方地产有限公司保证合同纠纷案，载《最高人民法院公报》2018年第5期（总第259期）。

起设立。

实务中,部分案件因贷中管理流程存在瑕疵,债权人在正式提起诉讼后,未能举证案涉抵押建筑已经办理了所有权首次登记这一事实①,或自能够进行不动产登记之日起90日内未申请登记导致预告登记失效,最终无法赋予预告抵押登记正式抵押权设立的法律效果,给债权回收造成较大风险。

3. 抵押物租赁的法律风险

抵押物租赁对于金融机构债权清收亦会造成一定风险,典型情况有三:一是抵押人在申请借款时故意隐瞒抵押物已出租的信息,使债权人误判风险;二是贷款发放后,抵押人未经债权人同意擅自将抵押物出租并在一次性取得巨额租金后"跑路";三是抵押人为逃废银行债务,与承租人恶意串通"倒签"租赁合同,阻碍对抵押物的处置。虽《民法典》第405条适用后,"抵押不破租赁原则"的适用门槛有所提高——除租赁关系的产生需要在抵押权设立之前外,还要求承租人已经实际占有租赁物。但在借款合同签订后至完成办理抵押登记的期间,仍可能发生恶意"倒签"租赁合同情形,致使借款人债权回收的不确定性大大增加。前述情况中,租赁关系普遍呈现租期较长、租金数额较大且已付清、借款人无其他财产清偿债务等特征。当法院拍卖抵押物时,承租人直接与法院及银行形成对抗,有的甚至会引发群体事件,严重影响社会稳定。银行不良清收案件执行程序被迫中止,抵押权难以实现。

4. 抵押物轮候查封的风险

抵押物的优先受偿权是金融机构贷款回收的重要保障,而实现优先受偿权的范围和速度很大程度会受债权人是否为首封的影响。实践中,不少业务人员未充分重视查封的及时性问题,导致抵押物被其他债权人首封,影响债权回收的效果和效率,典型风险如下:

第一,优先受偿权的实现周期被延长的风险。优先债权实现时间受首封法院诉讼、审理、判决、执行等处置环节进度影响,若首封法院未在查封期限内执行终结,首封债权人原则上可一直申请续封,存在优先债权在短时间内难以实现的风险。

第二,金融机构化解风险贷款手段受限。资产重组、兼并、债权转让是银行等金融机构化解风险贷款常用手段。若抵质押物被其他债权人首封,债权实现周期存在较大不确定性,再加上实践中对于已查封不动产进行抵质押物的解押、转让、过户等手续的办理也多有不便,最终金融机构通过前述债权转让等方式化解风险的

① 参见中国农业银行某支行、夏某某金融借款合同纠纷案,四川省宜宾市中级人民法院(2021)川15民终190号民事判决书。

手段实施难度系数将大大提高。

第三，首封债权人"敲竹杠"的风险。实践中，当抵押物执行回款很可能无法覆盖首封债权时，也存在部分首封债权人依仗首封的优势身份与优先债权人协商换取部分优先受偿款，当优先债权人急于实现债权回收时，不排除会选择让渡部分资金给首封债权人。

5. 市场风险

实践中，即使经法院生效判决确认，债权人对债务人提供的抵押房产享有优先受偿权，也无法当然保障银行债权得以全部清偿。一方面，受经济形势影响，房屋价值波动幅度较大且可预测性差，不动产贬值情况时有发生，这就导致房屋拍卖款项可能无法完全覆盖债权。况且，执行阶段抵押房屋流拍的情况并不少见，在申请执行人基于商业决策拒绝接受或者依法不能接受不动产抵债的，债权回收工作往往难以有实质性突破。另一方面，执行阶段房屋拍卖、变卖往往伴随周期长、流程烦琐等局限性，债权回收本身成本高、难度大。

6. 抵押物灭失的风险

同业诉讼中，存在因第三方原因导致的抵押物损毁、灭失的情况，如抵押房产因第三方引发火灾而损毁等。对于债权人而言，原抵押物大大贬值，在债务人难以提供其他增信措施，且因第三方资金实力不足或拒绝赔偿而致使抵押物灭失或损毁后的赔偿金一时难以到位，将会对贷款人债权的回收造成极大风险。

7. 管辖约定不一致的风险

以团队律师代理的一起案件为例。该案中，借款合同约定管辖法院为贷款人所在地人民法院，而抵押人与银行单独签订的《最高额抵押合同》约定争议产生应受深圳国际仲裁院管辖。据此，代理人不得不就借款关系和抵押关系分别向法院和仲裁机构提起诉讼及仲裁申请，且为避免法院和仲裁院对同一案件的主债权数额等基本事实认定不一致，仲裁院倾向于选择在法院判决生效后再作出裁决。再加之本案债务人提起上诉，从立案到最终确认债权人享有优先受偿权耗时超过一年半，整体维权成本和周期大大增加。

## 二、对策和建议

根据前文对金融借款合同纠纷常见的风险因素类型化梳理的结果，我们认为，可考虑以贷前、贷中、贷后三个节点为线，对金融机构内部贷款管理流程作进一步优化和完善。

### （一）贷前预防

1. 完善线上贷款流程设置

线上办理的信用类贷款对借款人身份及清偿能力的评估是后期成功回收债权的前提与基础。就技术角度而言，可考虑尝试采取 CR 认证、对网上申请贷款进行全流程公证、电子签名、上传手抄或经签字捺印的承诺书等多种方式综合锁定借款人身份；借款资格预审角度而言，应考虑进一步细化工作证明、住所证明、收入情况证明、固定住所、借款用途等多项指标的评估标准，从严审查贷款人借款资格。

2. 抵质押物的权属核验及实地调查问题

以房产抵押为例，一方面，要落实房屋真实的权属状况。实务中，不乏房产属于共同财产而登记在一人名下的情况。故，在正式签订借款合同前，要求抵押人如实披露婚姻状况、个人财产共有状况、房屋权属情况并出具《抵押房屋权属声明》及《抵押房屋共有人承诺书》等承诺性文件尤为重要。

另一方面，要查清抵押物是否已出租，可到实地进行拍照记录，到房屋所在地房产管理部门查询该房屋是否有租赁备案登记，并取得相应的查询记录。此外，还可将拟设定抵押权的信息予以公示，如在抵押房屋门口张贴拟抵押的信息、要求承租人及时向银行申报租赁关系的声明等。通过以上方式取得房屋在抵押时未出租的证据，以便在执行程序中掌握主动权。

3. 排查管辖约定不统一情况

对于借款合同之外，单独签订担保合同的情况，业务人员在核查合同文本时，还需核查两份合同是否存在管辖约定不一致的情况，避免多处诉讼（仲裁），增加维权成本和周期。

### （二）贷中管理

1. 格式条款的提示和说明义务

根据《民法典》第 496 条的规定，对于“免除或者减轻其责任等与对方有重大利害关系的条款”，格式条款拟订一方负有提示说明义务，否则须承担格式条款直接不被纳入合同的风险。并且，对格式条款解释产生争议后，往往倾向于作出不利于提供格式条款一方的解释。

据此，从银行视角，在合同制作和签订过程中，要注重对免除、减轻己方责任等与对方有重大利害关系的条款履行提示说明义务。包括但不限于对格式条款以加粗、下划线、着重号、文本框等形式提请合同相对方注意，亦可要求合同相对方采取抄录方式表明贷款人已经充分披露和说明免除或者减轻贷款人责任等与合同相对方有重大利害关系的条款，借款人现已清晰知晓并认可该合同确认的双方当事人权利义务内容。

2. 抵押物担保效果的动态监测

首先，银行作为担保权人有权利也有义务及时督促合同相关方为债权办理抵押登记手续。在合同相关方拒绝或怠于办理抵押登记时，应及时援引合同中关于“委托办理事项”的条款，即借款人不可撤销地授权委托贷款人代为办理所购房产的预告抵押登记手续和正式抵押手续。

其次，预售类房屋贷款中，一方面要及时向房地产开发企业了解项目房产竣工验收的情况，并督促房地产开发企业尽快办理建筑物所有权的首次登记。另一方面建议债权人及时、持续跟进房地产开发企业为购房人/借款人办理房屋不动产权证事宜，在获取房屋不动产权证后及时办理抵押登记，避免因超过法定期间导致抵押预告登记失效。

再次，对抵质押物的担保价值需要动态监测，特别是对于房产这种担保价值相对较高且稳定的抵押物，更需对其实际状态及登记情况进行定期查验核实。对于高价值的抵押物，可考虑有无必要通过借款人为抵押物购买保险并将银行列为第一受益人的方式降低抵押物灭失风险。

最后，实践中也不乏借款期间抵押人提出出租抵押房屋的申请，如一律持否定态度则会使抵押人闲置的抵押物无法体现其经济价值，对抵押人的还款能力也会产生不利影响。一般而言，银行在确保抵押人诚信的前提下允许其出租抵押物的，可同时采取以下措施防控风险：除先前在签订抵押合同时设定的出租抵押物应经得抵押权人同意的条款外，还应在抵押合同中补充约定对抵押人的租金收取进行监控的条款，要求抵押人在贷款银行开立租金收取专用账户。当贷款出现不良时，银行可自行从该账户扣划资金优先用于归还贷款。

3. 可考虑建立借款人、保证人财产报告制度

银行可参照最高人民法院在《关于民事执行中财产调查若干问题的规定》(2020 年 12 月 29 日发布)中完善的财产报告制度，要求借款人和保证人对其收入、存款、不动产、财产性权利等重大事项向债权人进行定期报告，增强债权人对借款人、保证人责任财产的掌控力度。

### （三）贷后追踪

1. 贷款提前到期通知的证据固定

我们注意到，目前金融机构移交的请求法院判令借款合同立即到期的案件中，并未实现贷款提前到期通知书这一证据的全面覆盖，导致诉讼中对贷款到期时间的认定存在争议，最终损失部分债权无法主张。对此，我们建议金融机构在满足借款合同加速到期规则的适用条件后，在债务人经多次电话、律师函催收后仍未及时归还借款的情况下，统一、批量制作贷款提前到期通知书并固定邮寄证据，这样既能起到催告还款的效果，又能及时固定证据，避免后期对贷款到期时间的认定产生争议。

2. 建立金融机构内部的案件信息共享机制

我们在代理的银行批量清收案件中发现，存在同一债务人或其配偶在同一贷款行的不同支行申请借款的情形，但由于是不同支行移交案件，掌握财产线索情况都各不相同。对此，我们建议金融机构及时更新内部借款人信息和财产线索台账，对于同一借款人或配偶在不同支行中借款的情况，要共享财产线索资料，避免有限财产被其他债权人优先查封，不利于贷款催收工作的推进。

3. 在银行账户之外还存在其他财产线索时，同步移交余额查询清单

对于采取诉中保全的案件，在银行账户之外还存在其他财产线索时，存在部分主审法官致电主办律师要求撤回银行账户外的财产线索的情况，这表明须确定银行账户余额不能覆盖债权后再提交补充财产线索清单。为高效维护债权人债权，我们建议，金融机构在移交案件材料时，应同步移交债务人银行账户的余额查询截图，避免后期反复制作、提交材料带来的不便。

## 三、小结

金融借款合同纠纷作为近年来法院受理的高频案由，往往具有案件数量大、法律关系相对简单等典型特征。从金融机构内部贷款管理角度来看，及时结合最新法律法规和司法判例去类型化剖析典型案件的常见风险因素并相应完善贷前、贷中、贷后管理体系能够较好地规避相关风险，最大化避免管理流程漏洞造成失权、权利减损等后果产生。

# 浅谈《保障中小企业款项支付条例》对施工企业应收账款的保障作用

潘　峰　杨　帆*

《保障中小企业款项支付条例》(中华人民共和国国务院令第728号,以下简称《支付条例》)于2020年7月1日经国务院第99次常务会议通过,自2020年9月1日起施行。《支付条例》紧紧围绕保护中小企业合法权益、强化机关事业单位和大型企业诚实守信、优化营商环境作出规范,针对社会高度关注、反映强烈的突出问题,既充分考虑中小企业实际情况,又尊重市场主体意思自治和合同自由,建立起市场主体自律、政府依法监管、社会协同监督的预防化解拖欠中小企业款项的法规制度。①

《支付条例》共29条,主要包括以下三个方面的内容:一是规范机关、事业单位和大型企业与中小企业的合同订立及资金保障,加强账款支付源头治理;二是规范机关、事业单位和大型企业对中小企业的支付行为,防范账款拖欠;三是加强对机关、事业单位和大型企业的信用监督和对中小企业的服务保障。《支付条例》通过为机关、事业单位和大型企业设定法定义务的方式,为处于弱势地位的中小企业提供保护合法权益的路径。具体来讲,《支付条例》从规范支付行为、建立支付信息披露制度、投诉处理和失信惩戒制度、监督评价机制以及法律责任5个方面为中小企业提供保障,建设工程项目的中小型施工企业,可在合同签订及履行过程中充分利用前述制度维护自身合法权益。

---

* 德和衡实习律师,致力于财富管理与传承业务、婚姻家事诉讼业务。

① 参见《李克强签署国务院令公布〈保障中小企业款项支付条例〉》,载中华人民共和国中央人民政府网,http://politics.cntv.cn/special/gwyvideo/likeqiang/202007/2020071401/index.shtml。

## 一、工程价款纠纷案件概览及成因

在威科先行法律数据库中，以“建设工程施工合同纠纷”为案由，检索全国范围内，裁判时间为2021年1月1日至12月31日的案件，结果总计为177,218条，其中涉及逾期支付工程价款的案件为28,756件，高频争议焦点则为工程价款结算及利息计算问题。

从行业现状看，工程建设项目的发包方一般处于优势地位，是项目信息的掌握者、项目资金的使用者和游戏规则的制定者；施工企业在合同签订和履行过程中处于弱势地位，尤其对工程款计量规则、结算和支付方式等内容缺乏话语权。

从施工企业内部管理机制看，企业不能做到严格的合同管理和项目管理，主要表现为在时间紧、合同条款多的情况下，施工企业在签订合同前未进行有效评审，以致关键合同条款存有疏漏，如计价标准、结算方式、支付方式、价格调整等条款。在合同履行阶段，未能严格实施规范的工程资料的归档与整理，导致关键节点的付款主张缺乏书面材料加以证明。另外，尚未完善的社会信用体系导致信用缺失行为的不利后果较轻，从而加剧了拖欠工程款问题的恶化。

## 二、施工类中小企业的界定及适用

根据《支付条例》第3条第1款的规定，中小企业是指在中华人民共和国境内依法设立，依据国务院批准的中小企业划分标准确定的中型企业、小型企业和微型企业。2011年6月18日，工业和信息化部、国家统计局、国家发展和改革委员会、财政部发布《关于印发〈中小企业划型标准规定〉的通知》（工信部联企业〔2011〕300号），建筑业中，营业收入80,000万元以下或资产总额80,000万元以下的为中小微型企业。其中，营业收入6000万元及以上，且资产总额5000万元及以上的为中型企业；营业收入300万元及以上，且资产总额300万元及以上的为小型企业；营业收入300万元以下或资产总额300万元以下的为微型企业。施工企业可据此判断本企业的规模划型。

实践中，机关、事业单位及大型企业会在招标文件中要求中小企业提供相应材料证明主体资格，或者提供企业注册地的行政机关开具的中小企业证明文件。以此为参考，若发生争议，施工企业可向法院提交能够证明中小企业资格的证据。例如，能反映上年度企业从业人员、营业收入和资产总额等指标的统计机构调查文件，工商登记机构的统计年报，财务审计报告，完税证明等。

工程施工合同履行期往往较长，合同签订之后，施工企业可能会从中小企业发展为大型企业，若此后交易双方发生争议，《支付条例》的其他规定是否继续适用？

根据《支付条例》第 3 条第 2 款的规定，中小企业、大型企业依合同订立时的企业规模类型确定。该款明确应当依合同订立时的企业规模界定企业类型，从合同传递的真实意思表示来讲，在合同签订时，双方已经对权利义务的履行进行了明确约定，按照约定履行合同义务，符合双方真实意思表示以及诚实信用的原则；从民事主体对规则的可预期、维护交易秩序稳定等角度讲，将合同订立时作为界定企业规模类型的时间点符合《支付条例》保护中小企业权益的本意及维护交易安全的原则。因此，在施工合同签订后，施工企业由中小企业发展为大型企业，不影响《支付条例》的继续适用。

## 三、施工企业如何利用《支付条例》的规定防范账款拖欠

### （一）施工企业在签订合同时应主动告知自身的性质和规模

根据《支付条例》第 3 条第 2 款的规定，中小企业与机关、事业单位、大型企业订立合同时，应当主动告知其属于中小企业。在现有案例中，当机关、事业单位和大型企业拖欠支付工程款的情况出现，施工企业（中小企业）作为原告，请求被告（机关、事业单位和大型企业）支付的款项一般分为两部分，一是拖欠款项的本金部分，二是依据《支付条例》第 15 条，请求支付日万分之五的逾期利息。被告会以原告并未主动告知其属于中小企业，不应按每日利率万分之五支付逾期利息答辩。那么，施工企业在与机关、事业单位和大型企业签订合同时是否有主动告知自身性质和规模的义务？若不主动告知，《支付条例》的规定是否还可继续适用？

《支付条例》在交易中给予中小企业特殊保护，但对于确定企业规模类型的指标，如从业人员、营业收入、资产总额等信息，对于企业外部的人而言获取难度较大，交易的一方当事人往往难以判断交易相对人是否属于中小企业。为保护平等交易双方的合法权益，中小企业应当履行主动告知义务，如果中小企业没有主动告知，机关、事业单位和大型企业也没有义务去核实，将不受《支付条例》及有关法律法规的约束。①

因此，施工企业应在招标或合同谈判过程中，主动亮明自身中小企业的身份，并保留相关证据，必要时可要求作为交易相对方的机关、事业单位、大型企业出具确认函，以保证其已明确知晓中小企业资格和规模。目前未有明确依据规定中小企业主动告知的形式，建议参考 2021 年 1 月 1 日施行的《政府采购促进中小企业发

① 参见工业和信息化部产业政策法规司、工业和信息化部中小企业局、司法部立法二局编著：《保障中小企业款项支付条例释义》，中国法制出版社 2021 年版，第 21 页。

展管理办法》(财库〔2020〕46 号)附件《中小企业声明函》的格式,并按照《支付条例》规定加以修改后使用(声明函范本见本文附录)。

### (二)施工企业可根据《支付条例》的规定规范合同款项支付行为

1. 明确付款期限

《支付条例》第 8 条[①]对机关、事业单位的付款期限作了明确规定,但并未严格限制大型企业就付款期限作出合理约定。具体来讲,机关、事业单位从中小企业采购货物、工程、服务,应当自货物、工程、服务交付之日起 30 日内支付款项;同时,允许合同双方就付款期限作出约定,即使另有约定,付款期限最长也不得超过 60 日。大型企业从中小企业采购货物、工程、服务,应当按照行业规范、交易习惯合理约定付款期限并及时支付款项。

因此,作为施工企业,在与机关、事业单位签订合同时,可对照《支付条例》规定,就款项支付时间作出明确约定,拒绝接受不合理的付款期限。《支付条例》虽未就大型企业向中小企业的付款期限作出强制性规定,但并不意味着大型企业可以随意约定付款期限。法律、行政法规和规章等对有关行业的付款期限有明确规定的,应遵循该规定;没有法律、行政法规和规章等作出规范的行业,如果存在行业协会制定的相关规范,或者存在得到行业认同的交易习惯,大型企业在与中小企业约定付款期限时,应当参考上述行业规范或者交易习惯。[②]

关于付款期限的起算日,《支付条例》第 8 条第 1 款规定的付款期限起算时间为“交付之日”,在合同未作明确约定的情况下,合同双方可能会对交付之日存在不同理解,因此,为防止此类争议的出现,可在合同中明确“交付之日”的具体含义。对于建设工程施工合同来说,工程款包括预付款、进度款、结算款、工程费用、工程质量保证金等,支付方式也包括一次性结算、进度结算、定期结算等,对于合同约定采取履行进度结算、定期结算等结算方式的,付款期限应当自双方确认结算金额之日起算;若合同约定以检验或验收为付款条件,付款期限应当自检验或者验收合格之

---

① 《支付条例》第 8 条规定:“机关、事业单位从中小企业采购货物、工程、服务,应当自货物、工程、服务交付之日起 30 日内支付款项;合同另有约定的,付款期限最长不得超过 60 日。大型企业从中小企业采购货物、工程、服务,应当按照行业规范、交易习惯合理约定付款期限并及时支付款项。合同约定采取履行进度结算、定期结算等结算方式的,付款期限应当自双方确认结算金额之日起算。”

② 参见工业和信息化部产业政策法规司、工业和信息化部中小企业局、司法部立法二局编著:《保障中小企业款项支付条例释义》,中国法制出版社 2021 年版,第 47 页。

日起算，拖延验收的，付款期限自约定的检验或者验收期限届满之日起算。[①]

2. 明确付款方式，防止变相拖欠

《支付条例》第 10 条[②]对非现金支付方式作出了限制：使用商业汇票等非现金支付方式支付中小企业款项的，应当在合同中作出明确、合理约定，不得强制中小企业接受商业汇票等非现金支付方式，不得利用商业汇票等非现金支付方式变相延长付款期限。

本条并未禁止采用商业汇票这种非现金支付方式，但从防范账款拖欠的角度出发，在施工合同约定中仍需关注以下内容：

第一，施工企业应当与作为合同相对方的机关、事业单位和大型企业协商一致，对使用商业汇票等非现金支付方式达成合意，并在合同中作出明确、合理的约定；如果合同未作出明确约定，机关、事业单位和大型企业强制施工企业接受商业汇票等非现金支付方式的，施工企业可保留相关证据，并向省级以上人民政府负责中小企业促进工作综合管理的部门投诉。

第二，如果合同约定使用远期商业汇票作为付款方式的，双方当事人应当就票面金额、贴现费用等问题作出公平合理的约定，避免施工企业因承担贴现费用导致应得款项减少[③]。

第三，若施工企业同意接受商业汇票等非现金支付方式，应及时核查汇票的到期日是否超过了法律、行政法规规定或者合同约定的付款期限，若超过，则存在款项拖欠的风险，可通过签署补充合同的方式及时变更付款方式、增加迟延付款的违约责任，或在争议解决过程中要求付款人仍依照有关法律、行政法规的规定承担相应的法律责任。同时，汇票到期日也是工程价款优先受偿权的起算时间点，施工企业应在法定期间内及时要求就工程折价或者拍卖的价款优先受偿。

3. 规范结算行为

《支付条例》第 11 条规定："机关、事业单位和国有大型企业不得强制要求以审计机关的审计结果作为结算依据，但合同另有约定或者法律、行政法规另有规定的

① 《支付条例》第 9 条规定："机关、事业单位和大型企业与中小企业约定以货物、工程、服务交付后经检验或者验收合格作为支付中小企业款项条件的，付款期限应当自检验或者验收合格之日起算。合同双方应当在合同中约定明确、合理的检验或者验收期限，并在该期限内完成检验或者验收。机关、事业单位和大型企业拖延检验或者验收的，付款期限自约定的检验或者验收期限届满之日起算。"

② 《支付条例》第 10 条规定："机关、事业单位和大型企业使用商业汇票等非现金支付方式支付中小企业款项的，应当在合同中作出明确、合理约定，不得强制中小企业接受商业汇票等非现金支付方式，不得利用商业汇票等非现金支付方式变相延长付款期限。"

③ 参见工业和信息化部产业政策法规司、工业和信息化部中小企业局、司法部立法二局编著：《保障中小企业款项支付条例释义》，中国法制出版社 2021 年版，第 58 页。

除外。”

本条与规范大型企业付款方式的条款原理相似，即并不禁止以审计结果作为结算依据，但需有合同约定或法律、行政法规的规定。在实践中，工程施工领域以审计结果作为结算依据的情况较为常见，承包方与发包方在施工合同中约定，以审计审定的工程价格作为结算依据，但当双方对工程量等因素存在争议，审计机构无法出具审计结论时，发包方便会拒绝支付工程款，在工程已经竣工并交付的情况下，承包方迟迟拿不到工程款，通过诉讼仲裁等方式追讨的过程无疑又增加了承包方的负担。

鉴于《支付条例》第 11 条并未禁止交易双方约定以审计结果作为结算依据，为防止“久审不定”等变相拖延付款情况的发生，中小企业作为施工企业，可与建设单位在合同中约定完成审计的具体时间节点，以及不能按时完成审计的处理方式。在没有合同约定、法律法规规定的情形下，如果建设单位擅自将审计结果作为结算依据，则可对其拖欠付款行为造成的损失请求赔偿；在合同存在特殊约定，但建设单位没有采取积极措施而以等待竣工验收批复、决算审计等理由拒绝或迟延支付款项的，仍可向争议解决机构主张建设单位“不正当地阻止条件成就”①，进而请求对方赔偿损失。

《支付条例》第 13 条②还规定，机关、事业单位、大型企业不得以法定代表人或者主要负责人发生变更、未完成内部付款流程等非正当理由拒付或拖延付款。机关、事业单位和大型企业的人事变动和付款流程均属于内部组织性事务，完全处于机关、事业单位和大型企业的管控领域之内，不应当将迟延支付的风险转嫁给施工方。在实践中，机关、事业单位和大型企业内部发生重要人事变动后，新的法定代表人或者主要负责人通常以其他理由拒绝付款。比如，认为先前的负责人受到了相对人的欺诈，或者交易显失公平，或者合同签订程序存在瑕疵等。需注意的是，上述理由未经司法或仲裁程序确认，不能单方面作为拒绝履行支付义务的依据，施工企业仍可要求付款方按照合同约定及时支付款项。

---

① 《民法典》第 159 条规定：“附条件的民事法律行为，当事人为自己的利益不正当地阻止条件成就的，视为条件已经成就；不正当地促成条件成就的，视为条件不成就。”

② 《支付条例》第 13 条规定：“机关、事业单位和大型企业不得以法定代表人或者主要负责人变更，履行内部付款流程，或者在合同未作约定的情况下以等待竣工验收批复、决算审计等为由，拒绝或者迟延支付中小企业款项。”

4. 明确迟延支付的责任

根据《支付条例》第 15 条①的规定，迟延支付中小企业款项应当支付逾期利息。交易双方可在合同中就利率作出约定，但不得低于合同订立时 1 年期贷款市场报价利率；若合同未约定的，按照每日利率万分之五支付逾期利息（年利率约 18.25%）。

首先，本条属于强制性规定，机关、事业单位和大型企业在与中小企业签订的合同中，不能约定免除支付逾期利息，即使合同约定免除，中小企业也可依据本条规定向机关、事业单位和大型企业主张每日利率万分之五的逾期利息。其次，为防止机关、事业单位和大型企业利用自身优势地位约定过低的逾期利率，本条规定了逾期利率下限，即“合同订立时 1 年期贷款市场报价利率”，若在合同订立阶段发现逾期利率低于上述标准，中小企业可与合同相对方及时协商变更。最后，若合同未约定逾期利率，则中小企业可按每日利率万分之五向机关、事业单位和大型企业主张逾期利息，且该利率只适用于中小企业向机关、事业单位和大型企业主张，不能由机关、事业单位和大型企业向中小企业主张。

在建设工程施工合同的履行中，关于迟延支付的工程价款利息计算是较为常见的争议焦点，通常法院会以违约金规则裁判，违约金低于或过分高于损失法院会加以调整。《支付条例》第 15 条规定的每日万分之五的利率标准高于民间借贷利率的上限（4 倍 LPR），存在被裁判者下调的可能，同时，笔者检索《支付条例》实施之后（2020 年 9 月 1 日）的法院判例，发现已有法院判决支持以每日万分之五的逾期付款利率计算利息②，因此，对施工企业来说，可充分利用《支付条例》第 15 条的规定并从促成交易的角度出发，在施工合同中约定较为合理的逾期付款利率。

### （三）施工企业可以根据《支付条例》规定的支付信息披露制度评估交易风险

《支付条例》第 16 条规定：“机关、事业单位应当于每年 3 月 31 日前将上一年度逾期尚未支付中小企业款项的合同数量、金额等信息，通过网站、报刊等便于公众知晓的方式公开。大型企业应当将逾期尚未支付中小企业款项的合同数量、金额等信息纳入企业年度报告，通过企业信用信息公示系统向社会公示。”

机关、事业单位应当每年定期主动公开，大型企业应依据《企业信息公示暂行

---

① 《支付条例》第 15 条规定：“机关、事业单位和大型企业迟延支付中小企业款项的，应当支付逾期利息。双方对逾期利息的利率有约定的，约定利率不得低于合同订立时 1 年期贷款市场报价利率；未作约定的，按照每日利率万分之五支付逾期利息。”

② 石嘴山市育才建筑安装工程有限公司、宁夏煤炭基本建设有限公司等建设工程施工合同纠纷案，宁夏回族自治区石嘴山市中级人民法院（2022）宁 02 民终 158 号民事判决书。

条例》中关于报送年报时间的规定，于每年 1 月 1 日至 6 月 30 日在企业年报中披露相关支付信息。披露方式未作限制，要求能够使社会公众通过便捷的方式知晓、了解相关支付信息，同时向社会公众提供相关查询手段，从而充分发挥舆论和公众的监督作用，督促机关、事业单位和大型企业及时支付中小企业款项。

作为施工企业，同时又是中小企业，在参与机关、事业单位及大型企业的工程采购活动时，应做好采购方逾期支付情况的调查，必要时申请信息公开，在签约前评估可能存在的履约风险，做好应对预案。

### （四）施工企业可利用《支付条例》规定的投诉处理和失信惩戒制度维护合法权益

《支付条例》第 17 条①规定了保障中小企业款项支付的投诉处理和失信惩戒制度。省级以上人民政府负责中小企业管理的部门建立便利畅通的渠道，受理拒绝或者迟延支付中小企业款项的相关投诉，并及时作出相应的处理。对机关、事业单位和大型企业拖欠中小企业款项情节严重的，受理投诉的部门可以依法依规将失信信息纳入全国信用信息共享平台，依法实施失信惩戒。

机关、事业单位和大型企业拒绝或未在法律法规规定或者合同约定期限内支付工程款的，施工企业可向相关部门反映并请求依法处理。目前，工业和信息化部已经建立"违约拖欠中小企业款项登记（投诉）平台"，受理中小企业的投诉。各省、自治区、直辖市也都建立了受理中小企业投诉的网络平台和电话、邮箱等。以深圳市为例，深圳市中小企业服务局官方网站设有企业投诉受理平台，对于企业个性问题，可直接拨打"12345"热线或登录深圳"12345"热线网络平台以书面的形式投诉或反映问题；对于企业共性问题，相关行业协会或产业园区可报名参与深圳市中小企业服务局定期组织召开的"企服会"，提交有关的企业共性诉求。②

机关、事业单位和大型企业若存在拒绝、拖延履行向中小企业的付款义务，且

---

① 《支付条例》第 17 条规定："省级以上人民政府负责中小企业促进工作综合管理的部门应当建立便利畅通的渠道，受理对机关、事业单位和大型企业拒绝或者迟延支付中小企业款项的投诉。

受理投诉部门应当按照'属地管理、分级负责，谁主管谁负责'的原则，及时将投诉转交有关部门、地方人民政府处理，有关部门、地方人民政府应当依法及时处理，并将处理结果告知投诉人，同时反馈受理投诉部门。

机关、事业单位和大型企业不履行及时支付中小企业款项义务，情节严重的，受理投诉部门可以依法依规将其失信信息纳入全国信用信息共享平台，并将相关涉企信息通过企业信用信息公示系统向社会公示，依法实施失信惩戒。"

② 《深圳市中小企业服务局关于保障中小企业款项支付投诉有关事项的通知》，载深圳市中小企业服务局网 2019 年 10 月 21 日，http://zxqyj.sz.gov.cn/ztfw/ztzl/qytsslpt/content/post_5470402.html。

情形严重的,受理投诉的部门可将机关、事业单位的失信信息纳入全国信用信息共享平台,并将大型企业的失信信息通过企业信用信息公示系统向社会公示。

## 四、结语

通过对《支付条例》主要内容的解读,我们发现,《支付条例》以解决中小企业款项拖欠问题为导向、围绕商事交易的基本规则,在规范支付行为、禁止变相拖欠、明确迟延支付责任、建立投诉监督机制等方面作出规定,对于促进中小企业发展具有重要的现实意义。对施工企业来说,为更加充分地发挥《支付条例》对自身权益的保护,应注意在今后与机关、事业单位和大型企业签订工程施工合同时,主动向相对方告知企业性质和规模,并就合同款项的具体金额、支付条件、支付方式、拖延支付的违约责任等内容进行积极协商,在充分沟通的基础上实现双方利益的最大化。

## 附录

### 中小企业声明函(工程、服务)

本公司(联合体)郑重声明,根据(法规名称)的规定,本公司(联合体)参加(单位名称)的(项目名称)采购活动,工程的施工企业全部为符合政策要求的中小企业(或者:服务全部由符合政策要求的中小企业承接)。相关企业(含联合体中的中小企业、签订分包意向协议的中小企业)的具体情况如下:

1.(标的名称),属于(采购文件中明确的所属行业);承建(承接)企业为(企业名称),从业人员______人,营业收入为______万元,资产总额为______万元,属于(中型企业、小型企业、微型企业);

2.(标的名称),属于(采购文件中明确的所属行业);承建(承接)企业为(企业名称),从业人员______人,营业收入为______万元,资产总额为______万元,属于(中型企业、小型企业、微型企业);

……

以上企业,不属于大企业的分支机构,不存在控股股东为大企业的情形,也不存在与大企业的负责人为同一人的情形。

本企业对上述声明内容的真实性负责。如有虚假,将依法承担相应责任。

企业名称(盖章):

日期:

# 案例分析：香港居民在婚姻存续期间个人购置的内地不动产之财产归属

唐志峰[*]　向　荣[**]

香港特别行政区1997年回归时，适逢内地房地产业兴起，回归的第二年也就是1998年内地停止福利分房实行住房货币化，房地产开始真正发展。越来越多的香港居民开始在内地购买房产，尤其是在珠三角地区。20多年过去了，这些在内地买房的香港居民或由于在内地出售房产的需要，亦或出于财富传承的目的，大多都面临着同样的问题，即当初在内地购买的房产是属于个人财产还是夫妻共同财产？本文以实务案例为基础进行分析。

## 一、案例

香港永久性居民A女士与香港永久性居民B先生在香港注册结婚，婚后一直在香港生活。2000年，A女士以个人名义在内地购买房产一处（以下简称涉案房产），并登记在其一人名下。2002年，A女士与B先生在香港离婚。2004年，B先生订立遗嘱，将其名下所有不动产及动产，无论位于何处，全部由其孩子继承。2005年，B先生去世。在处理B先生遗产时，继承人与A女士就涉案房产是否属于B先生的遗产产生争议。

## 二、法律分析

要确认涉案房产是否属于B先生的遗产，先决前提是确定涉案房产是属于A

* 德和衡高级合伙人，前海联营所主任，擅长民商事诉讼、证券基金争议解决、跨境投融资等专业领域。

** 德和衡执业律师，国家心理咨询师，擅长婚姻家事等专业领域。

女士与B先生的夫妻共同财产还是A女士的个人财产。

由于A女士与B先生均为香港永久性居民,其夫妻财产关系具有涉港因素。最高人民法院《关于适用〈中华人民共和国涉外民事关系法律适用法〉若干问题的解释(一)》(2020年修正)第2条规定:"《涉外民事关系法律适用法》实施以前发生的涉外民事关系,人民法院应当根据该涉外民事关系发生时的有关法律规定确定应当适用的法律;当时法律没有规定的,可以参照《涉外民事关系法律适用法》的规定确定。"A女士购买涉案房产时,尚无关于涉外夫妻财产关系法律适用的明确规定,应参照《涉外民事关系法律适用法》的相关规定处理。

《涉外民事关系法律适用法》第24条规定:"夫妻财产关系,当事人可以协议选择适用一方当事人经常居所地法律、国籍国法律或者主要财产所在地法律。当事人没有选择的,适用共同经常居所地法律;没有共同经常居所地的,适用共同国籍国法律。"最高人民法院《关于适用〈中华人民共和国涉外民事关系法律适用法〉若干问题的解释(一)》(2020年修正)第17条规定:"涉及香港特别行政区、澳门特别行政区的民事关系的法律适用问题,参照适用本规定。"A女士购买涉案房产时,二人共同经常居住地为香港,且A女士与B先生没有达成任何有关分配、转让或出售该房产的协议,也没有协议约定夫妻财产关系适用的法律,故本案适用双方共同经常居住地法律,即中国香港特别行政区法律。

香港采纳夫妻分别财产制,即夫妻的财产不因结婚而发生变化。据此,原则上登记在A女士名下的涉案房产,即使购买于其婚姻关系存续期间,仍属其个人财产。

但因为A女士与B先生在香港办理了离婚,根据《婚姻法律程序与财产条例》第7条,香港法庭有非常大的酌情权对属于夫妻的所有财产(无论在个人名下还是双方名下)进行再分配。因此还需要看香港法庭有无对涉案房产进行过再分配。至香港法院对A女士与B先生离婚作出绝对判令之时,香港法院并没有作出任何有关A女士个人拥有位于香港或任何其他司法管辖区的财产,包括涉案房产分配、转让或出售的命令。而B先生去世后,他也不能再提请香港法院变更涉案房产的权属。

综上,涉案房产于A女士离婚后仍然属于A女士个人全权拥有,不属于B先生的遗产,B先生的继承人当然无权主张任何权益。

## 三、后记

因香港和内地处于不同的司法管辖体系,有不同的法律制度,在大湾区背景下，对涉港法律问题的深度思考和分析，不仅具有鲜明的时代意义，也是法律实践的重要探索。本文从案例出发，集合两地律师的观点，对争议问题进行分析，既期待能够在个案中形成周全的判断，也期待相关的思考角度及逻辑能够作为和广大业界同行进一步讨论的基础，从实践中探求真知。

# 专题九　法律行为辨析

# “第三人代为履行”与“债务承担”为何总是区分不清?

潘 峰 高 田

实践中,基础债权债务关系形成后,由第三人作出代为履行承诺的现象较为普遍。然而,关于个案中该类承诺应当如何识别与定性,却存在一定难度。鉴于实操中名为“债务承担”,实为“由第三人履行”的情况并不少见,反之亦然,且不同法律关系的定性将对当事人及第三人的权利义务内容产生重大影响,本文拟在正确界定“债务承担”与“第三人代为履行”概念和内涵的基础上,通过研读、整合近年来相关司法案例,对二者应当如何识别与定性提供有益的思路。

## 一、概念界定

为什么需要特别关注“第三人代为履行”与“债务承担”两种法律关系的识别?二者在法律效果上有哪些不同?会对当事人的权利义务关系产生哪些影响?对于这些问题的理解应当建立在恰当界定两个法律术语概念的基础上。

### (一)第三人代为履行

第三人代为履行,可基于债务人与债权人是否存在合意而分为“由第三人履行的合同”和“第三人单方自愿代为履行”。前者又称为担保第三人履行的合同①,是指合同当事人约定由第三人履行债务,属典型的涉他合同;而后者系事实行为②,在债务人不履行债务且第三人对履行债务具有合法利益的情况下,除非系专属于债

① 参见韩世远:《由第三人履行的合同刍议》,载《浙江工商大学学报》2008年第4期。

② 参见最高人民法院民法典贯彻实施工作领导小组:《中华人民共和国民法典合同编理解与适用[一]》,人民法院出版社2020年版,第424页。

务人的债务，第三人得以代为履行（如图1所示）。

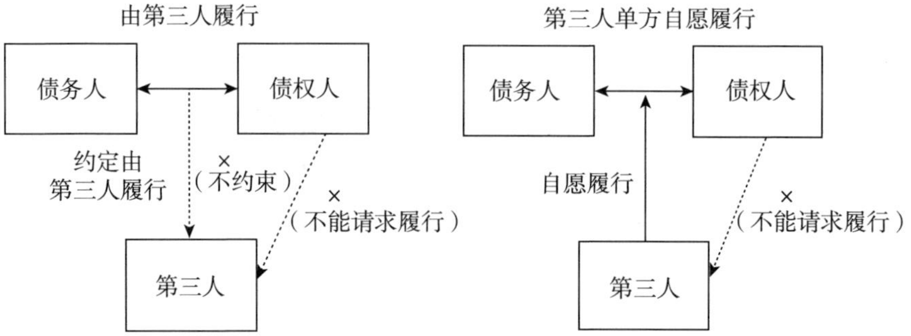


**图1　第三人代为履行**

根据《民法典》第523条、第524条的规定，对于第三人代为履行的理解可从如下三个方面把握：

1. 合同相对性：合同债务是由债务人负担，第三人并非合同一方当事人。其理论基础在于对合同相对性原则的恪守——虽然当事人可对履行债务主体作出约定，或允许第三人在债务人不履行债务且其对履行债务具有合法利益的情况下，单方作出代履行承诺，但自始至终，第三人并非合同一方当事人，故合同并不应对非合同主体的第三人产生法律约束力。据此，第三人是否履约以及履行是否符合约定，债权人都无权请求第三人履行，只能请求债务人承担相应的违约责任。

2. 独立性：债务人的债务是独立的债务，并不像保证人的债务一样具有附从性①。

3. 涉他性（只针对"由第三人履行"）：由第三人履行的合同的订立目的是要确保他人的履行。债务人所允诺的并非自己的履行，而是第三人的确定的或者可得确定的行为②。

### （二）债务承担

债务承担区分为免责的债务承担和并存的债务承担两种。前者又称为债务转移，是指债权人或者债务人与第三人之间达成转让债务的协议，将由第三人取代原债务人承担全部债务。后者又称为债务加入，是指债务人并不脱离原合同关系，第三人加入债的关系后，与债务人共同向债权人履行债务（如图2所示）。

---

① 参见韩世远：《合同法总论》，法律出版社2011年版，第276－277页。

② 参见最高人民法院民法典贯彻实施工作领导小组：《中华人民共和国民法典合同编理解与适用［一］》，人民法院出版社2020年版，第418页。

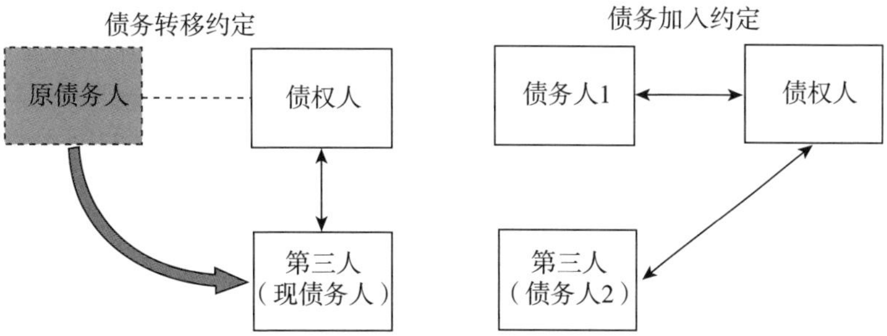


**图2 债务承担**

根据《民法典》第551条至第553条的规定，债务转移将发生以下法律效力：

1. 第三人获得债务人身份。免责的债务承担有效成立以后，第三人取代原债务人，成为新的债务人；并存的债务承担有效成立以后，第三人加入到合同关系中来，成为新的债务人，同原债务人一起共同向债权人承担责任。

2. 抗辩权随之转移。债务人转移债务的，新债务人可以主张原债务人对债权人的抗辩。

3. 从债务一并转移。债务人转移义务的，除专属于原债务人自身的从债务外，新债务人应当承担与主债务有关的从债务，例如，附随于主债务的利息债务，随着主债务的转移而转移给第三人。

## 二、关于"第三人代为履行"与"债务承担"识别问题的司法判解

如前所述，"第三人代为履行"与"债务承担"均以"由第三人成为合同（部分或全部）债务的履行主体"为表征，形式上具备一定的相似性，但法律效果上却大相径庭。那么，应当如何恰当区分两种法律关系？识别时应当关注哪些要素呢？

识别思路一：看合同主体。债务承担与第三人代为履行最明显也是最根本的区别就是第三人是否取得债务人的合同地位。

**【案例1】最高人民法院：（2005）民二终字第35号**

本案《合资经营合同》无论是从名称上还是在实质上并不能认定其为完全的债务转让性质，虽然合同有关条款中有债务转让字样，但就该条款的实质来看仍然属于第三人代为履行债务的情形，没有给原债权人设定义务，其与债务转让最本质的区别在于有无变更原合同债权债务关系的主体，而当债权人主张权利时所指向的对象不同。

本案中基荣公司曾以金泰公司的名义向银川市商业银行偿还了金泰公司所欠债务中的72,000元，恰恰说明基荣公司只是代金泰公司履行了部分债务，不能说明

基荣公司已经取代金泰公司成为债务人。如果区建一公司、银川市商业银行等债权人追偿该笔债务,只能向金泰公司追偿,而不能向基荣公司追偿。

**【案例2】最高人民法院:(2017)最高法民申724号**

2013年12月,任某记(甲方)、胡某美(乙方)与段某成(丙方)签订还款协议书一份,协议书内容为,胡某美因建设安达公司的焉耆县北岸干渠房地产开发及景观工程资金困难,向段某成累计借款2633万元,经三方充分协商,达成本协议。协议第3条约定:"胡某美将在建某项目的房产抵押贷款,贷款可用于给段某成偿还借款,任某记给予协助办理相关贷款抵押手续";第4条约定:"胡某美认可任某记的还款行为,任某记自胡某美某项目房产销售款中扣回上述款项。上述款项付清后,胡某美、段某成双方销案。"事后,任某记仅支付了部分款项,债权人段某成对任某记提起诉讼请求还款。

关于任某记、胡某美与段某成签订的三方协议构成债务转移还是第三人代为履行的问题,根据双方约定情况,以及在任某记给付了部分款项后,段某成出具的收条也明确载明"收到任某记代替胡某美还焉耆北岸干渠项目借款1000万元"的事实,胡某美并没有退出其与段某成之间的民间借贷关系,任某记只是代为履行的一方,是胡某美履行债务的辅助人,胡某美作为债务人,仍负有偿还借款的义务,三方协议构成第三人代为履行的法律关系,而不是债务转移关系。二审判决在认定事实和适用法律上均无不当,驳回再审申请。

**【案例3】最高人民法院:(2018)最高法民申995号**

虽买卖合同约定以案涉建筑工程办公用房置换的方式支付工程款,但该约定并未对三冶西北分公司支付商砼款的合同义务予以免除。亦即,虽然约定了支付商砼款的付款方式并非由三冶西北分公司直接给付现金,但三冶西北分公司的付款义务并未当然免除,在双方约定的支付方式不能实现时,三冶西北分公司依然应当履行支付商砼款的相关合同义务。赛马科进公司在案涉商品砼供货后,所开具的增值税发票主体均为买受人三冶西北分公司,由此亦可表明三冶西北分公司始终是本案真正的付款义务方,本案的债务并未发生转移。因此,二审法院根据《合同法》(已失效)相关规定认定本案不构成债务转移,并判由三冶集团及三冶西北分公司依约履行付款义务并无不当。

**【案例4】吉林省高级人民法院:(2017)吉民申2140号**

"案涉《购房协议》中明确约定'具体事宜由长钢科技公司与凯麒水泥公司联系,协议签订后长钢科技公司与潘某屹再无任何债务关系'。据此,双方已经认可签订该协议后债务人潘某屹退出债权债务关系,该内容并不违反法律、法规强制性规定,符合《合同法》关于债务转移规定。因此,二审法院未支持长钢科技公司对潘某屹提出的诉讼请求,并无不当。”

识别思路二:看合同关系。第三人作出的代偿承诺是否与债权人成立合同关系是判断债务转移与第三人代为履行的主要标准。

**【案例5】最高人民法院:(2009)民申字第855号**

超霸公司为偿还粤海公司的债务,指令第三人广州东迅公司将其享有债权的案涉房屋通过过户的方式转移给粤海公司抵偿债务。对此,广州东迅公司通过确认书的方式向债权人粤海公司予以确认,即第三人广州东迅公司应超霸公司的要求以确认书的方式明确向债权人粤海公司作出承诺,将房产过户至粤海公司名下或粤海公司指定的他人名下,以抵偿超霸公司所欠粤海公司债务。其所作的这一偿债的承诺,尽管没有明确表示将自己所有的房产过户至他人名下,但事实上当时案涉房产的所有权归广州东迅公司所有,因此,客观上在第三人广州东迅公司与债权人粤海公司之间形成了合同关系。粤海公司因此依据债务承担的规定要求广州东迅公司承担债务并无不当。

**【案例6】江苏省高级人民法院:(2016)苏民申3863号**

“第三人作出的代偿承诺是否与债权人成立合同关系是判断债务承担与第三人代为履行的主要标准。一般而言,如果第三人向债权人作出了承担债务的明确意思表示,则应认定为债务承担,如果第三人作出的代偿承诺与债权人之间不具有合同关系,则一般应认定为第三人代为履行。多数情况下是第三人向债务人作出的代偿承诺,并不是明确向债权人作出的,债权人在得知后只是表示同意或并不表示反对。

本案中,蔡某与惠丰公司之间存在工程款债权债务关系,2014年12月29日金云置业公司与惠丰公司签订了《协议》,约定金云置业公司代为支付分包工程工程款,该《协议》实际是金云置业公司向惠丰公司作出的代偿承诺,而非向债权人作出的承担债务的明确意思表示,其内容仅表明金云置业公司愿意代为支付工程款,而非与分包人成立新的合同关系,事后蔡某向惠丰公司出具《承诺书》也仅是表示同意金云置业公司代为履行债务,故当事人之间的法律关系更符合第三人代为履行的法律特征。”

**【案例7】最高人民法院:(2016)最高法民申3497号**

对于恒源公司是否已经加入冉某与戈卓公司的债权债务关系中,《协议书》未作明确约定,合同内容亦无恒源公司加入戈卓公司的债务中与戈卓公司共同承担还款责任的意思表示。也不存在戈卓公司、广安建司转移债务给恒源公司的意思表示。在该法律关系中,恒源公司并未成为冉某的直接债务人。《协议书》约定的违约条款,并非债务加入的违约责任。……在恒源公司不履行债务或履行债务不符合约定时,应由戈卓公司与广安建司向冉某承担债务清偿责任。

**识别思路三:看是否经过了债权人的同意(非充分必要条件,见“识别思路四”)。**

**【案例 8】最高人民法院:(2013)民申字第 34 号**

法院认为:关于大洲公司是否应向吉丰公司承担债务。该案存在 5 方签订的《变卖协议》,大洲公司承担了华信公司对吉丰公司的债务,且可以认定为“免责的债务承担”,并非“第三人代为履行”。因为该协议系由 5 方当事人签订,表达了债务人华信公司、债权人吉丰公司以及接受债务转移的第三人大洲公司“同意”这一真实意思。大洲公司为华信公司承担债务的对价是大洲公司或其指定公司取得“厦门第一广场”权属。本案中大洲公司指定的厦门滨江房地产开发有限公司已经取得了“厦门第一广场”项目的相关权证,因此,大洲公司作为华信公司的债务承担人应当依约向吉丰公司清偿债务。大洲公司清偿债务后,有权向债务人追偿。

**【案例 9】江苏省高级人民法院:(2015)苏审三民申字第 01088 号**

“第三人代为履行与债务加入的一个重要区别是第三人有无向债权人作出履行债务的意思表示,如作出则为债务加入,反之则为第三人代为履行。本案中,朱某明于 2013 年 12 月 27 日向李某作出书面承诺,明确由朱某明代顾某、刘某给付李某执行款 24.8 万元,而李某并未明确表示在朱某明代为给付之前即免除顾某、刘某的债务,因此,该承诺属于债务加入。”

**识别思路四:经债权人同意的“代替履行”,并非就是债务转移。债权人与债务人虽书面同意第三人代替清偿,但在债的变更及履行中,“代替”相对于债务转移并不具有充分性。**

**【案例 10】最高人民法院:(2020)最高法民申 4022 号**

本案审查的重点是各方当事人之间的法律关系性质是债务转移还是向第三人履行。张某伟、杜某宝均未与王某伟达成有关债务转移的协议。张某伟虽向王某伟交付 56 万元煤矿转让款,但并未向王某伟作出债务转移或债务加入的意思表示,王某伟接受该 56 万元煤矿转让款,仅能表明王某伟接受张某伟的履行,而不能视为王某伟同意债务转移。

《股份转让协议》第 3 条约定,合同签订之日以前鸡东县福源煤矿(以下简称福源煤矿)所欠债权债务由杜某宝承担,表明杜某宝并未完全退出福源煤矿转让法律关系,其仍然承担福源煤矿转让给张某伟之前的债务并享有债权。张某伟与王某伟之间并未直接建立起合同关系,而是仍然按照《井口转让协议》和《股份转让协议》两份合同分别约定的内容,王某伟将福源煤矿转让给杜某宝,杜某宝再将福源煤矿90%股份转让给姜某福(代表张某伟),由张某伟代为履行杜某宝对王某伟支付煤矿转让款的合同义务。王某伟关于各方当事人法律关系的性质为债务转移的申请再审理由,依据不足,法院不予采信。

**【案例11】最高人民法院:(2009)民申字第1038号**

2003年,投资公司、材料公司受让实业公司对建筑集团的全部股权,办理完股权变更手续后,建筑集团与实业公司签订合作意向书,约定对于股权转让余款1120万元,"双方同意由建筑集团代替投资公司、材料公司向实业公司清偿"。在逾期未偿情况下,投资公司、材料公司应否与建筑集团共同承担对实业公司债务清偿责任,成为争议焦点。投资公司、材料公司认为债务已转移,实业公司认为属于债的加入。

法院认为,合作意向书虽约定建筑集团代替投资公司、材料公司向实业公司清偿债务,但一方面,"代替"一词不能说明投资公司、材料公司将该债务转移给了建筑集团。债务转移需债权人同意,但经债权人同意的债务履行变化并不一定就是债务转移。尤其在该意向书签订后,实业公司多次向投资公司、材料公司送达催款函,进一步说明实业公司并不认可该债务已转移给建筑集团。

另一方面,建筑集团与实业公司约定的违约责任虽不同于投资公司、材料公司违约责任,但此系建筑集团自由意思表示,不能说明投资公司、材料公司退出了对实业公司的债的关系,故仅凭合作意向书,不足以证明实业公司同意债务转移,故建筑集团清偿案涉债务构成债的加入,应与投资公司、材料公司共同偿还实业公司债务。

## 三、"第三人代为履行"和"债务承担"的应用实景

基于前文对"第三人代为履行"和"债务承担"概念的初步厘定以及司法判解的提炼整合,可以看出,正确识别两种法律概念存在较大的应用价值。

### (一)正确把握当事人权利义务内容

1. 债权人视角:准确识别责任主体

从债权人角度来看,若第三人代履行承诺被认定为"第三人代为履行",基于合同相对性原则,债权人只能向债务人主张权利,而不能向第三人主张权利;若被认定为"债务承担",则债权人可根据债务承受的具体类型,主张由第三人承担相应的责任。

2. 债务人视角:正确预判己方责任

若被认定为“第三人代为履行”,债务人仍需对债权人承担因第三人不履行或不完全履行债务而产生的违约责任;若被认定为“债务转移”,原债务人退出合同关系,不再承担责任;若被认定为“债务加入”,原债务人与第三人则在第三人愿意承担的范围内承担连带责任。

### (二)法律行为有效性的判断依据

根据《全国法院民商事审判工作会议纪要》第 23 条的意见,法定代表人以公司名义与债务人约定加入债务并通知债权人或者向债权人表示愿意加入债务,该约定的效力问题,参照本纪要关于公司为他人提供担保的有关规则处理。简单来说,若作出债务加入承诺的主体是公司,其有效性应参照公司对外担保的相关规则判断。结合最高人民法院《关于适用〈中华人民共和国民法典〉有关担保制度的解释》(法释〔2020〕28 号)第 7 条,债权人负有对相关公司机关决议内容、公司章程进行比对与审查的义务,应符合“不知道且不应当知道”法定代表人存在越权代表行为的高善意标准,否则债权人在被认定为“非善意”的情况下,债务加入承诺协议将作无效处理。而针对“第三人代为履行”,却并不存在将其“有效性直接参照公司对外担保处理”的相关意见。

## 四、小结

债权人与债务人虽书面同意第三人代替清偿,但在债的变更及履行情况中,“代替”的含义至少包括第三人代为履行、债务加入(并存的债务承担)或债务转移(免责的债务承担)等诸多可能,单从“代替履行”的承诺去识别其背后的法律关系并不具有充分性。本文通过对实践中相关司法判解的梳理,初步认为可从合同主体、是否形成新的合同关系、债权人意见等要素综合判断。

由于不同法律关系的定性将对当事人及作出代履行承诺的第三人的权利义务关系产生重大影响,各方应准确把握二者的区别与联系,审慎选择承诺方式、确定权利义务关系,避免后续因法律定性差异而带来的风险。

# 浅议合同保全之债权人撤销权

张 翠[*] 金智海[**]

**案例**:2019 年 7 月,小梅以报考西南政法大学研究生为由,向小钱借款 10 万元,借期半年。还款期限届满,小梅因落榜,一怒之下拒绝还款。据悉,小梅曾于 2020 年 3 月将其去年高价购入的探险家型劳力士手表以 1000 元低价卖给了其女友花花。小钱有权撤销小梅转让手表的行为吗?

回答上述问题之前,我们要对债权人的撤销权进行一个全面的了解。

## 一、关于债权人之撤销权

撤销权是债的保全制度中的一种,其设立的目的是保障债权人的合法权益,因为在实践中债务人为逃避债务,往往会通过一些不当处分财产的行为使自己的责任财产减少,导致债权人的债权无法实现,此时,债权人为维护自身权益,便向法院提起撤销权之诉以恢复债务人的责任财产,保障债权实现。有关债权人的撤销权的规定如表 1 所示。

---

[*] 德和衡合伙人,特殊资产业务部主任,专注特殊资产业务,擅长刑民交叉、知识产权纠纷等业务领域。

[**] 西南政法大学毕业,张翠律师团队前成员,熟悉合同审查、民商事争议解决等业务领域。

**表 1　关于债权人的撤销权的规定**

| 《民法典》 | 《合同法》(已失效) | 最高人民法院《关于适用〈中华人民共和国合同法〉若干问题的解释(二)》(已失效) |
|---|---|---|
| 第 538 条　债务人以放弃其债权、放弃债权担保、无偿转让财产等方式无偿处分财产权益,或者恶意延长其到期债权的履行期限,影响债权人的债权实现的,债权人可以请求人民法院撤销债务人的行为。<br>第 539 条　债务人以明显不合理的低价转让财产、以明显不合理的高价受让他人财产或者为他人的债务提供担保,影响债权人的债权实现,债务人的相对人知道或者应当知道该情形的,债权人可以请求人民法院撤销债务人的行为。 | 第 74 条　因债务人放弃其到期债权或者无偿转让财产,对债权人造成损害的,债权人可以请求人民法院撤销债务人的行为。债务人以明显不合理的低价转让财产,对债权人造成损害,并且受让人知道该情形的,债权人也可以请求人民法院撤销债务人的行为。<br>撤销权的行使范围以债权人的债权为限。债权人行使撤销权的必要费用,由债务人负担。 | 第 18 条　债务人放弃其未到期的债权或者放弃债权担保,或者恶意延长到期债权的履行期,对债权人造成损害,债权人依照合同法第七十四条的规定提起撤销权诉讼的,人民法院应当支持。<br>第 19 条　对于合同法第七十四条规定的"明显不合理的低价",人民法院应当以交易当地一般经营者的判断,并参考交易当时交易地的物价部门指导价或者市场交易价,结合其他相关因素综合考虑予以确认。<br>转让价格达不到交易时交易地的指导价或者市场交易价百分之七十的,一般可以视为明显不合理的低价;对转让价格高于当地指导价或者市场交易价百分之三十的,一般可以视为明显不合理的高价。<br>债务人以明显不合理的高价收购他人财产,人民法院可以根据债权人的申请,参照合同法第七十四条的规定予以撤销。 |

但债权人撤销权的行使,一定程度上突破了合同的相对性,直接废止了债务人与其相对人之间的法律行为,具有"侵略性",足以引起现有秩序的不安。鉴于此,法律对撤销权的成立和行使的条件也作了严格的限制。

## 二、撤销权构成要件

### (一)债权人须对债务人存在合法有效的债权

首先,债权人对债务人存在有效债权,是债权人行使撤销权的前提和基础。如果并不享有债权或债权无效或已经消灭,自然不能行使撤销权。其次,债权通常是以财产的给付为目的的债权,但种类是不限的,即不限于金钱债权,可以是交货请求权、返还财产请求权等(非以财产为标的的行为不得予以撤销。所以,身份行为,例如,结婚、离婚、子女收养、终止收养关系、继承的抛弃或承认等,即使这些行为会间接地影响债务人的履行能力,也不能撤销)。再次,债权不必已届清偿期,即债权未到期也可以行使撤销权,并且债权的数额也无须确定。最后,该债权须为债务人为法律行为之前已经发生的债权,因为债权人撤销权制度主要针对的是债务人损害债权人债权实现的行为，在债务人所为法律行为之后才成立的债权，很难说受到了其前债务人行为的损害。

### （二）债务人实施了一定处分财产的行为

1. 法律行为的处分与事实行为的处分

债务人所实施的处分财产的行为，是债权人撤销权行使的对象，也即债权人撤销权的标的，但并非债务人所实施的处分财产的所有行为，都可以成为债权人撤销权的标的。一般而言，处分财产可以是通过事实行为的处分，即事实上的处分，如对财产进行加工、改造或者毁损等（扔手机，丢弃房屋），也可以是通过法律行为的处分，即法律上的处分，例如，转让财产所有权，放弃财产权利或者在财产上设定担保等（签订合同，放弃到期债权）。而能够成为债权人撤销权标的只能是法律行为，针对债务人所实施的事实行为，债权人是无权撤销的。

那么房屋过户行为属于什么行为，是否可以撤销呢？我们来看一则案例。

**案例：**王某凤与北京伟士特开发咨询有限公司（以下简称伟士特公司）、北京草桥实业总公司（以下简称草桥公司）债权人撤销权纠纷案，最高人民法院（2012）民申字第676－1号

**基本案情：**伟士特公司是由草桥公司与台湾九五传播公司成立的中外合作经营企业。伟士特公司在草桥公司投资的土地上兴建综合业务楼。该房屋未办理产权证。

2005年9月21日，伟士特公司与草桥公司签订《房产转让协议书》，主要约定：伟士特公司将综合业务楼转让给草桥公司，转让价款共计4000万元。其中，伟士特公司欠草桥公司的400万元债务直接从转让价款中扣抵。该房屋买卖前，伟士特公司必须将土地使用权出让手续办理完毕。协议签订后草桥公司支付720万元，2005年11月10日后支付1400万元，所占用的土地过户到草桥公司名下后支付980万元，经工商管理部门批准注销伟士特公司满1年且房产证过户到草桥公司名下后，草桥公司支付剩余全部转让价款500万元。

《房产转让协议书》签订后，草桥公司依约支付了购房款3360万元（包括已抵扣的伟士特公司欠草桥公司的债务400万元），但伟士特公司未能在取得房屋占用土地的使用权后将其过户给草桥公司，也未能取得房屋的所有权证书。草桥公司起诉至北京市丰台区人民法院，要求伟士特公司继续履行《房产转让协议书》并配合办理房地产过户手续。

该院认为，《房产转让协议书》有效。因伟士特公司未取得涉案房屋的所有权

证书,且涉案房屋占用土地的使用权已被法院依法查封,致使涉案房屋暂不具备办理产权过户手续的客观条件,故该院判决驳回了草桥公司的诉讼请求。北京市第二中级人民法院(以下简称北京二中院)二审维持原判。

此后,草桥公司向北京市丰台区人民法院起诉要求伟士特公司立即履行房屋买卖合同并配合其办理房地产过户手续。该院判决伟士特公司协助草桥公司办理产权过户手续。后北京二中院二审维持原判。

2010 年 4 月 2 日,北京市第一中级人民法院(以下简称北京一中院)以伟士特公司不能清偿到期债务,并且明显缺乏清偿能力,发生破产原因为由,于 2010 年 5 月 7 日裁定受理破产清算申请。北京一中院于 2010 年 12 月 20 日作出判决确认:王某凤享有伟士特公司的破产债权 220 万元。

王某凤认为伟士特公司与草桥公司在明知伟士特公司存在巨额债务的情况下将房屋转让属于双方恶意串通,而且也属于以合法形式掩盖逃避债务的非法目的,应对伟士特公司以明显不合理的低价转让房屋与土地使用权的行为予以撤销。王某凤于 2011 年 3 月 7 日向北京一中院提起诉讼,请求撤销伟士特公司与草桥公司签订的《房产转让协议书》中转让房屋及土地使用权的行为。

北京一中院认为:王某凤认为伟士特公司作出转让房屋产权的行为应以买卖双方办理房屋产权变更登记手续时为准,具体的时间应当认定以北京二中院民事判决书判决伟士特公司协助草桥公司办理综合楼的产权过户手续的时间为准,即 2010 年 12 月 1 日。因此其提起撤销权的期限并未超过 5 年的最长的除斥期间。

除非法律有特别规定,合同一经成立,只要不违反法律的强制性规定和社会公共利益,就可以发生效力。登记是针对物权的变动所采取的一种公示方法。该案中虽然没有办理登记手续,房屋所有权不能发生移转,但草桥公司基于《房产转让协议书》而享有的占有权仍然受到保护。不动产登记即物权变动并不是买卖合同的生效要件,而是其履行行为的组成部分。因此,履行一个完整的房屋买卖合同,包括了债权行为与物权变动行为,而"行为发生之日",应当以先作出行为时为准,不应以完成行为时为准。故该案中的"行为发生之日",应当以伟士特公司签订转让合同时为准,即以 2005 年 9 月 21 日为除斥期间的起算点,自 2005 年 9 月 21 日起至王某凤向法院起诉时的 2011 年 3 月 7 日止,已超过 5 年的最长除斥期间,王某凤的撤销权已经消灭,故应当驳回其起诉。

综上所述,北京一中院依照《合同法》(已失效)第 75 条,《民事诉讼法》(2007 年修正)第 140 条之规定,裁定驳回王某凤的起诉。

王某凤申请再审,理由是:(1)依据《合同法》(已失效)第 74 条,债务人转让财产损害债权人的利益,其转让行为是损害债权人利益的行为。债务人必须交付标的物才有可能使损害发生,并非签合同就算损害开始。(2)合同的效力不代表物权转移的效力,只有物权转移的效力才有可能触及债权的损害。根据《物权法》(已失效)的规定,不动产物权转让发生效力的时间不是签约时间,也不是交付时间,而是登记时间,且必须登记才有效力。签约时间不可能是损害债权行为发生的时间,进行转让登记的时间才是"行为发生"之日……(3)《合同法》(已失效)第 75 条规定的行为不是签约的行为,而是指以明显不合理的低价转让财产对债权人造成损害的行为。只签了合同,没有交付标的物不构成对债权的损害。签合同是商业行为,合同生效不等于行为发生,《合同法》(已失效)明确规定了保密的义务,只有发生标的物转移才可能被公众所知。(4)有时当事人为了逃避债务,故意倒签合同。

北京市高级人民法院再审维持一审裁定。最高人民法院裁定驳回再审申请。主要理由:王某凤之撤销权在债务人伟士特公司签订《房产转让协议书》即 2005 年 9 月 21 日即产生,撤销权之产生不以债权人王某凤是否知道债务人伟士特公司与第三人草桥公司签订了上述协议为前提。

本案中,其实王某凤申请再审的理由其实有理有据的,说服性也很强。但是,撤销权的对象通常只能是法律行为,而在我国,房屋登记行为以及交付行为并不是法律行为,只是合同履行的一部分,所以在本案中,王某凤无法针对过户行为行使撤销权。

2. 有偿处分行为与无偿处分行为

如前所述,债务人处分财产的行为可以分为法律上的处分和事实上的处分。同时,债务人处分财产的行为又可以分为无偿处分行为和有偿处分行为。《民法典》也将两者作了分类,即第 538 条规定的是无偿处分行为;第 539 条规定的是有偿处分行为。而针对不同的处分行为,债权人的证明标准也是不同的。

无偿处分行为,例如,债务人以放弃其债权、放弃债权担保、无偿转让财产(同时《民法典》将恶意延长其到期债权的履行期限也视为"无偿处分财产"的行为)则无须证明债务人的相对人主观恶意,因为债务人处分系无偿,那么直接推定债务人相对人为恶意。

而针对债务人有偿处分行为,就需要严控债权人撤销权的适用范围了,因为善意的第三人与债务人进行交易并据此取得权益不得被漠视。所以,债务人处分财产行为系有偿时,则需要满足相对人恶意之条件,债权人才能行使撤销权。例如,《民法典》第 539 条规定:"债务人以明显不合理的低价转让财产、以明显不合理的高价受让他人财产或者为他人的债务提供担保,影响债权人的债权实现,债务人的相对人知道或者应当知道该情形的，债权人可以请求人民法院撤销债务人的行为。”

而具体“明显不合理的高价与低价”的判断标准，在最高人民法院《关于适用〈中华人民共和国合同法〉若干问题的解释（二）》第19条中曾给出了答案。该条规定：“对于合同法第七十四条规定的‘明显不合理的低价’，人民法院应当以交易当地一般经营者的判断，并参考交易当时交易地的物价部门指导价或者市场交易价，结合其他相关因素综合考虑予以确认。转让价格达不到交易时交易地的指导价或者市场交易价百分之七十的，一般可以视为明显不合理的低价；对转让价格高于当地指导价或者市场交易价百分之三十的，一般可以视为明显不合理的高价。……”

债权人撤销权制度的目的及功能是维持债务人的责任财产，无论债务人以明显不合理的低价转让财产，还是债务人以明显不合理的高价受让他人财产，都是在减少债务人的责任财产，它们之于债务人的责任财产的状况，所导致的结果是一样的，只不过前者是积极地减少财产，后者是消极地增加债务。

在债务人处分行为系无偿时，因不涉及债务人的相对人主观恶意的举证，故行使撤销权的阻力较低；但是债务人的处分行为系有偿时，如在债务人以不合理低价转让财产的情形下，债权人如需证明第三人主观恶意，其举证难度很大。所以就有学者主张对第三人的主观恶意采用推定规则，并且适用该制度有利于撤销权发挥更好的作用。但也有学者对此进行反对，认为买受人在交易过程中支付了对价，如果不需要债权人对其恶意进行举证就可以行使撤销权，则会让善意的受让人的利益遭受损害，不利于交易安全。笔者认为采取推定规则并降低债权人的举证难度更符合公平原则，也更有利于债权人撤销权制度发挥应有的功能。

### （三）债务人的行为须有害于债权（诈害行为）

除了债权人须对债务人存在合法有效的债权以及债务人实施了一定处分财产的行为之外，还须满足债务人的行为须有害于债权这个重要条件。因为即使债务人无偿处分其财产，也并不意味着一定会对债权人实现其债权造成影响。

回到本案开头的案例，如果小梅资产丰厚，其存款足以覆盖小钱的10万元债权，那么小梅低价转让手表的行为实质上并不会对小钱的债权造成损害，那么此时，小钱自无道理撤销小梅转让其手表的行为。

所谓有害于债权（诈害行为），是指因债务人的行为导致其清偿资力的减少，以至于无法满足债权的要求，给债权的实现造成了损害。在我国，诈害行为的认定标准采取的是无资力说，即债务人减少财产的行为，足以影响债权人债权的清偿。除此之外，还须注意的是，诈害行为的成立须保证债务人实施积极减少其责任财产时已陷入无资力。回到本案中，若2020年3月小梅在转让手表时，其资产丰厚，转让当时并不会影响小钱实现其债权，即使一年后小梅因其他原因导致财力恶化致其总资产不足以覆盖小钱债权，那么此时小钱也无权行使撤销权。

梁某能与程某债权人撤销权纠纷一审民事判决书中，广东省佛山市×××法院认为："经审查，原告在本案中的诉请不能成立，理由如下：(1)根据上述法律规定，所谓有害于债权，是指因债务人的行为导致其清偿资力的减少，以至于无法满足债权的要求，给债权的实现造成了损害，即债务人实施积极减少其财产的行为时即已陷入无资力。然而，从现有证据可知，被告与第三人于2013年9月27日签订《离婚协议书》后仍继续在偿还涉案债务的本金或利息并至2015年2月18日止，可见被告在与第三人签订《离婚协议书》后并未陷入无资力。"

周某、王某梁债权人撤销权纠纷再审民事判决书中，广西壮族自治区柳州市×××法院认为："对于本案王某梁、廖某香将双方共有的位于柳州市房屋无偿赠与其女儿王某玲，双方于2013年1月4日签订的《赠与合同》应否撤销，主要应考虑的是王某梁、廖某香在将该房屋赠与其女儿王某玲时是否导致其清偿资力的减少，以至于无法满足债权人债权的要求，给周某实现其债权造成了损害，即是否导致无资力，有害于债权。债务人无资力必须与其处分行为具备相当因果关系，否则其无资力系由其他原因引起，则不发生撤销权。债务人的任何处分行为势必影响其资力，关键要看债务人的无资力状态是否在债务人实施处分行为时即已发生，必须在债务人实施积极减少其财产的行为时即已陷入无资力，方得成立诈害行为。若债务人处分财产时具备足够的清偿能力，即使其此后因经济的变动致其财产贬值不足以清偿，仍不成立诈害行为，债权人也不得主张撤销。总之，债权人撤销权以损害事实在债务人行为时存在为成立要件。"

## 三、债权人撤销权诉讼相关司法观点

司法观点1：债务人经执行和解放弃部分到期债权，不应被撤销

基本案情：2006年，受让银行不良债权的资产公司，以债务人供销公司通过另案执行和解放弃了对烟草公司40%约370万元的债权为由主张撤销。

法院认为：对于债务人在另案诉讼中以放弃部分权利为代价达成的执行和解协议，债权人以对自己债权造成损害为由行使撤销权，申请撤销该执行和解协议的情形，《合同法》(已失效)第74条并未规定。

本案中，供销公司为尽快实现到期债权，放弃40%债权，与被执行人达成和解

协议，主观上并无恶意或故意，被执行人烟草公司亦无过错，双方所签执行和解协议立即得到了切实履行，该行为对资产公司利益不构成侵害，该协议不应被撤销。

鉴于民事判决书所确认的债权数额对当事人而言仅具有期待利益，其实现与否、实现多少则完全取决于被执行人的偿债能力及得力的执行措施等因素。本案诉争和解协议正是在法院执行过程中达成，从供销公司申请执行及在执行过程中的表现，证明其在近2年时间里为了债权实现作出了积极努力，法院在执行过程中亦采取了强有力的执行措施。供销公司主观上并非通过和解协议故意放弃对烟草公司的部分到期债权，损害资产公司利益，逃避债务，其放弃小部分债权是为了大部分债权能以最快、最便捷方式实现，其放弃是适当的，也是合理的，故对资产公司诉请撤销的主张应予驳回。

司法观点2：债务人转让财产，约定对价不支付，不成立撤销权

基本案情：2008年，法院判决畜牧公司给付债权人设备公司120万余元工程款，执行法院后以畜牧公司暂无财产可供执行裁定终结执行。2009年设备公司以畜牧公司诉讼期间将养殖场转让给李某，李某并未实际支付约定的195万元转让款为由，诉请撤销转让合同。

法院认为：债权人行使《合同法》（已失效）第74条第1款规定的撤销权前提是债务人有无偿或以明显不合理低价转让财产行为。本案中，畜牧公司与李某签订转让合同，将养殖场作价195万元转让，并非无偿或以明显不合理低价转让，不属撤销权行使范围。至于李某是否实际支付，属李某与畜牧公司之间另一债权债务法律关系。《合同法》（已失效）第73条第1款规定："因债务人怠于行使其到期债权，对债权人造成损害的，债权人可以向人民法院请求以自己的名义代位行使债务人的债权，但该债权专属于债务人自身的除外。"据此，如设备公司认为李某未实际支付对价而畜牧公司怠于行使债权，其可依法行使债权人代位权，向李某主张其未实际支付给畜牧公司的转让款。故本案设备公司诉请撤销案涉合同，应予驳回。

司法观点3：次债权付款条件和期限变更不构成撤销权行使条件

基本案情：2005年，生效判决认定塑料公司应给付债权人染织厂406余万元。执行中，发现置业公司应给付塑料公司股权转让费410余万元，因置业公司对协助执行提出异议，染织厂提起代位权诉讼。塑料公司与置业公司提交2005年8月关于债务转移的补充协议，对付款条件和期限重新作了约定。染织厂撤诉后，另提起撤销权之诉。

法院认为：根据《合同法》（已失效）第74条的规定，债务人放弃到期债权或无偿转让财产，影响其债务清偿能力，对债权人造成损害的，债权人可请求法院撤销

债务人行为。债务人以明显不合理低价转让财产，影响其清偿债务的能力，对债权人造成损害，且受让人知道该情形的，债权人也可请求法院撤销债务人该行为。

本案中，塑料公司、置业公司所签股权债务转移协议之补充协议仅系对付款条件和期限重新作了约定，塑料公司并无放弃到期债权或无偿转让财产及以不合理低价转让财产的行为，染织厂债权并未因此受到损害。仅系债权实现期限延长，其主张撤销权与法律规定撤销权的三种形式不相符。两被告在未损害债权的情况下仅约定迟延支付债务转让余款，属于双方权利义务关系的正常制约，此行为即使发生在法院送达协助执行通知之后，形式上亦具有合理理由，难谓恶意损害染织厂债权，染织厂亦未能证明两被告具有恶意串通的故意，故判决驳回染织厂诉讼请求。

司法观点4：撤销权人的债权须在债务人无偿处分前即已有效存在

基本案情：2001年6月，电子公司签订协议，自愿代科技公司承担担保责任向银行还款，并取得对主债务人贸易公司的追偿权。2002年，生效判决确认该追偿权。执行程序中，电子公司查知贸易公司在1998年8月将其所持开发公司股权无偿转让给物业公司，该股权转让时正是科技公司为贸易公司向银行借款担保期间，故诉请撤销贸易公司与物业公司的股权转让合同。

法院认为：债权人对债务人享有合法有效的债权是撤销权行使的前提要件，即当债权人行使撤销权时，债权人的债权应已有效成立，且不具有无效或可撤销的因素，同时，债权须在债务人的处分行为发生前就已有效存在。否则，无从判定债务人处分财产的行为是否危害了债权，对该行为亦无撤销必要。本案中，贸易公司向物业公司转让开发公司股权，经过对外经济贸易部批准，并办理了工商变更手续，物业公司未向贸易公司支付对价，应属合法有效的无偿转让行为。如果该无偿转让行为损害了债权人的债权，则债权人得以撤销。股权转让协议及工商变更手续均在电子公司签约自愿代替科技公司承担担保责任并取得追偿权、成为贸易公司债权人之前，而贸易公司转让股权时，电子公司尚不是贸易公司债权人，即电子公司对贸易公司的债权在股权转让时尚不存在，故贸易公司转让股权行为虽致其责任财产不当减少，但并无危害公司债权的意图，亦不可能对尚不存在的电子公司债权构成危害。对于贸易公司实施、发生在电子公司债权存在之前的转让开发公司股权的行为，电子公司不具备行使撤销权的债权人资格，不能请求法院予以撤销，故判决驳回电子公司诉讼请求。

# 名实不符法律行为研究

曾　强*

所谓“名实不符法律行为”并不是一个法律概念，只是对某种客观事实在文义上的描述。本文从常见名实不符法律行为的类型化解读出发追溯其理论渊源，认为“避法行为”和“虚伪意思表示”是名实不符法律行为的理论归宿。在此基础上，本文进一步从意思表示构成角度，分别从目的意思、效果意思和表示行为的递进出发，以实务中较典型的行为为例分析得出名实不符法律行为的“名”应按照表示行为内容确定，“实”则按照目的意思的内容确定。基于此，本文进一步认为，名实不符法律行为不能简单地定性为避法行为或者虚伪意思表示，而应当根据不同情形判断，并根据意思表示构成的解释、结合其他因素综合判断名实不符法律行为的效力。

## 一、概述——研究的起源

所谓“名实不符法律行为”，实际上并无法律理论上的概念，对于这一问题的研究，缘起于笔者经办的多起“名为买卖、实为借贷”“虚假供应链金融”案件。在案件办理过程中，“名”“实”两种法律关系烦琐、复杂，判断亦颇费周折。虽然实务中对较为典型的某一种名实不符法律行为的判定及处理规则已有较主流的观点，但是，对于非典型的名实不符法律行为，难有主流裁判观点可兹参照。而且，名实不符法律行为的理论依据研究亦有空白，对于名实不符法律行为如何识别、法律效力以及处理规则等，没有系统的研究。基于此，本文从典型的如“名为买卖、实为借贷”“借名行为”“名股实债”等名实不符法律行为出发，对其理论溯源、法律性质的识别和

---

* 德和衡高级联席合伙人，专注土地开发、合同解除与无效纠纷、重大疑难商事争议解决以及保全与执行等业务领域。

处理规则展开研究，希望能抽象出这一类法律行为的法律属性、识别和处理规则，进而以理论回馈实务。

## 二、名实不符法律行为的类型化解读

所谓“名实不符法律行为”并不是一个法律概念，只是对某种客观事实在文义上的描述，因此，从法律上也无法界定其准确的概念。因此，本文对实务中常见的名实不符法律行为种类进行梳理，进而从法律理论溯源的角度对其进行类型化解读。

### （一）实务中典型名实不符法律行为概述

1. 名股实债。所谓“名股实债”并非法律术语，多见于投融资领域，尤以房地产开发融资领域较为常见，也称为“明股实债”。从行业术语的角度来说，通常是指“投资方以股权投资的方式（包括受让股权收益权方式）对投资标的进行股权投资，同时约定投资期限、固定投资收益，在约定的条件出现时，由被投资标的或股东回购股权或股权收益权。”①其产生也是因为监管部门对金融机构贷款资金向房地产行业的流入采取强监管，房地产企业为了融资而采取的回避监管的融资模式。实务中，由于“名股实债”交易常有固定投资收益、到期股权回购、第三方担保或增信等合同条款，因此也产生了“名为股权投资、实为债权投资（借贷）”的争议。

2. 名为买卖、实为借贷。又被称为“融资性买卖”“托盘交易”，而根据当事人之间是否存在真实的买卖意图和产品需求、货物是否实际交付流转这些因素，这一类交易行为还可以进一步分为“资金空转型融资性贸易”和“代垫资金型融资性贸易”②。之后，随着供应链金融的产生和兴起，无真实贸易背景的虚假供应链融资也出现了相类似的交易模式，例如，“名为保理、实为借贷”“名为保兑仓交易、实为借款”等，所采取的交易模式也渐趋复杂。

3. 借名行为。借名行为是在实际行为主体不具备某种行为资格的情况下，借他人之名义代为某种行为，“借名买房”“委托代持股权”等都是借名行为的典型体现。在借名行为中，名义上是借名人与出名人之间的委托关系以及出名人与第三人之间的买卖或持股关系，实际上就是借名人变相地购买及持股行为。

4. 让与担保。也被称为“买卖型担保”，即“名为买卖、实为担保”。根据最高人民法院《关于审理民间借贷案件适用法律若干问题的规定》（2022 年第二次修正）

---

① 参见贾杰：《明股实债：形式与实质之争——兼论新华信托与湖州港城置业破产债权确认纠纷案》，载《广西政法管理干部学院学报》2017 年第 3 期。

② 参见王富博：《企业间融资性买卖的认定与责任裁量》，载《人民司法》2015 年第 13 期。

第23条之规定："当事人以订立买卖合同作为民间借贷合同的担保，借款到期后借款人不能还款，出借人请求履行买卖合同的，人民法院应当按照民间借贷法律关系审理。……"该条较为明确地规定了让与担保的定义和效力问题，应无疑义。

### （二）名实不符法律行为的理论溯源

1. 避法行为与虚伪意思表示

"避法行为"又称"法律规避行为""脱法行为"，最早可追溯至罗马法时期，当时又被称为"欺诈法律之行为"，且"欺诈法律与直接违反法律的后果相同，行为均属无效"①。但是，在德国民法理论看来，避法行为"在价值上是中性的，不应一律认定为无效，应由法官依事实和法律解释分别处理"②。在民商法领域，"避法行为"是指"当事人事实上意欲从事某种法律上禁止之行为，却通过未被法律之文义所包含之方式，最终实现了经济上相同的效果"③，或者说是"迂回避开强制性规定而实施规定所禁止的行为"④。国内不少学者认为，原《合同法》第52条第3项"以合法形式掩盖非法目的"的规定即为避法行为的体现。但也有学者认为，原《合同法》的这一规定不是严格意义上的法律规避行为，而更趋近于罗马法所称的"欺诈法律之行为"⑤。但不管如何，《民法典》已将"以合法形式掩盖非法目的"这一内容删去，仅留下第146条的"虚伪意思表示"规定。从立法的变迁来看，似乎立法者认为"以合法形式掩盖非法目的"属于"虚伪意思表示"的一种，但实际并不如表面看起来简单。

避法行为与"虚伪意思表示"纠缠不清，难以区分，即便是在司法实务中，也存在很多混淆"虚伪意思表示"与避法行为的判例。但是，通说认为，避法行为与虚伪意思表示是两个不同的法律制度，最根本的区别就在于：避法行为的当事人对其所做出的行为具有真实的效果意思表示，也就是行为人希望避法行为发生法律效果，而这个法律效果也是法律禁止行为可以达到的效果；而"虚伪意思表示"的当事人却并不希望其做出的法律行为产生相应的法律效果，而是通过虚伪表示实现隐藏行为的法律效果。兹举一例可以说明这一区别，如在"借名买房"案例中，借名人为

---

① 王军：《法律规避行为及其裁判方法》，载《中外法学》2015年第3期。

② 同上。

③ Vgl. Reinhard Bork, *Allgemeiner Teil des Bürgerlichen Gesetzbuchs*, 2. Aufl., Tübingen 2006, Rn. 1121. 转引自张新：《论民法视域中的法律规避行为——以"民生华懋案"为例》，载《华东政法大学学报》2019年第3期。

④ 崔建远：《合同法总论》（上卷），中国人民大学出版社2008年版，第263页。

⑤ 王军：《法律规避行为及其裁判方法》，载《中外法学》2015年第3期。

了规避房地产市场限购、限贷等监管规定而以他人名义购房，这应当是较为典型的避法行为情形之一，按照学者的观点，这种情形属于“变换主体”类型的避法行为①。实务中，无论是借名人还是出名人，双方均希望二者之间的委托代购、代持房产法律行为及出名人购买房屋的法律行为产生法律效力，并通过两个法律行为的联立实现借名人对房屋的控制。实务中，主流观点均认为“借名买房”中两个名义上的法律行为均有效，借名人只能向出名人主张债权而非所有权，出名人购房及登记的法律行为亦有效。相应地，在“名为买卖、实为借贷”案例中，尤其是资金空转型的融资性买卖，由于各方当事人的真实目的是借贷，因此名义上的买卖合同各方均不实际履行，所表现出的事实也与买卖合同的典型特征不符，因而可以判断双方并无真实的买卖意思表示，进而确认名义上的买卖合同无效，以隐藏的借贷行为进行审理。

2. 名实不符法律行为的定性

对“名实不符法律行为”进行定性，实际上是看“名实不符法律行为”到底属于避法行为还是虚伪意思表示，但最终还是为了解决名实不符法律行为的效力及处理问题。从文义上来看，“名实不符法律行为”似乎就应当按“实”处理②，但是，如果所有的名实不符法律行为都一律按“实”处理，实际上是认为名实不符法律行为属于虚伪意思表示。对此，本文认为，首要的是不能当然地认为名实不符法律行为只属于避法行为或者只属于虚伪意思表示，因为名实不符法律行为只是一种客观行为的描述，而非法律概念。因此，从文义解释的角度简单地将名实不符法律行为归类为虚伪意思表示是不周延的。那么，名实不符法律行为的定性应该如何进行？事实上，名实不符法律行为是兼具避法行为和虚伪意思表示的特征，但是由于牵涉意思表示是否真实的问题，因此需要先判断名实不符法律行为中的“名”与“实”。只有“名”与“实”得到准确区分，法律定性、法律行为效力问题才能迎刃而解。对此，本文将进一步展开分析。

## 三、名实不符法律行为性质的识别

### （一）意思表示构成——从目的意思、效果意思到表示行为

名实不符法律行为的“名”与“实”问题，实质上也就是行为人意思表示的识别

---

① 王军：《法律规避行为及其裁判方法》，载《中外法学》2015 年第 3 期。

② 参见吴智永：《结构化交易行为中的虚伪表示：“名实不符”法律行为的理解与认定——兼论〈民法总则〉第 146 条的效力评析》，载《山东法官培训学院学报》2018 年第 2 期。

与解释的问题,因此,也需要从意思表示的构成要素出发,探寻名实不符法律行为中的意思表示真、假和“名、实”问题。

仅就意思表示这一法律概念来说,大陆法系民法理论已经有非常完备、周延的内涵和外延。德国传统民法理论认为,意思表示的构成分为主观要件和客观要件,包括5个构成要素:目的意思、效果意思、表示意思(又区分为表示意识和行为意思)、表示行为。其中,表示行为是客观要件,其他4个要素属于主观要件,每个构成要素的概念之复杂、相互之间关系的界分着实令每一个法律人头痛不已,而且,对于主观要件到底包括剩余4个构成要素中的全部还是其中几个,则引发学者争鸣。在本文看来,前述意思表示的5个构成要素存在互相包含、强行区分之嫌,因此,在相互整合吸收之后,本文认为,意思表示构成应当仅包括目的意思、效果意思和表示行为,三者相互递进。

首先,对于目的意思,按曾荣振先生的观点,“目的意思者,对于经济上一定效果之欲望也”①,实际说来也就是法律行为所欲实现的客观效果。例如,甲欲以10万元价格购买小汽车一台,是意思表示以及法律行为产生的基础和起点。因此,也有观点认为,目的意思对于意思表示以及法律行为的成立来说至关重要,因为“缺乏目的意思的意思表示必然是空洞无物,也就失去了实际意义”②。

其次,对于效果意思,也称为“法效意思”,是指“欲于目的意思附以法律上效果之意思也”③,也就是行为人希望通过其表示行为使其目的意思产生法律效力(拘束力)。仍以目的意思中的举例来说明,当甲对乙明确表达“欲从乙处以10万元价格购买乙名下的小汽车一台”,且如果乙同意并交付小汽车,则在3日内给付10万元对价。此时,甲内心已经明确其目的意思的表示对象,并且也意识到且愿意受到目的意思对外表示后所产生的法律效果的约束。从这个角度来看,德国传统民法理论中的“表示意识”④实质上已经包含在效果意思中,如果强行区分出表示意识,实无必要。

最后,对于表示行为,是指“以目的意思及法效意思置于他人可以认识之状态

---

① 曾荣振:《民法总整理》,台北,三民书局1981年版,第73-74页。转引自林国华:《意思表示研究》,山东大学2006年博士学位论文。

② 林国华:《意思表示研究》,山东大学2006年博士学位论文。

③ 曾荣振:《民法总整理》,台北,三民书局1981年版,第73-74页。转引自林国华:《意思表示研究》,山东大学2006年博士学位论文。

④ 所谓“表示意识”,是指“表意人认识其行为有法律行为上的意义”。参见王泽鉴:《民法总则》,北京大学出版社2010年版,第267页。

之行为也"①,也就是将目的意思、法效意思通过外部行为表示出来。根据民法理论以及《民法典》的规定,意思表示的作出方式有明示和默示两种,实务中,结合事实合同认定的裁判规则可知,除了积极的要约和承诺意思表示,消极/默示的实际履行行为亦可被认定为意思表示的方式。

### (二)名实不符法律行为中的"名"与"实"

从上文中意思表示构成要素的论述出发,我们可以发现,名实不符法律行为的"名"与"实"的区分,实际上应当是指"目的意思"与"表示行为"之间的区分,其中"目的意思"是"实","表示行为"是"名"。以下内容以"名为买卖、实为借贷"和"借名买房(名为出名人购房、实为借名人购房)"两种不同的情形深入分析。

如图1所示,虚线上层展示的是"名为买卖、实为借贷"情形下,名实不符法律行为的意思表示构成以及"名"与"实"的对应关系。在"名为买卖、实为借贷"案件中,名义行为——也就是各方的表示行为是以买卖合同法律关系展示出来的,无论是各方之间签订连环买卖合同,还是通过单据的方式流转钱款和货物,都足以使人相信表面法律行为是各方真实意思表示。因此,表示行为所展现出来的意思表示和法律行为是"名",这一点应无疑义。但是,名实不符法律行为中的"实"到底是"目的意思"还是"效果意思"呢?从图1中"名为买卖、实为借贷"案件所展示的意思构成来看,我们已经事先假定了各方的"目的意思"是某一方向另一方借款,同时行为人的效果意思也表现为"借贷",但是表示行为是买卖合同以及付款和交货单据,这是典型的资金空转型的"名为买卖、实为借贷"。虽然有表面的付款及货物流转单据,但是缺少货物以物理、客观方式交付的证据,而且,资金流转和货物交付单据的流转所表现出来的都是"闭环",实质上产生的结果就是实际借款人"自买自卖、高买低卖"。而真实的买卖合同最为典型的特征实际上是"单向不闭环",而且是追求利润最大化,表面的表示行为与效果意思、目的意思均不符。这样看来,似乎名实不符法律行为中的"实"应当按照效果意思的内容来判断。

---

① 曾荣振:《民法总整理》,台北,三民书局1981年版,第73－74页。转引自林国华:《意思表示研究》,山东大学2006年博士学位论文。

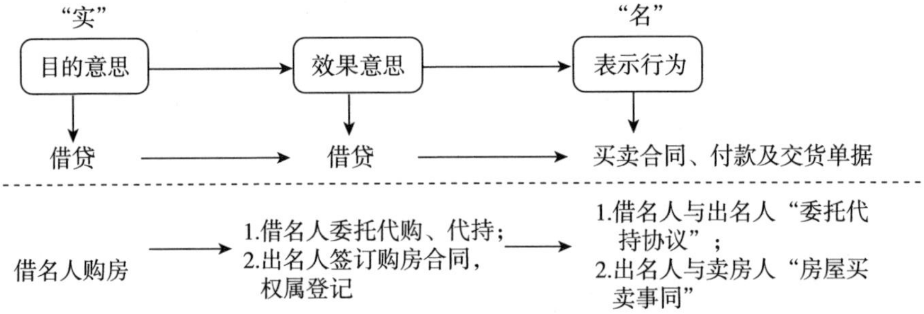


**图1　名实不符法律行为中的意思表示构成**

但是,我们进一步看图1所展现的“借名买房”情形,同时也先预设好“目的意思”为借名人购房,但是出于政策限制,借名人向出名人借名,委托出名人代购、代持房屋。此时,出名人与借名人之间的委托代理以及出名人与卖房人之间的房屋买卖均出现了“效果意思”与“表示行为”一致的情形。如果名实不符法律行为中的“实”要按照效果意思的内容来判断,那“借名买房”情形下就不构成“名实不符”的问题,但是又确实存在“名为出名人购房、实为借名人购房的”的客观事实。同类的还有另一种“代垫资金型”的“名为买卖、实为借贷”案件,即实际借款人指定供货商,出借人向供货商购货后指示交付给借款人,出借人代垫货款后,再以货物出售给借款人的形式回收借款本息。这种情况下,同样存在“目的意思”是借款,但是效果意思与表示行为均为买卖,而且是单向不闭环的连环买卖。

事实上,上述“提供借款、融资”“购房”这一个目的意思其实也可以认为是一种“生活事实”,而效果意思以及表示行为则认为是一种“法律事实”,而“在生活事实向法律事实的转换过程中,基于法律事实的不同构成要件,存在同一生活事实分离出不同法律事实的可能性”①。因此,实务中确实会存在效果意思/表示行为与目的意思不一致,但是效果意思与表示行为一致的情形。所以,从这一个角度来说,“名实不符法律行为”中的“实”按照目的意思的内容来判断更为妥当。当然,实务中也会存在一个问题,即无论是目的意思还是效果意思,都是行为人的主观内心状态,无法直接观测得知,只能从客观表示行为中解释、推理,而且,相较于效果意思可以更直接地从表示行为中解释、推理得出,目的意思隐藏的更深,如果产生争议后,没有一方当事人的披露,真实目的意思的查明更加困难。但是,本文认为,虽然真实目的意思的查明存在困难,但是不妨碍名实不符法律行为中“实”的认定以目的意思为

① 参见吴智永:《结构化交易行为中的虚伪表示:“名实不符”法律行为的理解与认定——兼论〈民法总则〉第146条的效力评析》,载《山东法官培训学院学报》2018年第2期。

准的原则，而且，如果各方当事人确实因为名实不符法律行为产生纠纷，大概率情形下都会有一方当事人向法院披露，只是最终还是要归结到举证的问题。

### （三）小结：对名实不符法律行为定性的回答

解决了名实不符法律行为的意思表示构成问题，我们再回到之前提到的问题：名实不符法律行为该如何定性？是称为“避法行为”还是“虚伪意思表示”？按照上文的论述，名实不符法律行为的“名”按照表示行为来确定，“实”按照目的意思的内容来确定。而且，本文还认为，效果意思是区分名实不符法律行为定性的重要标准。基于此，如果效果意思与表示行为一致，则应当认为各方当事人对“名义法律行为”的意思表示是真实的，因此这一种名实不符法律行为更趋近于“避法行为”的特征。对于其效力判断，如果仅从意思表示的解释角度来看，当属有效无疑；但是，法律行为的效力不能只考虑意思表示解释的问题，还需要进一步考虑诸如是否违反强制性规定、是否违背公序良俗等影响其效力的问题。如果效果意思与表示行为不一致，且各方当事人之间均明知，则这种名实不符法律行为更趋近于虚伪意思表示。对于其效力判断，仅从意思表示解释的角度来看，名义法律行为的意思表示不真实，由于欠缺效果意思因此当然归于无效；而隐藏的真实法律行为则按照相关法律法规的规定确定其法律效力。

## 四、名实不符法律行为效力的处理规则

实务中，因名实不符法律行为产生的纠纷中，各方当事人之间最大的争议也集中在行为效力上。如上文所言，解决了名实不符法律行为的定性问题，实际上也奠定了其效力处理的基础。因此，所谓“名实不符法律行为效力的处理规则”，实际上也就是“避法行为”和“虚伪意思表示”法律效力的处理规则，以下分别进行分析论述。

### （一）名实不符法律行为构成避法行为时的效力处理规则

1. 不能从意思表示解释的角度否定名义法律行为的效力

按照上文的分析，如果某一法律行为的效果意思与表示行为一致，则应当认为各方当事人对“名义法律行为”的意思表示是真实的，即便各方当事人存在与名义法律行为的意思表示不一致的真实目的意思，也不能基于意思表示解释而否定名义法律行为的效力。例如，在借名从事法律行为的案例中，借名人与出名人之间的委托代持法律行为、出名人与第三人之间进行交易的法律行为相互依存，形成一个有机整体。而正如上文的分析以及司法实务中的裁判倾向，借名从事法律行为的

效力在出名人与借名人内部是有效的,同时出于保护善意第三人的信赖利益并维护交易稳定和安全,在对外关系上也倾向于认定有效,比如借名买房、股权代持等。需要强调的是,这里所说的认定行为有效并不是终局的,还需要进一步接受其他法律行为效力判断因素的检视。

2. 在法律规范明文规定“避虚就实”或者名义法律行为违反强制性规定而导致无效时,则按照相应规定处理

虽然从意思表示解释的角度看,名实不符法律行为构成避法行为时是有效的。但是,“避法行为”确实也存在规避法律之事实,因此,仍需要进一步从法律评价和监管的角度对名实不符法律行为的效力作出评判。具体来说,可分为两种情形:

(1)法律规范明文规定“避虚就实”,也就是有法律、法规或者司法解释明确规定在名实不符的情形下,按各方的实际法律行为认定,事实上就是否定了名义法律行为的效力。例如,最高人民法院《关于审理涉及国有土地使用权合同纠纷案件适用法律问题的解释》(2020 年修正)第 21 条规定的“名为合作开发、实为土地使用权转让”、第 22 条规定的“名为合作开发、实为房屋买卖”、第 23 条规定的“名为合作开发、实为借款”、第 24 条规定的“名为合作开发、实为房屋租赁”等。

(2)名义法律行为违反强制性规定时,从法律评价和公共利益角度确认合同无效。例如,在股权代持情形中,较为经典的案例是华懋公司与中小企业投资公司民生银行股权纠纷案①,在该案中,华懋公司为香港设立的境外公司,其与中小企业投资公司签订《委托书》,委托中小企业投资公司以自己名义入股民生银行并代为行使股东权利。同时,双方又签订《借款协议》,约定华懋公司向中小企业投资公司提供借款用于入股民生银行的资本金。此后,双方发生纠纷诉至法院,中小企业投资公司主张双方为借款法律关系,华懋公司主张双方为委托投资关系,并请求解除该关系并要求中小企业投资公司返还民生公司股权。最后,最高人民法院二审认为,双方成立委托关系,但是由于我国金融监管法规对境外公司投资境内金融机构有限制,双方为了规避这一监管规定而做出的委托投资行为系“以合法形式掩盖非法目的”,因此认定《委托书》《借款协议》均无效。该案中,华懋公司和中小企业投资公司就是以名义上“委托投资法律行为”隐藏华懋公司实际投资持股民生银行的事实,最终也是基于规避金融监管的强制性规定而认定委托投资法律行为无效。

另外,按照相同的法律行为效力处理规则,似乎中小企业投资公司持股民生银行这一名义行为也应一并被认定为无效,但最高人民法院并未作出这一认定。本

① 最高人民法院民事判决书,(2002)民四终字第 30 号。

文认为，最高人民法院此举应当是考虑到民生银行为善意第三方，华懋公司与中小企业投资公司之间的内部行为效力不应波及对外效力，为了维护交易安全及稳定，因而没有认定中小企业投资公司持股民生银行的行为无效。

### （二）名实不符法律行为构成虚伪意思表示时的效力处理规则

根据《民法典》第146条之规定，虚伪意思表示场合下，行为人与相对人以虚假意思表示实施的民事法律行为无效，以虚假意思表示隐藏的法律行为按照相关法律规定判断其效力。因此，在名实不符法律行为构成虚伪意思表示的情形下，原则上，名义法律行为无效，隐藏的实际法律行为按照相关规定判断。例如，资金空转型的“名为买卖、实为借贷”案件中，各方当事人通谋而作出的名义上的买卖法律行为当属无效，隐藏的借贷法律行为则根据出借一方（企业）是否以借贷为常业判断借贷行为是否违反监管法规，进而判定其效力。

除此之外，在虚伪意思表示下的名义法律行为均为无效这一原则之外，尚有例外情形，即虚伪意思表示的各方之外存在善意第三人时，应遵循商事外观主义原则，保护善意第三人的信赖利益，不认定名义法律行为无效。例如，在“名股实债”的案件中，原则上如果投资方、融资方有借贷意思表示，则认定为债权投资；如果投资方不参与融资方的公司管理，仅收取固定回报，也认为是债权投资。但是，在融资方公司破产的情形下，即便构成债权投资，如果第三人（一般是债权人）对实为债权投资的事实确实不知情，或者投、融资双方“隐瞒债权投资实质，需从保护信赖利益及否定通谋虚伪意思表示的法理出发，依据商事外观主义认定为股权投资”①，进而不得允许投资方以债权人身份申报破产债权。

## 五、结语

商事交易活动的纷繁复杂和创新总是会先于法律而出现，当事人无论是为了规避法律法规的禁止性规定，还是为了其他特定目的，名实不符法律行为仍将会在未来继续存在。但是，所谓“万变不离其宗”，任何名实不符法律行为均由行为人做出，而凡有行为人做出法律行为，必然不脱意思表示构成之藩篱，从意思表示构成角度判断名实不符法律行为的“名”与“实”，进而判断其法律属性是“避法行为”还是“虚伪意思表示”，就可以进一步判断行为效力。另根据是否有善意第三人，也可兼顾商事外观主义和信赖利益保护，从而最大限度地在意思表示自由与交易安全之间寻得平衡。

---

① 参见吴潇敏、孙美华、郑扬：《“名股实债”的司法裁判路径探析——以“新华信托—港城置业”案为例》，载《法律适用》2019年第12期。

# 有限合伙人出资是否可以加速到期

## ——从《九民纪要》探析有限合伙人出资加速到期问题

温贵和　吴捷帆*　代琪蕾**

在2019年11月14日，最高人民法院正式发布《全国法院民商事审判工作会议纪要》（以下简称《九民纪要》），《九民纪要》针对争议较大的12项问题的裁判思路进行了统一，这其中包括实践中长期存在意见分歧的股东出资应否加速到期问题。《九民纪要》第6条对该问题首次明确了“原则+例外”的裁判方向，即股东依法享有期限利益，股东出资原则上不应加速到期，债权人仅在两种例外情形之下有权主张股东出资应加速到期：（1）公司作为被执行人的案件，因穷尽执行措施无财产可供执行，已具备破产原因，但不申请破产的；（2）在公司债务产生后，公司股东（大）会决议延长股东出资期限的。概言之，《九民纪要》的施行意味着股东出资应否加速到期问题的基本厘清，公司及股东层面的相关争议已得到妥善解决。

### 一、问题的提出

根据《合伙企业法》第18条第4项的规定，合伙企业的合伙协议应当载明的事项包括合伙人的出资方式、数额和缴付期限，因此在债权人向合伙企业追索债务且合伙企业丧失清偿能力时，对于合伙企业债务承担有限责任的有限合伙人，如出资期限较长，其出资同样面临应否加速到期的问题。

在笔者经办的某执行案件中，被执行人为有限合伙企业，该有限合伙企业实为空壳公司，名下并无财产可供执行。在申请执行人根据法律规定申请追加该有限合伙企业的合伙人作为被执行人的过程中，有限合伙企业的有限合伙人以其认缴出资期限为2035年，出资期限尚未到期为由，主张不应被追加为被执行人；申请执

---

* 德和衡合伙人，香港大学法学硕士，具有注册会计师资格，擅长业务领域为公司、金融。

** 德和衡执行律师，擅长公司并购重组、基金、信托等业务领域。

行人则主张应适用《九民纪要》关于股东出资加速到期的相关规定，在有限合伙企业名下并无财产可供执行且未申请破产时，有限合伙人的出资应加速到期，人民法院应追加有限合伙人为被执行人。

上述案件的争议焦点在于，《九民纪要》关于股东出资加速到期的相关规定是否适用于合伙企业的有限合伙人？现对于该问题仍存在争议。

## 二、观点争议

### （一）否定意见

1. “有限合伙人出资加速到期”缺乏法律依据

关于有限合伙人出资应否加速到期的问题，法律并未作出明确规定。《九民纪要》就出资加速到期问题所作规定亦明确仅规范公司及其股东，并未提及合伙企业及有限合伙人。因此，“有限合伙人出资加速到期”的观点缺乏依据，不应在没有明确法律依据的情况下剥夺有限合伙人对于出资所享有的期限利益。在上海市第一中级人民法院（2019）沪01民终549号黄某华诉上海皓旻投资合伙企业（有限合伙）合伙协议纠纷案民事二审判决书中，法院认为：

“关于黄某华要求吕某在其认缴出资范围内对皓旻投资的债务承担连带责任的问题，本院认为，我国《合伙企业法》第二条规定，有限合伙人以其认缴的出资额为限对合伙企业债务承担责任。尽管法律并未对于有限合伙人认缴出资是否到位作为其承担责任的前提，但是，作为有限合伙人对于其出资的期限利益，并不因为合伙企业对外负债而消灭。现因吕某认缴出资时间为2025年2月2日，且皓旻投资尚未进行清算程序，故黄某华在现阶段要求吕某的出资加速到期，缺乏依据。”

2. 公司与合伙企业存在本质区别，不应参照适用《九民纪要》

（1）法律性质不同。《民法典》将民事主体区分为自然人、法人与非法人组织三种类别，公司为典型的法人，而合伙企业为典型的非法人组织。作为不同的民事法律主体，公司与合伙企业最显著的差异即在于对外承担责任的方式：公司作为法人，以其全部财产为限对公司的债务承担责任；而合伙企业作为非法人组织，对其债务应先以其全部财产进行清偿，不能清偿的，普通合伙人须承担无限连带责任。两者虽同属于非自然人的民事法律主体，但法律性质与法律特征截然不同。

（2）适用法律不同。公司需适用《公司法》，合伙企业则需适用《合伙企业法》，《公司法》与《合伙企业法》在立法精神、立法体例、条文表述等方面均存在显著区别。例如，根据《公司法》的规定，股东不得以劳务向公司出资，而《合伙企业法》则规定普通合伙人可以劳务向合伙企业出资。可见,公司与合伙企业因适用法律的不同致使两者在设立方式、出资形式、管理运作等方面均存在较大区别。

仅从上述法律性质与适用法律的不同而言,公司与合伙企业存在根本性差异,因此《九民纪要》中规范公司项下股东出资加速到期问题的相关规定,对于合伙企业项下的有限合伙人出资问题不具备参考性。

3. 有限合伙人的出资期限已对外公示,不应剥夺其期限利益

合伙人出资的缴付期限为《市场主体登记管理条例》第 9 条所规定的合伙企业登记事项之一,登记机关依据《市场主体登记管理条例》的规定应将出资缴付期限在内的登记事项通过企业信用信息公示系统向社会公示。

从上述制度安排可以看出:对于有限合伙人而言,其出资缴付期限情况已在登记机关完成登记和对外公示,由出资缴付期限可能导致的交易风险已对外充分披露,因此有限合伙人应享有出资的期限利益;对于合伙企业的债权人而言,其在与合伙企业交易前应知道或者应当知道有限合伙人的出资缴付期限以及由此可能产生的交易风险,与合伙企业进行交易即应视为默认有限合伙人所享有的期限利益及自愿承担相应的交易风险;对于主管机关而言,其已通过强制公示的方式将有限合伙人出资期限的相关情况与风险向公众进行了充分的提示,并以登记备案的形式确认了有限合伙人的出资期限,更进一步而言,主管机关已就保护有限合伙人的期限利益和保护债权人权益之间的利益平衡作出了较为公允的制度安排。因此,无论从有限合伙人、合伙企业的债权人还是主管机关的角度考量,在现行制度下均不应剥夺有限合伙人出资的期限利益。

### (二)肯定意见

1. 有限合伙人与股东的法律特征一致,可以参照适用《九民纪要》

《合伙企业法》第 2 条第 3 款规定,有限合伙企业由普通合伙人和有限合伙人组成,普通合伙人对合伙企业债务承担无限连带责任,有限合伙人以其认缴的出资额为限对合伙企业债务承担责任。《公司法》第 3 条第 2 款规定,有限责任公司的股东以其认缴的出资额为限对公司承担责任;股份有限公司的股东以其认购的股份为限对公司承担责任。

从上述规定可以看出,有限合伙人与股东的核心法律特征均体现为对外的责任承担方式与范围,具体而言,两者所需承担的责任都是以各自认缴/认购的范围为限,区别仅在于有限合伙人面对的是合伙企业债务而股东面对的是公司债务。不仅法律条文表述具有明显的相似性,司法实践中涉及有限合伙人与股东时,裁判

者也倾向于将两者作为近似的法律概念。例如，在最高人民法院（2019）最高法民终1917号石河子市瑞晨股权投资合伙企业、谭某斌股权质权纠纷案民事二审判决书中，法院认为：

“无论是有限合伙企业的有限合伙人还是有限责任公司的股东，如果已经实际履行出资义务，不存在出资不实的情况，判令有限合伙企业或者有限责任公司承担责任，即意味着有限合伙人或者股东在出资范围内对有限合伙企业或者公司债务承担责任，无需再单独判决有限合伙人或者股东在认缴出资范围内承担责任。”

概言之，从法律规定的文义而言，有限合伙人与股东的法律特征基本一致；从司法实践而言，有限合伙人与股东也因法律特征的一致而会被视为同类主体。因此，《九民纪要》中关于股东出资加速到期的相关规定可以参照适用于有限合伙人，否定意见只关注公司与合伙企业的差异性，而忽略了更为实质的有限合伙人与股东的相似性，导致其结论与依据缺乏说服力。

2. 依据法理，应当参照适用《九民纪要》

《九民纪要》中对股东出资加速到期问题确立的“原则 + 例外”的处理方式，实质上是对认缴资本制下股东的出资自由、期限利益与债权人的利益保护进行的审慎平衡。因此，前述“原则 + 例外”的法理基础是否完全适用于合伙企业项下的有限合伙人，应成为判断是否可以参照适用《九民纪要》的关键。

（1）股东出资不加速到期的原则适用于有限合伙人

就原则而言，如上文所述，《公司法》第3条对于股东责任承担的表述与《合伙企业法》第2条对于有限合伙人责任承担的表述基本一致，即两者所需承担的责任均以各自认缴/认购的范围为限，股东与有限合伙人均享有认缴资本制下的出资自由。关于出资期限，《企业信息公示暂行条例》第10条规定，有限责任公司股东或者股份有限公司发起人认缴出资额、出资时间、出资方式等信息应通过企业信用信息公示系统向社会公示；《市场主体登记管理条例》也规定了应将包括有限合伙人出资缴付期限在内的登记事项通过企业信用信息公示系统向社会公示。

可以看出，法律不仅明确规定股东与有限合伙人的认缴出资期限均需依法公示，并且两者公示的方式也具有同一性。因此，无论作为公司还是合伙企业的交易相对方的债权人，都可以通过公开渠道在交易之前提前了解股东和有限合伙人的认缴出资期限，并自行评估与判断由此可能导致的交易风险。鉴于此，债权人的利益已得到法律的适当保护，在此前提之下，有限合伙人就认缴出资享有与股东一致的期限利益，原则上不应加速到期，既合乎情理也为法律在类似情况下作出相同处理的应有之义。

(2)股东出资加速到期的两种例外情形同样适用于有限合伙人

就《九民纪要》规定的股东出资加速到期例外情形中的"公司作为被执行人的案件,人民法院穷尽执行措施无财产可供执行,已具备破产原因,但不申请破产的",最高人民法院民事审判第二庭编著的《〈全国法院民商事审判工作会议纪要〉理解与适用》(以下简称《〈九民纪要〉理解与适用》)对此种情形已进行充分论述,即该种情况与《企业破产法》第2条规定的"企业法人不能清偿到期债务,并且资产不足以清偿全部债务或者明显缺乏清偿能力的"完全相同,故比照《企业破产法》第35条的规定,股东未届期限的认缴出资应加速到期。而《企业破产法》第35条背后的法理即在于,公司破产后将终止存续,不可能再根据原来的认缴期限要求股东出资,否则势必导致股东逃避对公司的出资义务,公司、其他股东和债权人的利益受损,因此在公司破产时视为认缴出资期限届满,即加速到期,以防止认缴出资期限超过公司存续期限的不合理情形的出现。

与公司面临的上述情况一致,合伙企业同样存在认缴资本制与破产制度进行衔接的问题。《企业破产法》第135条规定:"其他法律规定企业法人以外的组织的清算,属于破产清算的,参照适用本法规定的程序。"《合伙企业法》第92条规定:"合伙企业不能清偿到期债务的,债权人可以依法向人民法院提出破产清算申请,也可以要求普通合伙人清偿。合伙企业依法被宣告破产的,普通合伙人对合伙企业债务仍应承担无限连带责任。"从前述规定可知,合伙企业适用破产制度已有明确依据。因此,合伙企业破产清算时,也应视为有限合伙人的认缴出资期限届满,否则,有限合伙人将逃避对合伙企业的出资义务,甚至出现有限合伙人的认缴出资期限超过合伙企业存续期限的怪象。

针对《九民纪要》规定的股东出资加速到期例外情形中的"在公司债务产生后,公司股东(大)会决议或以其他方式延长股东出资期限的",《〈九民纪要〉理解与适用》明确的理论基础为债权人的撤销权,即公司股东会延长股东出资的行为实质为公司放弃即将到期的对股东的债权,该行为损害公司债权人的利益,公司债权人有权请求撤销,要求股东按原来约定的出资期限履行出资义务。

债权人撤销权的法律依据为《民法典》第538条,至于债务人的身份是自然人、合伙企业还是公司,在所不问,并且不会对债权人行使撤销权构成影响。此外,合伙人也可根据《合伙企业法》的规定通过修改合伙协议的方式延长有限合伙人的出资期限,因此法律如不加以规制,势必导致有限合伙人可随意延长出资期限,致使合伙企业放弃即将到期的对有限合伙人的债权,损害合伙企业债权人的利益。可以看出,公司股东出资加速到期的此种例外情形,其理论基础完全适用于合伙企业的有限合伙人,并且从保护合伙企业债权人的角度考虑,参照适用《九民纪要》具有充分的必要性。

(3)参照适用《九民纪要》的实质为以类推适用的方式弥补法律漏洞

在最高人民法院(2017)最高法民再287号刘某友与南昌市市政建设有限公司、江西省福振路桥建筑工程有限公司建设工程合同纠纷案申诉、申请民事判决书中,法院认为:

"所谓法律漏洞,是指违反立法计划导致法律规范的不完整性。是否构成法律漏洞应视此种未规定的事项是否违反了法律规范的目的,以及是否立法者出于立法技术等方面的考虑而有意不设置条文而定……具体而言,法律漏洞可以区分为开放的漏洞和隐蔽的漏洞,前者指针对某一事项欠缺法律规定,后者指虽有法律规定,但依据该规定的目的,不应适用于某一事项。在法律适用中,不同性质的法律漏洞,主要通过类推适用、目的论的限缩等不同方法加以填补。本案所涉事项系因法律未作规定而构成的开放的漏洞,应采用类推适用的方法来填补。即对法律未规定的事项,参照、援引与其性质相类似的法律规定,加以适用。"

现实生活纷繁复杂,立法者偶有的疏漏所导致的法律漏洞难以完全避免,裁判者基于"法官不得拒绝裁判"的原则,必须面对这类法律漏洞并进行处理。最高人民法院的上述裁判观点提出的处理思路便是通过类推适用、目的论的限缩等不同方法予以填补,具体而言则是对法律未规定的事项,参照、援引与其性质相类似的法律规定,进行法律适用。

《九民纪要》针对公司股东的出资应否加速到期问题进行了明确,但未提及合伙企业的有限合伙人出资应否加速到期,其他法律法规也未就此予以规定,因此有限合伙人出资应否加速到期问题为法律未作规定而构成的开放的法律漏洞。但是,有限合伙人出资应否加速到期问题与公司股东的出资应否加速到期问题因有限合伙人与股东的法律性质的一致性而非常类似。《九民纪要》针对股东确立的"原则+例外"的立法思路及其理论基础也同样适用于有限合伙人的情况,因此通过援引《九民纪要》针对股东出资加速到期的规定,不仅可以类推适用的方式解决有限合伙人出资应否加速到期问题的法律漏洞,同时也可实现相似情形予以相同处理的裁判原则。

3.《九民纪要》施行后的司法实践

值得关注的是,在《九民纪要》出台之后,司法实践中已开始出现支持有限合伙人出资加速到期的裁判意见。在浙江省杭州市中级人民法院(2018)浙01民初

2243 号浙江犇宝实业投资有限公司与北京新杰投资中心、盛杰（北京）企业管理有限公司借款合同纠纷一审民事判决书中，法院认为：

"《中华人民共和国合伙企业法》第二条第三款规定'有限合伙企业由普通合伙人和有限合伙人组成，普通合伙人对合伙企业债务承担无限连带责任，有限合伙人以其认缴的出资额为限对合伙企业债务承担责任'，本案中，北京新杰系有限合伙企业，玖泰公司系其普通合伙人，东森公司、正德昌顺公司、枫和公司、东方鸿烈公司、澜创公司系其有限合伙人，各自认缴的出资额均为 5000 万元，据此，依照上述法律规定，玖泰公司应对北京新杰的债务承担连带责任，其余有限合伙人应以其各自认缴的出资额为限对北京新杰的债务承担连带责任。故对玖泰公司关于应对北京新杰不能清偿的部分承担连带责任以及枫和公司关于合伙份额认缴期限未到不应承担责任的抗辩意见，本院均不予采纳。"

否定意见提及的不予支持有限合伙人出资加速到期的上海市第一中级人民法院（2019）沪 01 民终 549 号民事二审判决书的作出时间为 2019 年 3 月，即为《九民纪要》施行之前，而上述支持有限合伙人出资加速到期判决的裁判时间为 2019 年 12 月，即为《九民纪要》出台之后。因此可以合理推测的是，《九民纪要》的施行对司法实践中出现的有限合伙人出资能否加速到期问题已产生实质性影响，各地法院的裁判思路已发生了相应转变，部分法院基于《九民纪要》的规定已开始支持有限合伙人出资加速到期的观点。

## 三、结语

相较于公司在商事活动中的广泛运用，合伙企业在商事主体中并非主流，因此由合伙企业产生的纠纷案件远少于公司纠纷案件，这也导致了立法者对于合伙企业相关问题未给予太多关注，例如，《合伙企业法》的最近一次修订时间已是 2006 年，该法自 1997 年颁布至今亦没有形成与之配套的司法解释文件。由此产生的主要问题之一即是涉及合伙企业的现行法律体系不甚完善，相关法律漏洞亟须弥补，本文所探讨的有限合伙人出资是否加速到期问题即是典型。

社会生活在发展变化，合伙企业因其"先分后税"的税制优势以及管理运作的灵活性等优点而越来越受到人们的重视，其在股权激励、私募投融资等特定领域甚至已逐渐成为人们在设立配套商事主体时的主流选择。因此，可以预见合伙企业的数量将持续上升，由此产生的法律纠纷也将日益增加，因合伙企业现行法律体系的不完善所导致的无法可依的问题也将进一步暴露。

总而言之，笔者认为，类推适用仅为解决涉合伙企业争议问题的可行方式之一,如本文所探讨的有限合伙人出资应否加速到期问题,但类推适用毕竟存在诸多的适用前提并且不应成为常态,因此更为重要的,应是在立法层面给予合伙企业更多的关注与重视。加强制度供给,使合伙企业的配套制度更加完善,或许这才是解决类似有限合伙人出资应否加速到期等合伙企业相关争议的最佳选择。

# 成功撤销仲裁裁决的常见情形

杨光明　聂　凯*

随着仲裁日益受到商事争议解决的青睐，对仲裁裁决不服、在仲裁裁决作出后寻求权利救济的情形也频繁发生。在我国现行法律体系下，对仲裁裁决不服的救济途径有二：申请撤销仲裁裁决、申请不予执行仲裁裁决，二者的法定事由基本相同，因此本文主要以申请撤裁作为研究对象。基于维护仲裁的独立性与权威性、减少司法干预的目的，法院对于撤销仲裁裁决秉持审慎态度，申请撤裁存在较大难度，但并非没有成功案例。本文从实务经验与司法实践出发，对成功撤裁的常见情形进行总结归纳，以期对申请撤裁案件的办理有所裨益。

## 一、申请撤销仲裁裁决的法律规范（见表1）

**表1　申请撤销仲裁裁决的法律规范**

| | 撤销国内仲裁裁决 | 撤销涉外仲裁裁决 |
|---|---|---|
| 法律依据 | 《仲裁法》第58条 | 《民事诉讼法》（2021年修正）第281条 |
| 法定事由 | 1. 没有仲裁协议；<br>2. 裁决的事项不属于仲裁协议的范围或者仲裁委员会无权仲裁；<br>3. 仲裁庭的组成或者仲裁的程序违反法定程序；<br>4. 裁决所根据的证据是伪造的；<br>5. 对方当事人隐瞒了足以影响公正裁决的证据； | 1. 当事人在合同中没有订有仲裁条款或者事后没有达成书面仲裁协议；<br>2. 被申请人没有得到指定仲裁员或者进行仲裁程序的通知，或者由于其他不属于被申请人负责的原因未能陈述意见；<br>3. 仲裁庭的组成或者仲裁的程序与仲裁规则不符； |

* 武汉大学研究生毕业，杨光明律师团队前成员。专注于合同纠纷、供应链金融、公司股权、破产重组、应收账款清收等纠纷解决领域。

续表

| | 撤销国内仲裁裁决 | 撤销涉外仲裁裁决 |
|---|---|---|
| | 6. 仲裁员在仲裁该案时有索贿受贿,徇私舞弊,枉法裁决行为;<br>7. 人民法院认定该裁决违背社会公共利益的,应当裁定撤销 | 4. 裁决的事项不属于仲裁协议的范围或者仲裁机构无权仲裁;<br>5. 人民法院认定执行该裁决违背社会公共利益的,裁定不予执行 |
| 报核程序 | 原则上向高级人民法院报核;<br>当事人住所地跨省级行政区域,或者以违背社会公共利益为由撤裁,向高级人民法院、最高人民法院报核 | 向高级人民法院、最高人民法院报核 |

最高人民法院《关于适用〈中华人民共和国仲裁法〉若干问题的解释》(以下简称《仲裁法解释》)第17条规定:"当事人以不属于《仲裁法》第五十八条或者《民事诉讼法》第二百五十八条规定的事由申请撤销仲裁裁决的,人民法院不予支持。"(《民事诉讼法》2021年修改后,此条应为2021年《民事诉讼法》第281条)因此,申请撤裁的理由必须符合法律明确规定的法定事由,一旦超出法定事由,法院将不予审查。而且,法院决定撤销国内仲裁裁决的,需要向高级人民法院报核;法院决定撤销涉外仲裁裁决的,需要层报高级人民法院、最高人民法院报核。有限的撤裁事由、严格的报核程序,直接导致成功申请撤裁存在较大难度。

## 二、成功撤裁的常见情形之一:没有仲裁协议或者超越仲裁协议

1. 仲裁协议中的签字系伪造,仲裁协议不成立

仲裁机构在受理仲裁案件时,会对是否存在相应仲裁协议进行审查,因此,实践中不太可能出现没有任何仲裁条款但仲裁机构对案件进行审理的情况。实践中较为常见的情形是,一方当事人主张仲裁协议中的签字并非本人所签,此时法院会认为仲裁协议并非当事人真实意思表示,双方并未达成仲裁合意,不存在仲裁协议,并以此为由撤销仲裁裁决。(2017)粤03民特259号案件中,深圳市中级人民法院认为,涉案《保证担保合同》上加盖的华感公司公章印文经司法鉴定与比对样本即华感公司在公安部门备案公章印文、华感公司在其他合同中使用的公章印文不是同一印章所盖,上述鉴定意见足以证明涉案《保证担保合同》上加盖的华感公司印章不是华感公司所使用的,不能认定该合同及其合同中约定的仲裁条款为华感公司真实的意思表示,最终法院裁定撤销仲裁裁决中涉及华感公司作为担保人部分的内容。

2. 裁决事项超出仲裁协议的范围

仲裁协议是仲裁管辖的基础,裁决事项应当受到仲裁协议约定范围的限制。

在案件涉及多份合同而仅有部分合同约定仲裁条款时,仲裁机构可能不当扩大审理范围,对仲裁条款范围以外的事项进行审理并裁决,超出仲裁协议的部分与其他部分可分的,法院会撤销超出部分;超出仲裁协议的部分与其他部分不可分的,法院则会撤销整个仲裁裁决。(2021)辽10民特9号案件中,辽阳市中级人民法院认为,涉案《城市房屋拆迁补偿安置协议》第11条约定的仲裁事项范围为"本协议在履行过程中发生争议",即基于协议履行产生的纠纷。因双方上述协议仅对回迁安置进行协商,并不涉及货币补偿内容,货币补偿内容属于对原协议内容的变更。案涉裁决书中第一、三、四项内容涉及货币补偿,超出原仲裁协议范围,应予以撤销。

3. 裁决内容超出仲裁请求的范围

仲裁裁决内容不仅受到仲裁协议约定范围的限制,也要受到仲裁请求的限制,裁决内容不应超出仲裁请求的范围。实践中常见的超裁情形是,当事人基于合同有效提出仲裁请求,仲裁机构认定合同无效,并对合同无效的后果进行处理,此时法院可能认为裁决内容超出仲裁请求的范围,撤销仲裁裁决。(2020)陕01民特180号案件中,西安市中级人民法院认为,仲裁庭于庭审中向当事人释明涉案合同应为无效,并告知正亿公司可在庭审结束后一周内提交变更申请,正亿公司于庭后提交《代理意见》,对合同效力问题未作表态。法院认为,正亿公司基于合同有效请求解除涉案合同等仲裁请求尚未变更,仲裁裁决认定涉案《股权转让合同》无效以及基于合同无效作出相应处理属于超裁,最终裁定撤销仲裁裁决。

## 三、成功撤裁的常见情形之二:仲裁程序违法

仲裁程序违法是常见的撤裁事由,根据最高人民法院《关于人民法院办理仲裁裁决执行案件若干问题的规定》(以下简称《仲裁裁决执行案件规定》)第14条的规定,仲裁程序违法是指违反《仲裁法》规定的仲裁程序、当事人选择的仲裁规则或者当事人对仲裁程序的特别约定,并且可能影响案件公正裁决。仲裁程序违法的情况多种多样,实践中的常见情形包括:送达程序存在瑕疵、仲裁员应当回避而没有回避、关键证据未经质证、仲裁庭未依法合议等。

1. 仲裁送达程序存在瑕疵,导致当事人未能参与仲裁

其一,仲裁机构未能按照《仲裁法》以及仲裁规则向当事人送达仲裁规则、仲裁员名册以及仲裁庭组成情况。《仲裁法》第25条第1款规定:"仲裁委员会收到仲裁申请后,应当在仲裁规则规定的期限内将仲裁规则和仲裁员名册送达申请人,并将仲裁申请书副本和仲裁规则、仲裁员名册送达被申请人。"实践中,若仲裁机构未

在规定期限内送达仲裁规则、仲裁员名册以及仲裁庭组成情况,法院会以严重程序违法为由撤销仲裁裁决。(2018)粤01民特1056号案件中,广州市中级人民法院认为,《中国广州仲裁委员会网络仲裁规则》第18条规定:本会受理仲裁申请后,应当于5日内将受理通知、本规则和仲裁员名册发送申请人,并将仲裁通知、仲裁申请书、申请人的证据材料、本规则和仲裁员名册发送被申请人。本案中,广州仲裁委员会向张某兰、曾某林发送的电子邮件及涉案仲裁卷宗均显示,广州仲裁委员会并未向张某兰、曾某林送达《中国广州仲裁委员会网络仲裁规则》。而仲裁规则是当事人从事仲裁活动的程序性规则,广州仲裁委员会未向张某兰、曾某林送达相应的仲裁规则,使其无法及时了解其在仲裁程序中享有的权利,可能影响案件正确裁决,属于仲裁程序严重违反法定程序。

其二,仲裁机构未穷尽其他送达途径,直接采用公告送达。《仲裁法》并未规定仲裁程序中的送达方式,因此判断送达方式是否违法,需要依据相应仲裁规则。若仲裁机构未穷尽其他送达途径直接公告送达,有可能被认定为送达程序违法。(2020)陕04民特25号案件中,咸阳市中级人民法院认为,被申请人咸阳高科公司申请仲裁时提供了张某华在"陕西省彬县平林路财局家属院"的地址,仲裁委并未对该地址进行核实,亦未向该地址进行合法有效的送达,而选择邮政快递的形式向张某华户籍所在地进行了邮寄送达,该邮件因"原址查无此人"被邮政部门退回。仲裁委在向该地址邮寄送达未果的情况下,可以选择向其他地址进行送达或者选择其他送达方式保障当事人的仲裁程序权利,而不宜直接采取公告的送达方式。仲裁委未依法穷尽其他送达途径向张某华送达文书,而直接采取公告送达,仲裁程序违法。

其三,仲裁申请人明知被申请人的送达地址线索却拒不提供,致使仲裁机构无法送达相关文书,导致被申请人未能参与仲裁程序。(2019)粤03民特1671号案件中,深圳市中级人民法院认为,建行深圳分行向深圳国际仲裁院提供了王某的两个送达地址,一个是其贷款房屋所在地,另一个是其身份证住址和实际居住地,两个地址均因邮政快递员无法电话联系王某没有将仲裁通知等材料实际送达到王某。王某已于2019年4月20日在建行深圳分行将手机号码更改为新号码180××××6156,建行深圳分行也发送了更换手机号码的确认短信,并且在2019年9月15日发送贷款到期通知短信到王某新手机号,证明建行深圳分行在仲裁前对王某的新手机号知悉。建行深圳分行在掌握王某新手机号码的情况下未向深圳仲裁院提供新号码,导致仲裁通知等材料未能送达王某,王某未能参加仲裁庭审和进行答辩,可能影响案件正确裁决,涉案仲裁存在违反法定程序的情形。

2. 仲裁员应当回避而没有回避

《仲裁法》第 34 条规定:“仲裁员有下列情形之一的,必须回避,当事人也有权提出回避申请:……(三)与本案当事人、代理人有其他关系,可能影响公正仲裁的。……”关于仲裁员回避的具体情形,《仲裁法》未能进一步规定,实践中的常见情形是:一方当事人的代理人为仲裁机构的现任仲裁员、本案仲裁员在其他案件中担任一方当事人的代理人。

其一,一方当事人的代理人为仲裁机构的现任仲裁员,是否属于仲裁程序违法?对于这一问题,不同法院存在分歧。(2020)鲁 07 民特 131 号案件中,潍坊市中级人民法院认为,永泰置业公司的代理人李某明系潍坊仲裁委员会的仲裁员,《律师和律师事务所违法行为处罚办法》第 7 条将其定性为“在同一案件中为双方当事人担任代理人,或者代理与本人及其近亲属有利益冲突的法律事务的违法行为”。据此,李某明的代理行为会因其与仲裁机构、仲裁员之间的特殊关系,可能影响双方当事人的利益,可能影响仲裁员的公正仲裁,仲裁员应回避而未回避,仲裁庭的组成违法。但同样也有法院认为,《律师和律师事务所违法行为处罚办法》属于部门规章,并非法律、行政法规,而且其目的是规范律师执业行为,并非指向仲裁裁决的效力问题,因此不能仅以一方代理人为仲裁机构仲裁员就认定程序违法。

其二,本案仲裁员在其他案件中担任一方当事人的代理人,对于此种情形,法院会从代理时间、代理频率两方面认定是否可能影响公正裁决,是否构成程序违法。如果本案仲裁员代理另案的时间与本案较为接近甚至重合、本案仲裁员经常性代理一方当事人,则构成程序违法的可能性较高。(2020)陕 02 民特 6 号案件中,铜川市中级人民法院认为,李某作为被申请人的委托诉讼代理人为被申请人代理过多起案件,并且在该案的仲裁期间,李某也为被申请人代理其他民事案件。在本案仲裁中,李某作为仲裁员依法应当回避,仲裁庭的组成违反法定程序,仲裁裁决应予撤销。

3. 关键证据未经质证

举证质证是仲裁当事人的重要权利,如果据以作出裁决的重要证据,未经当事人的质证,则可能影响公正裁决,法院会认为其属于程序违法,进而撤销仲裁裁决。(2020)渝 01 民特 78 号案件中,重庆市第一中级人民法院认为,廖某新在开庭后提交了加盖有重庆佳升实业发展有限公司印章并有“复印属实,与原件一致。2019. 7. 29”手写字样的现场收方单及附件复印件,与开庭时廖某新举示的复印件存在多处差别。仲裁庭在未就该补充证据进行开庭质证,亦未送达谢某凡让其提交书面质证意见的情况下,直接采纳该证据对廖某新实际完成工程量进行了认定。该证据直接关系到廖某新的仲裁请求能否得支持,仲裁庭采纳该未经质证且与案件基本事实有关的证据,可能影响案件的正确裁决,故该仲裁程序违反了法定程序,应当裁定撤销涉案仲裁裁决。

4. 仲裁庭未依法合议

当仲裁庭由 3 名仲裁员组成时,仲裁庭应当对案件进行合议,《仲裁法》第 53 条就规定:"裁决应当按照多数仲裁员的意见作出,少数仲裁员的不同意见可以记入笔录。仲裁庭不能形成多数意见时,裁决应当按照首席仲裁员的意见作出。"当部分仲裁员并未参与合议,仲裁庭径行作出裁决时,法院可能会以程序违法为由撤销仲裁裁决。(2019)粤 03 民特 368 号案件中,深圳市中级人民法院认为,根据深圳国际仲裁院的情况说明,涉案仲裁庭采用微信合议形式,仲裁委秘书将该裁决书初稿发布在微信群中,仲裁员陈某对该初稿提出意见,要求对已还款金额定性和计算再行核实,但其后,仲裁庭并未就核实情况再次合议而径行作出裁决。海润公司提出中止审理申请,仲裁员谢某斌未参加合议,仲裁庭以"不能形成多数意见,应当按照首席仲裁员的意见"作出不予中止审理通知书。上述程序不符合 2011 年 5 月 1 日起施行的《深圳仲裁委员会仲裁规则》第 62 条的规定,违反了法定程序。

## 四、成功撤裁的常见情形之三:证据伪造

根据《仲裁裁决执行案件规定》第 15 条的规定,证据伪造情形需要符合以下条件:该证据已被仲裁裁决采信;该证据属于认定案件基本事实的主要证据;该证据经查明确属通过捏造、变造、提供虚假证明等非法方式形成或者获取,违反证据的客观性、关联性、合法性要求。

实践中,只要能够通过司法鉴定证实主要证据系伪造,法院就会撤销仲裁裁决。实践中出现的常见情形是,申请撤裁一方主张证据系伪造,被申请人一方拒绝提交证据原件,导致鉴定程序无法启动,此时法院会判令被申请人一方承担不利后果,以证据伪造为由撤销仲裁裁决。(2020)京 04 民特 721 号案件中,北京市第四中级人民法院认为,当事人对案涉《出借咨询与服务协议》中红花山公司的公章是否系伪造存在争议,本院根据红花山公司的申请决定启动司法鉴定程序,持有合同原件的郭某霞明确拒绝提交合同原件,致使鉴定程序无法启动。根据最高人民法院《关于民事诉讼证据的若干规定》第 31 条第 2 款"对需要鉴定的待证事实负有举证责任的当事人,在人民法院指定期间内无正当理由不提出鉴定申请或者不预交鉴定费用,或者拒不提供相关材料,致使待证事实无法查明的,应当承担举证不能的法律后果"的规定,郭某霞应就其不同意提交鉴定材料承担举证不能的法律后果。

最终法院裁定撤销仲裁裁决。

## 五、成功撤裁的常见情形之四：隐瞒证据

“对方当事人向仲裁机构隐瞒了足以影响公正裁决的证据”是常见的申请撤裁理由，但成功率较低，因为是否隐瞒证据往往涉及实体问题的审查，而且很容易成为当事人逃避举证责任的借口。根据《仲裁裁决执行案件规定》第16条的规定，判断是否属于“对方当事人隐瞒足以影响公正裁决的证据”的情形，需要符合三大条件：该证据属于认定案件基本事实的主要证据；该证据仅为对方当事人掌握，但未向仲裁庭提交；仲裁过程中知悉存在该证据，且要求对方当事人出示或者请求仲裁庭责令其提交，但对方当事人无正当理由未予出示或者提交。

法律规范严格限定了隐瞒证据的成立条件，但在实践中，不同法院的裁判尺度并不一致，在认定属于隐瞒证据的情形的案件中，法院通常并未按照法律规范严格认定。(2021)湘11民特3号案件中，柳州市中级人民法院认为，本案朱某华在仲裁审理时，提出马某艳举证的《场地租赁合同》无原件、系伪造的。马某艳应当提供该合同原件，供仲裁庭核实，如马某艳未能提供合同原件核对，会导致该证据的真伪存疑，影响仲裁庭事实的认定及法律适用。马某艳未能提供原件，属于隐瞒足以影响公正裁决的证据。(2020)赣09民特11号案件中，宜春市中级人民法院认为，本案中，普丽莱公司作为项目发包人应当留存施工日志、施工计划等证据，这些证据是聂某辉无法取得并提交给仲裁庭的，普丽莱公司不提交证据导致仲裁庭无法查清案涉脚手架工程是否存在延期、延期的原因，足以影响仲裁庭公正裁决。从上述案例可以看出，法院并未讨论申请撤裁一方在仲裁程序中是否要求对方提交该证据、并未讨论对方当事人是否确实掌握该证据。因此，尽管法律规定较为严格，但不同法院判断是否隐瞒证据的裁判尺度并不一致，当事人依然可以尝试以此为理由申请撤裁。

## 六、成功撤裁的常见情形之五：仲裁案件涉及刑事犯罪

参照民事诉讼案件的刑民交叉处理方式，根据先刑后民的原则，当仲裁案件必须以相关刑事案件的审理结果为依据时，仲裁案件应当中止审理；当仲裁案件与刑事犯罪基于同一法律事实时，应当驳回仲裁申请，将有关材料移送公安机关或检察机关。那么，当仲裁案件可能涉及刑事犯罪，但仲裁机构不予中止审理或者不予移送，并作出仲裁裁决时，当事人能否以不予中止审理或者不予移送违反法定程序为由申请撤裁？法院能否对仲裁机构不予中止审理或者不予移送的行为进行司法审

查？对于这些问题，实践中存在分歧。

一方面，部分法院认为，仲裁案件是否涉及刑事犯罪，是否中止审理或者移送，属于仲裁庭对案件实体审查的范畴，法院不应对其进行司法审查。（2020）京 04 民特 187 号案件中，北京市第四中级人民法院认为，仲裁案件中是否涉及刑事犯罪，刑事犯罪行为是否影响仲裁案件的审理，是否应待刑事案件处理完毕后进行仲裁审理，属于仲裁庭对案件实体审查的范畴。中信证券公司不能证明仲裁裁决存在违反《仲裁法》和仲裁规则规定的仲裁程序的情形，故此，该案不构成“违反法定程序”的情形。（2020）沪 01 民特 609 号案件中，上海市第一中级人民法院也指出，申请人所述案涉纠纷涉嫌刑事犯罪的问题可能会对案件实体的处理造成影响，但与仲裁委是否有权仲裁的认定无关，仲裁庭对案件实体的处理是否有误，不在申请撤销仲裁裁决案件的审查范围之内，申请人以其涉嫌刑事犯罪为由主张仲裁委无权仲裁案涉纠纷，缺乏依据，法院难以支持。

另一方面，同样也有法院认为，法院应当对仲裁案件涉及刑事犯罪的情况进行司法审查，若仲裁案件应当中止审理而未中止，或者仲裁案件与刑事犯罪基于同一事实而仲裁机构无权仲裁，则仲裁机构作出仲裁裁决属于程序违法，应予撤销。（2020）陕 01 民特 164 号案件中，西安市中级人民法院认为，本案中，周某梅就案涉纠纷已经向公安机关报案，公安机关也已经受理，该案正在审理过程中，依据先刑后民的原则，仲裁委应中止仲裁案件的审理，仲裁庭未中止审理，违反法定程序，乔某翔的撤裁理由成立。在本案审查期间，融德信公司及其法定代表人涉嫌非法吸收公众存款罪一案目前已由西安市碑林区人民检察院向西安市碑林区人民法院提起公诉，该刑事案件正在审理中，而我国《仲裁法》受案范围为平等主体的公民、法人和其他组织之间发生的合同纠纷和其他财产权益纠纷，仲裁机构无权裁决涉嫌非法集资犯罪的民事纠纷。（2016）粤 03 民特 347 号案件中，深圳市中级人民法院同样认为，江苏省阜宁县公安局的侦查结果、江苏省阜宁县人民检察院指控的事实及江苏省阜宁县人民法院生效判决审理查明的事实，充分证明案涉仲裁纠纷所涉及的借款涵盖于富建集团有限公司的犯罪事实之内，案涉借款与富建集团有限公司所犯的非法吸收公众存款罪属于同一事实，该纠纷为刑事案件，仲裁机构无权仲裁，涉案仲裁裁决应予撤销。

## 七、结语

申请撤裁的目的是推翻业已生效的仲裁裁决，因此必然存在一定难度，但实践中同样存在许多成功撤裁的案例。对司法实践进行研究后可以发现，没有仲裁协议或者超越仲裁协议、违反法定程序、伪造主要证据、隐瞒主要证据、仲裁案件涉及刑事犯罪等，属于成功撤裁的常见情形，同时也是办理申请撤裁案件时应当重点关注的内容。当然，《仲裁法》即将迎来大修，申请撤裁案件可能会出现新变化，我们依然需要持续关注司法实践的发展与动态，为充分运用申请撤裁制度积累经验。

# 刍议公众公司股东资格确认规则

## ——以(2020)最高法民终1178号案件为例

吴彦臻*

### 一、基本案情

某上市公司A公司拟通过增资1.5亿元的方式认购某新三板挂牌公司B公司51%的股份。双方各自将股东会、董事会决议以及公告程序履行完毕，并签署了《股份认购协议》。其中《股份认购协议》约定，"本协议签署后，若B公司未取得全国中小企业股份转让系统有限公司出具的《股份登记函》，则本协议解除，B公司向A公司退还股份认购款，双方互不负违约责任"。在A公司依约支付股份认购款1.5亿元后，B公司办理完成验资手续，并向全国中小企业股份转让系统有限公司（以下简称股转系统）提交股份发行审查申请文件。

在股转系统审查过程中，因B公司提前使用募集的股份认购款，导致A公司无法取得股转系统出具的《股份登记函》，进而无法在中国证券登记结算有限责任公司（以下简称中国结算）办理股份登记。

其后，A公司、B公司因合同解除以及股东资格是否获得发生争议，A公司向法院提起诉讼，请求法院判决确认A公司不具有B公司的股东资格。

### 二、法院认定

高级人民法院一审认为：

首先，从《公司法》的规定层面分析。股份有限公司有为股东签发股票、置备股东名册的义务，股票是股东持有公司股份的凭证。股东取得完整无瑕疵的股东资

---

* 德和衡高级合伙人，擅长金融债权追索、不良资产处置、资管类业务争议解决、公证债权文书强制执行等。

格和股东权利,需要符合出资等实质要件和对股东出资的登记、证明等形式要件。投资人向公司认购股份后,具备了成为股东的实质要件,但股东权利和股东资格的取得还要经过一定外在形式予以公示,公示以后才能确保权利的顺利行使。A 公司虽然支付了股份认购款,但是认购股份未经过登记公示,不能享有完整的股东权利。

其次,从股转系统的业务规则和监管规定层面分析。B 公司作为在股转系统挂牌的公众公司,需将签发股票、置备股东名册等委托授权给中国结算行使,由中国结算对 B 公司的全部股票进行集中登记、存管及结算。B 公司定向发行股票应当接受全国股转公司的备案审查,全国股转公司审查无异议后,出具《股份登记函》。全国股转公司对定向发行审查文件出具《股份登记函》后,公司方可向中国结算申请办理股份登记。中国结算进行股份登记并出具股份登记证明文件后,认购方方可行使相关股东权利。

再次,从当事人约定层面。双方当事人在不同文件中对 A 公司成为股东的时间节点和条件的表述不尽一致。法院认为:综合全案证据,对于双方约定 A 公司真正成为股东的时间和条件,应当解释为是整个定增程序完全结束、整个股票交易交割彻底完成之时,即股票发行认购及备案审查程序结束并在中国结算完成股份登记之时,而不应理解为 A 公司支付全部股份认购款之日或相关验资报告出具之日。

最后,从 A 公司是否实际行使股东权利层面分析。A 公司未出席 B 公司股东大会,未行使过表决权。B 公司没有提供充分证据证明 A 公司实际行使了表决权、分红权等股东权利,仅依据 A 公司向 B 公司委派财务人员、双方签订《盈利预测补偿协议》等事实,不能认定 A 公司已经完整具备 B 公司的股东资格、实际行使了股东权利。

最高人民法院二审认为:

其一,《股份认购协议》约定该协议签署后如 B 公司未取得全国股转公司就该次股票发行出具的《股份登记函》,则该协议解除,B 公司退还 A 公司已缴纳的全部认购价款,双方均不承担违约责任。这表明,即使 A 公司缴纳了全部认购价款,只要 B 公司未取得《股份登记函》,A 公司可以解除协议并退出股份认购。这也相应地表明缴纳股份认购款并不是获得 B 公司股东资格的充分条件。

其二,全国股转公司的复函载明中国结算进行股份登记并出具股份登记证明文件后,认购方方可行使相关股东权利。这表明,只有 B 公司取得《股份登记函》并在中国结算办理股份登记,A 公司才能行使相关股东权利。在 B 公司未取得《股份登记函》导致 A 公司无法行使股东权利的情况下,A 公司的交易目的不能实现。此时,认定案涉定向发行行为完成并且 A 公司取得 B 公司股东资格,不具有实际意义。

其三,B 公司的章程规定股东是依法持有公司股份的人,股东名册是证明股东持有公司股份的充分依据,公司从事需要确认股东身份的行为时,登记在册的股东为享有相关权益的股东。这表明,登记在股东名册中的人才能被确认为具有 B 公司的股东身份和股东资格。B 公司并无证据表明 A 公司已被 B 公司的股东名册记载,也无证据证明 A 公司参加了股东大会。

其四,A 公司派遣员工担任 B 公司财务总监系其参与公司财务监管事项,但不能表明 A 公司行使了股东权利。

最终,高级人民法院、最高人民法院均认定 A 公司不具有 B 公司股东资格。

## 三、股东资格确认的法律依据

关于公司股东的资格认定规则,我国《公司法》对"有限责任公司"和"股份有限公司"这两种类型的公司作了不同处理。关于有限责任公司的股东资格认定标准,我国《公司法》第 31 条、第 32 条作了较为明确的规定[①],即通过签发出资证明书、记载于股东名册并办理公司登记机关登记的方式对股东身份进行确认。最高人民法院《关于适用〈中华人民共和国公司法〉若干问题的规定(三)》(以下简称《公司法解释(三)》)第 23 条专门针对《公司法》第 31 条、第 32 条的理解和适用作了进一步解释。[②]

相比之下,我国《公司法》并未对股份有限公司的股东资格认定标准作出特殊的规定。一方面,关于新股发行问题,《公司法》第 136 条规定:"公司发行新股募足股款后,必须向公司登记机关办理变更登记,并公告。"但是,该条规定未涉及变更登记对股东资格认定的法律效力。另一方面,《公司法解释(三)》第 22 条规定:"当事人之间对股权归属发生争议,一方请求人民法院确认其享有股权的,应当证明以下事实之一:(一)已经依法向公司出资或者认缴出资,且不违反法律法规强制性规定;(二)已经受让或者以其他形式继受公司股权,且不违反法律法规强制性规定。"然而,对于定向增资入股的情形,这一解释仅规定了出资人取得股东资格和股权的

① 《公司法》第 32 条第 3 款规定:"公司应当将股东的姓名或者名称向公司登记机关登记;登记事项发生变更的,应当办理变更登记。未经登记或者变更登记的,不得对抗第三人。"

② 《公司法解释(三)》第 23 条规定:"当事人依法履行出资义务或者依法继受取得股权后,公司未根据《公司法》第三十一条、第三十二条的规定签发出资证明书、记载于股东名册并办理公司登记机关登记,当事人请求公司履行上述义务的,人民法院应予支持。"

必要条件,而未规定充分条件。“已经依法向公司出资或者认缴出资”是投资人应当证明的取得股东资格和股权的必要条件之一,而不表明投资人已经取得股份。

出现上述情况主要是因为,我国《公司法》规定的股份有限公司的类型既包括上市的公众公司,也包括非上市的公众公司,还包括非公众公司。本文着重以新三板挂牌公司(非上市公众公司)这一公司特殊类型作为切入点,论述公众公司股东资格确认的方法和要点。

## 四、公众公司股东资格确认规则

【根据中国结算股票集中登记存管的规则,中国结算股份登记是确认新三板挂牌公司股东资格的核心依据】

案涉 A 公司、B 公司之间的交易标的是在股转系统挂牌的股份有限公司的股份。根据国务院《关于全国中小企业股份转让系统有关问题的决定》(国发〔2013〕49 号),“全国股份转让系统是经国务院批准,依据《证券法》设立的全国性证券交易场所”,股转系统是依据《证券法》设立和组织的全国性证券交易场所。同时,《证券法》第 2 条规定,“在中华人民共和国境内,股票、公司债券、有托凭证和国务院依法认定的其他证券的发行和交易,适用本法”。可见,在股转系统挂牌的企业的股份交易规则,需要依据《证券法》及相关规范性文件来确立。相关规范性文件既包括证券监督管理委员会为实施《证券法》而颁布的与中小企业股份转让相关的规章,也包括股转系统为落实《证券法》和相关规章而制定的交易规则。

首先,新三板挂牌公司需遵守中国结算的股票集中登记存管规则,将所有股份(以股票的形式)在中国结算进行集中登记存管。

《公司法》第 125 条第 2 款规定:“公司的股份采取股票的形式。股票是公司签发的证明股东所持股份的凭证”;《公司法》第 96 条规定:“股份有限公司应当将公司章程、股东名册、公司债券存根、股东大会会议记录、董事会会议记录、监事会会议记录、财务会计报告置备于本公司。”据此,股份有限公司有为股东签发股票、置备股东名册的权利和义务;股东名册所对应的股票是股东持有公司股份的凭证。

结合新三板挂牌公司的股份持有模式和托管形式,股份有限公司在股转系统挂牌后,需要将签发股票、置备股东名册的权利授予中国结算集中管理,并按照《证券法》第 148 条的规定,采取全国集中统一的运营模式进行股份登记。

一方面,根据中国证券监督管理委员会制定的《非上市公众公司监督管理办法》(2021 年修订版)(以下简称《公众公司监管办法》)第 4 条的规定,“公众公司公开转让股票应当在全国中小企业股份转让系统进行,公开转让的公众公司股票应当在中国证券登记结算公司集中登记存管”。另一方面，根据《全国中小企业股份转让系统有限责任公司管理暂行办法》第 21 条：“全国股份转让系统公司依法对股份公司股票挂牌、定向发行等申请及主办券商推荐文件进行审查，出具审查意见。全国股份转让系统公司应当与符合条件的股份公司签署挂牌协议，确定双方的权利义务关系。”同时，结合《全国中小企业股份转让系统业务规则（试行）》第 2.7 条的规定，“申请挂牌公司在其股票挂牌前，应当与中国证券登记结算有限责任公司签订证券登记及服务协议，办理全部股票的集中登记”。

因此，股份有限公司在新三板挂牌之前，需要分别与股转系统、中国结算签署相关协议，服从股转系统对其股票挂牌、定向发行等事项的审查，且将签发股票、置备股东名册的权利全部授予中国结算，由中国结算办理全部股票的集中登记。同时，新三板挂牌公司需遵守中国结算的股票集中登记存管规则，包括股票的签发、登记和权利确认规则。这也符合证券市场公开、透明的交易原则，有助于维护公众公司投资者和利益相关者的信赖利益。

其次，新三板挂牌公司的股权应以中国结算电子证券簿记系统的登记为准。

关于由中国结算集中登记存管的新三板挂牌公司股权的确定标准，根据《公众公司监管办法》，中国结算制定了《非上市公众公司股份登记存管业务实施细则（试行）》，其中第 4 条规定：“股份应当登记在证券持有人本人名下，投资者持有的股份以本公司证券簿记系统记录的数据为准。”中国结算根据《公司法》《证券法》制定的《中国证券登记结算有限责任公司关于全国中小企业股份转让系统登记结算业务实施细则》第 3 条也规定：“本公司设立电子化证券簿记系统，实行股份的无纸化管理，依据电子证券簿记系统记录的结果，确认股份持有人持有股份的事实……”由此可见，案例中 B 公司作为新三板挂牌公司，其定向增发的股票应当在股转系统中进行转让，且应当在中国结算登记存管，而投资者是否享有股权也应以中国结算电子化证券簿记系统上所登记的股权数为准。

《中国证券登记结算有限责任公司关于全国中小企业股份转让系统登记结算业务实施细则》第 5 条指出：“投资者参与挂牌公司股票转让应当使用在本公司开立的证券账户。做市商应开立专用证券账户用以开展做市业务。做市专用证券账户只能用于其做市股票的交易，不能用于其它交易。”第 7 条则明确要求，“挂牌公司股份应当记录在股份持有人以本人名义开立的证券账户中”。因此，在中国结算开立的账户也应当作为确认股东资格的核心依据。

此外，《全国中小企业股份转让系统股票发行业务细则（试行）》（已失效）第 24 条也规定：“挂牌公司按照中国结算相关规定，向中国结算申请办理股份登记，并取得股份登记证明文件。主办券商应当协助挂牌公司持股份登记函向中国结算办理股份登记手续。挂牌公司完成股份登记的办理后,新增股票按照挂牌转让公告中安排的时间在全国中小企业股份转让系统挂牌转让。”换言之,挂牌公司须先于中国结算处完成股份登记,之后才能在股转系统中挂牌转让。可见,在新三板挂牌的公众公司的股东身份应以中国结算电子化证券簿记系统的登记为准。

具体到案例中,除了上述公众公司的股东资格认定规则之外,两审法院还通过区分股份协议效力与股份变动效力,审查当事人意思自治对于股份变动效力的具体约定,以及审查A公司是否实际享有并行使股东权利、侧面印证股东资格确认标准等方式来认定公众公司的股东资格。该认定标准与路径,对于我们在公司诉讼中确认股东资格,尤其是公众公司股东资格这一复杂问题具有深刻的借鉴、参考意义。

**【延伸参考案例】**

1. 最高人民法院公报案例:申银万国证券股份有限公司与上海国宏置业有限公司财产权属纠纷案

上海市高级人民法院在申银万国证券股份有限公司与上海国宏置业有限公司财产权属纠纷案中认定:“根据《证券法》公开、公平、公正的交易原则以及上市公司信息公开的有关规定……上海九百作为上市公司,其股东持有股权和变动的情况必须以具有公示效力的登记为据。”

2. 威海市中级人民法院:李某萍、山东大正医疗器械股份有限公司股东资格确认纠纷二审案

威海市中级人民法院在李某萍、山东大正医疗器械股份有限公司股东资格确认纠纷二审案中认定:“大正公司(新三板挂牌公司)在中国证券登记结算有限责任公司登记的股东名册,具有公示效力,因此,大正公司股东持有的股权和变动情况应以上述登记为准。”

# 专题十　律师与法务、法官

# 法治新时代背景下刑民(行)一体化的商事法律服务

吕 宏*

## 一、时代的变革

改革开放后的很长一段时间,在商事领域,刑事法律的执行较为宽松,导致在商事法律服务领域,重视民事(行政)法律服务,而轻视刑事法律服务。党的十八大以来,以习近平同志为核心的党中央全面推进依法治国。事实上,随着经济体量的迅速增大,经济关系的日益复杂,放纵野蛮生长、无序竞争、单纯重视经济增长量的年代已经一去不复返了。我们这个时代正在快速转变为重视规矩与秩序、倡导公平竞争、崇尚经济增长质量的新时代。

全面依法治国,首先就要严格执法,而严格执法带来的第一个有目共睹的现实,就是刑事法律执法越来越严格了。无论是国家层面旷日持久高强度的反腐败,还是随之而来的众多商业巨头因涉刑而倒塌,都在警醒着我们,在这样一个变革的时代,必然要求每一个经济实体,无论是个人、公司还是社会组织,都必须谨慎权衡经济行为的法律后果,尤其是刑事法律后果。这就要求我们法律人,必须与时俱进、跟上时代,以刑民(行)一体化的思维去重新认真审视传统的商事法律服务。例如,在改革开放初期,为了鼓励某些开发行为,农用地类、税务类的犯罪往往被社会政策所宽容,被作为犯罪追究刑事责任的极少,先建后批、以罚代征等变相纵容较为常见。但是,近年来,税务类、农地类违法犯罪行为,执法明显趋严,被作为犯罪追究刑事责任甚至被判处重刑的日益增多。又如,在几年前,对公司法人人格独立的观念还主要限于债权、债务纠纷,但是如今越来越多的投资者、债权人开始意识到刑

---

* 德和衡高级联席合伙人,擅长重大复杂的商事诉讼(仲裁)、商事犯罪案件的刑事辩护、控告等业务领域。

事维权的重要性。近期连续发生了多起著名公司控告实际控制人挪用资金、职务侵占等犯罪的特大案件,这都警示我们,严格刑事执法的时代来临了。

本文认为,经济越发达,法治就会随之越严明,否则,我们的经济体不可避免的会到处"塞车",甚至"撞车",严刑峻法的时代为期不远,或者说已经降临。严明的法治,必然要求法律人以刑民(行)一体化的思维去进行合规审查、危机处理以及争议解决。

## 二、法律服务专业化的误区

部分法律人认为,法律服务专业化就是将目光仅仅投射在某一领域甚至是某一问题的法律服务上。本文认为,这种观念值得商榷。有诗云,"不识庐山真面目,只缘身在此山中",又云"一叶蔽目,不见泰山"。笔者在做过刑事法官之后,又去做商事法官。做商事法官的时候,有个案例,争议焦点是某人挂靠他人经营加油站(包括汽油),挂靠协议有无效力?一审、二审都认定有效,认为某些规定仅仅是管理性规定,并不是效力性规定。但是省高级人民法院再审改判为挂靠协议无效。当时很多商事法官不理解、不服气。笔者就向大家解释,根据我国刑事法律,没有取得资质而经营加油站(汽油)的行为可能构成非法经营罪。这不就是禁止性规定吗,都可能构成犯罪了,竟然还认为合同有效!于是大家明白了,不再争论。笔者做律师后,一名客户到我们律所要求我们为他公司代理刑事控告,称公司控股股东在其他股东不知情的情况下通过中介机构虚增公司资本,客户认为其构成虚报注册资本、虚假出资、抽逃出资罪,并且声称他们公司的法律顾问也赞同这一观点。但是根据2014年4月全国人民代表大会常务委员会关于《刑法》第158条、第159条的解释,《公司法》修改后,虚报注册资本罪、虚假出资、抽逃出资罪只适用于依法实行注册资本实缴登记制的公司。而涉案公司属于一般公司,因此该股东不可能构成该犯罪。本文认为,如果法律人不深入地、实践性地去理解完整的法律体系,则其给出的法律意见或建议,也难言可靠。换言之,如果不能深入地、实践性地去理解完整的法律体系,其实也就无法真正实现法律服务的专业化。

与需求相适应,刑事法律服务长期局限于刑事诉讼,刑事合规审查未能像劳动法、合同法、经济法那样受到商事主体的重视。甚至许多律师还把刑事法律服务与刑事辩护画等号,并且将其与民事(行政)法律体系划分为泾渭分明的不同领域,这更是一种专业化的误导。事实上,不去实践性地理解民事、行政法律体系的实际运作,对刑事法律业务也很难做到真正的专业化。比如,过去专业的刑事法官审理知识产权犯罪案件的时候,很少重视知识产权的权属证明,那个时期的判决书从来不体现权属证明问题，但是自从知识产权案件三审合一改革以来，法官们穿透民刑行三大诉讼后，知识产权刑事诉讼审判的专业化明显提升，许多更加细致的专业化问题，体现在了判决书中，进步十分明显。刑事业务绝不能仅限于对刑事法律本身的理解和运用，应当对包括刑民行在内的完整法律体系有全面深入的理解，这样才能实现真正的法律服务专业化。

## 三、商事法律服务中刑事法律问题的现状

根据我们近期代理的商事法律服务业务，发现与商事有关的刑事法律问题，呈现以下三大特点：

第一，普遍性。一是商事主体的合法权益被刑事犯罪侵害具有一定普遍性。事实上，几乎各类型的企业，无论体量大小，都存在企业合法权益被犯罪行为侵害的情况，尤其是面临挪用资金罪、职务侵占罪等商业腐败类犯罪的侵害。二是企业自身涉嫌刑事犯罪也具有一定普遍性，尤其是税务类、融资类犯罪。目前许多企业还沉浸在宽松执法的睡梦中，浑然不知时代大局的变迁。特定创新性商业模式的企业刑事风险敞口尤其显著。

第二，隐蔽性。从被害人角度出发，经济犯罪尤其是企业员工贪腐类犯罪具有天然的隐蔽性，许多犯罪历经数年，甚至十几年都没能被发觉。从犯罪人角度出发，目前刑事法律的禁止性规定纷繁复杂，尤其涉及非法经营类、税收征管类（包括关税）的禁止性规定更是名目繁多，许多企业踏入红线仍不自知，若干年后被查处，才悔之晚矣。

第三，风险敞口大。一方面，商业主体刑事法律风险意识淡薄。商业主体聘请的传统法律顾问，主要进行日常法律服务，其重点在于合同审查和劳动人事管理。商事主体对于刑事法律服务方面的重视严重不足。很少企业会对企业管理人员进行专门的刑事法律普法教育，很少有企业对投资运营活动进行刑事法律风险专项评估等。另一方面，一旦涉嫌刑事犯罪，高管被采取强制措施，企业往往群龙无首，缺乏有效的危机处理措施，导致事态全面失控，企业的合法权益难以得到保障，面临灭顶之灾。

## 四、愿景

随着全面依法治国的深入推进，严格执法尤其是严格执行刑事法律是大势所趋。未来，我国对于商业活动中的诈骗类、金融类、税务类、商业腐败类、知识产权类、非法经营类等犯罪，必将趋近于零容忍。因此，我们的愿景是对传统商事法律服

务进行升级优化,将刑事法律服务融汇到传统的商事法律服务中去,更全面、及时、准确地防范法律风险,尤其是刑事法律风险,并能够以综合刑民行手段的争议解决方法更严密、更灵活地维护企业客户的合法权益。

第一,法律服务团队主要负责人必须是刑民(行)全能型法律人才。本文认为,分别将仅专刑事与仅专民事的法律人捏合在一起组成团队,并不能有效地打破刑民思维的隔阂,也无法有效地穿透刑民法律体系,还容易产生思想上的分裂而不是融合。贯通刑民法律体系、具备刑民一体化思维的法律人,他们站得更高,能够更全面地审视法律实事,更切合实践地分析复杂法律关系,给出更加准确、可行的法律意见。当然,全能型人才并不等同于"万金油"律师。

第二,重视专业化、细致化的刑事合规审查。对于日常的法律服务以及重大投资事件的专项法律服务,应当进行细致、专业的刑事合规审查。刑事法律风险往往涉及公司、企业之生死存亡,不可不慎重,因而刑事合规审查应当被视为最重要、最专业、最有价值的合规审查。创新型企业及其创始人,无论在商业模式、产业技术、企业管理等方面取得多少成绩,一旦被追究刑事责任,则一切归零。近期这样的惨痛案例,实在不胜枚举。因此,一个企业要想走得长远、笑到最后,刑事风险控制是必要的前提。防范企业刑事法律风险,是本文提倡刑民一体化思维最重要的初衷。

第三,维权手段多样化,维权方式转化更加迅速,维权力度大大加强。首先,律师需要灵活掌握多样化的维权手段。一旦发生争议,律师要能够迅速厘清争议焦点,提出最优化的解决方案,准确地选择单一或者综合的争议解决手段,包括但不限于刑事、行政、民事诉讼以及商事仲裁、商业谈判等。其次,在复杂的争议解决过程中,民事、刑事诉讼往往会发生转化,律师也应当具备迅速切换灵活使用不同争议解决手段的能力。比如,在民事诉讼过程中,有可能会发生当事人颠倒黑白(收到货款、货物却矢口否认),伪造证据或者拒不执行生效判决、裁定的情况,案件随时可能转化为刑事案件,从事民事诉讼的律师也应当具备刑事控告能力。最后,对于部分特殊类型的诉讼,可以使用多种手段维权,以实现深度维权,充分维权。比如涉及知识产权的诉讼,法律明确规定刑民(行)责任并行不悖。因此,进行刑事维权之后还可以继续跟进民事维权,反之亦然。

第四,在日常法律服务中重视犯罪预防的教育。刑法的根本目的在于预防犯罪,惩罚仅仅是一种手段,不是刑法的根本目的。因此律师提供刑事法律服务时,也应当与此相契合,其最高境界是将风险消弭于未萌。在商事法律服务中应当高度重视犯罪预防,定期以现实的案例向管理人员进行犯罪预防的普法教育,以塑造廉洁自律的企业文化。同时,对存在较大刑事法律风险漏洞的企业管理制度,结合法律实践经验,及时进行针对性的整改,以期排除管理隐患。

随着时代的进步、法治的严明及商事活动的日益复杂,客户对律师行业刑民(行)一体化的服务需求也必然日益增长,这同时也为我们法律服务的转型升级提供了重要机遇,是我们应当张开怀抱热烈拥抱的一片深蓝海洋。

# 社会律师如何高效赋能公司法务

温贵和　廖斌驰*

市场经济同时也是法治经济。不可否认,在我国改革开放进入攻坚期和深水区,法治国家建设和市场经济发展日趋成熟的当下,社会律师与公司法务相爱相杀、若即若离的关系仍是一个业界老生常谈的话题。

公司法务是指任职于公司并承担内部法律相关事务管理职责的公司劳动者,社会律师是指就职于律师事务所并对外提供法律服务的自由职业者。在选择社会律师还是公司法务提供法律服务这一问题上,很多公司管理者意见不一,表现纠结,但这种分歧却丝毫没有妨碍近些年来公司法务部门的设立和扩张。在常年法律顾问、专项法律服务、商事争议解决等传统法律服务领域,社会律师越来越能够感受到来自公司法务同行们的竞争压力,以至于是否会逐渐被公司法务所替代的焦虑和不安与日俱增。

然而,在全面推进依法治国,大力发展中国特色社会主义市场经济的进程中,社会律师和公司法务的相互替代性本身可能就是个伪命题。社会律师精业务而有广识,公司法务长管理而通行业,二者理应取长补短并优势互补,成为致力于共同为公司创造价值的战略伙伴,这也成为大多数公司管理者理性和现实的选择。本文旨在从社会律师的角度,探讨社会律师如何高效赋能公司法务,携手公司法务从竞争走向合作,共同为公司创造更多的价值。

* 德和衡顾问,擅长法商融合的全面风险合规管理、供应链金融产品设计、公司商事及争议解决。

## 一、话题引出:公司法务取代社会律师?

### (一)公司法务产生的时代背景

现代公司是市场经济的产物,也是市场经济中最为重要的主体。市场经济是法治经济,良好有序的市场经济必须以法治为基础。不言而喻,现代市场经济中出类拔萃、行稳致远的公司也必须是依法设立、经营和发展的现代化公司。如是,公司法务就成为现代公司崛起之路上不可或缺、缘法而治的内在机制和保障,其产生、发展和壮大顺理成章。

### (二)公司法务发展的西方经验

随着现代公司治理的不断完善,我们已经比较熟悉公司当中流行的诸如 CEO(首席执行官)、CFO(首席财务官)、CRO(首席风险官)、CTO(首席技术官)等英文缩写称谓所指向具体职位,但如果我们有机会和中国的企业家们谈及其中的 CLO(Corporate Chief Legal Officer)即首席法务官称谓时,他们十有八九会语焉不详。但如果我们提及公司法务时,很多大中型公司管理者会说他们有公司法务或者公司律师①,并解释他们主要履行包括但不限于提供法律咨询、合同审查和管理、合规内控管理、知识产权保护以及争议纠纷处理等内部法律事务的职能。这个问题如果放在欧美国家,答案也许会有很大不同。根据行业观察家的数据,美国 80% 的大企业都有 CLO,中国 80% 的大企业都没有 CLO。② 公司律师制度在欧美国家经过百余年的历史演进,其发展已然相当成熟。作为公司法务领导者的大公司 CLO 们位居公司要职,并成为公司董事会的必要成员,其所领导的法务部门也已从边缘部门提升为战略部门。在很多欧美国家的公司里,被誉为"企业守夜人"的 CLO 与 CFO 已经成为 CEO 的左膀右臂,地位显赫,如影随形,堪比现代公司法人治理的三驾马车。在欧美国家,要判断一家企业是否属于一家成熟的企业,最直接的办法就是看其是否设置了 CLO 及 CLO 的话语权如何。欧美国家在公司法务、公司律师、CLO 制度方面长达百年的丰富实践非常值得我们学习和借鉴。

### (三)公司法务兴起的中国实践

在全面推进依法治国的进程中,我国的法治环境日趋改善,自由公平的市场竞

① 本文语境下"公司律师"与"公司法务"具有同一语义。

② 参见健君:《公司首席法务官》,法律出版社 2017 年版,第 1 页。

争格局不断形成，民主决策的理念逐步深入人心，现代公司治理能力越来越强，党和国家、公司股东及管理者们也越来越重视公司法务的作用和价值。1997 年原国家经济贸易委员会发布的《企业法律顾问管理办法》首次将公司法务制度作为一项公司管理制度予以确定。2002 年原国家经济贸易委员会联合几部委公开发布《关于在国家重点企业开展企业总法律顾问制度试点工作的指导意见》，该意见标志着中国正式确立了公司法务制度。2004 年国务院国有资产监督管理委员会发布《国有企业法律顾问管理办法》，进一步明确了公司法务制度的概念和职责。进入社会主义新时代以来，中共中央办公厅、国务院办公厅在 2016 年联合发文要求在党政机关、国有企业和事业单位设立法律顾问、公职律师、公司律师制度。2021 年国务院国有资产监督管理委员会披露央企法务人数达 3.2 万人，比 2015 年增长 60%，央企集团中有 88 家在董事会明确推进法治建设专门委员会，90 家将依法治企要求纳入考核评价体系。对我国经济社会中大量存在的民营企业而言，设立公司法务不仅是市场经济发展和法治国家建设的必然趋势，也是民营企业及其管理者防范风险和稳健发展的内在驱动和行为自觉。越来越多的迹象表明，当下我们已经迎来一个公司法务大发展的黄金时代。

### （四）一个比较现实的问题

公司法务人员配备齐全，岗位职责明确，那么公司法务是否会取代社会律师？公司还需要社会律师为公司提供法律服务吗？这显然引发了律师行业的忧虑和深思。对此，我们的观察和思考是，二者的相互替代性本身可能是个伪命题，当下谈论公司法务替代社会律师为言尚早。随着我国经济发展程度不断提高，公司参与全球市场体系不断深入，我国公司所面临的国际、政治、经济以及独特的市场需求等外部环境日益多元化、复杂化，其基于国内法律和涉外法律所产生的促成交易和风险防范的诉求也与日俱增。显然，再庞大的法务部门也不能完全替代社会律师，特别是在公司遭遇重大诉讼、重大项目和重大危机时，外部专业资深社会律师的介入就显得尤为必要，他们在复杂投融资、重组并购项目、国际贸易救济、商事调解仲裁、出庭诉讼保全、刑事合规整改等事前、事中、事后的法律服务方面更有专长和牌照优势。毋庸讳言，社会律师与公司法务同为法律职业共同体，在从事公司法律事务工作，为公司创造价值的过程中起着优势互补的重要作用。对社会律师而言，其真正的命题和考验是：社会律师应当如何通过自身的努力高效赋能公司法务，达成双赢的结果？

## 二、如何赋能：高效赋能四步曲

### （一）建立信任：高效赋能的基本前提

首先，建立信任需要"了解你的客户"，同时也需要让"客户了解你"。金融机构在为客户提供更好的金融服务过程中，做好"KYC"（了解你的客户）是必不可少的重要一环，这一点很值得我们律师服务行业向金融服务行业学习。社会律师如果习惯于"被动式、响应式"为客户提供法律服务，在客户提出需求后才被动地、简单地搜集客户和项目相关信息，对客户和项目了解不够深入和全面，不仅难以为客户提供定制的法律解决方案，也谈不上主动挖掘客户需求提供增值法律服务。社会律师如果能够全方位深度搜集并研究客户所处行业的法律政策、监管规定、竞争态势，以及客户的发展愿景、经营战略、决策体系、组织架构、人才团队、商业模式、盈利来源、经营痛点、发展瓶颈、风险要点、涉诉案件、法律解决方案等信息，则一定会让公司法务对这类"比客户还懂客户"的社会律师另眼相看，为后续的信任建立以至于合作达成塑造良好的第一印象。

信任也是双向的，俗话说"一个巴掌拍不响"，社会律师仅仅满足于"了解你的客户"还不够，还需要努力让"客户了解你"，了解作为潜在合作伙伴的社会律师的教育背景、职业经历、代表业绩、专业水准、职业品格、服务团队和律所平台，继而让公司法务和管理者信任你和接纳你，最终同意委托你及你的团队参与公司法务工作。唯有社会律师和公司法务二者相互了解，增进信任，彼此尊重，双方才有相互赋能的前提和基础，才能在共同为公司创造更多价值方面发生物理和化学反应。

其次，增进信任要求掌握"说话的艺术"。对以专业服务安身立命的社会律师来说，说话是一门技术，更是一门艺术，面对客户敢说、会说、能说，"能说会道"显得尤为重要。这里的"能说会道"显然不是令人生厌的信马由缰、不着边际和夸夸其谈，而是要追求高专业水准的表达效果。以解决问题为导向，以同理心有效沟通。社会律师在运用法律知识、工作技能和社会经验表达法律专业意见时，如何说得对、说得全、说得好、易接受、能落地、防风险、见效果，竭尽所能为客户负责，得到公司业务、法务部门和管理者的一致认可，考验社会律师的情商、智商和法商，也是社会律师能否巧妙躲过来自公司有关部门为推卸失败项目责任而降锅于己的关键所在。

最后，维持信任需要严守公司秘密。公司管理者通常可以完全信任公司法务，但是否可以完全信任社会律师估计大部分心里没底。特别是涉及公司机密的事宜，比如技术秘密和商业秘密，信息一旦泄露给公司带来的损失将会非常大。因此，很多涉及保密的法律相关事务,公司更愿意让公司法务独立完成也就不难理解。很多社会律师为争取业务,不断向客户强调自己的职业道德和律师特权,却仍于事无补。这一看似无解的问题更加凸显了社会律师要严格保守客户秘密这一职业道德的重要性。因此可以说,保守秘密就是客户信任的生死线。

小结:对于公司管理者而言,社会律师表现如何往往取决于公司法务的评价,而评价的高低则在很大程度上决定了社会律师能否受聘获取服务公司的机会,信任恰是获得好评价的基础。社会律师和公司法务之间只有相互信任,才能更好地优势互补和协同增效,共同为公司创造价值。

### (二)勤勉尽责:高效赋能的基本要求

首先,不犯低级错误是最为基本的要求。我们可以感同身受,法律职业者多少都是有些强迫症的。公司法务断不能容忍社会律师提交过来的文书意见,语句不通或有多个错别字,抑或存在其他低级错误,然后需要公司法务来善后。在公司法务眼中,社会律师犯低级错误的背后往往不是水平和能力的问题,放大来看是态度的问题,势必会严重影响公司法务对社会律师的整体印象和判断。这种情形下的客户体验足够糟糕,所谓高效赋能根本无从谈起。

其次,及时响应是高效赋能的应有之义。事事有回应,件件有着落,急客户之所急,为客户负责,这是一个有着强烈客户服务意识的社会律师高效赋能公司法务的应有之义。如果公司法务交办社会律师的一件事情非常着急,而社会律师又不能在合理时间内主动办理和及时回复,客户也许就选择了其他律师。如何做到以客户为中心,主动服务,及时响应,需要律师以及所在律所认真思考并付诸行动。律所应打造一套高标准、严要求和顺流程的质量管控体系以赋能律师,而律师也应严格按照律所的质控标准提供优质的法律服务以赋能公司法务。为此,社会律师的"产品意识"和"服务意识"需要并重,而法律服务产品的专业化、标准化、定制化、可视化、智能化至关重要,是值得社会律师借助和倚重的赋能"抓手"。

最后,善用法律科技是高效赋能的新时代要求。《法治中国建设规划(2020 - 2025 年)》明确提出,要加强法治的科技和信息化保障,充分运用现代科技手段,全面建设"智慧法治",推进法治中国建设的数据化、网络化、智能化。新时代要求律所和律师要主动拥抱法律科技浪潮,加强咨询管理、合同管理、案件管理、合规管理等重点领域信息化、智能化建设,实现上下贯通、全面覆盖,推动法律服务向智能化升级。社会律师在服务公司法务过程中,善用数字化技术不仅可以有效提升法律服务质量和效率,而借助 AI 还可以针对客户的商业交易和问题场景,以法律解决方案为核心建立有针对性的AI大数据和知识库,如进一步使之成为可以向客户交付的有价值的企业无形资产,则无疑是超出客户预期的高效赋能。

小结:勤勉尽责本质上是一个关乎"客户体验"的服务问题。极致的"客户体验"在法律服务领域的体现,一方面要求社会律师花心思深入了解、精准把握客户的需求进而有效管理客户的预期,另一方面要求社会律师竭尽所能为客户追求并达到超出预期的服务效果。专业固然是社会律师的立身之本,但持续关注并提升"客户满意度",经由产品优化叠加科技赋能,从过去的"以法律为中心",转变为"以客户为中心",更是在日趋"内卷"的行业竞争压力之下,社会律师不得不采取的行为自觉。

### (三)法商思维:让高效赋能成为可能

首先,什么是法商思维?法重规则和风险,商重创新和绩效,法商融合,公司经营方能"有所为有所不为"。相对而言,公司管理者更为熟悉的是企业的组织管理,竞争市场和商业风险,但认知不深的是公司治理、契约管理和法律风险。从法商管理的角度来回应以上现实可以实现公司更好地经营。法为商用,商以法谋,如何运用法律思维为公司创造最佳管理绩效,此应为社会律师和公司法务的法律人所看重。简言之,在法律思维中引入商业思维,二者融合即为"法商思维"。

其次,为什么要建立法商思维?社会律师与公司法务同属法律职业共同体,在谁能为公司创造更大价值的问题上,二者比拼的是谁更具有卓越的法商思维,谁能更好地发现问题、分析问题和解决问题。如果社会律师在此能力上较公司法务没有表现得更为出色,或者没有与之形成互补,则其被公司法务取而代之将不再是危言耸听,反而是理所当然。一言以蔽之,社会律师唯有具备卓越的法商思维才能让赋能成为可能。相较于专业律师,具有法商思维的行业律师、产业律师已然成为更受欢迎、更有竞争力的新型律师。

最后,如何建立卓越的法商思维?虽说法律是一门"世俗"的学科,然而对大多数社会律师而言,卓越法商思维的建立仍非一日之功便可一蹴而就,需要在对真实复杂的商业环境持续观察、思考和实践过程中反复训练,久久为功方可习得。社会律师应当躬身入局,真正去深入研究行业现状和发展趋势,了解公司经营管理痛点和难题,除了公司法务部门,还应熟悉公司其他部门人员甚至是公司合作伙伴并与他们充分交流和沟通,切勿闭门造车,避免靠感觉和想象来揣测客户的诉求或想法,进而得出空中楼阁般不切实际的商业建议和法律意见。法律服务要以商业目标为导向,就某一项目在给出商业建议和法律意见前首先应弄清商业模式和商业目标,设计好利益相关者的交易结构,找到风险与收益并存的平衡点,把握成事的最合适的“度”,帮助客户合法合规促成交易的商业目标,从而体现出社会律师卓越的法商素养和专业能力。

小结:司法部近期发布了新数据,中国律师数量将在2025年达到75万人,法律服务行业发展进入超快车道,市场上将会越来越不缺没有卓越法商思维的社会律师。随着公司法务专业性的强化和经验的积累,社会律师以前在公司非专业部门面前的神秘面纱如被揭开,“坐地起价”的日子将一去不复返。于是在很多重大问题上,如果社会律师不具备卓越的法商思维,跟不上公司经营、管理和发展的思路和期待,则非常容易受到来自公司法务的挑战和责难,在公司法务面前就很难像以前一样蒙混过关,从而失去合作价值,所谓赋能无从谈起。

### (四)创造价值:高效赋能的核心要义

创造价值是社会律师高效赋能公司法务的核心要义。从公司层面看,风险控制、竞争超越和经营增值三大要素构成了现代公司法务的核心商业价值。公司法务管理服务于公司的商业经营,其所有工作都应该围绕如何为公司经营保驾护航,为公司经营保值增值,为公司竞争超越做出贡献来设计和规划。① 而进一步从超越公司到社会层面来看,我们国家实行的是中国特色的社会主义市场经济,实现公司系统价值最大化,体现中国特色社会主义,是公司法务理应追求的更为高阶的核心价值。社会律师作为公司法务的亲密战友,同样需要围绕创造上述核心价值展开工作。

首先,风险控制是高效赋能的首要价值。

风险是反映一家公司在未来时期内获得收入的不确定性、遭受损失的可能性。风险是客观存在的,公司必须控制风险、经营风险,才能获得超额收益。通俗地讲,风险就是不确定性,它可能源于战略、信用、市场、法律、合规、运营、流动性、操作、声誉、信息安全等公司经营管理各个方面。法律风险是公司面临的最重要的风险类别之一。法律风险贯穿全面风险管理全流程和各领域,而且大多数的风险最后都会以纠纷和诉讼的方式出现,最终呈现出来的是法律风险。公司风险如控制得好,可以使未来不确定的收入变得确定,可以使未来可能遭受的损失不再发生,这就是在创造价值。我们常说的“合规创造价值”“风险管理也是生产力”便是这一核心商业价值的生动体现。在全面风险管理体系建设和运行的过程中,公司法务是主导

---

① 参见郭建军:《公司首席法务官谈:公司法务的核心价值》,载微信公众号“赛尼尔法务管理”2022年3月3日,http://mp.weixin.qq.com/s/We92BaNxgWBJCHafKW_mRA。

者或者是最为重要的参与方。为达成公司预期的风险管理目标,社会律师可以协同公司法务设置风险偏好体系,建设风险数据和系统,完善风险治理架构,培育风险文化,参与风险识别评估、风险计量监测、风险报告、风险应对与处置全流程管理,衡量风险与收益之间得失并作出理智的决定。

值得注意的是,社会律师参与公司法务的风险控制要避免走向两个极端。一是要避免过分迁就公司商业目的实现,罔顾法律合规底线。一切不负担成本和风险的建议都没有意义,都是打酱油和摇旗呐喊。社会律师在为公司正式出具任何一个商业建议前,可以先设想这桩交易如果是自己掏出 500 万元投资或融资,是仍然坚持己见还是可以再审慎检视?如果公司法务找到社会律师要商业建议和法律意见,社会律师能拍着胸口告诉客户如何"站着把钱给挣了"①,那所谓的"赋能"就是真"赋能"。二是要避免商业建议"唯风险论",即否定意见之后没有任何可行的替代或优化方案。这在提示社会律师"关上一扇门"的同时,要善于"打开另一扇门"。要知道,风险管理不是要消灭风险,而是要管理风险。只要交易就会存在不确定性,每一份合同都是"戴着镣铐的舞蹈"。乐观地看,并不是每一个潜在的风险都会演变到不可收拾或对簿公堂的地步,没有必要过于畏惧风险。竭力地回避自己一方的风险,很可能会拒交易对手于千里之外。如果把公司比作一辆为到达既定目的地而不得不穿行于山海河湖之间的汽车,社会律师就要协同公司法务共同成为"桥两侧的栏杆",而不能成为"桥头的门禁"。因为"桥头的门禁"会让车辆通行受阻,难达目的,而"桥两侧的栏杆"能为车辆行驶带来安全感,行稳致远。

其次,经营增值是高效赋能的现实价值。

一是直接创造利润实现经营增值。现实中多数法务部门常被诟病为公司的"成本中心",但也有些法务部门善于集成内外部专业能力来盘活公司的无形资源,华丽转身为公司的"利润中心",从而实现经营增值。这一转变可以为社会律师赋能公司法务提供绝好的空间和机会,值得社会律师关注和努力。以知识产权的管理和保护为例,一方面,社会律师可以敏锐的商业嗅觉和精湛的法律技术,帮助公司法务盘活公司拥有的专利、商标、著作权等无形资产并对外许可收费为公司创收。比如高通的 QTL(技术许可)部门的收入在 2000 年到 2019 年的 20 年时间里累计高达 811 亿美元。另一方面,社会律师也可以帮助公司法务通过诉讼或仲裁的方式为公司创收,比如华为公司诉三星公司专利权侵权责任纠纷案中,深圳市中级人民法院 2018 年判决认定三星公司侵害华为公司专利权并赔偿华为公司 8000 多

① 意为:在合法合规的前提下把钱挣了。

万元。

二是通过降本增效实现经营增值。经济行为是追逐利益的行为，降本增效是所有公司的共同愿望，是公司经营最为常用的管理抓手。复杂的公司经营拆解下来，就是要签好每一份具体的合同。一份优质的合同不仅省事，而且可以为一家公司节省大量的成本，而一份劣质的合同则可能是一家公司噩梦的开始，常常会给公司带来重大的损失。社会律师在参与公司商务谈判中可以运用各种商务谈判的技巧，有理、有利、有节地为客户争取最好的合同条款和最优惠的商务条件，帮助公司法务通过科学、专业、务实的合同谈判和合同管理，为公司降低经营成本，间接为公司创造效益和价值。

三是通过保护经营成果实现经营增值。市场经济是自由经济，也是公平经济，还是法治经济，因此造就公司之间花样繁多的竞争与反竞争手段，常见的就有商业秘密窃取与保护、知识产权侵犯与保护、垄断与反垄断、不正当竞争与反不正当竞争、倾销与反倾销、补贴与反补贴等。跨国公司还常常利用单一或其中几种组合形成对外市场竞争或者保护自身利益的利器。从公司应对现实竞争的层面来看，社会律师可以帮助公司法务通过采取上述各种合法有效的法律手段和救济措施化危为机，一方面保护公司经营成果，另一方面打击行业竞争对手，进而巩固优势地位并重新划分市场，为公司争取商业先机，实现经营增值。

再次，竞争超越是高效赋能的理想价值。

从公司战略规划决策的层面来看，公司法务战略价值的提升越来越需要公司法务参与公司的战略规划和决策。社会律师尽管在这方面的直接参与有限，但是也应竭尽所能充当好公司法务的智囊和帮手，比如基于公司现状可能在战略规划中有哪些违规？公司还有哪些问题会成为战略执行的可能障碍？该战略规划和执行可能会遭遇到的行业政策、法律规定方面的抑制因素？公司法务对上述问题是否有可行的整改方案和超前部署？如果社会律师能够帮助公司法务深刻影响公司战略规划和决策，让公司战略规划和决策披上法律保护的坚固铠甲和超前部署的腾飞翅膀，无疑将十分有助于公司相对于其同行的竞争超越。

从行业外部竞争环境的层面来看，社会律师可以赋能为客户及行业发展营造更好的外部环境。以商业争议解决为例，社会律师不能仅仅根据公司法务的指示处理纠纷，或者一味鼓动客户走诉讼程序去解决本可以有其他更优选择的纠纷，否则就会把自己沦为一个单纯的法律工具或者服务的提供者。真正赋能型的好律师，除了根据客户委托以多元化方式尽职处理好法律纠纷，还要跳出纠纷去探究纠纷发生的前因后果，帮助客户精准识别风险，建立防范机制，防患于未然。对于一些行业共性问题，社会律师还应该能够携手客户促进行业管理，积极推动行业立法和司法改善，为客户及行业发展营造更好的外部政策和法律环境。这样的赋能型律师势必会真正得到公司法务和管理者发自内心的认同和尊重，也势必会得到社会的认可。

最后，系统价值最大化是高效赋能的高阶价值。

从社会层面来看，社会律师还可以赋能公司法务追求并实现公司系统价值最大化，共同促进中国特色社会主义市场经济的发展。法商语境下的公司系统价值体系不是单指某一个主体的价值实现，而是指公司所有利益相关者，即投资者、经营者、劳动者等内部主体，以及债权人、消费者、政府税收以及其他外部主体不同价值的全面实现。它囊括了有形价值与无形价值、物质价值与精神价值、短期价值与长期价值，既追求利润财富的创造，又注重社会责任的承担，既满足员工的物质需求，又促进劳资之间的和谐，既追求短期利润，又兼顾持续发展。

因此一个现代公司特别是具有公众性特征的公司，要立于不败之地，实现基业长青，就要走出单一追求企业利润最大化或追求股东利益最大化目标的狭隘，追求多元的企业价值。在现代法治市场环境中，兼顾公司各利益相关者的价值实现，是现代公司既健康发展又造福社会的不二选择，也是党推进共同富裕奋斗目标下全社会的初心回归和共同期待。这就要求社会律师具有更为宏观的视野、更为宽广的心胸、更为悲悯的情怀、更为系统的方法论、更为护国利民的使命感和责任感，在赋能公司法务追求公司系统价值最大化的过程中有所担当，有所作为。

小结：按照公司不养闲人的商业逻辑，社会律师之所以成功受聘为公司提供法律服务，成为公司法务紧密可靠的合作伙伴，一定是其专业服务、团队协作、律所平台能够为公司创造上述一种或者全部的价值，而竭尽所能为公司创造价值，绝对应当是社会律师高效赋能的核心要义和不二法门。

## 三、结束语：成事，成大事

作为法律职业共同体成员，无论是社会律师，还是公司法务，最终目标都是为了公司的发展利益走到了一起，他们的关系是合作远大于竞争。对社会律师而言，最好的法律服务是帮助客户实现持续的成功。社会律师通过运用卓越的法商思维高效赋能公司法务，二者相互信任、优势互补、强强联合、协同增效，共同致力于不断夯实提升法务部门在公司组织体系中不可或缺的地位，不断开创法务工作在公司经营管理中独一无二的价值，努力形成法务工作得到公司管理者高度认可、深度依赖和鼎力支持的良好局面，社会律师也将会得到公司源源不断的业务机会，最后是双赢的结果。

冯唐在《成事》里面曾读曾国藩的名言“做事儿勇猛精进,处世间豁达恬淡”,并对此写过一句感悟“手上有刀,心里有佛,脚下有闹市,心中有山水”。在此将其分享给致力于高效赋能公司法务的优秀律师同行们,希望我们都能在内卷时代的大浪潮中“成事”,“成大事”。

# “胜诉”可称法治，“免诉”方显示范

庄　超*

2021年5月，中央全面依法治国委员会印发《关于支持深圳建设中国特色社会主义法治先行示范城市的意见》，支持深圳建设中国特色社会主义法治先行示范城市，全面建设法治城市、法治政府、法治社会。

笔者认为，法治政府建设是法治城市、法治社会建设的核心与支点。人民群众对政府法治水平直观感受的一个重要来源是行政执法。什么样的行政执法，可以称为“先行示范”？笔者认为，行政执法让当事人信服，即发自内心的服从，方可称为“先行示范”。

实践中，一些行政机关以其行政行为能否获得人民法院支持，即能否“胜诉”作为衡量其行政执法能否让人信服的重要标准，甚至是唯一标准。胜诉案例，似乎就是行政执法“样板”、可作“示范”了。

## 一、“胜诉”是衡量行政执法的最低标准

言其为“最低标准”，实有两层意思。

第一层意思在于“标准”，人民法院支持了行政机关的行政行为，这自然是行政行为正确的权威证明。然而这种正确仅是一种法律上的正确。

第二层意思在于“最低”，人民法院审查行政行为合法性，有限审查合理性，但不涉及行政行为规范性、科学性以及其他细节问题。然而，决定行政行为能否让人信服的许多因素，均体现在细节之中。

行政机关如果一味以能否胜诉评价自身行政行为，将忽略行政行为中隐含的纠纷因素。一个胜诉的行政行为与一个让人信服的行政行为之间，往往还有不小的距离。究其原因，行政诉讼是对抗性的，哪一方依据、证据、理由更强，哪一方将获

---

* 德和衡合伙人，擅长政府法律服务、行政争议解决、行政执法先行示范等领域。

得胜利。打官司这种一方“打服”另一方的争议解决模式,虽然具有很强的终局效果,但此“终局效果”往往只在于法律,不在于人心。

当事人因不接受行政行为而提起行政诉讼,后被迫接受裁判结果,其对行政机关仍然可以心存不满。当事人往往在一些场合对行政机关作出负面评价并影响周围人群对行政机关的看法,个别当事人甚至形成“报复社会”之心理,作出过激行为。

所以,“胜诉”仅意味着行政行为合法、合理,符合法治的基本要求。如果就此满足,“先行示范”只得望尘莫及了。

## 二、“免诉”是衡量行政执法的极高标准

“免诉”即行政行为免于被起诉。乍一听是很难想象的事情,起不起诉是当事人的事情,似乎行政机关根本无法控制。

《行政诉讼法》将当事人起诉之主因归以“不服”。行政执法如能达到让当事人“信服”的程度,而不是将当事人逼到“不服”,行政行为被起诉率自然降至最低,趋近“免诉”。趋近“免诉”,意味着行政执法具有极高的信服度,此时称其为“先行示范”,应不为过。

笔者试以行政处罚为例,分三个层次,对当事人信服程度与行政执法法治水平之间的对应关系作简要分析。

第一个层次是事实清楚,证据充分,适用法律准确,量罚适当。此为当事人信服的基本条件。行政机关切勿以为这一条件容易达到。

一些行政机关长期执法,“当局者迷”,难免对一些主体、一些行为存在先入为主的负面印象甚至违法推定,对“事实清楚,证据充分”的判断多少存在一些偏颇。有的行政机关在行政处罚告知书及决定书中,对违法事实的描述照搬法条原文,过于简单、生硬,当事人无法从这种描述中准确捕捉到自己的具体违法情形,未能“对号入座”,进而产生疑惑。有的行政机关据以定案的证据没有出示给当事人并听取其意见,导致当事人认为行政机关证据不足,形成争议。有的当事人对法律适用有不同的理解,这种理解后来被证明是正确的。有的当事人认为处罚过重甚至认为应当不予处罚,而行政机关坚称按照裁量标准作出处罚决定,后来行政机关发现误用了裁量因素。

由此可见,行政机关与当事人对“事实清楚,证据充分”的认识、理解是不同的。行政机关须站在当事人的角度去思考如何做到“事实清楚,证据充分”。

第二个层次是程序合法、规范、科学。相比事实问题,当事人较少关注程序问

题。实际上,行政执法程序是当事人对行政执法的体验过程,当事人可从中感受到执法严明与执法温度。这种体验会直接影响当事人对行政执法的信任程度和对处罚结果的接受程度。

程序合法是基本要求,仅保证合法性未必能够让当事人信服。程序需要做到全流程标准化,体现规范性;程序设计需要充分考量当事人的体验,体现科学性。

第三个层次是释法说理准确、充分。法条是冰冷生硬的,人心是温暖柔软的。欲使法律规定融入人心,使人虚心接受、甘愿服从,执法人员须讲清法之文字、讲透法之道理,使当事人明白法律为何这样规定、如何具体执行该规定以及违反了规定有何危害后果。面对当事人提出的辩解、异议,切勿一味质疑、反驳,要体会当事人的心情,以当事人易于接受的措辞、语气论述其辩解、异议为何不能成立,打消当事人的脱责之念,减少潜在争议。

行政执法如能做到以上三个层次,当事人的立场将与执法人员的立场趋近,形成对法律规定的同理认知,真正信服、接受行政处罚决定,主动、及时改正违法行为。

## 三、趋近"免诉"应如何做

让当事人信服,趋近"免诉",其功并非集中于一两个执法环节、体现在一两种执法文书,而是需要贯穿于行政执法全过程。

### (一)现场检查

1. 举止稳重自信,语气平静自然,用语规范文明,逻辑清楚顺畅

现场检查时执法人员的表现会直接影响当事人对行政执法的信任。举止随意、语速过快、用语不当、逻辑混乱的执法状态只会引起当事人对行政执法的质疑。

执法人员应当按照有关规定、执法规范和用语指引实施现场检查。每次执法完成后,适时回顾现场检查音像记录,总结、反思存在的问题和不足,并注意改正口头禅、不当动作等。

执法人员的现场表现很大程度上依赖于其对法条的理解程度。自己都没有理解透彻,也很难给当事人讲清楚,甚至越讲越不自信、出现漏洞。根据笔者经验,执法部门常用的法条往往只有几个、十几个。执法人员需熟知这些常用法条的文义、应用场景和相关专业问题。

2. 检查范围要全面,记录要客观

现场检查要尽量全面覆盖。在充分掌握有关情况的前提下作出相关调查结论和处理意见,有利于增强当事人的信服程度。

就现场检查情况制作笔录时,用词用语要客观。因不同的人对同一事物的理解会有不同,所以尽量不要添加执法人员的主观判断,以免与当事人产生争议,引发不配合、不信任。

3. 调查询问时注意倾听、开导和教育

现场检查完毕,掌握了有关情况后,对当事人进行调查询问。此时执法人员与当事人进入了一个面对面的对话场景,是深入交流的良好时机。

执法人员需耐心地听取当事人的意见。对当事人的不当认识、错误观点不急于反驳,可以先行顺推归谬,开导当事人自行认识到问题所在,比执法人员出言直接驳斥,效果要好上不少。

《行政处罚法》要求处罚与教育相结合。笔者建议,对当事人进行教育时,尽量不要高谈阔论、不接地气,否则易使当事人认为执法人员根本没有考虑其难处。教育应结合当事人的实际情况,指出违法行为产生的实际危害,以及怎样以可操作的措施具体改正。教育当事人的过程,绝不是单向的意识灌输,而是共同想办法解决问题的过程。

4. 言谈、举止与当事人保持恰当距离

很多当事人笑面相迎,执法人员亦笑脸相对,此为人之常情。但是要警惕与当事人距离过近,使当事人产生"从轻处理""不会处罚"的侥幸心理甚至错觉,以致当行政处罚来临时,情绪反差过大。保持一定距离,使当事人产生将被秉公处罚的潜意识,对其后续坦然接受行政处罚,具有一定积极作用。

### (二)调查确认

1. 全面审查证据,客观认定违法事实

证据真实性、合法性、关联性之审查仅为基础审查。证据的证明力之审查,即全案证据能否达到"明显优势证明"甚至"排除合理怀疑"之证明标准,方为关键。"勉强"可以证明、可能性大于不可能性等不恰当的证明标准均应舍弃。

摒弃"违法推定"思维,结合证据审查情况,客观分析是否存在违法事实。对于初步认定存在违法事实的,分析违法动机,以解释违法事实的存在合理性,增强违法事实认定的准确性。对于不具有合理动机的违法事实,可以进一步调查。

2. 详细描述违法事实,提出科学合理的处理建议

一段时期内,可能有多个当事人被行政机关依照相同规定施以行政处罚。这些当事人的具体情况不可能完全一致,在是否处罚、怎样处罚的问题上应作出针对性的处理,做到公平、公正,使当事人信服。

有人认为，各部门、各地方的现行行政处罚裁量标准已经将如何量罚规定清楚，完全依照裁量标准执行就好，不在裁量标准中的具体案情因素无须考虑。可是，裁量标准不是万能的，仍有一些违法行为、一些案情因素没有纳入裁量标准之内。况且，裁量标准会适时更新。如果量罚只知尾随裁量标准，难谈“先行示范”。

执法人员应根据裁量标准以及《行政处罚法》关于情节严重、从重、从轻、减轻、不予行政处罚的具体规定，综合考虑案件主观恶性、具体手段、客观危害、持续时长、发生次数、涉案物质数量、改正速度及程度、当事人认错认罚态度等若干衡量因素，提出科学合理的处理建议，这样既能对当事人予以惩戒，又能体现一段时期、一定范围内对不同当事人同类违法行为的处罚公平、公正。

### （三）法制审核

笔者认为，法制审核机构是行政机关的重要内设机构，是行政机关法治建设的灵魂角色，是行政执法的专业引领者。

1. 定标准

法制审核机构应根据日常执法需求和实际情况，针对常用的法条或者案由制作现场检查、调查询问等笔录模版，使调查取证过程更加标准化、更加全面深入。尽量通过一次调查取证，查清全部有关事实，确认是否存在违法行为、是否应予处罚、怎样进行处罚。避免因“事实不清、证据不足”等问题多次调查取证，既增加当事人负担，又使当事人对行政机关的专业性产生质疑。

法制审核机构还可针对不同类型现场制定现场检查指引，针对不同类型当事人制定调查询问指引。对于行政执法中的配合调查、协助调查、听证、送达等问题、矛盾较多的领域，可以制定操作指引和配套文书。指引的目的，既在于提高执法效能，也在于管控执法风险、减少争议。

2. 立规则

案件事实如何认定、证据如何审查、法律如何适用、程序如何践行、裁量如何确定，虽有法律规范可以凭依，但仍有很多空白领域，需要行政机关自行定夺。法制审核机构应坚持比人民法院更高、更全面的行政行为审查标准，设法建立健全一套适合于本机关、本辖区的行政执法规则体系，填补空白、勇于创新。

首先，以执法音像记录为例。行政诉讼对执法音像记录的审查比较弱。很多行政机关对于执法音像记录也没有给予足够重视，审查流于形式。总体而言，执法音像记录之审查缺少规则。实际上，执法音像记录能够反映出的执法问题是很多的。从执法音像记录中，能够看到执法人员的举止、语气、措辞、逻辑等状态，能够看到现场情况。法制审核机构可以通过执法音像记录,审查执法人员现场做法是否存在不当和可改进之处,现场检查是否存在遗漏等。所以法制审核机构应确立对执法音像记录的审查规则。

其次,以陈述、申辩和听证程序为例。一些行政机关认为陈述、申辩和听证的程序意义大于实质意义,没有给予足够重视。然而,当事人对陈述、申辩和听证程序非常重视。这意味着,行政执法如要做到让人信服、先行示范,必须重视陈述、申辩和听证程序的改良乃至创新。法制审核机构应当优化行政处罚告知程序,附加指引当事人如何充分行使陈述、申辩和听证权利的内容,比如陈述申辩书和书面听证意见的格式、结构、内容,从轻、减轻、不予行政处罚的具体规定以及提醒当事人提供证据材料等。通过引导,当事人可以更加充分地行使陈述、申辩和听证权利,促进行政机关正确实施行政处罚。在此过程中,当事人能够切实感受到行政机关的贴心关照,消除"走走过场"的误解。

最后,以行政处罚决定书为例。当前行政处罚决定书普遍缺少释法说理的内容,对当事人在行政程序中提出的各种意见,行政处罚决定书没有充分回应甚至没有任何回应。行政执法文书具有"不见面交流"的特点,行政处罚决定书是所有行政执法文书中最为重要的一种,其语言需要字斟句酌、结构需要合理设计、内容需要具体翔实并有针对性,如此才能使当事人感到尊重,起到教育作用。否则,当事人会感到没有被尊重和理解,对行政机关的信任会降低,对行政处罚决定产生质疑。

行政执法法治水平的提升是一个过程,立规则也不是一朝一夕之事。法治水平低位运行时,行政执法往往存在很多不当做法,如只讲习惯不讲法律、只讲政策不讲法律、只讲权威不讲法律、只讲人情不讲法律等。当法制审核机构推动行政执法向较高法治水平前进时,这些不当做法会成为阻碍因素。法制审核机构应有理有据地坚持自己之主张,勇敢质疑和努力破除阻碍因素,在行政执法"先行示范"进程中展现自己的担当与引领。

综上所述,笔者认为,法治先行示范的一个重要方面是行政执法先行示范。行政执法先行示范,实际是打造一种特殊、先进的行政执法生态。其特殊,体现在贴合城市定位与社会特征。其先进,体现在理念先进、规则先进、措施先进、效果先进。其生态,一是体现在行政机关及其内设机构、当事人等生态角色均能充分发挥其功能并相互监督、配合;二是体现在行政执法依据、程序、指引、文书等各生态要素相扣、相息、相察、相促,行政执法活动具有旺盛的生命力并不断地自我更新、持续向前。

# 律师与法官思维方式的十大差异及启示

刘刚华*

律师与法官虽然同属法律职业共同体，都是使用法律思维，但由于两种职业群体在职业属性、工作内容、秉持的立场和角度等方面的差异，导致律师和法官在办案过程中具有截然不同的思维方式。两种职业仍然具有“隔行如隔山”的特点。律师是自由职业者，是“受人之托、忠人之事”，而法官属于国家公务员群体，代表国家行使审判权审理和裁判案件，定分止争。律师通过熟悉和研究法官的思维方式，并运用到案件办理的思考中，也许能达到发散思维、顿彻顿悟的效果。本文拟比较和归纳整理律师与法官在思维方式上存在的十大差异，并提出法官思维方式对律师办案的若干启示，以帮助律师了解和熟悉法官的思维方式，并运用到律师办案之中。

## 一、律师与法官思维方式的十大差异

### 1.“单方对抗”与“居中裁判”

我国的诉讼制度采用的是两边对抗的审理模式。律师按照规定只能接受一方当事人的委托，为维护己方当事人的合法权益，必须在诉讼程序中与对方当事人及律师进行对抗。因此律师在整个诉讼过程中的思维，均是主动攻击对方，属于单方对抗的思维。而相比之下，法官根据其法定职责，为维护公平正义，必须秉持中立的立场，以事实为依据、以法律为准绳，以居中角度进行案件审理和裁判，不得偏私任何一方。

### 2.“单兵作战”与“团队结论”

律师代理诉讼一般都是一至两位律师办理，属于单兵作战。由于律师参与办案通常需要收费分成的关系，鲜有真正的成熟团队式办案。律师办案基本是依靠

* 德和衡高级联席合伙人，深圳市律师协会专利委员会委员，专注知识产权诉讼领域。

律师个人的法律知识和办案经验积累。也由于案源保护、自己摸索等原因,律师之间较少针对个案进行讨论和交流。而法官办案,不仅仅局限于法官个人的知识和经验积累,法院内部有一套完整的确保法官判案公正和裁判正确的制度和机制。法官通常可以通过合议庭、法官会议、审判委员会等制度和机制进行案件的深入讨论和交流,并形成代表作出裁判的法院的类案裁判观点和裁判结果。一位新律师办案可能仅仅依靠个人的知识和经验,案件办理中拿不定主意可能不会去请教他人,而一位新法官办案一般绝对不会仅凭个人的知识和经验,案件办理中拿不定主意时,必然会去请教其他法官,一般不敢擅断案件。因此,法官在个案中作出的裁判结果,绝不会是法官个人的表演,而肯定是法官或法院整个集体团队的结论。

3."重实体"与"实体和程序并重"

律师思维通常是重视实体法,容易忽略程序法。律师更重视案件实体的裁判结果,因为实体裁判结果对当事人和律师的意义远远大于诉讼过程的意义。因此,律师对诉讼程序过程不那么看重,认为案件的诉讼程序依靠法院的引导和推动就可以了。因此,有的律师对于庭审礼仪规范、庭审表现等不够重视,认为有证据就能稳赢,其他细节并不重要,律师的庭审的行为举止表现出无所谓的态度。也有的律师不熟悉诉讼法规定,容易导致超过法定期限错失诉讼时机,或者被法院驳回起诉等法律后果。而相比之下,法官日常办案过程本身运用和实践的就是程序法(诉讼法),因此法官的思维中更熟悉和更重视程序法。法官裁判案件也一般既要援引实体法条款,也要援引程序法条款,这能发映出法院和法官对实体和程序并重的思维。由于要求法官在实现实体正义的同时也要实现程序正义,法官对于律师在办案过程中的涉及诉讼程序性事项,通常会给予特别关注,例如,律师超过举证期限提交证据、滥用管辖权异议、庭审礼仪失当等问题,这些都会影响法官对于律师的看法和评价,有的甚至能影响案件的裁判结果。

4."找证据"与"找法律"

众所周知,打官司主要是打证据。律师代理诉讼,其主要工作之一就是找证据。律师在起诉前要收集与案件有关的证据,起诉后还可能要继续补充提交证据。律师思维中要考虑的是如何找到有利的证据,证据提交给法官后,法官自然会依据证据进行裁判。在胜诉可能性大的案件中,律师甚至可以不用去找具体法律规定,而直接把证据通通丢给法官,把找法律适用的任务也推给法官,意思是由法官看着证据判。而相比之下,法官作为居中裁判者,不能自行为当事人收集证据。法官的主要工作是去找法律,是根据案件事实和现有证据,找到相应的法律去适用继而裁判案件。即便律师没有在案件中找到相应的准确的法律适用,法官在现有证据和事实的基础上，为了实现案件裁判结果正确和实现案件的实体正义，出于审判职责，一般也会主动找到具体的、正确的法律规定进行适用。因此，律师的思维是考虑找证据，而法官的思维是考虑找法律。

5. "重事实"与"重证据"

由于律师通常会和委托人多次直接接触、委托人要如实告知案情等原因，相比法官，律师一般对于案件的事实，包括当事人之间纠纷的起源、发展的过程、案件的背景以及委托人诉讼的真实想法和目的，都更加清楚，但所有这些事实客观上并非都有证据能够证实。因此，在证据十分有限的情况下，为了让法官更多地了解案情，律师在证据之外还会对案件的背景、当事人之间的纠葛等过程的事实进行还原和陈述，出于利己的目的，有的律师挑选一些片面的、有利的事实进行陈述，甚至会虚构一些事实，以及作出虚假的陈述。所以律师的思维是比较重视案件事实的陈述，力争向法官陈述案件的真相，希望法官做到公平。相比之下，法官是不那么了解事情真相，相比当事人的陈述，法官更加偏重于相信证据。法官审理案件，只能结合案件现有证据和辨别出当事人的真实陈述，以认定的事实为依据，适用法律作出裁判。出于当事人可能作虚假陈述以及案件风险等原因，法官更倾向于采信看得见的书面证据和书面陈述。因此，法官的思维是"重证据"，而非"重"当事人陈述的所谓"事实"。

6. "讲情理"与"讲法律"

无论是原告律师还是被告律师，都会认为自己一方的主张有道理、有依据，都声称"我有理"，通常会竭力去向法官讲情理，尽力说服法官。而事实上，即便原被告的主张都有道理，但裁判结果也只能是一方胜诉而另一方败诉，在理论上不可能双赢。律师可在庭上陈述或在庭后代理词中向法官讲情理，通过讲情理有时能左右法官的内心确信，影响法官的自由裁量权。因此，律师思维的角度是向法官讲情理，而法官在双方律师都讲情理时，一般会反问律师其主张有无事实和法律依据作支撑，法官会想究竟"谁合法"。法官需要查清案件事实然后适用法律，法官裁判案件只能依据法律，因此，律师的代理意见应该多讲法律，不要光讲情理或少讲情理。

7. "重结果"与"重推理"

由于案件的裁判结果对委托人和律师具有最直接和最重要的影响，所以律师的思维中最看重的就是案件的裁判结果。很多律师的习惯是，收到判决书后，只看判决书最后判决结果的那一页。对判决判项结果前的内容，很多律师通常都不看。而相比之下，案件的裁判结果对法官的切身利益通常并无直接和实际的影响，只要裁判结果是有理有据正常推导而来，能保证裁判结果的合法性，法官一般不会对个案裁判结果给予特别关注。法官不单单看重案件的裁判结果,更看重推导出这个裁判结果的推理过程。根据规定,法官必须在判决书中进行充分说理,法官花费心力最多的地方通常是判决书的说理推理部分。得出判决结论和结果的过程,必须是一个有理有据的、合乎法律规定的逻辑推理过程。因此,律师的思维通常“重结果”,而法官的思维通常更“重推理”。

8.“重收费”与“重责任”

律师作为代理人,不仅是“受人之托、忠人之事”,律师要依靠提供法律服务并收取相应的律师费,以此为业谋生。律师收费的高低,也是客观评价律师办案能力和水平的重要标准之一。因此在整个办案过程中,律师通常首要考虑和看重的是律师收费的多少,同时还要保证提供法律服务的质量,并依法尽力去实现办案效果让委托人满意或接受。而相比之下,法官作为国家公务员,工资收入由国家财政予以保障,依法不能从案件中谋取私利。与律师不同,法官办案并不主要看重案件标的的大小,即便案件标的金额上亿,与法官个人收入也不挂钩。法官思维中首要看重的是个人的司法责任风险,即案件这样审理和裁判,有没有司法责任制带来的风险,是否构成违法或造成错案,有无被上诉改判或发回重审的可能?尤其党的十八大以来各级法院按照深化司法体制改革的要求,严格落实法官司法责任制、办案责任终身负责制、错案责任终身追究制等制度,法官在案件审理和裁判时,首要考虑的是裁判结果是否经得起法律和历史的检验,有无个人被追究司法责任的风险。

9.“你来判”与“我敢判”

律师由于其角色是主张者,而非裁判者,只能尽力举证和发表意见,但律师通常会在完成举证和发表意见后,心想着由法官“你来判”,心想现有证据和意见陈述摆在那里,“法官,你就看着判”。很多律师通常在案件开庭后,心里没底,不能确定法官到底会作出怎样的判决。相比之下,法官审理案件的原则之一是不得拒绝裁判,法官在裁判前必须做到案件事实清楚、法律确实充分,法官的内心确信必须达到“我敢判”的程度。法官只有先说服自己“我敢判”,内心确信这样裁判是正确的,之后才有可能通过判决说理让当事人信服,也才能保证判决说理和裁判结果的正确性。因此,律师的思维是“法官,你来判”,而法官的思维是“我敢判”。

10.“有因必有果”与“有果必有因”

律师办理案件的思维方式通常是由原因推导出结果,心想“有因必有果”,心想只要我方证据充分就一定能达到预想的胜诉结果。而法官审理案件,在清楚双方当事人提交的证据和发表的意见后,根据法官的个人办案经验,有可能就在心里预先知道了判决结果,之后在写判决的过程中,再根据判决结果,找到和写出相应支持该裁判结果的证据和事实依据、法律规定和司法观点。在有的案件中，在当事人一方的举证证据和意见陈述出现重大漏洞时，法官还有可能就抓住这个漏洞，从已确定的结果出发，找出理由和依据，最终作出对该当事人不利的判决。在有的案件中，法官裁判案件不仅考虑法律效果，还要考虑政治效果和社会效果，一些纯法律以外的因素同样会对判决结果造成影响。另外，对于一些重大疑难和新类型案件，合议庭成员之间可能对如何裁判存在不同意见，或提交专业法官会议或者审判委员会进行讨论。在合议庭、专业法官会议或审判委员会就案件如何裁判作出最终结论后，承办法官只能按规定根据既定的裁判结果，“从结果找原因、找理由、找依据”，论证裁判结果的合法性和正确性，作出裁判。因此，律师也许认为案件“有因必有果”是必然，但现实告诉我们，其实非必然。法官思维中的“有果必有因”，从结果找原因，也是行得通的和客观存在的。

## 二、法官思维方式对于律师工作的启示

1. 换位思考

律师如果想更有效、更有水平地办理案件，想说服法官，想知道法官是如何思考案件的，就应该时不时换位思考，站在法官居中的立场和角度去思考案件问题，自问：“如果我是法官，从中立的立场和角度出发，综合双方现有证据和陈述，我会如何思考这个问题、会作出怎样的公平合理的判决？”若能时不时转换思维，站在法官的立场和角度去思考和了解法官对案件的想法，将有助于律师充分运用诉讼策略、尽到举证责任、完善代理意见、与法官保持良好沟通。当然，能够换位思考的前提是，律师在个案中也要具备与法官相当或接近的对案件相关法律知识、办案经验的积累和掌握，否则没有能力去接近和做到像法官一样思考。

2. “事实”≠证据

就如前文所述，律师通常重视所谓的“事实”，而法官通常只看重证据。此处的“事实”实际是律师口中所谓的“事实”，是律师了解到的、当事人口述内容等来源的事实，并非都有证据进行印证。律师所称的“事实”，如果缺乏证据的支持或者未得到对方当事人的自认，法官一般不会也不敢认定为客观事实，法官通常会觉得眼睛看得到的证据更可信，采纳起来也更保险。因此，律师在庭审时或者代理词中所声称的种种事实，应注意能在证据中的某些内容得到一一体现。如果律师只是在庭审时或代理词中长篇大论、慷慨激昂、言之凿凿，通常都是无实际意义的，法官通常不会予以理睬和重视。因此，律师所主张的事实，要尽可能提供相应的证据进行一一证明，实在没有证据也可以提供相关类似情形的材料给法官作为参考，切忌言之

无物。

3. 代理词≈判决书说理部分

有的律师反映，貌似法官写判决几乎不看律师的代理词，其意思是律师的代理意见在法院判决书中没有得到体现。律师提交代理词并非其法定义务，律师通常只是通过提交代理词来阐述和总结己方主张和观点，试图说服法官。而法官，是希望看到一份怎样的律师代理词呢？法官通常忌讳只讲道理不讲依据、长篇大论而又言之无物的律师代理词。笔者认为，一份体现律师高水平的代理词，应该是有血有肉、有理有据、有依据摆事实。代理词中对事实陈述部分可以明确证据的具体出处或者笔录的具体陈述内容，代理词所援引的法律依据应该是明确具体的法律和司法解释条文，并进行学理解释。法官由于审理案件数量多、案件工作量大，其实是非常乐于见到律师能提供一份高水平的代理词，以便为法官裁判案件分忧。因此，一份高水平的代理词，可以无限接近于或者约等于（≈）最终法院作出的判决书的说理部分。这样高水平的代理词，不仅是法官乐于见到的，也应该作为律师努力追求的目标。

4. "做好菜，端给法官"

高水平的律师，能做到穷尽案件事实、法律依据、案例检索等一切可能的方式，提出充分的主张、举证和陈述意见，善于抓住案件的核心证据和关键争议焦点，找到对方证据或陈述的漏洞，找到案件突破口，并有理有据地说服法官，参考律师的意见来作出裁判。高水平的律师，是"做好菜，端给法官"，也为法官节省了大量梳理分析案件的时间，法官有可能沿着律师的分析思路去思考案件。如果法官被律师有理有据的意见说服后，法官在法律允许的范围内可能作出与律师的意见一样的裁判。高水平的律师在判决前，内心就能很有把握地预料案件大致的裁判结果。因此，律师都可以努力做到"做好菜，端给法官"，就像提前为法官整理好了判决书的主要内容，这样有助于律师把控案件的进展过程和结果，将案件办出令当事人满意的结果。

# 后　记

春生夏长，秋收冬藏，作为北京德和衡（深圳）律师事务所成立十周年重要成果的《大湾区前沿法律问题争鸣》终于成书。其中铭刻着许多艰辛的付出，凝结着许多辛勤的劳动和汗水，凝聚了近年来我所律师在大湾区前沿法律理论与实践中所形成的智慧和心血，印证了“优秀律师必然是法学理论与法律实务的统一体”的观点。书中汇集的论文涵盖了境外投资、证券、基金、金融、公司、房地产、法律职业共同体等多个大湾区法律前沿领域。这些论文在理论和实际的结合上，充分体现了律师业务的特点，提出了许多前瞻性并不乏新颖及独到的观点。

律师是一个积累的行业，是一个实践性的行业，必须有足够的时间思考及沉淀。专业论文则是让同行与社会认识与了解律师的最好途径，也是最能体现专业能力的衡量载体。本书的出版对于激发本所律师工作热情和创造性有着积极意义，希望借此能调动更多同事及律师同人深思考、多动笔、勤调研，做到技在手、能在身、思在脑、从容写文章。

一本书的完成需要许多人的参与和奉献，闪耀的是集体的汗水和智慧。本书在策划和写作过程中，除了各位作者的积极撰写与出版社编辑们的辛勤劳动外，还得到了原法律出版社朱宁老师、深圳市律师协会张斌会长、北京德和衡律师事务所众多创始合伙人、资深合伙人的特别关怀与帮助，以及律所行政团队的默默奉献，有力地保障了编纂工作的顺利推进，在此一并向他们致以最诚挚的敬意与感谢！

十年砥砺奋进，携梦再启新程。本书的出版只是北京德和衡（深圳）律师事务所发展过程中的一次阶段性“亮相”，后续还会有更为精彩的“演出”奉献给关心关注我们的“观众”。

**2022 年 12 月于鹏城**